中國四庫學

鄧洪波 主編

湖南大學嶽麓書院 中國四庫學研究中心 古籍整理研究所

第一輯

中華書局

圖書在版編目(CIP)數據

中國四庫學.第一輯/鄧洪波主編. —北京:中華書局,2018.1
ISBN 978-7-101-12920-5

Ⅰ.中… Ⅱ.鄧… Ⅲ.《四庫全書》-研究 Ⅳ.Z121.5

中國版本圖書館 CIP 數據核字(2017)第 268717 號

書　　名	中國四庫學·第一輯
主　　編	鄧洪波
責任編輯	胡正娟
出版發行	中華書局
	(北京市豐臺區太平橋西里 38 號　100073)
	http://www.zhbc.com.cn
	E-mail:zhbc@ zhbc.com.cn
印　　刷	北京瑞古冠中印刷廠
版　　次	2018 年 1 月北京第 1 版
	2018 年 1 月北京第 1 次印刷
規　　格	開本/710×1000 毫米　1/16
	印張 23¼　插頁 2　字數 380 千字
印　　數	1-2000 册
國際書號	ISBN 978-7-101-12920-5
定　　價	88.00 元

《中國四庫學》發刊辭

　　天下之治學問者，不離于宗，則近道矣。尼聖删述，通賢緣波。斟酌萬殊，紛紜一體。既作斯文，故訓嬗遞。渾渾灝灝，純駁相攝。自劉氏父子創爲《七略》，《漢志》傳神，至《七録》、《隋志》，衍生四部。于是學術流變，一源百派，表裏相攝。歷在乾隆，恪館四庫，學判六變，書備七閣，分四十四類，析六十六屬。察索根柢，淹貫籤帙，儀型後世，亦云盛矣。泊乎近世，類從泰西，遂改四部之故轍，而成七科之新制，書院黌宫，盡爲西式學堂，亦述學之鎖鑰也。方今重整國故，海内風气所宜，感類響應，允宜有所萃聚，庶幾傳先哲之精蘊，啟後學之困蒙也。

　　太昭馮翼，潦埃歸乎東南；生气涯垠，日月傾乎西北。爰有嶽麓，國之中域，襟帶湘江，遥控雲夢。南軒傳道于此，晦庵興教在茲。書院設御書樓及諸先生祠，經籍具薦，祀典馨綿。因思朱子文獻之注，宜乎有所承續，乃有古籍所、四庫學研究中心之設，廣邀時賢俊彦，講文論學于山水之間。稿草茲彙，復思有以永其傳，同仁遂萌創刊之議，名曰《中國四庫學》，希冀廣求友聲，該遍聖學，庶幾返求本初，前瞻門徑。幸望海内外學者垂顧，撰文襄贊云爾。

　　其辭曰：

　　　　發揮潛隱，典册刊成。歌以伐木，弦之鹿鳴。
　　　　班四設庫，潭州故城。濟濟洋洋，理道溥行。

目　　録

在中國四庫學高層論壇上的講話

今天這個會我想講兩個問題：一是關于如何推動《四庫全書》研究，也就是以《四庫全書》爲底本的中華文化研究如何開展；二是在新時期推動新抄《四庫全書》活動，也就是以《四庫全書》爲底本的文化現象怎樣光大。

一、研究《四庫全書》

《四庫全書》是歷史的存在和寶藏，藏著中華民族五千年的文明和歷史，是中國人的精神家園。我們今天不是爲《四庫全書》正名，而是要推動《四庫全書》的研究，探微深奥、傳承文明，啟教後人、奉獻世界。

1. 對《四庫全書》的看法

《四庫全書》是一座文明殿堂，那裏聖賢滿座，哲思深奥、文采飛揚，是一部活著的中國史。《四庫全書》卷卷册册都是先人的足迹、思想，是文明的史鑒。《四庫全書》所藏，是我們之精神，是我們之根，是我們的家。

《四庫全書》所載的中華文明、中國文化，是五千年來中華民族歷經波折、灾難而始終統一、綿延至今的精神淵藪。

《四庫全書》是中華民族的一張特殊的證書和名片，是一部縱橫五千年、横亘世界的珍寶；不僅屬于中國，也屬于世界。

2. 必須研究《四庫全書》

《四庫全書》歷經多舛，屢遭天灾及人禍，散遺毀亡多矣。這是歷史的悲劇，也是中國的憾事，更是中國人難述、難隱之傷痛。今天要盡一切努力保護好，昭之後人，傳之永世，流之世界。保存和流傳的最好辦法，就是研究。研究也是和歷史對話、和先人對話，研究《四庫全書》就是對中國文化的解說。

保護《四庫全書》就是保護中華文明和中國文化，就是傳承我們祖先之靈魂、思想。保護、研究就是對祖國文化之尊崇、愛戴，就是一種文化和精神之自信、自豪。

作爲中國人，必須研究、必須繼承《四庫全書》這座寶藏。必須靠中國人、也只能靠中國人自己發掘它、發揚它，別無他法。中國人必須有這種民族自强和自信之精神。

《四庫全書》成書已兩百多年了，今日盛世之中國，無理由不研究。這是民族的呼喚，也是時代的責任，今天的中國人必須肩負起這個使命。中華復興，少不了這項研究，中國夢中早已包含這一義。

3. 以論立學

《四庫全書》包攬了五千年的中國文化和文明。前人也有提出過建立"四庫學"，我現在想提出的是，以《四庫全書》爲對象，對中國文明、中國文化研究的學科，就叫"四庫學"。"四庫學"能不能確立，能不能爲世人乃至後人認可呢？這就要以論立學，没有研究，没有理論，没有論説，"四庫學"就建立不起來。《四庫全書》可能始終躺在書櫃之中，成爲蟲鼠啃食之物！只有立學、立論，才能傳承《四庫全書》、傳揚《四庫全書》。《四庫全書》是中國的，也只有中國人能建立"四庫學"。

4. 怎麼研究

要以現代科學行致學之道，從多角度、多層面來研究。研究可宏大、可精微，可論、可述，可廣、可狹，論之不設限，爭百家之鳴，放百花之艷。研究就是功，俗語説："只要走，就能到家。"功在研究之中，果在研究之後。

第一，打開《四庫全書》之大門，從象牙塔裏走向社會。首先要打開《四庫全書》的大門，讓所有願意研究的學子，都可以進到門裏面，獲得想研究的篇章。要大量翻版《四庫全書》電子版，可全書，更多的是專項專卷。要大量出版《四庫全書》中的專輯、專卷、單行本，有的可附研究論説，以饗學人。

第二，構建"四庫學"研究平臺。要建立雜志、網站、報告會、講座、論壇，以彰研究成果。講座、論壇、雜志要有明確的研究，無論是古人的研究，還是今人的研究。每年可出版研究年鑒，建立當代研究資料庫、檔案，以助衆人之研究。

第三,要和大學、社科院等研究機構以及海内外有志、有道者共同研究。文責自負,争論、辯白、評説都正常。我們應該奉行開放包容的政策,鼓勵百家争鳴、百花争艷。建議湖南大學要抓住這個發展機遇,加强中國四庫學研究中心的建設和發展。

第四,拓展研究領域,推進研究深度。目前的一些研究,多數是關于文獻方面和編纂過程的研究,對禁書、毁書、删書也做了不少研究。但是現在我們推進《四庫全書》的研究,就要對某些專題和問題進行更加深入的研究。

《四庫全書》是大澤大海,真值得我們好好去研究!

二、新抄《四庫全書》

歷史上的《四庫全書》就是手抄的,這也是它的價值的一部分。現在影印本、電子本、高仿本都已經有了,並收藏在社會。作爲書籍來説,不會再有失傳的風險。

新抄不是印刷書籍,也不是保存書籍,而是保存文化,是新時期的一種社會文化行爲,新抄就是繼承和弘揚。世界上只有漢字有特殊的文化底蘊,可書、可法、可究、可議。(我也提倡研究"漢字學"。)凡學書之人、凡抄書之人,都有感于漢字深厚的内涵、奥妙、情趣。很多人一進入書寫漢字之門,就如醉如癡,不捨晝夜地去寫,樂在其中,終生不輟。

漢字,是中國文化和中華文明的載體,没有漢字,也就没有中國文化與中華文明。現代社會,用鍵盤代替了書寫,對于我們許多年輕人來説,寫字是難事。對于他們來説,漢字之美妙、深奥,都没有了,文化怎麽傳承? 中國文化對他們而言是"天花板",可望而不可及。

中國若要復興,我們的後代就必須學習中國文化,必須會認讀寫漢字! 作爲中國人,必須有足夠的中國文化修養。不會寫漢字,中國文化就成了域外文化。這豈不成了一種文明悲哀、一種精神殘缺?

新抄《四庫全書》就是要寫漢字、識繁體、讀古人、學文化。抄書就是"寫、識、讀、學",通過抄進入殿堂,這也是弘揚漢字之美、理解漢文之妙奥的一種方法,更是傳承與弘揚中國文化的必要途徑。

抄書是一種大衆式、社會式的研究方式。重要的是這個過程,同時也是推動社會學習中華文化的方法,抄寫就是在學。

新抄將培養一批新文人、一批研究者、一批中華文化的傳播者。不僅影響中國,也必將遠播海外,增進瞭解,促進友誼合作。

三、新抄《四庫全書》的幾個問題

1. 接觸難,規模大,時間長。新抄《四庫全書》和練書法是一回事,只不過以《四庫全書》爲底本而已。當然,對于一般大衆來説,接觸《四庫全書》不是一件容易的事,《四庫全書》規模宏大,要全部抄寫,非一宏大工程不可爲。但我以爲,抄書屬于個人之心願、情懷,願者書之。對于怎麽寫,不設限,不設格。八歲頑童可寫,耄耋老人可書;正字、行草、隸、篆都可以。大到一閣可書,微至卷帙可寫。抄不在一章一册,不在一月一年,隨愉而樂之,成爲人的一種生活狀態、一種情趣方式,重在參與,重在過程。

2. 爲誰抄書的問題。練書法的人、寫字的人都是爲自己寫的,只是成名之後有人要,才有爲誰寫的問題。我提倡的是以《四庫全書》作爲底本的書法行爲。寫得好的有人要,有人藏;寫得拙者,可經年累月終成正果。抄者可贈、可捐、可送、可藏! 藏可以藏一册、一卷、一本。主要是練寫!

3. 藏書家與藏書。收藏的時候,藏書家將提出收藏的要求規格,如紙筆之規、字體之法,這是抄藏雙方的契約。藏書家可以是圖書館、博物館、企業、個人等。收藏是一種社會文化現象,收藏者有功于社會、歷史! 没有收藏,《四庫全書》在哪兒? 没有收藏,中華文明之史鑒在哪兒? 藏家之藏,都是爲了社會、爲了後世、爲了歷史! 他們的收藏,將全部都留在社會後世,這就是收藏家之功、之獻!

收藏家收藏的不僅僅是個物體,收藏的更是文明和文化本身。在歷史的長河中,只有飽蘸文化思想的人文精神之作不會淹没在歷史的塵埃中,蘸之愈滿、載之愈多,社會將越珍愛之,歷史將更珍藏之。現在的古書,多爲雕版印刷的,手抄卷罕有,只見斷章殘片,已成珍寶。

今天中國人之手抄書,承載的是當代人之精神、思想,是當代人的文化藝術! 今日國人抄書無非是給後人、給世界的朋友一份中國人的證件,一朵紅牡丹。

小結

《四庫全書》是中國的，也是世界的；是先人的，也是當代的，也必將是後人的。研究《四庫全書》，就是解說中國文化，就是傳承中華文明！

縱聽五千年文明，橫看七大洲風雲。

李鐵映①

2016 年 6 月 4 日于長沙

---

① 李鐵映：中共中央原政治局委員，十屆全國人大常委會副委員長，中國社會科學院原院長。

四庫學二十年

——以《四庫全書總目》研究爲中心

乾隆五十二年,1787 年,南北七閣《四庫全書》全部完成。乾隆六十年,1795 年,《總目》浙本、武英殿本相繼刊刻成書。從 1787 年到 2016 年,是 230 年;從 1795 年到 2016 年,是 222 年。二百多年來,學者從不同角度對四庫學展開研究,發掘它的奧秘,探索它的文化世界,產生了豐富多彩的研究成果,並由此開闢了一個全新的研究領域——"四庫學"。

四庫學有二百年的歷史,但是,今天的發言則定位爲"四庫學二十年",原因有二。

第一,1998 年,臺灣淡江大學和北京故宮博物院聯合召開了"兩岸四庫學——第一屆中國文獻學學術研討會"。這是兩岸舉辦的第一次四庫學研討會。當時參加這次會議的大陸學者有黃愛平老師、杜澤遜老師、羅琳老師,還有十分年輕的劉薔。十八年過去,杜澤遜老師、劉薔老師雖然依然年輕,但都已經成爲大陸四庫學的中堅力量,擔負起重任。因此,我所謂的"四庫學二十年",就是想討論從 1998 年臺灣"兩岸四庫學"會議到今天嶽麓書院的"中國四庫學高層論壇",我們的四庫學取得了什麼樣的進展。

第二,2000 年,我在《清史研究》上,發表了一篇《四庫學:歷史與思考》,文章對四庫學進行了回顧,也提出了展望。從 2000 年到 2016 年,也是一個將近二十年的時間單元。

基于如上兩個原因,我以"四庫學二十年"作爲今天報告的題目,重心則在《四庫全書總目》研究。

如果對二百年的四庫學歷程加以回顧，大體上可以分爲三個階段。

第一階段，是民國時期。這一時期，四庫學領域湧現出一大批大家，出版了一批四庫學的典範性著作。據林慶彰主編《乾嘉學術研究論著目録（1900—1993）》，民國時期的四庫學論著達 275 種。著名者如余嘉錫《四庫提要辨證》，張舜徽《四庫提要叙講疏》，陳垣《四庫全書總目考異》，楊家駱《四庫全書通論》、《四庫大辭典》、《四庫全書學典》，胡玉縉《四庫全書總目提要補正》，任松如《四庫全書叙》、《四庫全書答問》，鄭鶴聲《四庫全書簡説》，王重民編纂《辦理四庫全書檔案》、《四庫抽毀書提要稿》，黄雲眉《從學者作用上估計四庫全書之價值》，郭伯恭《四庫全書編纂考》，葉德輝《四庫全書總目版本考》等。這些論著奠定了四庫學雄厚的基礎。

第二階段，20 世紀 80 年代末至 90 年代，四庫學復興。崔富章《四庫提要補正》、李裕民《四庫提要訂誤》、楊武泉《四庫全書總目辨誤》、劉遠游《四庫提要補正》、夏定域《四庫全書提要補正》、喬治忠《四庫全書總目清代官修史書提要訂誤》等論著問世，黄愛平的《四庫全書纂修研究》與我所著的《文化視野下的四庫全書總目》也在這一階段出版。這一時期，可以説是四庫學繼往開來的階段。

第三階段，也就是近二十年來，四庫學發展迅速，空前活躍。兩大標志可以呈現這二十年的成績。

一、大量新資料的出版和發掘

四庫學的基礎是文本研究。這裏説的文本，包括《四庫全書》，也包括《四庫全書總目》。20 世紀 80、90 年代，四庫學研究的基本文本，主要是文淵閣《四庫全書》、《四庫全書提要》。而這二十年來，文津閣、文溯閣的《四庫全書提要》相繼出版，文津閣、文瀾閣的《四庫全書》也相繼出版。不同閣本的《四庫全書》、《四庫全書總目》的出版，使今天的學者能坐集四庫學的基本資料，從容進行不同版本的比勘，這是近二十年四庫學的極大突破。

除了《四庫全書》與《四庫全書總目》不同閣本的出版外，近二十年來，四庫學在文本上有兩個重大發現：一是天津圖書館所藏紀曉嵐删定《四庫全書總目》殘稿本影印出版；一是臺北“國家圖書館”所藏《四庫全書初次進呈存目》影印出版。這兩個稿本的發掘和現身，是近二十年四庫學的最大創獲。其間，夏長樸先生和李國慶先生居功厥偉。關于這兩個稿本的價值和意義，夏長樸先生、崔富章先生、劉浦江先生、李國慶先生皆有深入的討論和研究，此處不加贅述。至此，目前已知的《四庫全書總目》稿本共有 5 種。就稿本年代而言，幾乎覆蓋了從乾隆三十九年至乾隆末年(1774—1795)《四庫全書總目》編纂的各個階段。通過研究這些稿本，學術界可以對《四庫全書總目》長達二十餘年的編纂過程有更加深入的瞭解和認識。這是近二十年來"四庫學"研究的重要成績。

二、重量級研究成果相繼湧現

近二十年，四庫學的重大進展不僅在新資料的發掘、發現和出版上，更在于湧現出了一大批生氣勃勃，又有深厚學術功力的青年學者。山東大學杜澤遜曾和我一同參加 1998 年臺灣"兩岸四庫學"研討會，我當時就感覺到他身上蘊藏着深厚的學術潛力。在 2000 年發表的《四庫學：歷史與思考》中，我在談到《總目》的"存目"研究時，曾評論説："關于'存目'的研究，不能不提及山東大學杜澤遜副教授。杜氏年齡雖輕，却在'存目'上考索甚深。其所著《四庫存目書進呈本之亡佚及殘餘》《四庫存目書進呈本知見録》、《四庫存目標注》等，皆有專門之學的意味，令人注目與期待。"果然，2007 年，杜澤遜出版了《四庫存目標注》，没有深厚的學術功力與刻苦治學，完成不了這樣的鴻篇巨製。武漢大學的司馬朝軍也是四庫學領域中的出色學者，他所著的《〈四庫全書總目〉研究》和《〈四庫全書總目〉編纂考》分量厚實，對四庫學有重要貢獻。此外，魏小虎《四庫全書總目彙訂》、陳曉華《"四庫總目學"史研究》，也都是這一時期的有影響之作。

在《四庫全書總目》稿本的比勘上，二十年來也屢有成果出現。有代表性的是 1997 年中華書局出版的由鄧洪波等整理的《欽定四庫全書總目》。該書以文淵閣武英殿本爲底本，參校浙、粵本及文淵閣庫本提要，並吸收了近二百年的研究成果，對于"四庫學"無疑是有貢獻的。延著這條路綫，2016 年，江慶柏主持的國家社科基金重大專題"四庫提要彙輯彙校彙考"立項獲批，承擔該專案子項目的有黃愛平、杜澤遜、陳曉華、劉薔、漆永祥等國內四庫學的一流學者，這一專題的完成，將以集大成的方式完成《四庫提要》從整體到細部的研究，成爲四庫學領域中極具標志性的成果。我們滿懷期待。

近二十年來，關于四庫學的工具書也産生諸多重要成果。2013 年 8 月，國家圖書館出版社出版了由甘肅省圖書館、天津圖書館聯合編輯的大型工具書《四庫全書研究論文篇目索引》。該書以年代爲序，收録了 1908—2010 年發表在國内外期刊、報紙、論文集、個人專集、不定期出版物、學位論文中有關《四庫全書》研究的 5 000 餘篇論文篇目，信息完備，著録規範。陳俞静編輯了《〈四庫全書總目〉研究論著目録》，囊括了中國内地、臺灣、香港、澳門以及日本等地的《總目》研究成果，分“著作”、“碩博士學位論文”、“著作和碩博士學位論文中的相關部分”、“期刊、論文集和會議論文”、“網絡文章”等五個部分。每部分各以時間爲序進行編排，時間下限爲 2013 年 6 月。湖南大學嶽麓書院爲這次會議準備的四庫學研究論文集、《四庫學百年回望》，也爲讀者呈現了近百年四庫學研究的概觀。

臺灣地區的四庫學也在這二十年有新的進展。20 世紀 80 年代至 90 年代，“故宫博物院”昌彼得副院長，淡江大學吳哲夫，“中研院”林慶彰、楊晉龍，臺灣大學夏長樸，都是四庫學的大家。21 世紀以來，一方面，前輩學者繼續做出重要貢獻，如夏長樸對于《四庫全書初次進呈存目》的發現，以及對于紀曉嵐删定《總目》殘稿本和《四庫全書初次進呈存目》的解讀，都非一般學者所能爲；另一方面，年輕一代學者以新的視角貢獻出新的著作，如龔詩堯《〈四庫全書總目〉之文學批評研究》、莊清輝《〈四庫全書總目·經部〉研究》、曾守正《權力、知識與批評史圖像——〈四庫全書總目〉“詩文評類”的文學思想》，都是臺灣地區四庫學的出色著作。

我在十六年前的《四庫學：歷史與思考》一文中，曾經把四庫學的研究方向分爲三類：一是“四庫學”的文獻研究；二是“四庫學”的史學研究；三是“四庫學”的思想文化研究，並認爲，三類之中，“四庫學”的思想文化研究是最薄弱的部分。而在這二十年中，四庫學思想文化研究的成果大量湧現，“四庫學”的文獻研究和史學研究更强勁發展，可以説，四庫學的三方面成果皆焕然可觀，成績可圈可點。

二百年來，四庫學取得了令人矚目的發展，但研究的深入也在不斷提出問題。我在十六年前的《四庫學：歷史與思考》一文中提出，深化四庫學研究，必須提升研究者之“學”的意識，宣導從“四庫學”的宏觀視野去思考問題、開掘課題。但是，對于什麽是四庫學，我們可能還缺乏一個明晰的認識。比如，陳曉華提出了“四庫全書總目學”的概念，四庫學和“四庫全書總目學”是什麽關係？並列？從屬？不得其解。再如,如何評價《四庫全書總目》中的思想? 按照阿爾都塞的國家意識形態學説,《四庫全書總目》無疑體現了乾隆朝的國家意識形態,但是,一味强調乾隆意志對《總目》的滲透也容易走入誤區。否則,我們就難以理解爲什麽《總目》對于胡銓"歸對梨渦却有情"持一種諒解的態度,和非官方的袁枚持相同立場;對于吕希哲面對轎夫溺死而不動心持一種樸素人性論的批判態度,而這樣一種批判,又接續南宋黄震、明代張吉一直到清代袁枚以常理常情批評吕希哲不動心的思潮。正如德國詩人歌德在詩劇《浮士德》中所説:理論通常是灰色的,生命之樹常青。四庫學正是以它的不斷發展不斷開拓,向我們提出新的挑戰。而我們的任務則是回應這些挑戰,張大"四庫學"的旗幟,使"四庫學"真正成爲一門"顯學"。

1991 年,我在《文化視野下的〈四庫全書總目〉》的全書結語中曾引述著名作家孫犁關于《四庫全書總目》文化價值的一則論斷。孫犁確信:

> 隨著年代的推移,它(即《四庫全書總目》)的價值將越來越高,百代以後,它一定會成爲中國文化的經典著作。

今天湖南大學嶽麓書院召開"中國四庫學高層論壇"的價值和意義正在孫犁的預言中焕發出獨特的光彩。

(周積明　湖北大學歷史文化學院)

張舜徽先生的四庫學研究

張舜徽先生(1911—1992),湖南沅江人。著名歷史學家、歷史文獻學家。他一生治學領域廣泛,涉及經、史、子、集四部,雖不以四庫學名家,但他的四庫學研究成果卻具有重大的學術價值。目前,學術界對張先生《四庫提要叙講疏》(以下簡稱《講疏》)一書已有所論述,而全面總結張先生四庫學研究成就的文章尚不多見。[1]筆者願對此略抒己見,在分析《講疏》的基礎上,結合張先生其他論著中有關《四庫全書》與《四庫全書總目提要》的重要論述,全面探討張先生的四庫學研究成就,以供關注張先生學術思想與四庫學研究的學者們參考。

一、探討《四庫全書》的編撰與《四庫提要》的作者問題

《四庫全書》是我國歷史上規模最大的一部叢書,張先生在重視其價值的同時,指出它的實用性不足:"余弱齡旅居北京,日往北海圖書館讀書。嘗以趙斐雲(萬里)之介,得入庫觀文淵閣本《四庫全書》。後偕謝剛主(國楨)游杭州,又得摩挲文瀾閣藏本。以爲此可壯觀瞻,無裨實用,未嘗重之也。以實用言,則四部常見之書,士子但得後來精刊、精校、精注之本,固勝於此種手寫本遠矣。其中稀見之書、世無刊本者,爲數甚少,非人人所必讀。"[2]又認爲清人在繕寫《四庫全書》時存在不少缺

---

[1]　林久貴、黃嬌《〈四庫提要叙講疏〉的學術價值》(周國林主編:《歷史文獻研究》總第 26 輯,武漢:華中師範大學出版社,2007 年),戴建業《中國古代學術史的重構——論張舜徽〈四庫提要叙講疏〉》、周春健《張舜徽先生〈四庫提要〉批評條辨——〈四庫提要叙講疏〉讀札》(均見周國林主編:《張舜徽百年誕辰紀念國際學術研討會論集》,武漢:華中師範大學出版社,2011 年),周積明《讀〈四庫提要叙講疏〉札記六則》(董恩林主編:《紀念張舜徽百年誕辰國際學術研討會暨中國歷史文獻研究會第 32 屆年會論文集》,武漢:湖北人民出版社,2012 年)等文章均爲對《四庫提要叙講疏》一書的專門研究;劉海波《張舜徽"四庫學"研究述論》(《學習與實踐》2012年第 2 期)是全面總結張先生四庫學研究的論文。以上諸文,各有詳略。

[2]　張舜徽:《愛晚廬隨筆》,長沙:湖南教育出版社,1991 年,第 24 頁。

脫舛訛:"即以乾隆時修此書時,催工繕寫,期于畫一,日課有程,積年始就。但求書法整齊,裝璜精美,而書中之有無錯字訛體,未暇詳校也。稽之當日文獻記録:乾隆五十二年六月,駐蹕山莊,偶閱文津閣書,見訛錯者連篇累牘,因令皇子及扈從諸臣計日校閱,得三分之一,並令在京皇子大臣派大小臣工二百餘員重校文淵、文源二閣書。由此可知《四庫全書》寫成之後,其中文字之訛誤舛脱,至爲驚人。乾隆帝在避暑熱河時,偶爾翻書發現,始下令進行校對。此乃行之一時,爲期甚暫。斷未能組織人力,假以歲月,對七部《全書》進行細校,以復古籍舊觀也。"①

張先生還進一步探討了清廷編撰《四庫全書》的用意,他認爲其目的主要有二,一是爲了羈縻知識分子:"歷代開國之初,莫不設館修書,而宋世爲尤盛。……可知諸書之修(指《太平御覽》、《太平廣記》、《文苑英華》諸書——引者注),原以籠絡才智之士,廣其卷帙,厚其廩餼,使卒老于文字間耳。大氐往世天下甫定,莫不大興文教,以安攜貳之心,按之舊事,莫不皆然。若唐貞觀之尊崇儒術,清康、乾之纂修群書,規爲浩大,致效尤弘,足以媲美宋初,而用心則無不同,後先相師,如出一轍。"②二是爲了查禁圖書、控制思想:"封建統治者最毒辣的手段,表現于'有意識的摧毀',便是用'稽古右文'、'採訪舊書'的幌子,來施行查禁圖書的政策。每逢改朝換代之後,新的統治者顧慮到前朝野史、筆記、詩文之内,包含了不利于己的思想言論,不趁早禁絶,不獨有損新朝的尊嚴,也無法鞏固自己的權位。事實上非進行一次圖書大檢查不可。但是爲了避免後世唾罵,不敢明目張膽地去燒書,只得標立一好聽的名目,來愚惑人民,掩飾自己的罪行。我們只拿清代乾隆間修《四庫全書》來看,便可證實當時所燒毁的書籍,是多麽嚴重!……所以《四庫全書》告成之日,也正是古代文獻散亡最多之時。"③

至于《四庫提要》的作者,清末李慈銘稱:"《總目》雖紀文達、陸耳山總其成,然經部屬之戴東原,史部屬之邵南江,子部屬之周書倉,皆各集所長。……耳山後入館而先歿,雖及見四部之成,而《目録》頒行時,已不及待。故今言四庫者,盡歸功文達。然文達名博覽,而于經史之學實疏,集部尤非當家。"④張先生不贊同李慈銘的

---

① 張舜徽:《愛晚廬隨筆》,第 25 頁。
② 張舜徽:《廣校讎略》,北京:中華書局,1963 年,第 14—15 頁。
③ 張舜徽:《中國文獻學》,鄭州:中州書畫社,1982 年,第 27—29 頁。
④ (清)李慈銘:《越縵堂讀書記》,上海:上海書店出版社,2000 年,第 556—557 頁。

説法,他指出《四庫提要》可以視爲紀昀一人之著作①:

　　　　乾隆中,修《四庫全書》,昀與陸錫熊總其成。錫熊後入館而先没,始終其
　　事者,以昀力爲多。朱珪稱昀館書局,筆削考核,一手删定;爲《全書總目》,哀
　　然鉅觀。……朱氏與昀同年進士,又爲修《四庫全書》時總閲官,乃云:“《四庫
　　全書總目提要》,爲昀一手所成。”當不誣也。……觀昀自道有曰:“余于癸巳受
　　詔校書,殫十年之力,始勒爲《總目》二百卷,進呈乙覽。以聖人之志,藉經以
　　存;儒者之學,研經爲本。故經部尤纖毫不敢苟。凡《易》之象數義理,《書》之
　　今文古文,《春秋》之主《傳》廢《傳》,《禮》之王、鄭異同,皆别白而定一尊,以諸
　　雜説爲之輔。”……據此,可知當日《總目》之分類,類序之撰述,以及斟酌損益、
　　輕重先後之際,皆昀一手裁定,而尤致詳于經部。昀視此二百卷之書,爲一己
　　之著作,固明甚,他人又奚從謂爲不然耶? 蓋當日撰述提要,雖有戴、邵、周諸
　　君分爲撰稿,而别擇去取、删節潤色之功,則固昀一人任之。亦猶涑水《通鑑》,
　　雖有二劉、范氏分任撰述,而後之論者,必歸功于司馬光耳。②

　　清廷編修《四庫全書》、撰寫《四庫提要》是當時政治、學術上的大事,對清代學
術界産生了重大影響。張先生將其對清學影響歸結爲兩個方面,一方面,四庫館
開,促進了輯佚事業的發展:“輯佚之業,創自宋人。至清世而斯業稱盛,乾隆中修
《四庫全書》,實有宣導之功。始安徽學政朱筠奏請開館校書時,即建議從《永樂大
典》中搜輯佚書。高宗可其奏,當即派員校核《永樂大典》,並決定編纂《四庫全書》,
可知修書之始,即與輯佚相結合矣。……今《四庫全書總目》中標明‘《永樂大典》
本’者,皆是也。……而此種輯佚之法,遂爲學術界所師效,並推廣其範圍,成爲叢
書式之輯佚總集。若嚴可均所輯《全上古三代秦漢三國六朝文》七百四十六卷,馬
國翰《玉函山房輯佚書》七百六十卷,王謨《漢魏遺書鈔》四百餘種,黄奭《漢學堂叢

---

　　①　關于此點,周積明已有論述,可參看周積明《讀〈四庫提要叙講疏〉札記六則》(董恩林:《紀念張
舜徽百年誕辰國際學術研討會暨中國歷史文獻研究會第32届年會論文集》,武漢:湖北人民出版社,
2012年,第147—149頁)。
　　②　張舜徽:《清人文集别録》,北京:中華書局,1963年,第186—187頁。

書》二百五十餘種,皆洋洋巨觀,遍及四部。其他卷帙較少者尚多,不煩悉數也。"①
另一方面,《四庫提要》的寫作,對乾嘉學派的興起有著重大影響:"紀昀校理群書,
寫成《四庫全書總目提要》,是投下了很大精力,苦心考慮了一番的。在整理文獻的
工作上,貢獻巨大。特別是提倡實事求是、講求樸學的精神,激勵了當時的士大夫。
恰值康、雍、乾三朝大興文字獄之後,學者們相率不敢研究近代史,又不敢談論時
政,爲了全身遠禍,只得將心思才力集中到窮經考古方面去了。乾嘉學派的興起,
各種專門學術研究的取得成就,和紀氏倡導之力是分不開的。"②

二、採用"講疏"的方式解析《四庫提要叙》

張先生不僅就《四庫全書》的編撰與《四庫提要》的作者等問題發表了見解,還
對《四庫提要叙》進行了疏證。《講疏》完成于 1947 年,刊行于 1988 年,是張先生四
庫學研究的重要成果。該書主要做了以下三方面的工作:

(一) 疏證《四庫提要叙》的觀點

《四庫提要叙》論述經、史、子、集各部學術源流,莫不高屋建瓴、簡明扼要。也
正由于語言凝練,不經過訓釋,初學者不易理解其內容,于是張先生作了一番疏證
的工作。如《四庫提要・經部總叙》在論述魏晋以至唐宋的治經風氣時說道:"王
弼、王肅稍持異議。流風所扇,或信或疑。越孔、賈、啖、趙,以及北宋孫復、劉敞等,
各自論説,不相統攝,及其弊也雜。"③張先生作按語如下:

> 此言自魏晋以至唐宋,治經風氣流于泛雜之弊也。漢儒説《易》,多主象
> 數。魏王弼注《易》,排擊漢儒,自標新學,乃趨于專言名理。漢末經生,多宗鄭
> 玄之學。王肅獨不好鄭氏,爲《詩》、《書》、《禮》、《論語》、《左傳》新注以敵之。
> 唐初孔穎達撰集《五經正義》,賈公彦述《周禮》、《儀禮》疏,亦時出己見,于舊注
> 不爲苟同。啖助、趙匡説《春秋》,與三傳立異,啟廢傳解經之漸。至宋孫復撰

---

① 張舜徽:《愛晚廬隨筆》,第 213—214 頁。
② 張舜徽:《中國文獻學》,第 277 頁。
③ (清)永瑢等:《四庫全書總目》卷 1,北京:中華書局,1965 年,第 1 頁。

《春秋尊王發微》，劉敞撰《春秋傳》，逞臆見説《春秋》，務以攻擊三傳相高，而穿鑿煩碎之弊日生，此其所以雜也。①

通過補充史實，張先生疏解了《四庫提要叙》的觀點。對于《四庫提要叙》中的弘通之論，張先生則予以了表揚。如《四庫提要·樂類叙》説道："大抵樂之綱目具于《禮》，其歌詞具于《詩》，其鏗鏘鼓舞，則傳在伶官。漢初制氏所記，蓋其遺譜。非别有一經，爲聖人手定也。"②張先生稱讚道："此説明通，足成定論。《漢書·藝文志》曰：'漢興，制氏以雅樂聲律，世在樂官，頗能紀其鏗鏘鼓舞，而不能言其義。'《漢書·禮樂志》注引服虔曰：'制氏，魯人，善樂事也。'樂事，即指'鏗鏘鼓舞'而言。舉凡聲樂之節奏，歌咏之高下皆是也。悉賴傳授演習而後得之，非可以言語形容者也。故爲之者，但能各效其技而不能自言其義。《漢志》所云'世在樂官'，與《四庫總目叙》'傳在伶官'之語意相同，即荀子所謂'不知其義，謹守其數，父子世傳，以持王公'者也。其不能筆之于書以成一經，固宜。"③

(二) 糾正《四庫提要叙》的錯誤

《四庫提要叙》的論斷大體精審，但也有疏漏之處。如《吕覽·察微篇》，《四庫提要·孝經類叙》誤爲《吕覽·審微篇》；《楚辭》，《四庫提要·四書類叙》誤爲《楚詞》；《新唐書·藝文志》著録起居注三十八部，《四庫提要·編年類叙》誤作二十九部；《七略》的作者爲劉歆，《四庫提要·譜録類叙》誤爲劉向。④

除了有篇名、書名、部數、作者等史實性的錯誤，《四庫提要叙》中的不少觀點也值得商榷。如《四庫提要·法家類叙》稱："刑名之學，起于周季，其術爲盛世所不取。然流覽遺篇，兼資法戒。觀于管仲諸家，可以知近功小利之隘；觀于商鞅、韓非諸家，可以知刻薄寡恩之非。鑒彼前車，即所以克端治本，曾鞏所謂不減其籍，乃善于放絶者歟！"⑤張先生不同意此種觀點，他在《講疏》中辨證道："此儒家正統之見，未足以爲定論也。諸子之言，皆主經世。各有所偏，亦有所長。苟能取其長而不溺

---

① 張舜徽：《舊學輯存·四庫提要叙講疏》(下)，濟南：齊魯書社，1988 年，第 1650 頁。
② (清) 永瑢等：《四庫全書總目》卷 38，第 320 頁。
③ 張舜徽：《舊學輯存·四庫提要叙講疏》(下)，第 1696—1697 頁。
④ 張舜徽：《舊學輯存·四庫提要叙講疏》(下)，第 1684、1693、1719、1799 頁。
⑤ (清) 永瑢等：《四庫全書總目》卷 101，第 847 頁。

其偏,自能相輔爲用,有益治理。曠觀歷代興亡,亦何嘗專任儒術足以致治者乎?……若管仲、商鞅、韓非,皆古之大政治家也。其言治國之理,至明核矣。吾嘗以爲載籍極博,而獨乏系統闡發政治理論之書。惟周秦法家于富國强民之道、生財教戰之方,以及黜華崇實、肅化明紀諸端,言之兢兢,自成體系。管仲以之治齊,商鞅以之治秦,雷厲風行,悉奏膚功。而秦皇之一統宇内,立邦治法,一遵韓非之説,此其尤大章明較著者也。……宋人曾鞏,于所撰《戰國策目録序》中所云……此乃憤世嫉邪,有爲而發,又不可持此以上論周秦法家之書。《四庫總目叙》竟比傅其説以擬議之,非也。"①

(三) 指出《四庫提要》分類的不足

《四庫提要》採用的是經、史、子、集四部分類法,該分類法的出現是書籍發展的結果。張先生在其《中國歷史要籍介紹》一書中説過:

> 本來所謂經部、史部、子部、集部的分類,是在圖書日益繁多的時候,爲編目方便起見,把它們以類相從,排列起來,易于尋檢。當漢代學者劉歆編定中國第一部圖書總目録——《七略》的時候,他把圖書分爲六藝、諸子、詩賦、兵書、數術、方技六類。六藝,便是後世的經部;詩賦,便是後世的集部;其餘四類,後世合爲子部,那時根本没有統括歷史書籍的部類。這是由于當時記載歷代史迹的書籍,從《世本》以至《漢大年紀》,僅有八家四百十一篇,不能獨成一類,所以推本這種書籍的所自出,附列在六藝的春秋家。到西晉初年,荀勖編《中經新簿》的時候,由于史籍太多了,分其所當分,而合其所當合,便以"甲乙丙丁"四部統括天下群書。不過,當時甲、乙、丙、丁四部的次序,是經、子、史、集,後來東晉李充將子部移後,史部提前,使"甲乙丙丁"成爲"經史子集"的順序。從此四部分類法,自唐以後,便一直沿用不改,這都是由于編定圖書目録的人們,斟酌書籍多少,從而進退分合,來標立名目的。②

---

① 張舜徽:《舊學輯存·四庫提要叙講疏》(下),第 1773—1775 頁。
② 張舜徽:《中國歷史要籍介紹》,武漢:湖北人民出版社,1955 年,第 3—4 頁。

可見，書籍的分類並不是一成不變的，隨著時代的推移、書籍種類與數量的變化，後人可以因時制宜、適當地修正舊門類、增設新門類。紀昀在部類群書時，便能注意斟酌的損益、因時制宜。張先生在《中國文獻學》一書中指出，《四庫提要》的分類具有以下獨到之處：（1）調整書籍部類；（2）歸類務求明晰；（3）減少每一部類的子目；（4）糾正舊目歸類的錯誤。①

紀昀的部類群書，雖然精到，也難免有不完善之處。綜合《講疏》所言，《四庫提要》的分類主要有以下不足：

1. 所立類名有不當之處。如《四庫提要》史部設有政書類，張先生指出，以“政書類”命名不如以“制度類”命名恰當：“《四庫總目》著錄此類之書，惟以有關朝章國政者爲主，是也。一類之中，又分細目：首曰通制……次曰典禮……再次曰邦計……此外尚有軍政、法令、考工諸目，以分統專門之書，可云詳備。顧遵用明人錢溥《秘閣書目》例總題政書，意猶未顯。吾則以爲不如創立制度一目以代之，較爲允當。且‘政書’二字，所該至廣，如誠循名求實，則《資治通鑑》、《經世文編》之類，何一不可納之政書乎？況史部職官類之後，即繼之以制度類，依事相承，密近無間。禮以義起，不必全襲前人也。”②

2. 門類設置有不合理的現象。如《四庫提要》子部設有譜錄類，張先生認爲，譜錄類之書均可納入類書類中，而不必別爲一類：“宋尤袤所撰《遂初堂書目》創立譜錄一門，《四庫總目》因之，而其實非也。大抵此門之書，皆所以類萬物之情狀，納諸類書，適得其所，自不必別爲一類。宋末編書目者，馬端臨猶明斯義，故以陶弘景《古今刀劍錄》入之類書，此正其精到處。而《四庫總目》非之（見譜錄類器物之屬案語），蓋未達斯旨也。《四庫》雖立譜錄一門，而于僻籍小書無可繫屬者，往往而窘，附錄《雲林石譜》于器物之末，即其明例。若能統歸類書，則斯弊祛矣。然自來著錄之家，于類書一門，但統錄《書鈔》、《御覽》諸編，而不復別析細目。惟孫星衍《祠堂書目》區爲事類、姓類、書目三種，體例獨善。苟能循斯義例，于三種之外，別增物類一目，則凡譜錄諸書，悉可歸納靡遺矣。”③

3. 書籍歸類有不準確的情況。如《四庫提要》置實錄于史部別史類中，張先生

①　張舜徽：《中國文獻學》，第 274—276 頁。
②　張舜徽：《舊學輯存·四庫提要叙講疏》（下），第 1753 頁。
③　張舜徽：《舊學輯存·四庫提要叙講疏》（下），第 1801 頁。

指出："自《隋志》于史部闕起居注一門,而《唐志》因之,《舊唐書》且並實錄入起居注,論者目爲一物,而其實非也。考唐初自起居注外,別有實錄,名近而體例不同。……據此,可知起居注但記人君言行,而實錄則由刪錄國史而成。體之弘纖不同,而爲用亦異。《舊唐書》以實錄附起居注,非也。惟實錄與起居注俱爲編年體,自不得別爲門類……《四庫總目》並起居注于編年,是也;而置實錄于別史,則倫類不侔矣。"①

三、《四庫提要叙講疏》的學術價值

《講疏》一書,"首取《提要》本書以相申發,次採史傳及前人舊説藉資説明,末乃附以愚慮所及而討論之"②,是張先生四庫學研究的代表作品,具有重要學術價值,具體來講,主要有以下幾個方面:

(一)探索《四庫提要》研究的新路徑

20世紀,我國學者對《四庫提要》的研究,以余嘉錫先生的《四庫提要辨證》與胡玉縉先生的《四庫全書總目提要補正》爲主要代表。余、胡兩位對《四庫提要》一書主要作了駁難和訂補的工作,未對《四庫提要叙》進行全面疏釋。在張先生《講疏》之前,雖有周雲青先生《四庫全書提要叙箋注》一書,而該書只有箋注,未能自抒己見,論列是非得失,所以影響不及張先生的《講疏》。③ 余、胡兩位對《四庫提要》的整體辨證,旨在匡謬補闕、求真求是;張先生重視對《四庫提要叙》的全面解析,意在合理運用、啟誘初學,兩者無疑都是《四庫提要》研究的重要組成部分。

(二)辨章學術、考鏡源流,簡明扼要地講述中國學術史

《講疏·自序》稱:"往余爲大學文科講授《國學概論》,即取《四庫全書總目提要叙》四十八篇爲教本。昔張之洞《輶軒語》教學者曰:'將《四庫全書總目提要》讀一過,即略知學問門徑矣。'余則以爲此四十八篇者,又門徑中之門徑也。苟能熟習而

---

① 張舜徽:《舊學輯存·四庫提要叙講疏》(下),第 1719—1721 頁。
② 張舜徽:《舊學輯存·四庫提要叙講疏》(下),第 1643 頁。
③ 可參閱劉海波《張舜徽"四庫學"研究述論》(《學習與實踐》2012 年第 2 期)一文的相關論述。

詳繹之,則于群經傳注之流別,諸史體例之異同,子集之支分派衍,釋道之演變原委,悉憭然于心,于是博治載籍,自不迷于趣向矣。因與及門講論而疏通證明之。"①《四庫提要叙》本身即是簡明的中國學術史,《講疏》申發其觀點、糾正其錯誤,可以説是修正版的中國學術史。正如周積明先生所説:"《四庫提要》之小序、總序,于數千年之學術,挈其綱領,叙其流變,論其得失,實爲一部不可多得之學術史,而舜徽師之《四庫提要叙講疏》,可謂解讀這部學術史的密鑰,其嘉惠于後學者,豈淺鮮哉!"②

(三) 指示後學讀書治學之法

　　張先生在講解《四庫提要叙》的同時,也注意指導後學讀書治學之法。他在講解《易類叙》時説道:"大抵簿録群書者,不嫌並蓄;而伏案鑽研者,必有專宗。否則泛濫無歸,終鮮所得,不可謂善學也。清初黄宗羲作《易學象數論》,深斥漢之京、焦,宋之陳、邵,獨取王《注》、程《傳》之説,蓋以魏晋人《易》説,雖祖尚玄虚,而能盡掃象數,獨標卦爻承應之義。視費直以《彖》、《象》、《繫辭》、《文言》解説上下經,若合符契,固猶漢師遺法也。乾隆時樸學大師戴震嘗言:'《周易》當讀程子《易傳》。'(見段玉裁所編《年譜》)然則誦習王《注》、程《傳》,固今日治《易》者,守約之道也。"③此論雖就研究《周易》而發,推之研讀四部群籍,莫不如此,學者讀書治學,固當博觀約取。張先生在疏解《子部總叙》時也闡發了"博約"之論,他説:"此言經史乃學問根柢,儒家固可與經史旁參。其他諸家,亦各有攸長,不能盡廢也。《四庫總目》卷一百三十六《子史精華提要》有云:'四庫之中,惟子史最爲浩博,亦最爲蕪雜。蓋紀傳、編年以外,凡稗官野記,皆得自托于史;儒家以外,凡異學方技,皆得自命爲子。學者雖病其冗濫,而資考證、廣學問者,又錯出其中,不能竟廢,卷帙所以日繁也。'明乎斯旨,而能博收慎取,庶可以通萬方之略矣。"④

(四) 爲國學的定義與範圍的探討提供了一個合理的意見

　　張先生講授《國學概論》課程,以《四庫提要叙》爲教本,表明他認爲國學即是

---

①　張舜徽:《舊學輯存·四庫提要叙講疏》(下),第 1643 頁。
②　周積明:《讀〈四庫提要叙講疏〉札記六則》,董恩林:《紀念張舜徽百年誕辰國際學術研討會暨中國歷史文獻研究會第 32 屆年會論文集》,武漢:湖北人民出版社,2012 年,第 154 頁。
③　張舜徽:《舊學輯存·四庫提要叙講疏》(下),第 1659 頁。
④　張舜徽:《舊學輯存·四庫提要叙講疏》(下),第 1764 頁。

經、史、子、集四部之學。國學與西學對立而生,而張先生不以國學自限,他主張兼容並蓄、融匯中西。他在講解《天文演算法類叙》時,通過補充梅文鼎事迹,表達了這種治學理念:"梅文鼎,清初宣城人。……文鼎于天算爲絶學,而其所以超軼前人者,尤在能匯通中西,以求其是,而不專己守殘也。觀其所爲《中西算學通自序》有曰:'古數學諸書僅存者,皆不爲文人所習。好古博覽之士,或僅能舉其名。數學之衰,至此而極。萬曆中,利氏入中國,始倡幾何之學。以點綫面體爲測量之資,制器作圖,頗爲精密。學其學者,或張皇過甚,無暇深考乎中算之源流,輒以世傳淺術,謂古九章盡此,于是薄古法爲不足觀。而或者株守舊聞,遽斥西人爲異學。兩家之説,遂成隔礙,此亦學者之過也。余則以爲學問之道,求其通而已。吾之所不能通,而人則通之,又何間乎今古,何别乎中西。'此論至爲弘通,足以破深閉固拒、故步自封之陋。其于承先啟後,溝通中西,厥功偉矣。"①

(周國林 邱亞 華中師範大學歷史文化學院)

---

① 張舜徽:《舊學輯存·四庫提要叙講疏》(下),第 1787 頁。

論王重民先生的四庫學成就

　　學術名家王重民先生(1903.1.23—1975.4.16)，在目録學、四庫學、敦煌學和圖書館學等多個學術領域，均卓有著述，成就斐然。在先生誕辰百年之際(2003)，曾出現了一批研究先生學術思想與貢獻的文章，關注重點多集中在目録學、圖書館學等領域①，而對先生在四庫學研究領域内的貢獻，還缺少足夠的重視與充分的研究。學術的發展總是站在巨人的肩膀上的，因此，在四庫學研究蓬勃開展的今天，返視、總結先生在這一領域的學術成就，從中汲取豐富的營養，既是學術發展的應有之義，也是對學術前輩最好的紀念。

一、王重民先生的四庫學研究

　　王重民先生四庫學領域的研究貢獻，主要有以下幾個方面：

(一) 輯録四庫抽毀書提要

　　1927 年春，先生在故宫博物院圖書館發現《四庫全書》清繕本十數部，每部或有二三重份，不見著于《四庫全書總目》，而俱見于《四庫簡明目録》。經與陳垣先生、余嘉錫先生等溝通往還，王先生對這批抽毀書提要的性質與重要性有了深切認識，于是編成《四庫抽毀書提要稿》一種，予以刊印；内收陳垣先生致余嘉錫先生函等，保留了四庫學興起之初的珍貴史料。另外還因此撰成了《李清著述考》等文章，填補了學術界的研究空白。

---

　　① 北京大學信息管理系編：《王重民先生百年誕辰紀念文集》，北京：北京圖書館出版社，2003 年。

(二) 整理、刊布四庫全書纂修檔案

1934 年,王重民先生匯集出版了《辦理四庫全書檔案》,包括:甲、陳垣先生從集靈囿舊軍機處檔案及內閣大庫《起居注》等抄出的《辦理四庫全書檔案》;乙、侯忠植先生從大高殿軍機處檔案抄出辦書檔案;丙、諸家文集或他書所附材料。從檔案類型上說,有諭旨、有奏摺、有移、有札,均按年編次;另有記過檔案,因爲可以瞭解修書時督課之嚴,特別寶貴,所以自爲一類;後附記過統計表,表後附人名索引。每份檔案,均詳細注明出處。① 自陳垣先生首先注意並利用四庫纂修檔案以來,王重民先生首次將辦理檔案結集出版,爲四庫學研究奠定了堅實的文獻基礎。

(三) 分析四庫本的學術價值,提出選印珍本的建議

20 世紀 20 年代以來,影印《四庫全書》的呼聲漸高,成爲當時的學術熱點。當時的國民政府教育部遂與商務印書館合作,訂立合同,欲影印全書,定名《影印四庫全書未刊珍本》。袁同禮先生純從學術出發,寫出《四庫全書罕傳本擬目》,分寄國內外學者與藏書家,希望藉機採求、刊布秘笈孤本,保存文獻,推動學術。王重民先生踵美其後,先後撰寫了《論選印〈四庫全書〉》②、《評〈景印《四庫全書》未刊本草目〉》③兩篇文章(均發表于 1934 年),對《四庫全書》中何者當影印刊行的問題,提出了自己的思考。《論選印〈四庫全書〉》一文建議有四:文淵、文津二本互校,擇善而從之;四庫殘本宜換足本,輯本有原本者宜用原本;底本宜據以影印,善本宜據以作校勘記;序跋宜附,目録宜補。《評〈景印《四庫全書》未刊本草目〉》一文,則針對國立中央圖書館籌備處所編《草目》而發。《草目》公布後,因其頗有疏漏,學人紛紛批駁,如陳垣先生爲撰《簽注》,列出已有近刊本或精鈔本者五十二種,可從原目三百六十六種中剔出,如此"可省二萬二千四百八十一葉"④。王先生在此基礎上,復列出有新刊本者六十四種,有照板待印者五種,四庫未著録者五種,合計七十四種,均應從《草目》中删去。可見,王先生以扎實的版本、目録學爲根基,對影印四庫珍本的問題,提出了合理、中肯的建議。

① 王重民:《〈辦理四庫全書檔案〉叙例》,《冷廬文藪》,第 420—421 頁。
② 王重民:《冷廬文藪》,第 619—623 頁。
③ 王重民:《冷廬文藪》,第 624—663 頁。
④ 陳垣:《景印四庫全書未刊本草目簽注》,陳智超編《陳垣四庫學論著》,北京:商務印書館,2012年,第 34 頁。

（四）全面研究《四庫全書總目》

　　包括探討其成書背景、纂修歷程、著録原則、思想内容、學術影響，以及版本優劣等。先生對《四庫全書總目》的研究成果，主要體現在《論〈四庫全書總目〉》①、《跋新印本〈四庫全書總目〉》②兩篇論文上。《論〈四庫全書總目〉》一文，是體大思精之作，最突出的貢獻是從當時的學術條件出發，利用新的研究方法，對《四庫全書總目》進行了全方位的綜合研究，提出了令人耳目一新的見解。該文對《總目》纂修的時代背景的剖析，尤其是清高宗弘曆藉修書之機清洗存世典籍的揭露，有據有力；對《總目》纂修三個階段的劃分，允合實際；對《總目》在目録編纂方法、指導士子讀書方面的學術影響，條分縷析，極爲典要。《跋新印本〈四庫全書總目〉》一文，則專就中華書局影印本《四庫全書總目》（1965 年出版）展開討論。該文通過《千叟詩宴》、《八旬萬壽盛典》兩條提要的著録日期等内證，有力地批駁了該書《出版説明》中認爲殿本編定、刊版于乾隆五十四年（1789）的誤説，並作出殿本可能刻版于乾隆五十七年、刻成于五十八年秋冬之間的推論，從而朝事實真相更向前邁進了一大步。王先生還不辭其細，對影印本校勘記中與殿本有關的五十八條，逐一考校，辨其得失，得出了殿本較浙本更優的學術結論，並且指出這一定是因爲經過了紀昀"不斷的隨手加以修改潤飾"的結果。由于材料的限制，王先生當時並不知道浙本實據文瀾閣所藏《總目》寫本刊成，但其研究結論却與最新發現驚人地一致③，足見其方法之精審、識見之敏鋭。

　　此外，作爲"我國著名的圖書館事業家、版本目録學家"④，王重民先生自 1947年歸國後，即"主持北京大學圖書館學系，作育人材"⑤，在四庫學等科研與教育領域，貢獻卓著。上述《論〈四庫全書總目〉》一文，就是該系目録學教研室一項科研題目的學術成果。王先生在主持該項目過程中，曾開過兩次討論會，徵求意見。科研與教學相結合，不僅教學相長，促進了學術研究，還爲國家培養了大批優秀的人才。

　　綜上可知，王重民先生涉足的四庫學研究領域是極爲廣闊的，既有四庫抽毁提

---

　　①　王重民：《論〈四庫全書總目〉》，《北京大學學報》1964 年第 2 期，第 61—76 頁。
　　②　王重民：《跋新印本〈四庫全書總目〉》，《冷廬文藪》，第 664—692 頁。原刊于《吉林省圖書館學會會刊》1981 年第 1 期。
　　③　崔富章：《〈四庫全書總目〉版本考辨》，《文史》1992 年第 35 輯，第 170 頁。
　　④　孟昭晉、王錦貴：《二十年來的王重民研究》，《中國圖書館學報》1999 年第 2 期，第 54 頁。
　　⑤　傅振倫：《中國善本書提要序》，王重民《中國善本書提要》，上海：上海古籍出版社，1983 年，第 1 頁。

要之輯録、纂修檔案之整理與刊布,爲四庫學的發展奠定堅實的文獻基礎;又有對《四庫全書》版本的梳理與抉發,爲刊印珍本提出合理的建議。對于四庫學中最重要的分支——《四庫全書總目》研究,先生不僅有高屋建瓴的全面闡發,也有細緻入微的精要識見。如果考慮到先生所撰《中國善本書提要》一書,"凡《四庫全書總目》已有提要者即不再編寫"①,實際上具有《四庫全書總目》續編的性質,那麼,王先生所拓展的領域與取得的成就,就更爲廣大。可以説,在陳垣、余嘉錫等師長開闢的四庫學道路上,王重民先生一路高歌,把四庫學發展到了一個新階段,達到了同時代的高峰,成爲後來學人必須駐足流連的學術風景。譬如,前揭中華書局影印本《四庫全書總目》,後即附有《四庫撤毀書提要》、《四庫未收書提要》;1997 年,中國第一歷史檔案館編輯出版了更爲完備的《纂修四庫全書檔案》;20 世紀 80 年代以來,四庫系列叢書(包括《景印文淵閣四庫全書》、《續修四庫全書》、《四庫全書存目叢書》、《四庫禁毀書叢刊》、《四庫未收書輯刊》、《摛藻堂欽定四庫全書薈要》等)先後出版;2008 年以來,《四庫提要著録叢書》又陸續付梓。王先生的研究成果,成爲後來學者進行深入研究的起點。在王先生逐條考校上揭中華書局本《四庫全書總目》所附校記的基礎上,崔富章先生撰有專文,進一步討論了這批校記的得失。②關於四庫學的研究專著(包括《四庫全書總目》訂誤之作)已有十餘部,研究論文更是汗牛充棟。在四庫學枝繁葉茂、蔚爲大觀,成爲學術熱點的當下,學人當感念先生在這一領域的拓展、護持、推進之功。

二、王重民先生四庫學研究之平議

如上所述,王重民先生的四庫學成就是多方面的:其資料性的搜集、整理與出版工作,惠及數代,學人至今仍受其賜;其關於四庫版本的分析與抉發,爲進一步研究版本問題、刊印底本叢書等奠定了理論基礎;其關于《四庫全書總目》的綜合研究,則不僅爲後來學者提供了鮮明的學術觀點,還提供了宏通的研究視野與辨證批評的研究範式。

---

① 傅振倫:《中國善本書提要序》,王重民《中國善本書提要》,第 1 頁。
② 崔富章:《〈四庫全書總目·校記〉平議》,《版本目録論叢》,北京:中華書局,2014 年,第 72—82 頁。

　　限于可見資料與時代條件，先生的研究中還存在一些可以商榷的地方。根據新發現的材料對已有學術觀點進行重新審視、研究並得出新的結論，是學術研究得以推進的重要途徑之一。學界對王先生四庫學的批評，主要集中在其《四庫全書總目》的研究上。綜觀與此有關的研究成果，其中最具學術價值與代表性的當推崔富章先生的研究。崔先生精于《總目》版本之學（曾目驗過近二十種版本），在最近二十多年來的系列文章中，力證《總目》浙本所用底本爲文瀾閣所藏寫本，浙本刊成于乾隆六十年（1795）十月，較刊竣、上呈于十一月十六日的武英殿刻本爲早，從而糾正了近百年來包括王重民先生在内的學人所持論的"浙本翻刻殿本"一説，貢獻最巨，令人矚目。

　　此外，王先生《論〈四庫全書總目〉》一文内還有部分觀點或論述，需予修正。

　　1. 關于《四庫全書總目》纂修過程。王先生説："自乾隆三十八年五月（1773 年 7 月）四庫全書館決定纂修《四庫全書總目》和《存目》，四十六年二月十六日（1781 年 3 月 9 日）初稿完成，又經過了長時期的修改、補充，大約于乾隆五十八年（1793 年）才由武英殿刊版印行。"①

　　按：上揭表述内可議者有三。其一，關于下令纂修《四庫全書總目》的決定者。清修《四庫全書》及其附屬成果，如《四庫全書總目》、《四庫全書考證》、《四庫全書簡明目録》等，均由清高宗弘曆親自發動。諸如纂修機構的設立、人員的任免與賞罰、纂修内容的選定等，均由弘曆掌控。乾隆三十八年五月初一日（1773 年 6 月 20 日）上諭云："自昔圖書之富，于斯爲盛。特詔詞臣，詳爲勘核，釐其應刊、應抄、應存者，繫以提要，輯成總目，依經史子集部分類彙，命爲'四庫全書'，簡皇子、大臣爲總裁以董之。"②這是弘曆正式下令纂修《總目》的開始，全書的纂修工作因此步入正軌。其二，關于《總目》初稿完成的時間。在《總目》纂修過程中，館臣曾數次奏進書稿，以邀指示。目前可見最早的材料，是乾隆三十九年七月二十五日（1774 年 8 月 31 日）的上諭，内稱"辦理《四庫全書》處進呈《總目》……蒐羅既廣，體例加詳，自應如此辦理"③。又乾隆四十一年九月三十日（1776 年 11 月 10 日）上諭稱："前經降旨，

　　①　王重民：《論〈四庫全書總目〉》，《北京大學學報》1965 年第 2 期，第 62—63 頁。
　　②　張書才主編、中國第一歷史檔案館編：《纂修四庫全書檔案》第 66 條，上海：上海古籍出版社，1997 年，第 107—108 頁。
　　③　張書才主編、中國第一歷史檔案館編：《纂修四庫全書檔案》第 171 條，第 228 頁。

令將《四庫全書總目》及各書提要,編刊頒行。"①弘曆有此指示,也應該看到了較全的《總目》進呈稿。這兩次,均在上述時間(乾隆四十六年二月十六日)之前。其三,關于殿本的刊行時間。王先生没有看到第一手的可靠資料,所以僅能擬測其可能時間。現據乾隆六十年十一月十六日(1795 年 12 月 26 日)曹文埴奏摺,知殿本之刻竣,至遲不晚于此日。②

2. 關于《四庫全書總目》的著録内容。王先生指出:"《四庫全書總目》所著録的 3 448 種書籍都是經過删削、改竄、重編、清洗之後才編入《四庫全書》之内的,《存目》著録的 6 783 種都是經過審查認爲無礙(其中也有一小部分進步書籍遭到了'暗殺'),而發回原藏書家的,還有 3 000 多種所謂'禁書'遭到了暗殺,都被擯斥在《四庫全書總目》的著録之外。"③

按:這段表述,强調了弘曆對辦理圖書内容的甄别、審查或禁毁,但是過于絶對,因爲仍有一些圖書,没有經過上述甄别、清洗的過程,而是直接納入《全書》之中。這些圖書以清代諸帝(包括弘曆本人)所御定的各種圖書爲主,如順治時期就有《易經通注》、《御定孝經注》、《御製人臣儆心録》、《御定資政要覽》、《御定孝經衍義》、《御定内則》等 9 種,康熙時期則有 41 種,雍正時期也有 9 種。乾隆時期最多,共有 95 種。此外,像《周易正義》一類的經解,《説文解字》一類的工具書,《史記》一類的史書,《文選》一類的純文學作品,既不涉及夷夏之防,也不涉及明末清初的史實,所以不在弘曆君臣的甄别、清洗之列。

3. 關于清廷的文化政策。王先生指出,滿族在北京建立政權後,欲統治全國,于是進軍南方,"對起義軍民進行了極其殘酷的屠殺和血腥鎮壓"。"直到 1679 年(康熙十八年)清政府開博學鴻詞科,以搜羅、收買並軟化有民族思想的知識分子,這標誌著在血腥鎮壓的一手之外,又開始了另一手的文化教育政策。"④

按:滿族以少數族群崛起關外,暴得天下,並能維持長達 268 年的統治(1644—1911),其統治策略,正如王先生所指出的,除了武力征服、血腥鎮壓之外,還特别重視"文治"。其核心是,在葆有關外文化傳統的同時,全面授受漢文化傳統,把儒家

---

① 張書才主編,中國第一歷史檔案館編:《纂修四庫全書檔案》第 343 條,第 537 頁。
② 張書才主編,中國第一歷史檔案館編:《纂修四庫全書檔案》第 1510 條,第 2374 頁。
③ 王重民:《論〈四庫全書總目〉》,《北京大學學報》1965 年第 2 期,第 63 頁。
④ 王重民:《論〈四庫全書總目〉》,《北京大學學報》1965 年第 2 期,第 61 頁。

思想作爲統治思想。這一文教政策的實施，並不是直到康熙十八年(1679)徵召博學鴻詞才開始，而是很早就開始了，禮敬孔子、尊奉程朱、開科取士、舉行經筵典禮、編纂御定經解等，就是其具體表現。如順治元年十月丙辰(1644 年 10 月 31 日)，清世祖福臨令孔門後人襲封衍聖公與五經博士①；順治十二年三月壬子(1655 年 5 月 3 日)，福臨宣告："朕惟帝王敷治，文教是先；臣子致君，經術爲本。自明季擾亂，日尋干戈，學問之道，闕焉未講。今天下漸定，朕將興文教，崇經術，以開太平。"②可見，"興文教，崇經術"，爲清欲"開太平"的既定國策。康熙二十三年十一月己卯(1684 年 12 月 23 日)，玄燁南巡，親至曲阜祭孔，以征服之主、帝王之尊，而行三跪九叩禮③，更昭示著滿清對儒家文化傳統的全面禮敬與全盤接受。徵召博學鴻儒，只是其中重要的文教策略之一，而且並非首策。

　　以上就王重民先生的四庫學成就進行了總結與討論。筆者認爲，總結成就，商榷學術，是後學者對前輩大家最好的紀念與禮敬。

（張宗友　南京大學文學院）

---

　　①　《世祖章皇帝實錄》卷 9，《清實錄》第 3 册，北京：中華書局，1985 年，第 92—93 頁。
　　②　《世祖章皇帝實錄》卷 90，《清實錄》第 3 册，第 712 頁。
　　③　《聖祖仁皇帝實錄》卷 117，《清實錄》第 5 册，第 231—232 頁。

"輯今弄古非同事　天禄文淵故別藏"

——論宮廷書目在學術史上的典範意義

　　宮廷藏書是在皇帝的授命及參與下逐漸建立起來的，是國家藏書的主體部分。歷朝歷代都設立相應機構對宮廷藏書進行整理，編爲書目，所成的宮廷書目是中國古典目録的重要類型。相比私人藏書目録，宮廷書目往往收書多，體量大，代表了當時國家的藏書水準，特別是在著録内容和體例上，對當代及以後的目録編纂具有指導意義。宮廷藏書的搜集、整理和利用是文治的組成部分，體現了國家意志，進而也影響到整個時代的學術風尚。西漢《七略》、魏《中經》、東晋《晋元帝四部書目》、唐《開元四庫書目》、宋《崇文總目》、明《文淵閣書目》、清《天禄琳琅書目》等，無一不是中國目録學史上的典範之作，在學術史上佔有重要地位。

　　有清一朝亦仿前代舊制，重視對歷代書籍的保存、整理，乾隆年間出現了中國歷史上第一個宮廷善本特藏——"天禄琳琅"，編成了第一部皇家善本書目《天禄琳琅書目》。《天禄琳琅書目》前後兩編共著録了一千餘部善本書，均爲内廷藏書之精華。書目爲提要體，是我國第一部官修善本目録，沿襲漢代以來書目解題傳統，在著録、編排等體例方面多有創見，于清代藏書家講究版本鑒定、注重善本著録之風氣影響深遠，直接開啟近世版本目録學之興盛。作爲宮廷書目，更是極具導向性，主導了清乾隆以後近三百年善本書目編纂風尚，其體例甚至遠播海外，近代美、日、韓等國所編漢籍書目亦深受其影響。

　　將善本書籍視同文物，以賞鑒爲旨趣，仿書畫著録之體例，是《天禄琳琅書目》最顯著特點。這一特點，使《天禄琳琅書目》與同一時期出現的另一部清代官修目録《四庫全書總目》在編纂宗旨上完全不同，《四庫全書》乃"輯今"，天禄琳琅則"弄古","輯今夆古非同事，天禄文淵故別藏"①。《天禄琳琅書目》無論編排次序，還是著録内容皆圍繞版本，對版刻源流的追溯與藏書印記的登載不厭其詳，此實大異于以評述書籍内容爲主的《四庫全書總目》，這種體例奠定了後來善本目録的基本程式，具有經典的垂範意義。版本目録在中國古代目録學史上發端較晚，宋、明雖有簿記版本于藏書目録的做法，但都甚爲簡略，影響不大。清朝初年，版本目録異軍突起，自錢曾（1629—1701）《讀書敏求記》肇始，稍後毛扆（1640—1713）《汲古閣珍藏秘本書目》、孫從添《上善堂宋元版精鈔舊鈔書目》都以記載書籍版本特徵、考訂版本流傳爲主要内容。到乾嘉年間，版本目録一時蔚然大觀，版本研究呈現繁榮景象，在這個發展過程中，《天禄琳琅書目》起到了巨大影響。本文試以《天禄琳琅書目》爲例，探討其在學術史上的重要地位。兹從體例、體裁、鑒藏風尚三個方面予以分析。

一、編纂體例

明人書目在書名下附記版本，並不少見，如晁瑮《寶文堂書目》、徐𤊹《紅雨樓書目》、李鶚翀《江陰李氏得月樓書目》等，但尚未發展到整部目録皆以版本目録面目出現的程度，明代也始終没有出現一部以賞鑒爲宗旨、以善本特藏爲著録物件的善本目録。近代善本書目的盛行，創始于錢曾《述古堂宋版書目》，將 98 種宋版書集中，單獨立目，然體例過簡，真正集大成者是《天禄琳琅書目》。

《天禄琳琅書目》記皇家善本特藏，每書"詳其年代、刊印、流傳、藏弆、鑒賞、採擇之由"②，以解題形式逐一記述書名、卷數、著者、内容大要、序跋、題跋、藏書源流、版本、印記等内容，編排上則"宋、元、明版書各從其代，每代各以經、史、子、集爲次"③，即以版本年代爲綱，同時代再依經、史、子、集分類排序。這種特殊的編纂體例，實際上是開創了我國鑒賞書目程式之先河。此例一開，嘉慶以降，諸多書目皆是鑒賞書目，體例盡是仿《天禄琳琅書目》，較著名者：嘉慶、道光間有黄丕烈

① （清）于敏中、彭元瑞等著，徐德明標點：《天禄琳琅鑒藏舊版書籍聯句》，《天禄琳琅書目》，上海：上海古籍出版社，2007 年，第 8 頁。
② （清）慶桂等編纂，左步青校點：《書籍五・鑒藏一》，《國朝宫史續編》卷 79，北京：北京古籍出版社，1994 年，第 745—762 頁。
③ （清）于敏中、彭元瑞等著，徐德明標點：《天禄琳琅書目》，第 2 頁。

(1763—1825)《百宋一廛賦注》、吳騫(1733—1813)《拜經堂藏書題跋記》、陳鱣(1753—1817)《經籍跋文》、孫星衍(1753—1818)《平津館鑒藏書籍記》、張金吾(1787—1829)《愛日精廬藏書志》、瞿鏞(1794—1846)《鐵琴銅劍樓藏書目錄》;同治、光緒間有朱學勤(1823—1875)《結一廬書目》、陸心源(1834—1894)《皕宋樓藏書志》、《儀顧堂題跋》,丁丙(1832—1899)《善本書室藏書志》,耿文光(1830—約1908)《萬卷精華樓藏書記》;民國間有葉德輝(1864—1927)《郋園讀書志》、鄧邦述(1868—1939)《群碧樓善本書錄》、傅增湘(1872—1949)《藏園群書題記》、張元濟(1867—1959)《寶禮堂宋本書錄》等。約舉數例説明之:

乾嘉間藏書大家黃丕烈,是清代私人藏書家中最具代表性的一位。他爲自己的藏書編過三種目録:一《所見古書録》,二《百宋一廛書録》,三《求古居宋本書目》,在讀書、校書過程中他還撰寫了大量題跋。這些目録和題跋注重考訂版本源流,偏嗜宋元舊刻,既反映了黃氏藏書特色,也體現了乾嘉時代佞宋之風尚,後人評價他的題識:"于版本之後先,篇第之多寡,音訓之異同,字畫之增損,授受之源流,翻摹之本末,下至行幅之疏密廣狹,裝綴之精粗敝好,莫不心營目識,條分縷析,跋一書而其書之形狀如在目前。"①黃丕烈還曾明確提到用《天禄琳琅書目》之例,在他所藏影宋鈔本《韓非子》上有其嘉慶七年(1802)所作長跋,記得此書經過甚詳,稱此書爲錢曾述古堂抄本,曾經季振宜、汪啟淑舊藏,甚爲精雅,銘心絶品,乃以卅金購得。後見宋刊本于張古餘處,兩本皆有缺漏,黃氏即以兩本參校補足,并以別紙影鈔宋刻之真者,念其流傳不易,"因並描其藏書諸家圖書,以志源流。首列'張敦仁讀過'一印,此書得見之由也。每冊圖書,未能悉摹,兹但取其一,次其先後。每印所在,遵《天禄琳琅》例,注出某卷某葉,日後得見宋刻,欲定余手校所據本者,可按此知之"②。

不僅著録內容,《天禄琳琅書目》依版本年代編次的做法,亦爲黃丕烈所繼承。嘉慶七年(1802),黃丕烈遷居蘇州東城之懸橋巷,構專室儲所藏宋槧本,名之曰"百宋一廛",據張鈞衡説:"(黃丕烈)撰《所見古書録》,專論各本,以宋槧一,元槧二,毛

① (清)黃丕烈著,屠友祥校注:《蕘圃藏書題識》,上海:上海遠東出版社,1999年,繆荃孫序,第1頁。
② (清)黃丕烈著,屠友祥校注:《蕘圃藏書題識》"影宋鈔本《韓非子》二十卷"條,第256頁。

鈔三，舊鈔四，雜舊刻五。並未編定"①。此《所見古書録》稿本，黄氏友人瞿中溶見過，有"甲乙編、丙三及附編，共二十册，觀之，屬其繕出清本，擬爲編校以待付梓"②。稿本後歸陸心源酈宋樓，但並未見于日本静嘉堂，現已不知下落。稿本雖已不存，但顯然其編次方法與《天禄琳琅書目》如出一轍。

與黄蕘圃往來密切的海寧吴騫，藏書處名"拜經樓"、"千元十駕"，亦以精善著稱，其子壽暘輯先父題跋二百餘則，成《拜經樓藏書題跋記》一書，"其中辨誤析疑，兼及藏書之印記，書版之行款，鈔書之歲月，莫不詳識"③。與《天目》一樣，不以揭示圖書内容爲主旨，而注重刊版年月、册籍款識、收藏印記的描繪和版本源流的考訂。

同一時期另一位大藏書家陽湖孫星衍，編有三部體制各異的目録著作，但無一不受《天禄琳琅書目》之影響。《孫氏祠堂書目》以書名標目，將同書異本統歸一種書下，如《天禄琳琅書目》一樣廣收同書異本。其《平津館鑒藏書籍記》、《廉石居藏書記》"皆録宋元明槧及舊鈔精本，多爲《四庫》未録者，每書著其刊刻年代、人名、前後序跋、撰人，並記行款、字數、收藏家印記，視晁、陳諸目，更爲精備"④。他的《平津館鑒藏記書籍》著録了所藏精華 338 部，依宋版、元版、明版、舊影寫本、影寫本、外藩本爲序。孫氏編寫此書的初衷，是受到阮元進呈四庫遺書並纂成《四庫未收書提要》的影響，欲將個人藏書的善本部分選出編目，進呈朝廷，因此體例上照依《天禄琳琅書目》，編排以版刻朝代爲次，同類版本再按經、史、子、集編排。每書下著録書名、卷數、作者、前後序跋、闕補、藏印等，完全繼承了《天禄琳琅書目》的做法，並有所細化，對版心、行款、耳題、板框高廣等版本特徵的著録更加留意。

嘉慶二十五年(1820)，常熟張金吾將其八萬卷藏書略加詮次，編成二十卷的藏書目録，繼而擇傳本較稀及宋、元、明初刊本暨傳寫文瀾閣本，另爲一編，撰成善本書目《愛日精廬藏書志》。每書之下依次爲書名、卷數；版本及收藏情況；作者；解

　　① （清）黄丕烈：《百宋一廛書録》，《宋元版書目題跋輯刊》第 3 册，影印民國二年(1913)烏程張鈞衡刻《適園叢書》本，張鈞衡跋，第 117 頁。

　　② （清）瞿中溶撰，繆荃孫校定：《瞿木夫先生自訂年譜》，民國二年(1913)劉氏嘉業堂刻本，清華大學圖書館藏，"道光五年八月十三日"下，第 56 頁。

　　③ （清）吴騫撰：《拜經樓藏書題跋記》，《清人書目題跋叢刊》第 10 册，影印清道光二十七年《別下齋叢書》本，北京：中華書局，1995 年，管庭芬跋，第 597 頁。

　　④ （清）陶澍宣：《附：〈木犀軒叢書〉本陶澍宣跋》，（清）孫星衍撰，焦桂美、沙莎標點：《平津館鑒藏記書籍　廉石居藏書記　孫氏祠堂書目》，上海：上海古籍出版社，2008 年，第 712—713 頁。

題,包括考訂刊刻源流、比勘版本異同及內容評價;歷代書目著錄;原書題跋、後人題識等。"觀其某書必列某本,舊新之優劣,鈔刻之異同,展卷具在,若指諸掌。"①《愛日精廬藏書志》解題內容序次有致,規範劃一,載錄原書序跋、藏書題識等不遺不繁,是清代中期所出現的第一部名實相符的藏書志。儘管張金吾強調是編所載皆"有關實學"②,但其收錄範圍與彰顯善本之本意與《天禄琳琅書目》一脉相承,版本著錄上較之《天禄琳琅書目》更爲規範、完善。

仁和朱學勤《結一廬書目》以宋、元、舊版、抄本、通行本分類,類下又分經、史、子、集,每書各記書名、卷數、撰者、版本、冊數。與《天禄琳琅書目》相同,鮮明地採用了版本目録的體式。

獨山莫友芝(1811—1871)之子莫繩孫(1844—1919③)整理刊刻了其父的大部分著述,其中《宋元舊本書經眼録》十六卷,記邵亭先生所見宋、金、元、明各代槧本、抄本和稿本 130 餘種,每書皆有解題,考訂版本。繩孫在同治十二年(1873)七月十九日致黎庶昌的信中,談到了此録編訂情況:

> 先君《舊本書經眼録》,侄編爲三卷,附録一卷,繕成清稿二冊寄上,請姑丈細閱删訂後爲作一序,再行付梓。……侄前編次時檢家中書,唯《天禄琳琅》一書專載舊本,乃以宋元明刊本、舊鈔本各爲類,故侄約依其例編之。④

光緒十二年(1886),江標客粵東,見莫友芝所編《豐順丁氏持静齋書目》四卷本,因"(原書目)雖分四部而新舊雜糅,屬重編之。爰以宋、元、校、抄、舊刻五類,分別部居"⑤。收録丁日昌藏書 529 部,編排體例上棄內容而從版本,表明了對版本目録的認同和支援。此目除未摹印章、未列闕補外,與《天禄琳琅書目》體例幾乎無異。

---

① (清)張金吾撰,柳向春整理:《愛日精廬藏書志》,北京:中華書局,1990 年影印本,顧廣圻序,第 273 頁。
② (清)張金吾撰,柳向春整理:《愛日精廬藏書志》,《例言》,第 275 頁。
③ 莫繩孫的生卒年,見《晚清藏書家莫棠、莫繩孫生卒年考》(《文學遺産》2008 年第 4 期)一文第 15 頁。
④ 張劍:《譜後·莫繩孫年譜簡編》"同治十二年癸酉(1873),三十歲"下,《莫友芝年譜長編》,北京:中華書局,2008 年,第 546—547 頁。
⑤ (清)江標:《豐順丁氏持静齋宋元校鈔各本書目》,《宋元版書目題跋輯刊》第 2 冊,影印清光緒二十一年(1895)江標刻本,《豐順丁氏持静齋書目題辭》,第 49 頁。

　　清末山西靈石藏書家耿文光(1830—約1908)，自述二十四歲起，開始研讀《天
禄琳琅書目》和《四庫全書總目》，以爲治學之門徑，云"予爲目録學，多取諸此"[1]。
後以二十餘年之功，傾畢生讀書心得于其《萬卷精華樓藏書記》一百四十六卷。《精
華記》按四部分類，每書下首標書名、卷數，低二格爲注，低三格爲按語。注，先撰
人；次版本，兩本都佳則遵《天禄琳琅書目》的體例另標一目；次解題；次録序跋；次
採本書要語；次集諸家説，依馬端臨《經籍考》、朱彝尊《經義考》之例。辨版本精粗，
是佳本皆依孫星衍、莫友芝兩家書目之例，記行數、字數、刊刻年月、古版之式及作
僞之迹。

　　民國時江甯鄧邦述爲其家藏編《群碧樓善本書目》、《寒瘦山房鬻存善本書目》
二目，今人喬衍琯評曰：

　　　　鄧氏于所藏書，多躬加題記，再四校讎，蠹眠細書，録稿盈篋。書目仿《天
　　禄琳琅》例，區別刊鈔，各分四部，再依朝代。《群碧目》卷一宋刻本，卷二元刻
　　本，卷三明刻本，卷四明嘉靖刻本，卷五、卷六鈔校本而稿本附焉；《寒瘦目》卷
　　一宋本、元本、景宋鈔本、景元鈔本，卷二明刻本，卷三明嘉靖本，卷四鈔校本，
　　卷五、卷六明鈔本、名人手鈔本，卷七自校本。其嘉靖刻本不入明本者，欲以見
　　其百靖齋之名不虚立也。比較兩總目，亦可見其鬻書前後所藏之豐儉矣。每
　　書之序跋，刊印時地、藏書印記等，著録甚悉。宋元舊本並及其牌記。諸家題
　　跋識語，則備存之。而殿以邦述自撰題跋，于書之撰人生平，内容概要，遞藏源
　　流，藏家故實，均有述及。[2]

　　1939年，張元濟助潘宗周校所藏宋版書，成《寶禮堂宋本書録》一書。書中除
仿效其他書目著録提要、流傳、刊刻、授受、優劣、前賢手跋題識、板式、避諱、藏印等
項外，還全面羅列刊工姓名，[3]明定爲版本著録項之一。善本書目體例更爲科學縝
密，並最終使版本著録走上了規範化的道路。此目最得《天禄琳琅書目》精髓，不僅

　　① (清)耿文光：《蘇溪漁隱讀書譜》卷2，清光緒十五年(1889)刻本，北京大學圖書館藏，書號X/
9578/1309，第15—16頁。
　　② 鄧邦述：《群碧樓善本書目》，臺北：廣文書局，1999年，喬衍琯《〈群碧樓善本書目〉、〈寒瘦山房
鬻存善本書目〉序》，第1頁。
　　③ 杜澤遜：《張元濟與〈寶禮堂宋本書録〉》，《古籍整理研究學刊》1995年第3期，第15頁。

採用了據版本年代編次的排序方式,而且獨採《天禄琳琅書目》之法,詳細羅列各家印章,略存原印款式及大小,但沒有在印文之外勾摹原印形狀,或因排印不如刻版方便,且沒有區别朱文、白文,在著録藏印上尚未達到《天禄琳琅書目》的完善程度。

清代乾隆年間的兩大官修目録《四庫全書總目》與《天禄琳琅書目》,對後世書目都有重大影響,有些書目依四部分類,部類下再以著者時代爲序,一如《四庫》之體系;有些則以版刻時代爲次,同時代再按四部類分,一如《天禄琳琅書目》之做法。主要以哪種方式編排,關鍵在于編纂者的價值取向,即内容與版本孰者更重。而編纂者考慮個人藏書特色,對編排與著録加以調整,既是對目録學實踐的新探索,也反映了兩大目録體系對善本書目的交互影響。有不少善本書目,表面上看是遵用《四庫總目》體例,分經、史、子、集四部,但對每一部書的介紹則側重于版本特徵,就其本質來説,仍屬于《天禄琳琅書目》·派。黄丕烈等賞鑒家自不必説,被認爲是基本照搬《四庫全書總目》體系的張金吾《愛日精廬藏書志》,于版本之優劣、抄刻之異同,均詳考之,同樣體現出重視版本價值的取向。有些書目將《天禄琳琅書目》與《四庫全書總目》的體例加以變通發展,如聊城海源閣楊紹和(1830—1901)《楹書隅録》,依《四庫全書》之四部爲序,書名目録下均注明版本,每卷下又增加子目録,如"子部 宋本十六 金本一 元本三 明本二 校本四 鈔本四","這樣既解决了版本著録問題,又不分割每部内容;因有書名目録,就既醒目又方便查找"①。類似的編法,還有其子楊保彝所編《海源閣藏書目》,按四部分卷,每部又分宋本、元本、校本、鈔本依次編排,頗爲清晰,被後人推爲"此類目録中編得最有條理的"②。有些書目部分承繼《天禄琳琅書目》遺風,如詳列闕補之做法,則有汪士鐘的《藝芸書舍宋元本書目》;載録藏書題記之做法,則有周中孚《鄭堂讀書記》、葉昌熾《滂喜齋藏書記》等。

民國以至當代的目録學家們對《天禄琳琅書目》都有很高評價,如姚名達(1905—1942)認爲,"成爲善本目録之規程"③、"後來撰善本目録者,莫不謹守其法焉"④。錢亞新(1903—1990)認爲:"《天禄琳琅書目》前後兩編在版本目録,尤其善本目録中,是超越前人所編同類的書目,它比《讀書敏求記》、《汲古閣藏書目録》、

---

① 丁延峰:《論南瞿北楊的藏書特色》,《圖書館理論與實踐》2006 年第 1 期,第 113 頁。

② 程千帆、徐有富:《校讎廣義·版本編》,濟南:齊魯書社,1991 年,第 456 頁。

③ 姚名達撰,嚴佐之導讀:《特種目録篇·版本目録》,《中國目録學史》,上海:上海古籍出版社,2002 年,第 335 頁。

④ 姚名達撰,嚴佐之導讀:《特種目録篇·善本目録》,《中國目録學史》,第 337 頁。

《季蒼葦藏書目》以及《百宋一廛書録》都要詳備得多、質量優秀得多。特別所立的'函册'(把書都裝訂成册加以護函,既便直立排架,又易于取還)、'印章'、'闕補'三個項目是具有創新開拓之功,其影響之大,首屈一指。當然,其中有些地方,還未臻于完善,略有失誤,過于煩瑣,考證疏忽。然而瑕不掩瑜,如其説,這部書目是集前人善本書目的大成。"①王紹曾(1910—2007)認爲:"版本目録自乾隆間于敏中等奉敕編《天禄琳琅書目》,詳記各書版本鋟梓年月、刻書人及收藏印章,一代藏家,奉爲定式,至晚近而更趨嚴密,形成規範。每舉一書,必須記其版式、行款,兼及紙張、墨色、字體、刀法、諱字、刻工、牌記、校勘銜名及前後序跋,釐篇卷之存佚,考鐫刻之時地;孰爲鈔配,孰爲遞修,亦須一一登録,且有記版刻之匡高、廣狹者。"②來新夏(1923—2014)認爲:"它是爲版本目録學奠定基礎的重要著作。這項工作雖然宋代尤袤的《遂初堂書目》和清初錢曾的《讀書敏求記》已開其端,並有所發展;但是,記版刻年代、刊印、流傳、庋藏、鑒賞、採擇如此詳備,仍應以《天禄琳琅書目》爲集大成之作。"③他們都肯定了《天禄琳琅書目》不僅是版本目録的典型,而且爲善本書目的版本著録奠定了模式,使善本書目的著録内容日益規範。時至今日,黃裳、黃永年諸先生的版本題跋,對版本特徵的描述,顯然也是與《天禄琳琅書目》秉承一脉的。

　　不僅私家書目,當代公藏漢籍善本書目亦是無不踵例《天目》,以志其珍藏。以臺灣《"國立中央圖書館"善本書目初稿》爲例,在其書末"善本圖書編目規則"中,規定善本書目應著録下列各項:

　　(1)書名、卷數、册數;(2)著者、注釋者、校訂者、節録者、編輯者;(3)板本;(4)手批者,手校者,手書題跋者,或過録批校題跋,于板本下空一格著之;(5)版匡大小;(6)殘缺卷葉;(7)印記。④

---

　　① 錢亞新:《略論天禄琳琅書目》,《河南圖書館學刊》1989年第1期,第30頁。劉按:錢先生以爲天禄琳琅書被裝訂成册,加以護函,是爲了"既便直立排架,又易于取還",認識有誤。明清以來的通常做法是,即便綫裝書外加裝了函套,仍是平置于書架之上。將綫裝書如同洋裝書一樣直立排架的做法,出現于民國時期,是借鑒西方圖書館管理方式的結果,但亦不多見,筆者所知,僅見于清華大學圖書館及南京大學圖書館兩家。

　　② 王紹曾:《〈楹書隅録〉整理訂補緣起》,《目録版本校勘學論集》,上海:上海古籍出版社,2005年,第242頁。

　　③ 來新夏:《古典目録學淺説》,北京:中華書局,1981年,第144頁。

　　④ 屈萬里:《"國立中央圖書館"善本書目初稿》,《屈萬里先生全集》第十六輯,臺北:聯經出版事業公司,1985年,第303—337頁。

這七項内容,除"版匡大小"一項,其他幾與《天禄琳琅書目》著録項目完全一致。《天禄琳琅書目》中確立的版本著録項目,也盡爲大陸圖書館遵行的《古籍著録總則國家標準》所採納。不只是善本書目的編纂,《天禄琳琅書目》的影響還體現在那些并非以推重版本爲宗旨的其他類型書目上。例如民國四年(1915)浙江圖書館項士元所編《台州經籍志》四十卷,採録隋至近代台州所屬各縣人士著述 4 000 餘種,記一郡之文藝,"是志分類則略依紀氏《庫目》,解題則仿晁氏《讀書志》、陳氏《解題》;復遵馬氏《文獻通考》、朱氏《經義考》,詳載序跋論斷存佚;参《鐵網珊瑚》、《天禄琳琅》,間采題跋姓名、收藏印記,蓋欲藉以闡發潛幽"①。以上種種,皆足以顯示《天禄琳琅書目》無論是典型性還是廣泛性上,對後世書目的編纂所産生的深遠影響。

二、目録體裁

古典藏書目録,從反映藏書的廣度和深度上,可分爲藏書總目、善本書目、解題目録三種類型。基于不同的善本選擇標準,將藏書中最具價值的部分甄選出來,以提要的形式加以揭示,是清初以來公私藏家的普遍做法,這類目録著作信息量大,兼有考訂之功,在藏書目録中學術性最高。解題目録按其體式,又可區分爲題跋集、藏書志。如清初錢曾的《也是園藏書目》、《述古堂書目》即錢氏藏書總目,《述古堂宋元本書目》爲其善本目録,而《讀書敏求記》則是錢曾所撰藏書題跋記的輯録成編,它"不僅恢復了私藏書目的解題傳統,更開了藏書題跋記目録體裁的先例"②。題跋體提要不拘一格,形式自由,作者對一書内容、版本、校勘等方面的考訂、研究心得,甚至藏書授受源流及得書經過都可記録其中,自《讀書敏求記》發其端,這類體裁一直深得人心,有很多著名書跋流傳于世,如黄丕烈《士禮居藏書題跋記》、《蕘圃藏書題識》,吳騫《拜經樓藏書題跋記》,顧廣圻《思適齋書跋》,陸心源《儀顧堂題跋》等。

藏書志則是清代中期以來出現的一種新的解題目録體式,這類目録往往從登録藏書入手,在編製目録時,依照一定的預立章程,收録哪些書、如何著録、編排次

① 項士元:《〈台州經籍志〉例言》,轉引自江曦:《章太炎佚文三則》,《文獻》2006 年第 2 期,第 153 頁。

② 嚴佐之:《清代私家藏書目録瑣論》,《近三百年古籍目録舉要》,上海:華東師範大學出版社,1994 年,第 2 頁。

序,都有規範體例,行文也略爲拘謹,不如題跋、書話活潑自如。藏書志的出現,是書籍歷久彌珍、人們愈發重視的必然結果,藏書家們已經不能滿足簡單的書名、卷次、作者著録,力圖在編目中體現版本考訂的成果,以凸顯藏書的版本價值,于是在提要中備載版本特徵、收藏源流成爲必要内容。藏書志是對善本書目的深化、細化,因此也被後世稱爲"善本書志"。"藏書志"之名,始見于張金吾《愛日精廬藏書志》,有學者認爲正是此書創建了古典書目中"藏書志"這一新體制。① 誠然,《愛日精廬藏書志》體例嚴謹,實至名歸,但從目録編製過程和體裁角度來考察,早于它的官修《天禄琳琅書目》應是出現最早、頗爲典型的一部藏書志。

《天禄琳琅書目》是官修目録,同時又是皇帝的私人藏書目録,所收乃昭仁殿的秘笈珍函,"掇其菁華,重加整比"②。文臣們要向皇帝説明,若僅採用客觀描述,則無以彰顯内廷藏書之文物價值,故爲每書撰寫一篇提要,提要内容限于單個藏本的描述與考訂,旨在版本鑒賞,不具有普遍意義。書前凡例詳細規定了收録標準、著録專案與編排次序,儘管成于衆手,但大體上較爲統一規範。與以《讀書敏求記》爲代表的題跋目録相比,《天目》呈現出典型的版本解題書目特徵,無論編排方法,還是著録項目都是以往從未有過的,實際上是一種新的書目提要體裁,雖無"藏書志"之名,而有其實。加之皇家藏書目録的顯赫地位,此書一出,引領時人紛紛效仿,傅增湘曾經眼一部清嘉慶十三年(1808)朱邦衡手寫本《天禄琳琅書目》,其上有朱氏跋語,稱當時"士大夫家皆尊重是書"③,正説明了社會上的普遍重視。

《天禄琳琅書目》之後不久,就出現了相當一批藏書志式的私人藏書目録,至清末瞿、陸、丁、楊四大藏書家皆有藏書志之作。藏書志的編者各自發揮所長,有以輯録序跋、是正文字爲特色的《愛日精廬藏書志》、《皕宋樓藏書志》、《抱經樓藏書志》;也有以考訂版本、注重流傳源流爲特色的《平津館鑒藏記書籍》、《滂喜齋藏書記》、《楹書隅録》等,風格多樣,内容不一。時至今日,藏書界已廣泛接受"藏書志"這一體裁,當代海内外公藏單位中多有組織力量編寫善本書志之舉,已出版的有《美國國會圖書館中文善本書録》(1957)、《普林斯頓大學葛思德東方圖書館中文善本書

---

① 嚴佐之在《近三百年古籍目録舉要》中認爲,《愛日精廬藏書志》最重要的價值及其在目録學史上的意義,"在于它創製了藏書志這一目録新體制"(第 105 頁)。

② (清)紀昀等:《四庫全書總目》卷 85《史部目録類一》"欽定天禄琳琅書目"條,北京:中華書局,1965 年,第 731 頁下欄。

③ 傅增湘:《藏園群書經眼録》卷 6,北京:中華書局,2009 年,第 424 頁。

志》(1975)、《(臺灣)"國家圖書館"善本書志初稿》(1996)、《美國哈佛大學哈佛燕京圖書館中文善本書志》(1999)、《香港大學馮平山圖書館藏善本書錄》(2003)、《蘇州市圖書館古籍善本提要(經部)》(2004)、《武漢市圖書館古籍善本書志》(2004)、《柏克萊加州大學東亞圖書館中文古籍善本書志》(2005),等等。

當我們審視《天禄琳琅書目》的體例、體裁時,不能忽略它宮廷鑒賞目錄之性質,編者們之所以對藏印、題跋、闕補等過分措意,是爲了有裨賞鑒和玩閱,這也是其他書目不能與之相埒之處。筆者認爲,《天禄琳琅書目》名爲"書目",但它借鑒了書畫賞鑒書目的内容,由此形成了獨特的體例與寫法,可謂一書兼具版本目錄的三種基本體裁——書目、題跋、書志,而後世同類著作往往取其一端或數端而仿之,並未出現一部完全紹繼其做法的著作,因此在中國古代藏書目錄中,《天禄琳琅書目》是一個特例。

三、"重在鑒藏"之編目思想

在乾隆帝的重視與推動下,訪求典籍、整理文獻成爲朝廷的重要文治手段,儒臣們在"辨章學術,考鏡源流"的傳統書目意旨下編製了《四庫全書總目》,而對皇家善本藏書的整理,則是仿照書畫目錄的體例,編製了《天禄琳琅書目》。兩部同爲乾隆時期官修目錄,因旨趣不同,而體例迥異。《天禄琳琅書目》視古書如古董,逕入書畫鑒賞的辦法來鑒賞書籍,強調"重在鑒藏",這引發出書目編纂的另一種新觀點,既表明了用文物價值高低爲首要標準評價版本,在乾嘉時代已深入人心,並且得到了官方的認定;同時其中所展現的皇室藏書的風範與心態,一定程度上也引領了整個社會的藏書風尚。

梁啓超在談到《天禄琳琅書目》時説:"考書目記板本者,始尤延之(即《遂初目》),然明以前初未特珍舊槧也。自清兩錢(錢謙益、錢曾)以宋板相矜尚,世漸趨之。及此書以鑒賞書畫之體制編書目,書籍及成爲'古董化'或'美術欣賞品',爲簿錄界别開一派。"①

---

① 梁啓超:《圖書大辭典·簿錄之部·官錄及史志》,《飲冰室合集》專集第18册,《飲冰室專集》八十七,民國二十五年(1936)中華書局鉛印本,第38頁。

　　昌彼得認爲，《天禄琳琅書目》"蓋仿鑒藏書畫之體例以編書目，而異于前代之秘閣目録也。自此例一開，嘉道間孫氏平津館、張氏愛日精廬以降收藏之家，咸躇其緒，志其珍秘"①。

　　《天禄琳琅書目》乃"官書言板本之始"②，它單純重視古書版本的文物價值，却忽略了在校勘等其他方面的學術功用，這種思想迅速爲社會上接受，一定程度上助長了版本學中的形式主義傾向。但我們也應注意到其出現之學術背景，乾嘉學風重考據，追求古書的本來面目，爲校勘古籍勢必要廣羅諸本，要求有更專門的版本目録來考訂異同，別白得失，是故有别于《四庫全書總目》，以《天禄琳琅書目》爲代表的版本目録遂大量湧現。對乾嘉時期的版本目録，後人褒貶不一，批評者認爲收集古書只爲賞玩，而不大顧及内容，此乃"古董家數"；肯定者認爲注重宋元古本，描述版本特徵，考訂版本源流，客觀上有裨于學術研究，是乾嘉考據學者言必有徵、實事求是治學精神在目録學上的一個具體體現。因此從考據學研究發展來看，《天目》中所宣揚的"重在鑒藏"思想，自有其積極意義。

　　即使在學術背景有所不同的現代，各家善本書目或藏書志，仍是繼承了《天禄琳琅書目》"重在鑒藏"的思想，突出古籍善本的文物價值，將考訂、鑒定版本放在首位。以當代最具權威的全國性古籍聯合目録——《中國古籍善本書目》爲例，儘管編者們將"善本"之收録範圍定義在"三性"即"歷史文物性"、"學術資料性"和"藝術代表性"三個方面，但觀其實際收録情況，所收如果不是宋元本、舊鈔本或名家批校題跋本，就必定强調以流傳稀少爲前提，尤其乾隆六十年（1795）以後之刻本，即便學術性和藝術性再高，若是傳世多，流傳廣，也不會被收入其中。這樣的善本觀念，與明代中期之前屬于校勘學範疇的善本概念有著明顯的差異，顯然，編纂于 20 世紀 80 年代的《中國古籍善本書目》，收録善本的首要標準仍舊是版本的珍貴、罕傳，與《天禄琳琅書目》一樣，"重在鑒藏"而已。

　　《天禄琳琅書目》是我國第一部官修版本目録，是一部完整意義的善本書目。它和《四庫全書總目》一樣，都繼承了此前同類目録之長，又加以創新，顯示出相當的學術功力；況且皆出于"敕撰"，上行下效，在宏觀上，它影響了其後數百年的善本

①　昌彼得：《中國目録學講義》，臺北：文史哲出版社，1973 年影印本，第 222 頁。
②　葉德輝：《古今藏書家紀板本》，《書林清話》，上海：上海古籍出版社，2008 年，第 3 頁。

書目編纂風尚,對後世目録著作産生了廣泛持久的示範效應,出現了衆多受其影響的成果;在微觀上,其編排系統,著録細密,這些著録項目大多沿襲至今,僅作局部的擴充和規範,對善本書目這一重要目録類型,確實有開先創制的意義。儘管它"部次簡單,不足以言分類也"[1]、"辨別未精,版本多誤,未可悉採信也"[2]、"過于煩瑣,考證疏忽"[3],但瑕不掩瑜,《天禄琳琅書目》于目録學之高度並不因此而減退,它在中國目録學史上仍然佔有相當重要的地位,繫中國目録學史上經典之作。

(劉薔　清華大學圖書館)

---

① 葉德輝:《書林清話》,第 222 頁。
② 葉德輝:《書林清話》,第 78 頁。
③ 錢亞新:《略論〈天禄琳琅書目〉》,《河南圖書館學刊》1989 年第 1 期,第 30 頁。

《四庫全書》卷末附考證案語研究

在文淵閣《四庫全書》收録的 3 400 餘種書中,有 87 種書在《四庫全書》本(以下簡稱"四庫本")某些卷次後附有考證或者案語。這些考證或案語是四庫館臣在編纂校勘四庫書籍時形成的部分學術成果,對我們進一步瞭解《四庫全書》的纂修和《四庫全書》在校勘學上的貢獻有很大幫助。

一、《四庫全書》相關考證的形成

《四庫全書》是清朝乾隆年間纂修的一部大型叢書,在編纂過程中有嚴格的程序,每部書都要經過纂修官、分校、覆校、總校、總裁等多人審核,對其中的錯訛不當之處要加以修改考證,有的在原書上修改,有的則在書眉上粘貼校簽。這些校簽中較有價值的被抄成黄簽,貼于進呈本上供皇帝御覽。① 乾隆皇帝認爲這些黄簽很有價值,曾于乾隆四十一年(1776)下令匯集成書:"昨《四庫全書薈要》處呈進抄録各種書籍,朕于幾餘披閱,見黏簽考訂之處,頗爲詳細。所有各簽,向曾令其附録于每卷之末,即官板諸事,亦可附刊卷尾。惟民間藏板及坊肆鐫行之本,難以概行刊入,其原書訛舛業經訂正者,外間仍無由得知,尚未足以公好于天下也。前經降旨,令將《四庫全書總目》及各書提要,編刊頒行。所有諸書校訂各簽,並著該總裁等另爲編次,與總目、提要,一體付聚珍版排刊流傳。既不虛諸臣校勘之勤,而海內承學者,得以由此研尋。凡所藏書,皆成善本,亦以示嘉惠士林至意。"②分析乾隆皇帝這道諭旨,可以看出:(1)乾隆皇帝最初是在披閱《四庫全書薈要》處進呈的書籍上看

---

① 參見張昇:《〈四庫全書考證〉的成書及主要内容》,《史學史研究》2011 年第 1 期。
② 中國第一歷史檔案館編:《纂修四庫全書檔案》,上海:上海古籍出版社,1997 年,第 537 頁。

到校籤時，認爲具有價值，下令附録在每卷之末。（2）後來乾隆皇帝認爲僅僅將校籤上的考訂附在卷末，外間難以見到，不能發揮其作用，所以下令將這些校籤專門匯爲一書。從現在所見的《四庫全書薈要》和《四庫全書》來看，四庫館臣確實遵循了乾隆的旨意，在部分書籍卷末附有考證或者案語。王太岳、曹錫寶等人也奉命將"諸書校訂各籤"纂輯成了《四庫全書考證》一百卷，附在《四庫全書》中，並由武英殿活字版印行。需要指出的是，無論是附在四庫本卷末的考證或案語，還是收入《四庫全書考證》中的考證，都只是當初校籤中的一部分，並非全部。但由於保存下來的四庫底本和校籤有限，這些考證或案語就成爲我們瞭解四庫館臣校勘和考證工作的重要資料，對我們進一步瞭解《四庫全書》的纂修過程有很大幫助，同時對今天的古籍整理工作也有很重要的借鑒意義。本文嘗試就文淵閣《四庫全書》卷末附考證案語作初步探討，揭示其價值。

二、《四庫全書》卷末附考證或案語情況

在文淵閣《四庫全書》收録的 3 400 餘種書籍中，卷末附有考證或案語的書籍共有 87 種（見附表），可分爲四種情況：

1. 考證

四庫本卷末附考證的書共有 69 種。其形式爲在對應卷次的卷末作"某某書卷某某考證"。版心與正文頁面版心一致，有"欽定四庫全書"、書名、卷次、頁碼字樣。在這 69 種書中，又分爲兩種情況：

（1）十三經注疏、二十四史所附考證爲武英殿本十三經注疏、二十四史考證。《四庫總目》著録十三經注疏、二十四史的版本爲"内府藏本"或"内府刊本"，實際上就是乾隆間武英殿刻十三經注疏、二十四史。武英殿本各經史卷末原附有考證和跋語，四庫本據以過録。所以四庫本各經史卷末的考證實爲武英殿本各經史原有之考證，而不是四庫館臣所作的考證。其中《遼》、《金》、《元》、《明》四史在殿本初刻本基礎上進行過較大規模的改譯修訂，包括考證的修改增加（《金史》、《明史》原本無考證），《四庫全書》、《四庫全書薈要》都據改譯修訂之後的新定本繕寫。四史改譯修訂雖然與《四庫全書》纂修大致同時進行，參與人員也多兼四庫館職，但實際是由方略館負責，所以其考證不宜視爲四庫館臣

的校勘成果。① 唯有《舊五代史》爲纂修《四庫全書》時從《永樂大典》中輯出，乾隆皇帝將之列入正史，《四庫全書》、《四庫全書薈要》、武英殿本所據底本皆爲四庫館臣整理本，其考證爲四庫館臣所作。

（2）《永樂大典》輯佚書的考證爲四庫館臣所作。在 69 種附有考證的四庫本中，除十三經注疏、二十四史之外，其餘 32 種書均爲從《永樂大典》中輯佚出來的，這些書所附考證爲四庫館臣所作。

2. 案語

四庫本卷末附案語的書共有 20 種。其形式爲在某些卷次後以"謹案"開頭附有案語。版心無字，與正文頁面不一致。而且有的案語並不是附在對應的卷次之後，而是一冊中幾卷的案語集中放在該冊的最後。如《大事記通釋》三卷，卷一、卷二所對應的案語都放在了卷三後面。這些書的底本都不是從《永樂大典》中纂輯出來的。

3. 既有考證又有案語

在這 87 種書中，只有《隋書》和《南史》是既附有考證又附有案語。《隋書》大部分卷次都有考證，案語則集中在卷六十四至卷八十三之間。有的卷次如卷六十四既有考證又有案語。《南史》大部分卷次都有考證，案語則只有關于卷四的二條（附在卷五之後）。與其他各經史一樣，《隋書》、《南史》的考證是武英殿本原有的考證，案語則是四庫館臣新加的。

4. 舉正

《欽定日下舊聞考》一書某些卷次後附有"欽定日下舊聞考卷某某舉正"。版心與其他頁面一致，有"欽定四庫全書"、"欽定日下舊聞考舉正"、頁碼字樣。該書凡例最後一條云："凡原書字義訛舛今爲訂正者，于每卷末別立舉正篇依次記出。其删節之條較少，則于每門之末附記。"②則該書舉正是專門而作，與其他書的考證稍有差別。

三、《四庫全書》卷末附考證或案語的内容

四庫本卷末附考證或案語在形式上有所差別，但内容上並無明顯區分，都涉及

---

① 參見張學謙：《武英殿本〈二十四史〉校刊始末考》，《文史》2014 年第 1 期。
② 《景印文淵閣四庫全書》第 497 册，臺北：臺灣"商務印書館"，1986 年，影印本，第 12 頁。

文字校勘、內容考證等。

1. 文字校勘

考證或案語的內容多數是對書籍文字的校勘，指出原書文字上的訛、脱、衍、倒等情況，加以改正。如子部醫家類《旅舍備要方》一卷，在卷末附有三條考證，一條是改正訛字，二條是補正脱文。又如《大事記通釋》三卷，在卷三後有十一條案語，都是校改訛字。四庫館臣在校勘上靈活運用了各種方法，參證了各種文獻，多數都列出了校改的依據。如運用音韻學來校改詩文，《跨鼇集》卷八後考證："第十頁前五行'曲檻橫橋盡落梅'，梅字出韻，因無別本可校，姑仍其舊。"①《緣督集》卷六後考證之一："十一頁前八行'怪爲寒所干'，按干字在十四寒，今下三韻俱十三元，且首二句義亦費解，似有訛舛。無本可校，仍存其舊。謹識。"②

2. 指出異文

某些文字在不同版本或不同出處中有差異，但是難以判斷是非，考證或案語將異文列出。《緣督集》卷六末考證中有三條是指出刊本與《永樂大典》本的不同，如："第四頁後四行 '秋日'刊本作'秋意'，今仍原本，附識于此。"③《文選顔鮑謝詩評》四卷，卷一末附考證二條，卷二末附考證一條，都是列出異文。

3. 人名地名改譯

清朝建立統治後，對少數民族姓名、地名的漢字寫法進行過改譯，考證和案語中有相當一部分就是人名地名的改譯説明。如《建炎以來繫年要録》二百卷，某些卷後有"金人地名考證"。《大金弔伐録》四卷，每卷後都附有"人地名考證"。《稗編》一百二十卷，在卷三十六、卷九十一、卷一百五、卷一百十之後附有案語，皆爲人名改譯。

4. 内容注釋考證

考證和案語中有對原書中某個人名或用語的解釋説明，也有對某一問題的考證。如《南湖集》十卷，卷前提要後有考證一條："第一頁後二行 '賁伐'二字繫葉紹翁《四朝聞見録》原文，蓋亦自陳功績之意，然未見所出，今姑仍之。附識。"④提要

---

① 《景印文淵閣四庫全書》第 1124 册，第 471 頁。
② 《景印文淵閣四庫全書》第 1156 册，第 67 頁。
③ 《景印文淵閣四庫全書》第 1156 册，第 67 頁。
④ 《景印文淵閣四庫全書》第 1164 册，第 529 頁。

中引用了一段葉紹翁的話，内有"賣伐"二字，考證是對這個詞的意思和出處的説明。《碧梧坑芳集》卷二十二末有考證一條："第八頁後六行 《次韻潔堂五日》，按潔堂即費伯恭，本集有墓志。"①考證是對"潔堂"這個人名加以注釋。《中庵集》卷二有詩題作《王彥功爲鄒平尹以卷索詩》，詩中却作"君今爲梁鄒"，四庫館臣對此作了考證："第三頁後二行 案《漢書》濟南郡縣十四，二曰鄒平，四曰梁鄒。《後漢書》濟南郡縣十，七曰梁鄒，八曰鄒平。則梁鄒與鄒平爲二縣。此詩蓋借用。"②

5. 糾正原書訛誤

考證和案語中部分内容是指出原書中所出現的錯誤，包括史實訛誤、引文誤用、編輯體例不當、小注混入正文等各種情況，並對這些錯誤不當之處加以糾正。如《古今姓氏書辯證》卷五崔姓下有"綜生太子中允佶"句，該卷末有對此句的考證："第八頁前三行 太子中允句原本作大理主簿。按《唐世系表》佶爲太子中允，證爲大理主簿，今據改正。"③又如《藏海詩話》一卷，宋吳可撰，内有"五言詩不如四言詩，四言詩古。如七言詩又其次者，不古耳"④的詩論。考證針對此句云："第一頁後七行 案'五言不如四言，七言又其靡也'乃李白之語，此用其説而没其名。謹附識于此。"⑤

6. 評價作者觀點

館臣對原書作者的某些觀點並不認同，也在考證和案語中體現出來。如《西岩集》二十卷，元張之翰撰，卷二有《讀朱節度碑》一詩，認爲該碑"其文固深峭，其字更遒美"，但是因爲朱懷珪是朱泚父，碑文是元載所作，該碑遂被世人輕視。而作者認爲應當"取言不取人，論父不論子"。考證對此看法加以駁斥，云："第五頁後四行 詩中'論父不論子'云云，按《新唐書·朱泚傳》稱其父懷珪事安史二賊，僞署柳城使，其人本不足取，詩持論未免偏謬。今附訂于此。"⑥又如《歷代詩話》八十卷，清吳景旭撰。卷十八"襲句"一節中，吳景旭反駁《困學紀聞》中王勃效仿庾信的説法，將王勃"落霞與孤鶩齊飛"句中的"落霞"當"飛蛾"解。對此館臣有一段較長的案語附于該卷末，在指出吳景旭引用文字有誤、解釋錯誤後，以"不揣是非，妄生異論，文人

① 《景印文淵閣四庫全書》第 1187 册，第 163 頁。
② 《景印文淵閣四庫全書》第 1206 册，第 24 頁。
③ 《景印文淵閣四庫全書》第 922 册，第 75 頁。
④ 《景印文淵閣四庫全書》第 1479 册，第 2 頁。
⑤ 《景印文淵閣四庫全書》第 1479 册，第 11 頁。
⑥ 《景印文淵閣四庫全書》第 1204 册，第 376 頁。

陋習之尤"①來批評吳氏的説法。

7. 輯補説明

四庫館臣從《永樂大典》中輯佚遺書時,也從其他文獻或傳本中做了許多補輯工作,對此考證和案語有時會加以説明。如《緣督集》二十卷,卷六末有十一條考證,其中六條是説明某首詩"《永樂大典》原缺,今從刊本補入"。而有些書中缺佚的部分無處輯補,考證和案語也會指出,如《樹溪居士集》卷前原序後有考證:"第一頁後三行　查《清江引》、《大堤曲》二篇,《永樂大典》不載。謹加按聲明。"②《滄州塵缶編》卷首序後也有考證:"第四頁前五行　案《思治行》及《感懷成都十絶》,《永樂大典》內俱已佚去,今無可校補。附識于此。"③這兩例都是序中提到了作者的詩作,但不見于《永樂大典》,無可輯補,故作説明。

四、對《四庫全書》卷末考證和案語的幾點認識

1. 考證和案語是由四庫館臣在校理書籍時所作的校簽整理而來的。四庫館臣在校理書籍的時候,會將修改意見寫在原書上或在書上黏貼校簽。在存世的一些四庫底本上還可以看到保留下來的部分校簽。張昇先生在《〈四庫全書考證〉的成書及主要內容》一文中,認爲四庫館臣將較有價值的校改內容寫成黃簽,貼在進呈本上供乾隆皇帝御覽,之後再加以選擇整理編成《四庫全書考證》。④ 四庫本所附考證和案語也應該是來自館臣的校簽。《四庫全書》中只有 87 種書附有考證案語,相對于《四庫全書》的全部 3 400 餘種書來説,數量顯得有些少。至于爲什麼只有 87 種書附有考證或案語,筆者推測可能是與《四庫全書考證》的編纂有關。在乾隆三十八年(1773)十月十八日《多羅質郡王永瑢等奏議添派覆校官及功過處分條例折(附條例)》中提到:"校出原本錯訛更正之處,應附載卷末也。伏見欽定經史刊本,每卷後俱有考證。今繕寫《四庫全書》,似應仿照其例。查舊有刊本及進到之抄本,其中錯誤,皆所不免。一經分校、覆校各員校出,自應另載卷末。如僅係筆畫之

---

① 《景印文淵閣四庫全書》第 1483 册,第 138 頁。
② 《景印文淵閣四庫全書》第 1130 册,第 407 頁。
③ 《景印文淵閣四庫全書》第 1176 册,第 893 頁。
④ 張昇:《〈四庫全書考證〉的成書及主要內容》,《史學史研究》2011 年第 1 期。

訛,僅載某字訛,某今校改。如有關文義考訂者,並略附按語于下。如此,則校辦全書,更爲精當。"①乾隆皇帝諭旨中也曾指出:"昨《四庫全書薈要》處呈進抄録各種書籍,朕于幾餘披閲,見黏籤考訂之處,頗爲詳細。所有各籤,向曾令其附録于每卷之末,即官板諸事,亦可附刊卷尾。"②可見在纂修之初,有把考證案語附載卷末的做法。後來乾隆皇帝下令將"所有諸書校訂各籤,並著該總裁等另爲編次,與《總目》、提要,一體付聚珍版排刊流傳"③,即單獨編纂《四庫全書考證》,則考證、案語或許不必再附載卷末。

2.《四庫全書》、《四庫全書薈要》、《四庫全書考證》中的考證都來自校籤,但從數量到内容却都有所區别。《四庫全書》中卷末附考證案語的書籍僅僅只有 87 種,《四庫全書薈要》中附考證案語的書籍則有 253 種,但在《四庫全書》本的這 87 種書中,除了十三經注疏、二十四史以及《御定淵鑒類函》之外,其他 49 種書《四庫全書薈要》都没有收録,所以自然也就没有相應的考證案語。而《四庫全書考證》收録了 1 104 種書的考證,從數量上看遠遠多于四庫本所附的考證案語,但是兩者並非包含關係,四庫本所附考證案語大多都不見于《四庫全書考證》,仍然有其獨立的價值。如四庫本考證案語中有關于人名地名改譯的條目,而《四庫全書考證》没有收録這類條目。上文提到的《隋書》所附案語,也只有部分條目收入《四庫全書考證》中。即使某條考證同時見于四庫本卷末和《四庫全書考證》,内容上也有差異。如《初學記》卷八的考證,《四庫全書考證》作:"關内道東井輿鬼,刊本輿訛與,據《漢書》改。"④四庫本案語作:"謹案卷八第十二頁前五行　東井輿鬼,刊本輿訛與,據《漢書‧天文志》改。"⑤四庫本案語的校改依據由《漢書》具體到《漢書‧天文志》。卷九的考證,《四庫全書考證》作:"總叙帝王周帝王世紀注貞定王二十七元王二十八,按,七,《淵鑒類函》作八,八作七。"⑥四庫本案語作:"謹案卷九第九頁前四行貞定王二十七元王二十八,案《淵鑒類函》作'元王二十七貞定王二十八'爲是。附識。"⑦《四庫全書考證》僅僅指出了異文,而庫本案語在此基礎上對異文做了是非

①　中國第一歷史檔案館編:《纂修四庫全書檔案》,第 170—171 頁。
②　中國第一歷史檔案館編:《纂修四庫全書檔案》,第 537 頁。
③　中國第一歷史檔案館編:《纂修四庫全書檔案》,第 537 頁。
④　(清)王太岳、王燕緒等輯:《欽定四庫全書考證》,北京:書目文獻出版社,1991 年,第 1404 頁。
⑤　《景印文淵閣四庫全書》第 890 册,第 139 頁。
⑥　(清)王太岳、王燕緒等輯:《欽定四庫全書考證》,第 1405 頁。
⑦　《景印文淵閣四庫全書》第 890 册,第 156 頁。

判斷。所以，四庫本卷末的考證和案語從整體上看更爲嚴謹。

3. 四庫本卷末附考證案語既然是直接附在某卷書後，與正文的對應關係較《四庫全書考證》更爲明確，除指出異文、學術考證及評價性的無需改動的條目之外，純粹的文字校勘性的條目都在正文中得到落實，即正文都按照對應的考證案語做了修改。而《四庫全書考證》在這一點上則有很大不同。將《四庫全書考證》中的條目與《四庫全書》正文做對照，會發現正文按照《四庫全書考證》修改的情況各書不盡相同，有很多條目的校改結論在正文中沒有被採用。如在《四庫全書考證》中，《周易注疏》的考證有 17 條，《毛詩注疏》的考證有 132 條，在文淵閣《四庫全書》中都已改正。而《孟子注疏》的考證有 24 條，其中有 4 條在文淵閣《四庫全書》中沒有按照考證改正。《禮記注疏》的考證較多，共有 1 013 條，有 546 條在文淵閣本中沒有改正，超過總數的一半。四庫本卷末所附考證案語都是以"卷某第某頁某行"來指出所考證的內容在正文中的位置，顯然四庫本卷末的考證案語是在正文繕錄完成後對著正文來抄寫的，所以能夠做到考證結論與正文一致。而《四庫全書考證》中的條目，則是引用包含所要考證內容的語句，從《四庫全書考證》的編纂過程推測，這些語句應該是抄錄自館臣校改的四庫底本，而不是已經繕寫完畢的四庫本。在這中間，除了膳錄人員的抄寫失誤之外，還可能存在校簽脱落丟失、更換底本、館臣之間意見相左等問題，所以會出現《四庫全書考證》與四庫本正文不一致的情況。

4. 雖然四庫本卷末所附考證和案語較《四庫全書》這一大規模叢書來說數量有限，但仍然具有重要的學術價值。首先，有助於我們瞭解《四庫全書》的編纂過程，對四庫館臣校理書籍的工作有更爲具體的認識。一部書從選入《四庫全書》，到經過校勘整理最後寫定，中間有多人經手。這之間的改動要將原底本與四庫本進行比較才能知道。但是現存四庫底本數量有限，即使當年所用的底本保留了下來，其中黏貼的浮簽也有很多已經脱落。通過考證和案語可以增加對這種改動的瞭解。其次，這些考證、案語是很好的校勘學和古籍整理研究資料。考證、案語實際上可以看作是四庫館臣所作的校勘記。而這些校勘記內容豐富，方法多樣，撰寫也比較規範。由于四庫館臣都是較有學識的官員，雖然不能說他們的意見全部正確，但是這些考證和案語仍然具有很大參考價值。最後，在書後附考證案語或校勘記的做法在《四庫全書》之前並不多見。乾隆前期武英殿刊刻的十三經注疏、二十四史附有考證，具有開拓意義，而同樣是乾隆時期纂修的《四庫全書》則延續了這種做法。

這種做法是對校勘整理古籍時產生的學術成果的保留,值得肯定。

五、結語

《四庫全書》是我國古代文化史上的一筆寶貴遺産,現在我們已經可以較爲方便地對之加以利用和研究。人們在肯定這部大規模叢書的作用時,也對其品質有不同程度的批評和質疑。《四庫全書》在某些方面的確存在可商榷之處,如底本選擇不當、删削篡改、抄録訛誤等,但是通過考證和案語我們也應該看到四庫館臣所做工作的正面意義,這些工作使《四庫全書》在某些方面要優於其他版本,有其可取之處。所以,我們對《四庫全書》某些籠統的看法未必正確,還是應該具體書籍具體分析。《四庫全書》本卷末所附考證和案語有助於我們正確認識《四庫全書》在校勘、版本、學術考證等方面的價值,這部分學術成果值得我們進行更爲深入的研究並加以利用。

附:文淵閣《四庫全書》卷末附考證案語書目①

序號	書 名 卷 數	考證或案語所在卷次	考證/案語
1	周易注疏十三卷附周易略例一卷	每卷皆有	考證
2	尚書注疏十九卷	每卷皆有	考證
3	洪範統一一卷	卷末	考證
4	毛詩注疏三十卷	每卷皆有	考證
5	詩傳遺説六卷	卷四	案語
6	周禮注疏四十二卷	每卷皆有	考證
7	儀禮注疏十七卷	每卷皆有	考證
8	禮記注疏六十三卷	每卷皆有	考證
9	春秋左傳注疏六十卷	每卷皆有	考證
10	春秋公羊傳注疏二十八卷	每卷皆有	考證
11	春秋穀梁傳注疏二十卷	每卷皆有	考證
12	春秋講義四卷	卷四	考證

---

　　① “二十四史”中的《晋書》、《南齊書》、《梁書》等書只有部分卷次附有考證,非每卷都有,但因卷次較多,表内不詳細列出。

續　表

序號	書名卷數	考證或案語所在卷次	考證/案語
13	孝經注疏九卷	每卷皆有	考證
14	孟子注疏十四卷	每卷皆有	考證
15	論語注疏二十卷	卷四、卷七、卷十二、卷十三、卷十九、卷二十無，其他卷次有	考證
16	爾雅注疏十一卷	每卷皆有	考證
17	御定康熙字典四十二卷	卷九、卷十、卷十三、卷十六、卷二十一	案語
18	欽定音韻述微三十卷	卷三（附在卷五後）、卷十三	案語
19	史記一百三十卷	每卷皆有	考證
20	前漢書一百卷	每卷皆有	考證
21	後漢書一百二十卷	每卷皆有	考證
22	三國志六十五卷	每卷皆有	考證
23	晋書一百三十卷	部分卷次	考證
24	宋書一百卷	每卷皆有	考證
25	南齊書五十九卷	部分卷次	考證
26	梁書五十六卷	部分卷次	考證
27	陳書三十六卷	部分卷次	考證
28	魏書一百十四卷	每卷皆有	考證
29	北齊書五十卷	部分卷次	考證
30	周書五十卷	部分卷次	考證
31	隋書八十五卷	部分卷次	考證
		卷六十四至卷七十三、卷七十六、卷七十八、卷八十至卷八十三	案語
32	南史八十卷	卷二十三、卷三十七、卷四十七、卷五十八無，其他卷次有	考證
		卷四（附在卷五之後）	案語
33	北史一百卷	每卷皆有	考證
34	舊唐書二百卷	部分卷次	考證
35	新唐書二百二十五卷	部分卷次	考證
36	舊五代史一百五十卷目録二卷	卷七十一、卷一百二十三無，其他卷次有	考證

續　表

序號	書　名　卷　數	考證或案語所在卷次	考證/案語
37	新五代史七十四卷	部分卷次	考證
38	宋史四百九十六卷	部分卷次	考證
39	遼史一百十五卷	部分卷次	考證
40	金史一百三十五卷	卷四十一	考證
41	元史二百一十卷	部分卷次	考證
42	明史三百三十二卷	列傳部分	考證
43	大事記通釋三卷	卷一、卷二（皆附在卷三之後）	案語
44	建炎以來繫年要録二百卷	部分卷次	"金人地名考證"
45	平定兩金川方略一百三十六卷	部分卷次前	"未經欽定人名/地名擬改"
46	大金弔伐録四卷	卷一、卷二、卷三、卷四	"人地名考證"
47	朱子年譜考異四卷	卷四	案語
48	江南餘載二卷	卷上	考證
49	欽定日下舊聞考一百六十卷	部分卷次	舉正
50	州縣提綱四卷	卷二	考證
51	旅舍備要方一卷	卷末	考證
52	普濟方四百二十六卷	卷一百七十、卷三百七十六	案語
53	金樓子六卷	卷一	考證
54	蘇氏演義二卷	卷上	考證
55	續古今考三十七卷	卷二十六	案語
56	初學記三十卷	卷八、卷九、卷二十一	案語
57	古今姓氏書辯證四十卷	卷五	考證
58	稗編一百二十卷	卷三十五（附在卷三十六之後）、卷九十一、卷一百四（附在卷一百五之後）、卷一百十	案語
59	天中記六十卷	卷五十四	案語
60	御定淵鑒類函四百五十卷	卷十七	案語
61	格致鏡原一百卷	卷八十、卷八十一（皆附在卷八十二之後）	案語

序號	書 名 卷 數	考證或案語所在卷次	考證/案語
62	文莊集三十六卷	卷首原序後	考證
63	郣溪集三十卷	卷首原序後	考證
64	跨鼇集三十卷	卷八	考證
65	樗溪居士集十二卷	卷首原序	考證
66	㴩山集三卷	卷一	考證
67	雙溪集十五卷	卷八	案語
68	緣督集二十卷	卷六	考證
69	定齋集二十卷	卷七、卷十七	考證
70	九華集二十五卷	卷九	考證
71	南湖集十卷	卷前提要	考證
72	滄州塵缶編十四卷	卷首序	考證
73	楳埜集十二卷	卷九	考證
74	靈巖集八卷	卷一、卷三	考證
75	閬風集十二卷	卷首原序	考證
76	碧梧玩芳集二十四卷	卷二十二	考證
77	蘭軒集十六卷	卷十一	考證
78	西巖集二十卷	卷二	考證
79	中菴集二十卷	卷二	考證
80	密菴集八卷	卷一	考證
81	半軒集十二卷	卷一(附在卷二後)	案語
82	二希堂文集十一卷卷首一卷	卷首御製序	案語
83	文選顏鮑謝詩評四卷	卷一、卷二	考證
84	文章正宗二十四卷	卷四	案語
85	明文海四百八十卷	卷十九(附在卷二十三之後)、卷二十六	案語
86	藏海詩話一卷	卷末	考證
87	歷代詩話八十卷	卷十八、卷二十	案語

（何燦　嶺南師範學院文學與傳媒學院）

· 四庫提要研究

《四庫全書總目》"浙本出于殿本"説的再檢討*

一、前言

傳世《四庫全書總目》的版本雖多,主要可分爲兩個系統：一爲武英殿本(殿本)系統;一爲浙江杭州刊刻本(浙本)系統。① 前者爲朝廷的最後定本,流通較少,世間罕睹;後者爲浙江地方官府刊刻,廣泛傳播于各界,影響也較大。其他各本大抵由此二本而出,幾無例外。晚清以來,學界普遍認爲浙本出于殿本,儘管缺乏文獻佐證,却始終無人懷疑其可靠性。世紀之交,開始有學者質疑此説,並且提出具體的文獻作爲證據,這才使"浙本出于殿本"這個主流説法受到强烈的批評,浙本的底本究竟爲何? 因而成爲學界關心的問題,也引起廣泛的討論。

本文之作,並未預設立場,基本上係依據新出現的文獻資料,對此一問題的正反意見進行檢視,從而得出比較可信的看法,希望能對這個衆所矚目的問題有較具體的意見,以提供學界的檢驗。受限于參考文獻的不足,既有的資料也不易取得,所見所思難免有局限不足之處,尚祈大雅方家有以正之。

---

* 本文爲 2012 年 10 月中國社會科學研究院歷史研究所主辦"第三屆古文獻與中國傳統文化"國際學術研討會宣讀論文,經修訂後發表。論文撰述期間,承蒙北京清華大學歷史系張濤博士協助蒐集資料,提供意見,出力甚多,謹對張濤博士及會議主辦單位表達誠摯之謝意。

① 所謂"武英殿本",即乾隆六十年十一月由武英殿刊行的《欽定四庫全書總目》二百卷首四卷;所謂"浙江杭州刊本",即乾隆六十年十月浙江杭州刊刻的《欽定四庫全書總目》二百卷首一卷。參崔富章:《文瀾閣〈四庫全書總目〉殘卷之文獻價值》,《文獻季刊》2005 年 1 月第 1 期,第 152—159 頁。按:本文所用"武英殿本",乃臺灣"商務印書館"1983 年 10 月影印武英殿《四庫全書總目提要》;"浙江杭州刊本",則爲 1965 年 6 月北京中華書局影印浙江杭州本。

二、"浙本出于殿本"説溯源

"浙本出于殿本"説成立的前提有二：其一是浙本刊刻的時間，必定要晚于殿本；其二是浙本刊刻的底本，必然依據殿本或殿本系統的版本。這兩個條件必須同時具備，缺一不可，而前者更是關鍵性的要素。就此而言，晚清以來學界之所以會出現"浙本出于殿本"這個觀點，問題就出在對殿本《四庫全書總目》的刊刻時間始終没有確切的了解。根據阮元(1764—1849)的《浙江刻〈四庫書提要〉恭跋》所載：

> 乾隆五十九年，浙江署布政使司臣謝啟昆、署按察使司臣秦瀛、都轉鹽運使司臣阿林保等請于巡撫兼署鹽政臣吉慶，恭發文瀾閣藏本校刊，以惠士人，貢生沈青、鮑士恭等咸願輸資鳩工集事，以廣流傳。六十年，工竣。[①]

則浙江地方官員于乾隆五十九年(1794)提出刊刻《四庫全書總目》請求，經同意後隨即付諸實施，六十年(1795)十月即已完成刊刻計劃，正式問世，以饗士人。時間明確，並無含糊之處。相較于此，殿本《四庫全書總目》則由武英殿刊板，然該書卷首僅有上諭、進表、修纂銜名、凡例及門目，並無序跋，亦未注明刊板時間，不僅造成出版認定上的困難，也衍生出許多問題，所謂"浙本出于殿本"説亦與此有關。

早在清光緒二十一年(1895)，廣東廣雅書局據殿本刊刻《四庫全書總目》時，主持刊刻工作的文獻專家傅以禮(1827—1898)當時即已發覺殿本與浙本兩者頗有差異，[②]由于傅氏主觀認定杭州文瀾閣所藏《四庫全書總目》即殿本，浙本既據文瀾閣所藏本翻刻，則二本内容理應相同。因此當面對此一差異現象時，傅氏並未懷疑浙本與殿本來源可能不同，當時雖鄭重提出有意爲此書編輯校勘記，然限于時間緊

---

① （清）阮元：《浙江刻〈四庫書提要〉恭跋》，《揅經室集・揅經室二集》卷8，北京：中華書局，1993年，第565頁。

② （清）傅以禮《〈欽定四庫全書總目〉跋》："非特《總目》與《簡明目録》時有參差，即《總目》之聚珍、袖珍兩本，與《簡明目録》之浙刻、鮑刻兩本，亦所載不盡相符，或此有而彼遺，或彼有而此闕，而卷數之多寡，字句之詳略，更無論已。"《華延年室題跋》，臺北：廣文書局，1969年《書目三編》影印清宣統元年餘杭俞人蔚排印本，總頁第68頁）

迫,暫時無法進行。僅于卷首補入乾隆五十五年(1790)《諭旨》一道、增補《上表》末所缺諸臣職名,同時吸取浙本部分内容,以增補廣雅書局所刻殿本。這是《四庫全書總目》行世以來,文獻上首次出現殿本、浙本有所差異的記載。

民國二十一年(1932)洪業(1893—1980)發表《四庫全書總目及未收書目引得序》,將殿本刊刻的時間定爲乾隆五十五年、五十九年之中,[1]這是學界首次明確提及殿本的刊刻時間;民國二十二年(1933)陶湘(蘭泉,1871—1940)所編的《故宫殿本書目》,則將殿本刊刻的時間定爲乾隆五十四年(1789);[2]1964年,王重民(1903—1975)的《跋新印本〈四庫全書總目〉》與《論〈四庫全書總目〉》二文,又將殿本刊刻的時間定爲乾隆五十八年(1793)秋冬之間,最晚不過這一年的冬季;[3]1983年,臺灣“商務印書館”影印出版武英殿本《四庫全書總目提要》,該書卷首《弁文》則將刊刻時間定爲乾隆六十年(1795)。[4] 這些著作推測的殿本刊刻時間雖互相出入、各有不同,但共同的預設是浙本刊刻在殿本之後,並以殿本爲祖本。此由洪業所云:

> 殿板《總目》究于何時告成頒發,余未考得;但謝啓昆于五十九年借文瀾閣本校刊《總目》,則《總目》之頒布在五十五年、五十九年之中矣。[5]

王重民亦云:

> 《四庫全書總目》由武英殿刻成大概是在乾隆五十八年秋冬之間,最晚不

---

① 洪業《四庫全書總目及未收書目引得序》,原載《四庫全書總目及未收書目引得序》,北平：燕京大學引得編纂處,1932年。此據《洪業論學集》(臺北：明文書局,1982年)第51—55頁。

② 昌彼得《跋武英殿本〈四庫全書總目提要〉》云:“其本刊于何時? 因卷首僅載上諭及修纂銜名,均未及刊雕之事,顧後人率多揣測。陶蘭泉氏編《故宫殿本書目》,定爲乾隆五十四年纂刊,實無所據。”(《增訂蟫菴群書題識》,臺灣：臺灣“商務印書館”,1997年,第99—116頁)王重民亦云:“殿本《四庫全書總目》在乾隆五十四年已經寫定,並在那一年由武英殿刊版,直到現在並没有找到可靠的歷史文獻記録。故宫殿本書庫所藏的那部殿本《四庫全書總目》,我相信没有刻書年月的牌記,也没有四庫館臣或武英殿刻書經手人所題的年月。‘乾隆五十四年纂刊’的記載,是由《故宫殿本書庫現存目》的編者想像出來,或估計出來的。”(《跋新印本〈四庫全書總目〉》,《冷廬文藪》,上海：上海古籍出版社,1992年,第665頁)

③ 王重民:《跋新印本〈四庫全書總目〉》,《冷廬文藪》,第664—692頁。又《論〈四庫全書總目〉》,《中國目錄學史論叢》,北京：中華書局,1984年,第225—253頁。據《冷廬文藪》附録二《王重民教授著述目録》,二文的撰寫時間相同,見是書第950頁。

④ (清)紀昀等:《四庫全書總目提要》,卷首第27頁。

⑤ 洪業:《四庫全書總目及未收書目引得序》,《洪業論學集》,第53頁。

過這一年的冬季。大概乾隆五十八年冬或五十九年春殿本《四庫全書總目》才送到了杭州文瀾閣，浙江地方大吏和浙江士紳就在五十九年開始了校正翻印的工作。①

又云：

> 《四庫全書總目》的武英殿刻本首先發到南北七閣貯藏使用。1794年浙江在地方官（謝啓昆、秦瀛、阮元）和士紳（沈青、鮑士恭）的合作下，將《四庫提要》依據文瀾閣所藏的殿刊本翻刻，1795年刻成，從此《四庫全書總目》更廣泛的在全國範圍内流傳開來。……1793年《四庫全書總目提要》由武英殿刊版，1795年在浙江翻刻，是《四庫全書總目》向全國範圍傳播的最初，也是最重要的時期。②

洪業、王重民不約而同地將浙本的刊刻時間置于殿本刊版並分送到杭州文瀾閣之後，其中的涵義不言可喻：浙本的底本即是殿本。王氏的第二段文字更直言："將《四庫提要》依據文瀾閣所藏的殿刊本翻刻"③，更明確表示了浙本係依據殿本而翻刻，殿本是浙本的底本。這就是所謂"浙本出于殿本"説的具體由來。由於阮元的《浙江刻〈四庫書提要〉恭跋》一文明言浙本刊刻創始于乾隆五十九年（1794），六十年刻畢。基于此一認知，所以除臺灣"商務印書館"影印武英殿本《四庫全書總目提要》卷首的《弁文》外，上述諸人在推測殿本的刊刻時間時，都刻意將殿本刊竣的下限定爲乾隆五十九年，原因在此。

"浙本出于殿本"這個説法流行極廣，影響也大，一直是學界的主流意見，過去也無人質疑。但這個説法是否可以成立？其實是一個值得注意的問題。此前由於《四庫全書總目》的相關資料汗牛充棟，難以盡閱，加上主其説者僅指出一個時間，並未就此舉證論述，的確也難以進行討論。所幸者1983年臺灣"商務印書館"影印

---

① 王重民：《跋新印本〈四庫全書總目〉》，《冷廬文藪》，第672頁。
② 王重民：《論四庫全書總目》，《中國目録學史論叢》，第232頁。
③ 阮元的《恭跋》僅云"恭發文瀾閣藏本校刊"，並未説此本爲"殿本"。王重民將其解釋成"文瀾閣所藏的殿刊本"，不僅誤解而且有過度引申了原意之嫌。參見崔富章：《〈四庫全書總目〉版本考辨》，《文史》第35輯，1992年6月，第159—173頁。

文淵閣《四庫全書》時，附帶影印了武英殿本《四庫全書總目提要》，當時昌彼得
(1921—2011)特爲此書撰述了《跋武英殿本〈四庫全書總目提要〉》一文①，爲"浙本
出于殿本"說做出了比較完整且有佐證的論述，成爲此一說法的主要代表。稍晚于
昌氏，崔富章也撰寫了一系列的論文，集中批判"浙本翻刻殿本"說的不能成立，强
調浙本的底本另有所本，並非來自于武英殿的刊本。同一主題的不同論述先後出
現，再加上《天津圖書館藏紀曉嵐删定〈四庫全書總目〉稿本》(以下簡稱《津圖紀
稿》)的影印出版，②爲學界檢討"浙本與殿本的關係"提供了有利的條件，也正是省
思此一論述的最好時機。以下即分別討論昌彼得、崔富章二位先生的觀點與論證，
並嘗試對此問題提出個人的淺見，供學界參考。

三、"浙本出于殿本"說的證據與討論

　　昌彼得在臺灣"商務印書館"影印的武英殿本《四庫全書總目提要》中，其實同
時發表了兩篇文章，其一爲《影印〈四庫全書〉的意義》，仍持殿本刊刻應在乾隆五十
五年(1790)的說法，③但並未說明理由；其二即《跋武英殿本〈四庫全書總目提要〉》。
兩文雖同收入影印本武英殿本《四庫全書總目提要》，但《影印〈四庫全書〉的意義》
發表在前，《跋武英殿本〈四庫全書總目提要〉》在後，④且具有完整的論述，可見後者
是昌彼得的修正意見，應可代表他對于此一問題的定見。以下即據此文，探討昌彼
得對"浙本出于殿本"說的完整看法。

　　昌彼得雖然依舊主張"浙本出于殿本"，但論述的方式與以往學者並不相同，他

---

　　①　昌彼得：《跋武英殿本〈四庫全書總目提要〉》，武英殿本《四庫全書總目提要》，臺北：臺灣"商務
印書館"，1983年，影印本，是書末第1—13頁。後收入所著《增訂蟫菴群書題識》，第99—116頁。按：
昌氏另有《武英殿〈四庫全書總目〉出版問題》一文，收在《錢存訓先生八十榮慶紀念中國圖書文史論集》
(臺北：正中書局，1991年，第115—119頁)，內容與此相同，惟論證較簡略。
　　②　(清)永瑢、紀昀等：《天津圖書館藏紀曉嵐删定〈四庫全書總目〉稿本》，北京：國家圖書館出版
社，2011年。
　　③　昌彼得：《影印〈四庫全書〉的意義》云："武英殿初刻《四庫全書總目提要》，大概是在乾隆五十五
年；五十九年杭州又據文瀾閣本付雕，稍後廣州又有刻本，諸版本間也略有不同。"(武英殿本《四庫全書
總目提要》，卷首第9—20頁)
　　④　昌彼得的《影印〈四庫全書〉的意義》與《跋武英殿本〈四庫全書總目提要〉》二文雖同收入武英殿
本《四庫全書總目提要》，但前者已先發表于《故宮季刊》(臺北："國立故宮博物院"，第17卷第2期，1982
年)，然後再收入商務影印武英殿本《四庫全書總目提要》；兩者相較，時間早于《跋武英殿本〈四庫全書總
目提要〉》。

根據《清實録·高宗實録》(卷一四九三)乾隆六十年(1795)十二月甲午(十七日)所載：

> 予告尚書曹文埴奏："《四庫全書總目》刻竣，謹進陳設二十部，備賞八十
> 部，除將版片交武英殿收藏外，並另刷四部，請發裝潢分貯四閣。至是書最易
> 繙閲，應照向辦官書，刷印發坊領售。報聞。"①

並比對臺北"故宮"所藏隨手檔《乾隆六十年十二月十七日隨手登記簿》，參考《國朝
耆獻類徵初編》之後，修改了以往的意見，確認殿本《四庫全書總目》刻竣于乾隆六
十年十二月，並發印裝潢，分送四閣收貯。

既然確認殿本的刊刻時間與阮元所云浙本的刊行時間同爲乾隆六十年，何以
昌氏依然主張"浙本出于殿本"呢？主要原因在于他對于浙本刊刻的時間與浙本的
底本究竟爲何有所質疑，他説：

> 據前所考，殿本刊印藏事在乾隆六十年十二月，發交浙江文瀾閣貯藏，當
> 已逾年，則所謂乾隆五十九年發文瀾閣本究係何版本？當然非武英殿本，因其
> 時刊印尚未竣工。若謂據書前提要，則缺存目之提要。若謂據傳抄本，然則行
> 款何以又同于殿本，是其事不無可疑也。②

因此昌彼得提出了四個疑點③，懷疑阮元《恭跋》的可信度、浙本避諱與卷首上

---

① (清)慶桂等編：《清實録·高宗實録》卷 1493，北京：中華書局，1986 年，第 977 頁。此一記載
除"十二月"異于"十一月"、文字較簡略外，主要内容與中國第一歷史檔案館編《纂修四庫全書檔案》(上
海：上海古籍出版社，1997 年)第 2374 頁所收《原户部尚書曹文埴奏刊刻〈四庫全書總目〉竣工刷印裝潢
呈覽摺》大致相同。

② 昌彼得：《跋武英殿本〈四庫全書總目提要〉》，《增訂蟫菴群書題識》，第 101 頁。

③ 這四個疑點是：(1)同一阮元《跋》文，所記捐貲刻者姓名各異：浙本末的阮元《跋》謂捐貲刊印
的是"貢生沈青、生員沈鳳樓等"；同治七年廣東繙刻浙本，則謂由"貢生沈青、鮑士恭等"捐貲；阮元之子
阮福輯刻的《揅經室二集》卷 8，捐貲人則爲"貢生沈青、沈以澄、鮑士恭"。(2)阮元于乾隆五十九年自山
東學政調浙江學政，刊刻《四庫總目》應屬學政分内之事，然此事竟由布政、按察、鹽運三使請于巡撫，學
政竟置身事外，于理不合。(3)浙本"琰"缺末筆，"顒"則改爲"容"字，顯係避仁宗皇帝諱。嘉慶帝御名
"顒琰"二字，初期避諱皆缺末筆，改"顒"爲"容"，應非乾隆朝事。可知浙本決非刻于乾隆朝。(4)浙本
與殿本出入頗大，卷首之上諭，殿本計二十一道，浙本則爲二十五道，然殿本所載乾隆三十八年八月二十
五日，嘉獎陸擢紀昀、陸錫熊二人之上諭則删削未留。又所列《四庫》館任事諸臣之職名亦頗有不同，如
殿本中列名歷任副總裁官之張若溎、李友棠二人，見于《清史稿》本傳，浙本則除名不載。(《增訂蟫菴群
書題識》，第 101—102 頁)

諭滋生的疑點。此外,昌氏又比對了殿本與浙本,發覺差異之處頗多,大致可分爲六類①,這六類的比較,用意在證明浙本後出,並且對殿本做了程度不同的修改。除此之外,兩部書所著録的書也不盡同,如浙本經部書類有宋鄭伯熊撰《鄭敷文書説》一卷,子部醫家類有宋夏德撰《衛生十全方》三卷、《奇疾方》一卷,皆殿本所無,而文淵閣《四庫全書》亦未收此二書。

　　歸納上述諸疑點,再加上殿本與浙本提要内容頗有差異,昌彼得因而認定二書的差異並非校勘所造成,原因應是不出于一人之手的緣故。他認爲殿本應爲紀昀(1724—1805)所裁定,而浙本則出于他人之手。其理由在于:

　　(1) 就避諱而言。殿本刻成刷印之時,高宗已決定遜位並昭告天下,殿本以缺末筆方式避諱,且有鏟削未盡者,如卷十三書類存目一第十二葉之"琰"字不缺筆可證;相較于殿本,浙本則已改"顒"爲"容",顯然是嘉慶以後所刻,較殿本爲晚出。

　　(2) 就增删上諭而言。浙本的上諭删去奬擢紀昀之一條,應非紀昀本人所爲。浙本所增之最後一條上諭,爲乾隆五十五年(1790)六月初一日奉上諭,内容要求開放江南三閣所貯《全書》,准士子入閣檢視鈔録。據故宮所藏上諭檔,這道上諭係五月二十三日所降②,浙本所冠奉上諭,較内閣晚了七日,當係依據浙江官府檔案。

　　(3) 就增入已遭抽删的文字而言。乾隆五十二年(1787)三月已下令將李清、周亮工(1612—1672)等人著作十一種皆抽出,故《四庫全書》及殿本中相關文字亦遭删汰。但浙本所增提要之文則頗微引遭抽禁之周亮工《書影》一書,如李日華《禮白岳記》、汪道昆《太函集》等提要所引《因樹屋書影》即是。《四庫全書》爲敕撰之書,應非個人所敢妄爲删改,必然是奉敕行事。浙本既刻于嘉慶之時,編刻之地在浙江,則奉敕删改之最適當人選當爲阮元。昌氏因此推測:"是否殿本刻成後,乾隆或嘉慶帝有所不滿,或因其他緣故,而令阮元重行修訂,重刻于浙江,雖目前尚乏資料以證成之,宜大有可能也。因此本需取代武英殿本而通行,阮元跋文將年代提前

────────────

　　① 此六類即:(1)殿本頗有于人名、干支、卷數誤記,或文義不通順之處,浙本皆予改正。(2)殿本、浙本于每類目後總計卷數有所不同。此類數字之統計,大抵以浙本校正者爲是,但亦有浙本校改錯誤者。(3)殿本提要之文,浙本頗多增補者。(4)殿本提要亦有文字較繁,浙本予以删削者。(5)殿本、浙本之提要叙述文字之歧異者,此類情形頗多。(6)兩書書目編排次序有所差異。凡《四庫全書》所收之書,殿本悉依全書陳列之順序而編次,而浙本則頗有更易,大抵依撰者時代之先後,實較殿本爲有序。(《增訂蟫菴群書題識》,第103—112頁)
　　② 《諭内閣著江浙督撫等諄飭所屬俟全書排架後許士子到閣抄閲》(乾隆五十五年五月二十三日),中國第一歷史檔案館編《纂修四庫全書檔案》,第2189—2190頁。

以爲掩蓋耳。"①

　　就上述跋文而言,昌氏爲"浙本出于殿本"説辯護所提出的論點主要有二:其一是浙本刊刻在殿本之後;其二是通過比對,證明浙本修改了殿本。以下分别論述之。

(一) 關于"浙本刊刻在殿本之後"的討論

　　此前的學者都接受阮元《恭跋》所云浙本的刊刻在乾隆六十年(1795)的説法,因此紛紛將殿本的刊刻時間估計在乾隆五十九年(1794)之前。有别于此,昌彼得則依據《清高宗實録》記載,確定殿本的刊刻完成在乾隆六十年十二月。與此相應,昌氏將浙本刊刻的時間挪後到嘉慶時期。這麽一來,不可避免的必然要面對阮元《恭跋》這篇時間明確、存在已久的文獻。昌氏處理這個問題的方式是通過避諱、增删上論及增入已遭抽删的文字的比較,試圖證明這篇跋文晚出,而浙本的刊刻時間已晚至嘉慶初年。但這個論證是否有效呢?

　　第一,就避諱而言,避諱的方式有許多種,殿本的缺末筆是一種,浙本的改換用字也是一種,缺末筆與改換用字孰先孰後並没有硬性規定②,要説缺末筆時間必然在前、改換用字一定在後,雖有其可能但並不必然,若没有其他相關的文獻佐證,其效力相當有限。所以,這個證據的有效與否必須要有配套的資料纔行。

---

① 昌彼得:《跋武英殿本〈四庫全書總目提要〉》,《增訂蟫菴群書題識》,第 115—116 頁。

② (清)何琇:《樵香小記》卷下,《景印文淵閣四庫全書》第 859 册,第 793 頁,"宋諱"條云:"宋人避諱至嚴,然核其遺文,似有二例,一曰闕筆,一曰代字。大抵尋常文句則僅闕筆,若人姓名則必代字。如'殷浩'作'商浩','桓玄'作'亙靈寶','魏徵'作'魏證','慎夫人'作'謹夫人','匡衡'作'康衡',蓋臨文不諱,故僅作字不成。若人之姓名,則不可使同于祖考,此其别也。"何氏爲清宗人府官員,對避諱應甚瞭解,但並未云闕筆與換字有時間先後的區别。再者,在編纂《四庫全書》的過程中,也曾觸及避諱這個敏感問題,乾隆四十七年(1782)二月十九日,《軍機大臣奏請旨將承辦〈通鑑長編〉未行敬避廟諱各員交部議處片》中即提到由于《通鑑長編》書内"于廟諱僅缺一筆,不行敬謹全避,分校官未經看出改正,實屬錯誤"。該片中指出:"查開館之始,經總裁、原任尚書王際華發有《刊刻條例》一張,内稱:'凡遇廟諱、御名本字,偏傍全寫者,俱敬謹缺筆。'該分校等拘泥館例,凡所校之書,向俱照此辦理。伏思遇有廟諱、御名,上一字自當缺筆,下一字理應敬避。該分校等仍拘刊行條式,並未請示總裁,率聽照例繕録,不行改正,究屬不合。"軍機處除了要求"相應請旨將承辦之員交部議處"之外,同時也嚴屬提出:"現在辦竣之第一分全書(按: 即文淵閣《四庫全書》)内,有無似此不行全避字樣,應一體查明挖改,並請交各總裁轉飭分校各官,嗣後遇有廟諱上一字仍照例缺筆外,下一字即敬謹全避,以昭畫一。"(《纂修四庫全書檔案》,第 1467—1468 頁)就此看來,軍機處已經對這個問題有了明確規定,即遇有廟諱、御名時,上一字缺筆,下一字即敬謹全避。嘉慶名"顒琰",殿本將"琰"字缺末筆,浙本改"琰"爲"琬"、易"顒"爲"容",雖與此要求有所出入,但也看不出兩者時間先後的問題。

　　第二,就增删上諭而言,殿本上諭計二十一條,浙本則有二十五條,浙本上諭稍多,差別其實不大。兩者相較,殿本有而浙本無的僅"乾隆三十八年八月二十五日"一條,浙本有而殿本無的有"乾隆三十八年二月二十一日"、"乾隆三十八年二月二十八日"、"乾隆四十二年八月十九日"、"乾隆四十三年五月二十六日"及"乾隆五十五年六月初一日"五條。其中有問題的是"乾隆三十八年八月二十五日"與"乾隆五十五年六月初一日"兩條,前者内容是嘉奬升擢紀昀、陸錫熊(1734—1792)二人,而後者内容則是江南三閣所貯《四庫全書》准士子入閣檢視鈔録。昌氏據前者認爲,既删去奬擢紀昀一道,則浙本删定當非出于紀氏本人,而係他人所爲;又據後者認爲,時間晚于故宫所藏上諭檔,當爲浙江之檔,因之推論增入者非在北京之紀昀,而係在浙江之官員。

　　若根據新近影印出版的《天津圖書館藏紀曉嵐删定〈四庫全書總目〉稿本》(以下簡稱《津圖紀稿》)來看,對昌氏所提的上述現象,可能會有不同的結論。此因《津圖紀稿》收入上諭計二十四條,除無"乾隆五十五年六月初一日"一條外,其餘全同浙本。此一稿本出自紀昀之手,且時間早于殿本甚多①,其中即未收"乾隆三十八年八月二十五日"奬勵紀昀、陸錫熊的上諭。再者,天津圖書館所藏的文溯閣抄本《四庫全書總目》卷首上諭也是二十四條,内容與《津圖紀稿》完全相同,也無"乾隆三十八年八月二十五日"一條。② 足見"乾隆三十八年八月二十五日"這條資料並無證明效力,更不能用作浙本删定非出于紀氏本人之手的佐證。因此,所謂後人删除之説難以成立。

　　第三,就增入已遭抽删的文字而言,昌氏據浙本中李日華《禮白岳記》③、汪道昆《太函集》④提要文字中大量引述周亮工《因樹屋書影》文字現象,認爲這些文字

①　(清)永瑢、紀昀等:《天津圖書館藏紀曉嵐删定〈四庫全書總目〉稿本》,此稿的確切時間尚待判定,但從其底本卷122子部雜家類六《春明夢餘録》、《居易録》之間有周亮工《書影》提要(第5册第149頁)、卷181集部别集類存目八《古處堂集》、《汏亭文集》之間有周亮工《賴古堂詩集》提要(第8册第16頁),及其他各處紀氏以墨筆删除李清、周亮工等人文字的痕迹來看,應爲乾隆五十二年(1787)三月高宗下令銷毀删除李清、周亮工等人文字之前的抄本。

②　文溯閣抄本《四庫全書總目》,爲乾隆内府抄本,每册首頁鈐"文溯閣寶"朱文大方印,後頁鈐"乾隆御覽之寶"朱文方印。此書雖爲殘稿,仍有八十八册,一百四十三卷之多,現藏天津圖書館歷史文獻部。

③　(明)李日華《禮白岳記》一卷提要,《四庫全書總目》卷64,北京:中華書局,影印浙江刻本,2003年,第574頁。

④　(明)汪道昆《太函集》一百二十卷提要,《四庫全書總目》卷177,第1596頁。

都是浙本後來所增入，且推斷增入者即爲甚受乾隆、嘉慶恩寵的阮元。① 何以推測是阮元而非他人？ 筆者頗疑可能與阮元曾"直文淵閣事，又籍隸揚州"②，並曾編纂《四庫未收書提要》進呈有關。③

　　按張鑑（1768—1850）等撰《阮元年譜》所載，阮元于乾隆六十年（1795）八月二十四日奉旨調任浙江學政，十一月初六日接印，此時浙本刊刻應已告一段落，可見他並無參與浙江刊刻《四庫全書總目》的機會。④ 但他曾先後任浙江學政（乾隆六十年八月至嘉慶三年八月，1795—1798）、浙江巡撫（嘉慶四年十月至十年閏六月，1799—1805）⑤，除中間短暫返京任職外，在浙江任職前後將近十年。這段期間所有行事，《年譜》記載鉅細靡遺，若曾奉旨修訂《四庫全書總目》，這是光宗耀祖的大事，不可能遺漏失載！ 且乾隆五十二年（1787）三月高宗曾下令于《四庫全書》及《四庫全書總目》撤除李清、周亮工、吳其貞（1607—1678 之後）等人著作，删除有關文字。⑥ 上諭昭昭在目，當初以鋪天蓋地的方式嚴厲執行的禁令，何以會放任相關忌諱文字再次重新登入《四庫全書總目》，豈非出爾反爾？ 阮元又有何憑藉敢公然違抗皇帝的諭旨？ 再據現存檔案，紀昀在嘉慶八年（1803）還曾以禮部尚書的身份上奏，提出續繕《四庫全書》的相關事宜，⑦清仁宗也立即採納了紀昀的建議，足見《四庫全書》雖早已修成，紀氏仍然繼續參與有關《四庫全書》的事務。⑧ 若是原修殿本

---

　　① 昌彼得《跋武英殿本〈四庫全書總目提要〉》云："前經考訂，浙江本刻爲嘉慶之時，編刻之地在浙江，則奉敕删改之最適當人選厥爲阮元。阮元曾兩直南書房，甚獲高宗、仁宗之眷顧，曾充經筵講官，嘉慶四年署浙江巡撫，翌年實授，迄嘉慶十年始丁憂去。是否殿本刻成後，乾隆或嘉慶帝有所不滿，或因其他緣故，而令阮元重行修訂，重刊于浙江。"（《增訂蟫菴群書題識》，第 115 頁）

　　② （清）阮元：《浙江刻〈四庫書提要〉恭跋》，《揅經室集·揅經室二集》卷 8，第 565 頁。

　　③ （清）阮福：《〈四庫未收書提要〉小序》，阮元：《揅經室集·揅經室外集》卷 1，第 1183 頁。

　　④ （清）張鑑等：《阮元年譜》卷 1，北京：中華書局，1995 年，第 14—15 頁。按：此書原名《雷塘庵主弟子記》，點校本改題今名。《年譜》這段記載，也同時解釋了昌氏質疑"浙江地方擬議刊刻《四庫全書總目》，何以阮元未列名其中"的疑問。

　　⑤ （清）張鑑等：《阮元年譜》卷 1—卷 2，第 14—64 頁。

　　⑥ 《諭內閣將〈諸史同異録〉從全書内撤出銷毀並將總纂等交部議處》（乾隆五十二年三月十九日），《纂修四庫全書檔案》，第 1991—1992 頁。按：自此時起即展開一連串的檢查删除李清著作行動，同時又查出周亮工、吳其貞等人著作亦有違礙字句與悖謬之處，因此一併將其從全書撤出銷毀。相關説明請參看拙著：《四庫全書初次進呈存目〉初探——編纂時間與文獻價值》，《漢學研究》，臺北：漢學研究中心，第 30 卷第 2 期（總 69 號），2012 年 6 月，第 165—198 頁。

　　⑦ 《禮部尚書紀昀奏擬續繕〈四庫全書〉事宜十條摺》（嘉慶八年四月初七日），中國第一歷史檔案館編《纂修四庫全書檔案》，第 2376—2379 頁。

　　⑧ 《諭內閣著添派慶桂等會同紀昀續行繕辦〈四庫全書〉》（嘉慶八年四月初七日），中國第一歷史檔案館編《纂修四庫全書檔案》，第 2380 頁。

出了問題,紀昀必然遭受懲處,然後才可能有改令其他官員進行修訂之事。但就相關檔案而言,不僅未見紀昀遭受懲處的官方記載,也没有改令阮元修訂《四庫總目》的上諭。由此可見,所謂阮元奉命修訂殿本《四庫全書總目》,改刊浙本的説法,缺乏直接證據支持,難以成立。

(二)關于"比對殿本、浙本,證明浙本修改殿本"的討論

昌彼得比對殿本、浙本,發現差異頗多,因而認爲這些差異都是浙本修改殿本所造成,從而認定浙本出于殿本。此處即以昌氏所舉例證中,亦見于《津圖紀稿》的提要爲比較對象,據以進行討論。

1. 元郝經《續後漢書》九十卷(《總目》卷五十,史部别史類)

殿本:"考經以庚申使宋,則是書與注皆當成于至元壬申矣。"(第2册第124頁)

浙本:"考經以庚申使宋,則是序當作于壬申歲,而書中不書至元九年,蓋當時南北隔絶,尚不知中統之改爲至元也。"(第451頁)

昌氏云:浙本增改殿本。

按:《津圖紀稿》作:"考經以庚申使宋,則是序當作于壬申歲,而書中不書至元九年,蓋當時南北隔絶,尚不知中統之改爲至元也。"(第3册第614頁)

《津圖紀稿》底本與浙本全同。《津圖紀稿》時間當在殿本之前,可見浙本並未增改殿本,而是所據底本與殿本不同。

2. 清李鍇《尚史》七十二卷(《總目》卷五十,史部别史類)

殿本:"不能隱斧鑿之痕,知鎔鑄衆説之難也。且排比鱗次,一用舊文,體如詩家之集句,求其翦裁諸説,使聯貫如出一手,比吕東萊《續詩記》,尤難之又難。今觀其書,于殘膏剩馥,掇拾成文,時露湊合之迹者,固在所不免。而聯絡融貫,位置天然,如百衲之琴,不乖音律;如千狐之腋,不露裁縫者,亦往往而有。不可謂非因難見巧,爲史家特出之創格,存之亦足備一體也。若《晉逸民傳》中列杜蕢、狼瞫、鉏麑、提彌明、靈輒,《逆臣傳》中列趙穿而不列趙盾,《亂臣傳》中列郤芮〔瑕〕、吕飴甥,《嬖臣傳》中列頭須,《魯列女傳》中列施氏婦,予奪多所未允。又諸國公子皆别立傳,而魯、宋、蔡、曹、莒、鄭、邾六國則雜列諸臣中。《叛臣傳》中如巫狐庸叛楚入吴,吴、楚兩見;公山不狃反魯入吴,吴、魯兩見,已爲重出。而屈巫見楚不見于晉,苗賁皇見晉不見于楚,又復自亂其例。如斯之類,不一而足,均不能不謂之瑕纇。然

《史》、《漢》且不免駁文，司馬光作《資治通鑑》，亦稱其中牴牾不能自保，固亦不能獨爲錯咎矣。"（第 2 册第 129 頁）

浙本："不能隱斧鑿之痕，知鎔鑄衆説之難也。此書一用舊文，翦裁排比，使事迹聯屬，語意貫通，如詩家之集句，于歷代史家，特爲創格，較鎔鑄衆説爲尤難。雖運掉或不自如，組織或不盡密，亦可云有條不紊矣。至于《晋·逸民傳》中列……（同殿本……）如斯之類，不一而足，亦未能一一精核，固不必爲之曲諱焉。"（第 453 頁）

昌氏云：浙本改殿本。

按：《津圖紀稿》底本原作："不能隱斧鑿之痕，知鎔鑄衆説之難也。錯雖以詩名一時，其史才則斷斷非遷比，而顧爲遷之所難。且排比牽貫，一用舊文，體如詩家之集句，尤遷所之不能。而顧欲憑藉驦書變其面貌，以求駕乎其上，計亦左矣。至于《晋逸民傳》中列……（同上引……）如斯之類，不一而足，亦未能一一精核也。"（第 3 册第 694 頁）

今考紀昀删去"雖以詩名一時，其史才則斷斷非遷比，而顧爲遷之所難。且排比牽貫，一用舊文，體如詩家之集句，尤遷所之不能。而顧欲憑藉驦書變其面貌，以求駕乎其上，計亦左矣"一段，改爲："此書一用舊文，翦裁排比，使事迹聯屬，語意貫通，如詩家之集句，于歷代史家，特爲創格，較鎔鑄衆説爲尤難。雖運掉或不自如，組織或不盡密，亦可云有條不紊矣。"又于"亦未能一一精核"下，增入"固亦不必爲之曲諱焉"九字。比對可知，浙本全同《津圖紀稿》改本。殿本雖亦用《津圖紀稿》改本，但又有所修訂。可見浙本依據的是《津圖紀稿》改本，並未更動殿本。

3. 明周起元《周忠愍奏疏》二卷[①]（《總目》卷五十五，史部詔令奏議類）

殿本作："曰《撫吳奏疏》十九首爲一卷，乃巡撫江南時所上也。當魏忠賢肆虐之日，國事日非，幾幾乎毒焰薰天，狂瀾汩地，無恥者從風而靡，代爲搏噬無論矣。即皭然自好者，亦潔身去之而已。起元獨與楊、左諸人奮起而嬰其鋒，雖卒至白骨銜冤，黃泉茹痛，而士大夫尚賴此數十君子，知世間有廉恥事，亦不可謂非中流之砥柱也。其人足重，斯其言可傳，豈明末臺諫連篇累牘，徒以謷訏取名者所可同日與哉？録而存之，以表章忠義之氣也。"（第 2 册第 237 頁）

---

① 按：《津圖紀稿》原底本作"《周忠愍奏疏》五卷、《附録》三卷"，紀氏改爲"二卷"，删去"《附録》三卷"四字。

浙本作：“曰《撫吳奏疏》十九首爲一卷，乃巡撫江南時所上。原本第一卷，所載皆起元之傳。第四卷爲《蘭言録》，皆係題贈詩文；第五卷爲《崇祀録》，皆呈詞碑記。後又録諸人贈祭詩文，及起元遺詩七首。蓋出其後裔搜輯開雕，故隨得隨增，無復次第。又明末積習，好以譁訐取名，其奏議大抵客氣浮詞，無裨實用。起元諸疏，尚多有關國計民生，非虛矜氣節者比。其人其言，足垂不朽。今録其奏疏二卷，以遺詩七首附後。至起元名光史册，初不藉傳志以傳，兹並從删汰，以省繁複焉。”（第 500 頁）

昌氏云：“以上所舉三例悉《四庫》著録之書，核之書前提要，殿本頗有修改潤飾，而浙刻本又復改回與書前提要同，此種出入之緣由安在，甚值得治《四庫》學者之研究也。”①

按：《津圖紀稿》底本原作：“曰《撫吳奏疏》十九首爲一卷，乃巡撫江南時所上。其第一卷，所載皆起元之傳。第四卷爲《蘭言録》，皆係題贈詩文；第五卷爲《崇祀録》，皆呈詞碑記。後又録諸人贈祭詩文，及起元遺詩七首。蓋出其後裔搜輯開雕，故隨得隨增，無復次第。又明末積習，好以譁訐取名，其奏議大抵客氣浮詞，無裨實用。起元諸疏，尚多有關國計民生，非虛矜氣節者比。其人足垂不朽，其言固宜特録而傳之矣。”（第 4 册第 219 頁）

紀昀墨筆改爲：“曰《撫吳奏疏》十九首爲一卷，乃巡撫江南時所上也。當魏忠賢肆虐之日，國是日非，幾幾乎毒焰薰天，狂瀾汩地，無恥者從風而靡，代爲搏噬無論矣。即嶄然自好者，亦潔身去之而已。起元獨與楊、左諸人奮起而嬰其鋒，雖卒至白骨銜冤，黄泉茹痛，而士大夫尚賴此數十君子，知世間有廉恥事，亦不可謂非中流之砥柱也。其人足重，斯其言可傳，豈明末臺諫連篇累牘，徒以譁訐取名者所可同日與哉？録而存之，以表章忠義之氣也。”

比對可知，殿本全同紀氏改本，而浙本除結語增添“今録其奏疏二卷”以下文字外，其餘全同《津圖紀稿》底本原文。這顯示浙本並非改寫殿本而成，而係自有所本。

4. 明鄧鍾《籌海重編》十卷（《總目》卷七十五，史部地理類存目四）

殿本作：“前有（蕭）彦序一篇，極稱胡宗憲功。蓋宗憲倚趙文華勢，攘張經血戰之功，固難逃清議。而其所自設施，亦頗著勳勞。受禍以後，衆怒平而公論定，固有

①　按：所謂三例指李鍇《尚史》、雷鈜《讀書偶記》及周起元《周忠愍奏疏》，其中雷鈜《讀書偶記》一書由於《津圖紀稿》原缺，本文未作比對。

不容盡没者也。"(第 2 册第 592 頁)

　　浙本作："前有彦序一篇,極稱胡宗憲功,亦當時公論也。"(第 657 頁)

　　昌氏云:"(殿本)此段文字,浙本則于'極稱胡宗憲功'句下,但云:'亦當時公論也'以結束之,而删去宗憲攘張經之功以下文字。"

　　按:《津圖紀稿》底本全同臺北"國圖"所藏《四庫全書初次進呈存目》①,原作:"前有彦序一篇,極稱胡宗憲功,亦當時公論也。"紀昀改末句"亦當時公論也"爲:"蓋宗憲倚趙文華勢,攘張經血戰之功,固難逃清議。而其所自設施,亦頗著勳勞。受禍以後,衆怒平而公論定,固有不容盡没者也。"(第 4 册第 377 頁)

　　由此可知,殿本同于《津圖紀稿》之改定本。浙本同于《四庫全書初次進呈存目》《津圖紀稿》原底本,並非删除殿本而來。兩者來源各有所本,並無直接的關聯。

　　類似的例子尚有,爲了節省篇幅,此處就不再詳舉。② 但從以上所舉的例證已可看出:浙本與殿本出現的差異,問題不在于浙本修改了殿本,而是浙本與殿本刊刻時各有所本,前者多用《津圖紀稿》原底本,後者則用紀昀的改本;來源不同,導致内容上的明顯差異。《津圖紀稿》原底本與紀昀的修訂手迹,爲這個懸案提供了最具體的解答。不僅如此,昌氏所疑浙本有而殿本無的宋鄭伯熊撰《鄭敷文書説》一卷(經部書類)與宋夏德撰《衛生十全方》三卷、《奇疾方》一卷(子部醫家類)二書。其中,《鄭敷文書説》一卷的問題,亦因《津圖紀稿》的出現,而得到合理的答案。③ 可

<hr>

　　① 見四庫全書館編:《四庫全書初次進呈存目》子部兵家類,臺北:臺灣"商務印書館"、"國家圖書館",2012 年 12 月影印"國家圖書館"善本室藏乾隆原抄本,第 115 頁。

　　② 他如:宋馮椅《周易輯説明解》《津圖紀稿》底本(第 1 册第 618—619 頁)在"其不合者三"之下,原有"且《永樂大典》具載椅書……多外間所未有,今並無之"145 字,紀昀以筆删去。浙本(第 48 頁)同《津圖紀稿》底本,殿本(第 1 册第 161 頁)則同紀昀改定本。又如:明李化龍《平播全書》,《紀稿》底本(第 4 册第 78 頁)止于"爲評批,爲祭文",殿本(第 2 册第 201 頁)同,而浙本(第 485 頁)在"爲評批,爲祭文"下則多出"明代用兵,大抵十出而九敗……蓋所言猶爲實録云"127 字。

　　③ 按:《津圖紀稿》收有《鄭敷文書説》一卷,見是書第 2 册第 207—208 頁。此外,邵晋涵有《敷文鄭氏書説》分纂稿,見吴格、樂怡編:《四庫提要分纂稿》,上海:上海書店出版社,2006 年,第 445 頁;《四庫全書初次進呈存目》經部書類亦收有是書提要,書名作《書説》,第 227 頁。可見浙本收入此書有迹可循。浙本收入此書而殿本未收的原因,在于抄寫文淵閣《四庫全書》時的疏漏。乾隆五十六年十二月初九日(1792 年 1 月 2 日),在《左都御史紀昀奏文淵閣書籍校勘完竣並進呈舛漏清單摺》所附的《遺漏抵换各書清單》内,紀昀開列的"漏寫遺書八部"中,第一即《鄭敷文書説》,紀氏説:"謹案:此書宋鄭伯熊撰。乃兩淮馬裕所進,又以《永樂大典》參校。今架上未收。"(見《左都御史紀昀奏文淵閣書籍校勘完竣並進呈舛漏清單摺》(乾隆五十六年十二月初九日),《纂修四庫全書檔案》,第 2274 頁)由于《津圖紀稿》是殘稿,缺卷 103,因此無法找出夏德撰《衛生十全方》三卷、《奇疾方》一卷的相關綫索。惟據《中國古籍總目》編纂委員會編《中國古籍總目·史部》(北京/上海:中華書局/上海古籍出版社,2009 年)所載,遼寧圖書館藏有《總目》稿本卷 103,推測應有此書。該卷未能寓目,暫時只能存而不論。

見昌氏主張的浙本修改殿本而成的假説,得不到文獻證據的支持,無法證成。

以上分別從"浙本刊刻在殿本之後"以及"浙本修改殿本"這兩個問題上做了檢討,透過新出文獻的比對佐證,可以證明"浙本刊刻在殿本之後"之説缺乏證據,也提不出阮元于嘉慶年間修改殿本的具體佐證,此一假設不能成立。同時,比對《津圖紀稿》的結果,也證明浙本内容另有所本,與殿本並無直接的關係,所謂"浙本修改殿本"純屬推測,並非事實。合併兩者的觀察,可以確定浙本、殿本同刊刻于乾隆六十年(1795),時間頗爲相近。浙本的底本並非前人所預設的殿本,而係另有來源,昌氏主張的"浙本出于殿本"的説法自然無法成立。

四、浙本底本爲文瀾閣抄本《四庫全書總目》的提出與討論

崔富章自 1992 年開始進行有關《四庫全書總目》版本的研究,同時發表了一系列相關論文,如:《〈四庫全書總目〉版本考辨》(《文史》第 35 輯,1992 年 6 月)、《二十世紀四庫學研究之誤區——以〈四庫全書總目〉爲例》(《書目季刊》第 36 卷第 1 期,2002 年)、《關于〈四庫全書總目〉的定名及其最早的刻本》(《文史》2004 年第 2 期)、《文瀾閣〈四庫全書總目〉殘卷之文獻價值》(《文獻季刊》2005 年 1 月第 1 期)、《〈四庫全書總目〉武英殿本刊竣年月考實——"浙本翻刻殿本"論批判》(《浙江大學人文學報(人文社會科學版)》第 36 卷第 1 期,2006 年 1 月)①及《〈四庫全書總目〉傳播史上的一段公案——從傅以禮的〈跋〉談起》(《文史知識》2007 年第 12 期),成果堪稱豐碩。這些論文集中在兩個主題上:其一,批判"浙本翻刻殿本"論;其二,提出"浙本的底本爲文瀾閣所藏抄本《四庫全書總目》"。這兩個主題都與"浙本的底本究竟爲何"這個關鍵性的問題息息相關,以下分別討論。

(一)崔氏駁斥"浙本翻刻殿本"論的論點及其討論

在駁斥"浙本翻刻殿本"論上,崔富章主要從殿本的刊刻時間及殿本與浙本的比較兩方面著手。

---

① 按:此文的研討會版亦見于李浩、賈三强主編《古代文獻的考證與詮釋——海峽兩岸古典文獻學國際學術會議論文集》(上海:上海古籍出版社,2006 年),第 152—161 頁。

　　由于殿本《總目》本身並未有刊刻時間的資料，因此民國以來，關于刊刻時間即眾説紛紜，莫衷一是。崔氏首先將這些説法分爲五説①，並逐一做了批評：先由浙本、殿本俱有《欽定千叟宴詩》(乾隆乾隆五十五年奉敕編)、《八旬萬壽盛典》(乾隆五十七年十月告成)兩書，證明(1)(2)説不能成立。再從(3)(4)兩説所依據的前提"浙本依據文瀾閣所藏殿刊本翻刻"出于虚構；而乾隆三十八年至五十九年(1773—1794)輯印的《武英殿聚珍板叢書》中收入《欽定四庫全書考證》，却未收《欽定四庫全書總目》，説明《總目》此時尚未刊成，從而證明(3)(4)兩説也不能成立。至于第(5)説雖然較近事實，却未提出任何證據。除此之外，崔氏並就文淵閣所收殿本《總目》每册首鈐"文淵閣寶"、尾鈐"乾隆御覽之寶"，而卷内"琰"字缺末筆此一矛盾現象，説明殿本刊成于乾隆、嘉慶交班時期。剛接任浙江學政的阮元《恭跋》中，隻字不提殿本，可見殿本刊成在浙本之後。崔氏所提最有力的證據是1997年中國第一歷史檔案館編輯刊布的《纂修四庫全書檔案》所收的《原户部尚書曹文埴奏刊刻〈四庫全書總目〉竣工刷印裝潢呈覽摺》(乾隆六十年十一月十六日，1795年12月26日)②，此一文件正式確立了殿本刊刻完成的時間。由于浙本刻成于乾隆六十年十月，早于殿本，兩者時間相當接近，而且各自獨立進行，因此浙本不可能參考或翻刻殿本。

　　在殿本與浙本的比較方面，崔富章舉出了三個例子，證明兩者並非源出同一個底本，彼此内容則相互關聯又互有短長。這三個例子分别爲：

　　(1) 明周起元《周忠愍奏疏》提要(卷五十五，《總目》史部詔令奏議類)

　　(2) 明李日華《禮白岳記》提要(卷六十四，《總目》史部傳記類存目六)

　　(3) 清劉體仁《七頌堂識小録》提要(卷一百二十三，《總目》子部雜家類七)

　　上述三部書的提要，浙本與殿本不僅文字繁簡有别，内容亦有極大差異。崔氏

　　① 所謂五説即：(1) 乾隆五十四年(1789)。《故宫所藏殿版書目》、1964年中華書局影印組《出版説明》、1997年中華書局排印殿本《整理凡例》；(2) 大概在乾隆五十五年(1790)。1983年昌彼得《影印〈四庫全書〉的意義》；(3) 乾隆五十五年至五十九年之中(1790—1794)。1931年洪業《引得序》、1937年郭伯恭《四庫全書纂修考》；(4) 約在乾隆五十八年秋冬之間，最晚不超過本年冬季(1793)。1964年王重民《論〈四庫全書總目〉》《跋新印本〈四庫全書總目〉》；(5) 乾隆六十年(1795)。1983年臺北"商務印書館"影印本《弁言》。(崔富章：《〈四庫全書總目〉版本考辨》，第159—173頁；又《〈四庫全書總目〉武英殿本刊竣年月考實——"浙本翻刻殿本"論批判》，《浙江大學人文學報》(人文社會科學版)第36卷第1期，2006年1月，第104—109頁。此係綜合二文的概括。)

　　② 參見中國第一歷史檔案館編：《纂修四庫全書檔案》，第2374頁。

在比對之後，認爲：例（1）的《周忠愍奏疏》提要，浙本、殿本切入點不同，前者所重在國計民生，"旨在總結明季之教訓"；後者則重在表彰忠義之氣，"旨在爲乾隆懲治貳臣造勢"。例（2）的《禮白嶽記》提要，浙本引用周亮工《因樹屋書影》的評論爲主，是真正的文學批評；殿本則完全删除，呈現的是乾隆五十三年十月二十四日（1788 年 11 月 21 日）下令一概查毁周亮工所撰各書的背景。例（3）的《七頌堂識小録》提要，浙本引用了周亮工《因樹屋書影》；殿本亦引用其内容，但删去"《因樹屋書影》以爲"七字。因此崔氏强調，若是"浙本翻刻殿本"，例（1）的《周忠愍奏疏》提要，兩本大大不同，完全談不上"翻刻"；例（2）、例（3）都毫無顧忌地引用周亮工的《因樹屋書影》，則是公然標榜已禁毁之書，這是違反朝廷禁令的行爲，也不合情理。所以浙本不可能"翻刻"殿本，其時間早于殿本，其底本應爲乾隆五十七年（1792）的文瀾閣寫本《總目》。①

　　依據上述兩方面的簡要叙述，可以看出崔氏先確定殿本刊刻刷印的明確時間，證明浙本、殿本刊刻時間相近，不可能有參考翻刻的機會；再比對提要内容，證明兩者其實頗有差異，也不可能有因襲關係，從而證成浙本不可能翻刻殿本，推翻了傳統的"浙本翻刻殿本"説法。整個考證過程舉證歷歷，證據確鑿，推論也相當合理，因而能一掃此前撲朔迷離的衆説，撥雲見日，得出具體可信的結論。

（二）"浙本的底本爲文瀾閣所藏抄本《四庫全書總目》"的論述與討論

　　崔氏在確立殿本刊刻時間的同時，透過版本比較，也一併提出了"浙本的底本爲文瀾閣所藏抄本《四庫全書總目》"説法，此一命題是否可以成立呢？以下先略述崔氏的主要理由，再進行討論。

　　爲了證明"浙本的底本爲文瀾閣所藏抄本《四庫全書總目》"這個説法，崔氏首先比較過殿本與文瀾閣寫本（浙本）的差異，他認爲兩者有四處不同：（1）封面題簽不同；（2）殿本卷首析爲四卷，浙本爲一卷，而内容則較殿本多出乾隆五十五年（1790）六月《聖諭》一道；（3）各部類諸書提要，殿本與庫書序列大致相合，浙本則多有顛倒；（4）殿本後出，較文瀾本修改處甚多。② 其後在《文瀾閣〈四庫全書總目〉

---

　　① 以上叙述，主要依據崔富章：《〈四庫全書總目〉武英殿本刊竣年月考實——"浙本翻刻殿本"論批判》，同時參考了崔氏《文瀾閣〈四庫全書總目〉殘卷之文獻價值》。
　　② 崔富章：《〈四庫全書總目〉版本考辨》，第 159—173 頁。按：上述四點中，（2）（3）兩點，昌彼得《跋武英殿本〈四庫全書總目提要〉》一文均曾提及，惟論述更爲詳細，請參看。

殘卷之文獻價值》①一文中，崔氏又對浙江圖書館所藏文瀾閣《四庫全書總目》殘卷做了完整的論述，使學界對此一殘存的《四庫全書總目》寫本有了比較清晰的瞭解。

爲了證明文瀾閣寫本與浙本的差異的關係，崔富章更在上述兩篇論文及《〈四庫全書總目〉傳播史上的一段公案——從傅以禮的〈跋〉談起》②中，以寫本《總目》殘存的二十七卷與浙本對校，發現寫本的八處訛誤，同樣出現在浙本中。③ 基于此一現象，崔氏因此判定"浙本與文瀾閣原抄本'基因'吻合，親子關係成立"④，也就是說浙本的底本即是文瀾閣寫本，不是一般認爲的殿本。

上述這個論證是否有效，是否能夠成立呢？以下即根據崔氏的相關論述進行討論。

整理崔氏歷年發表的相關論文，大致可以歸納出他的論證重點有五：

第一，傳世的《四庫全書總目》只有殿本與浙本兩個系統，別無他本。⑤

第二，否定"浙本翻刻殿本"論，同時提出文瀾閣藏有抄本《四庫全書總目》，此一抄本與殿本有四方面不同，兩者不是出自同一底本。

第三，浙江圖書館所藏文瀾閣抄本《四庫全書總目》的殘卷有二十七卷，仍然保存原有面目，可以作爲比對的依據。

第四，據阮元的〈浙江刻〈四庫書提要〉恭跋〉，乾隆五十九年（1794）浙江刊刻《四庫全書總目》，"恭發文瀾閣藏本校刊"作爲翻刻底本，這個底本應非乾隆六十年（1795）十一月刊竣的武英殿本，而是另一個版本，也就是文瀾閣抄本《四庫全書總目》。

---

① 崔富章：《文瀾閣〈四庫全書總目〉殘卷之文獻價值》，第152—159頁。

② 崔富章：《〈四庫全書總目〉傳播史上的一段公案——從傅以禮的〈跋〉談起》，《文史知識》2007年第12期，第44—49頁。

③ 這八處訛誤是：（1）卷69，明張國維撰《吳中水利書》提要"書中有併圖以進之語，載於其上加帖黃云：'其圖畫得草略，未敢進上'"，"載"爲"而"之訛。（2）卷78，《日本考》提要"明李言恭、都杰同撰"，"都"爲"郝"之訛。（3）卷79，乾隆四十五年奉敕撰《欽定歷代職官表》提要"迨秦漢内設九卿，外制列郡，而官制一變"，"制"爲"置"之訛。（4）卷163，宋吳潛撰《履齋遺集》提要"又有務畜人才疏"，"務"爲"豫"之訛。（5）卷164，宋高斯得撰《恥堂存稿》提要"歷官端明閣學士"，"閣"爲"殿"之誤；"端平間知　州"，"　"爲"汭"之誤。（6）卷165，宋王應麟撰《四明文獻集》提要"蓋捃拾殘賸，非其真矣"，"真"爲"舊"之誤。（7）卷165，宋謝翺撰《晞髮集》提要"而節概亦卓然可觀"，"觀"爲"傳"之誤。

④ 崔富章：《文瀾閣〈四庫全書總目〉殘卷之文獻價值》，第152—159頁。

⑤ 崔富章《四庫全書提要補正》（杭州：杭州大學出版社，1989年）所附《四庫全書總目》傳本一覽表（是書第474—475頁）與《〈四庫全書總目〉版本考辨》所附"知見傳本一覽表"、《〈四庫全書總目〉傳播史上的一段公案——從傅以禮的〈跋〉談起》所附"傳播源流一覽表"，均分爲浙本系統與殿本系統，其他則爲稿本與抄寫本。

第五,據文瀾閣抄本殘卷與浙本相關提要的比對結果,兩者内容幾乎完全相同,甚至文瀾閣抄本殘卷提要中的錯訛之處,浙本也依然保存,足見兩者在版本上有血緣關係,浙本的底本應是文瀾閣所藏的抄本《四庫全書總目》。

除了第四點所謂"浙本的底本即是文瀾閣抄本《四庫全書總目》"尚待論證外,其餘一、二、三點都没有疑義,關鍵在于第五點的比對是否足以證明浙本與文瀾閣抄本有血緣關係? 這個問題必須明確無誤,才能證成"浙本的底本爲文瀾閣所藏抄本《四庫全書總目》"這個命題。爲了確認此點,筆者亦曾就浙本與文瀾閣抄本殘卷做過仔細地比對,崔氏所舉的八處確如所云。但令人意外的是,在上述八例之外,浙本與文瀾閣抄本殘卷其實有相當多的不同之處,崔氏在比對時似乎有所忽略與遺漏。兹就所見舉例如下:

1. 文瀾閣抄本與浙本的叙述繁簡不同。如:

(1) 清張學禮撰《使琉球記》一卷(卷六十四,史部傳記類存目六)

文瀾閣抄本、文溯閣抄本(21b—22b)[①]:"鑲藍旗漢軍籍,官至廣西道監察御史,巡視河東鹽政御史。題名但稱學禮漢軍籍,而不詳旗分,殊爲失考。是編乃……"浙本(第 575 頁)、殿本(第 2 册第 407 頁)作:"鑲藍旗漢軍,官至廣西道監察御史。是編乃……"

(2) 乾隆四十七年(1782)敕撰《欽定河源紀略》三十六卷(卷六十九,史部地理類二)

"次曰質實"以下,文瀾閣抄本、文溯閣抄本作:"恭繹聖祖仁皇帝聖諭,以岡底斯尼瑪伊岡里阿林爲天下山水之祖,實古之昆侖。案《欽定輿圖》,自'岡底斯至羅布淖爾再伏'爲一卷,自'羅布淖爾伏流一千三百里'爲一卷,至'阿勒坦噶達素齊老重源再發至積石關,逕苗(蘭)州府北'爲一卷。兼仿《水經》及酈道元《注》之例,旁支正榦,一一疏通證明。"

浙本(總頁第 613 頁)、殿本(總頁第 2 册第 493 頁)均省作:"詳核水道之源流,兼仿《水經》及酈道元《注》之例,旁支正榦,一一疏通證明。"

(3) 宋晏殊撰《晏元獻遺文》一卷,江西巡撫採進本(卷一五二,集部別集類五)

文瀾閣抄本:"宋晏殊撰。殊字同叔,臨川人。景德初以神童召試,賜進士出

---

① 　此處所列"文溯閣抄本",即前舉文溯閣抄本《四庫全書總目》,今藏天津圖書館歷史文獻部。

身。慶歷中拜集賢殿學士、同平章事。元獻其謚也。事迹見《宋史》本傳。《東都事略》稱……"文淵閣本、文津閣本書前提要(總頁第116頁)、《津圖紀稿》(第6冊第544頁)亦同,惟末句作:"事迹具《宋史》本傳。"

浙本(總頁第1308頁)、殿本(總頁第4冊第97頁)作:"宋晏殊撰。殊有《類要》,已著録。《東都事略》稱……"

2. 文瀾閣抄本與浙本的叙述內容不同。如:

(1) 明徐宏祖撰《徐霞客游記》十二卷,兩江總督採進本(卷七十一,史部地理類四)

文瀾閣抄本、文溯閣抄本(3a—4b)、殿本(總頁第2冊第530頁):"復出嘉峪關數千里。"

浙本(總頁第629頁)作:"復出石門關。"[按:文淵閣本書前提要(總頁第593冊第61頁)、文津閣本書前提要(總頁第384頁)、文溯閣本書前提要(總頁第346頁)亦作:"復出石門關。"]

(2) 宋魏了翁撰《鶴山全集》一百九卷,浙江鮑士恭家藏本(卷一六二,集部別集類十五)

文瀾閣抄本作:"了翁字華父,邛州蒲江人,慶元五年進士。歷官資政殿學士、福建安撫使,卒贈太師,謚文靖,事迹具《宋史·儒林傳》。了翁文章極富,本各自爲集。此本乃後人取生平著作合編而成。史稱了翁年十五時……"(按:文溯閣抄本(12b—14a)同,惟前有"宋魏了翁撰"五字。)

《津圖紀稿》(第7冊第68頁)作:"了翁字華父,邛州蒲江人,慶元五年進士。歷官資政殿學士、福建安撫使,卒贈太師,謚文靖,事迹具《宋史·儒林傳》。了翁文章極富,本各自爲集。此本乃後人取生平著作合編而成。其三十五卷下題《渠陽集》,三十七卷下題《朝京集》,九十卷下題《自庵類稿》,則猶仍其舊名,刊削未盡者也。史稱了翁年十五時……"

浙本(總頁第1391頁)、殿本(總頁第4冊第286頁)作:"宋魏了翁撰。了翁有《周易要義》,已著録。南宋之衰,學派變爲門户,詩派變爲江湖。了翁容與其間,獨以窮經學古,自爲一家。所著作詩文極富,本各自爲集。此本乃後人裒合諸本,共次爲一編。其三十五卷下題《渠陽集》,三十七卷下題《朝京集》,九十卷下題《自庵類稿》,則猶仍其舊名,刊削未盡者也。史稱了翁年十五時……"

(3) 宋劉黻撰《蒙川遺稿》四卷,浙江鮑士恭家藏本(卷一六四,集部別集類十七)

文瀾閣抄本："當國家板蕩之時,流離海上,卒之抱節以死。"

文溯閣抄本(14b—15a)作:"當國家板蕩,瑣尾流離,抱節以死,忠義之氣,已足不朽。"

浙本(總頁第1405頁)作:"當國家板蕩之時,瑣尾流離,抱節以死。"

殿本(總頁第316冊第317頁)作:"當宋室板蕩之時,瑣尾流離,抱節以死。"

《津圖紀稿》(第7冊第196頁)底本原作:"當國家板蕩之時,瑣尾相從,流離海上,卒之抱節以死。忠義之氣,已足不朽。"紀昀改爲:"當宋室板蕩之時,瑣尾流離,抱節以死,忠義已足不朽。"

3. 同一書籍著録版本不同。如:

(1) 宋范鎮撰《東齋記事》六卷(卷一四○,子部小説家類一)

文瀾閣抄本:"内府藏本。"

浙本(總頁第1191頁)、殿本(總頁第3冊第959頁)作:"《永樂大典》本。"

(2) 宋洪興祖撰《楚辭補注》十七卷(卷一四八,集部楚辭類)

文瀾閣抄本、文溯閣抄本(5b—7a):"兵部侍郎紀昀家藏本。"

浙本(總頁第1268頁)、殿本(總頁第4冊第3頁)、《津圖紀稿》(第6冊第266頁)作:"内府藏本。"

(3) 清蔣驥撰《山帶閣注楚辭》六卷、《楚辭餘論》二卷、《楚辭説韻》一卷(卷一四八,集部楚辭類)

文瀾閣抄本:"江蘇巡撫採進本。"

《津圖紀稿》(第6冊第276頁)、文溯閣抄本(10b—12a)、浙本(總頁第1269頁)、殿本(總頁第4冊第6頁)作:"通行本。"

4. 同一書籍著録卷數不同。如:

(1) 乾隆四十七年敕撰《欽定河源紀略》三十六卷(卷六十九,史部地理類二)

文瀾閣抄本、文溯閣抄本:"二十二卷。"

浙本(總頁第613頁)、殿本(總頁第2冊第493頁)作:"三十六卷。"

(2) 宋劉克莊撰《後村集》(卷一六三,集部別集類十六)

文瀾閣抄本:"《後村集》六十卷,編修汪如藻家藏本。"

文溯閣抄本(21a—22b)、浙本(總頁第1400頁)、殿本(總頁第4冊第307頁)作:"《後村集》五十卷,編修汪如藻家藏本。"

《津圖紀稿》底本(第 7 册第 155 頁)原作:"《後村集》六十卷,編修汪如藻家藏本。"紀昀改爲"五十卷",書眉加注:"查原本實只五十卷。"

5. 文瀾閣抄本與浙本各部類統計數字不同。如:

(1) 卷六十九史部地理類

文瀾閣抄本、文溯閣抄本(30a):"右地理類河渠之屬,二十二部,四百七十卷,皆文淵閣著録。"浙本(總頁第 616 頁)、殿本(總頁第 500 頁)作:"右地理類河渠之屬,二十三部,五百七卷,皆文淵閣著録。"

(2) 卷一二五子部雜家類

文瀾閣抄本、文溯閣抄本:"右雜家類雜學之屬,一百八十五部,七百四十四卷(内十三部無卷數),皆附存目。"

浙本(總頁第 1086 頁)作:"右雜家類雜學之屬,一百八十四部,七百五十卷(内十三部無卷數),皆附存目。"

殿本(總頁第 3 册第 719 頁)作:"右雜家類雜學之屬,一百八十五部,七百四十卷(内十三部無卷數),皆附存目。"

(3) 卷一九六集部詩文評類二

文瀾閣抄本、文溯閣抄本(22b)、《津圖紀稿》(第 9 册第 646 頁)、殿本(總頁第 254 頁):"右詩文評類六十四部,七百三十卷,皆文淵閣著録。"浙本(總頁第 1795 頁)作"右詩文評類六十四部,七百三十一卷,皆文淵閣著録"。

6. 文瀾閣抄本與浙本所收入的書籍提要亦互有異同,如:

(1) 文瀾閣抄本有而浙本無者

a. 清章秉法撰《明道書院紀迹》四卷(卷六十四,史部傳記類存目六);

b. 明劉績撰《春秋貫玉》四卷;c. 明秦瀹撰《春秋類編》三十二卷;d. 明章大吉撰《左記》十二卷;e. 明孫范撰《左傳分國紀事》二十二卷;f. 清魏禧撰《左傳經世》十卷;g. 清盧元昌撰《左傳分國纂要》十六卷(以上卷六十五,史部史鈔類存目);

h. 明朱廷焕撰《增補武林舊事》八卷;i. 清周亮工撰《閩小紀》四卷(以上卷七十,史部地理類三);

j. 清蕭雲從畫並注《離騷圖》一卷(集部楚辭類)。

以上各書文瀾閣抄本、文溯閣抄本均有,浙本、殿本均未收。

（2）浙本有而文瀾閣抄本無者

a. 清大學士梁詩正、禮部尚書銜沈德潜等同撰《西湖志纂》十二卷；b. 宋周密撰《武林舊事》十卷（以上卷七十，史部地理類三）；

c. 清蕭雲從原圖、乾隆四十七年（1782）奉敕補繪《欽定補繪離騷全圖》二卷（卷一四八，集部楚辭類）（按：《津圖紀稿》有此書，無蕭雲從畫並注《離騷圖》）；

d. 明羅汝芳撰《識仁編》二卷（卷一二五，子部雜家類存目二）（按：此書《津圖紀稿》、文溯閣、殿本皆在前卷之末；文瀾閣鈔本前卷已佚，無從比對）；

e. 宋劉渙、劉恕、劉羲仲撰《三劉家集》一卷（卷一八六，集部總集類一）。

以上各書提要僅見于浙本、殿本，文瀾閣抄本、文溯閣鈔本皆未收入。

僅就文瀾閣抄本現存的十六册二十七卷殘卷與浙本相關部分的比較，即已出現上述明顯的差異，其他文字有所出入者極多，不再一一列舉。若以此比例擴大到全書，其不同部分可能更多。在這種情況下，如果對此一現象没有提出合理的解釋，要據以推出浙本的底本即是文瀾閣抄本《總目》，進而肯定"浙本出于文瀾閣抄本"，恐怕不是易事。

五、關于浙本底本的推測

在排除了殿本之後，浙本的底本是不是就是文瀾閣抄本呢？理論上有此可能，實際上則有待進一步的驗證。既然阮元的"恭發文瀾閣藏本校刊"説難以撼動，文瀾閣抄本與文溯閣抄本《四庫全書總目》也尚存于天壤之間，這證明所謂"文瀾閣藏本"是信而有徵的事實，加上就近之便，則"浙本翻刻文瀾閣抄本"的可能性自然不能排除。但是，上述比對所得的差異現象又應如何解釋呢？凡此種種，都有待于持續的探討。以下是筆者個人對"浙本的底本爲何"這個問題的一個揣測，目前正進行驗證中，謹不揣淺陋試行提出，提供給關心這一問題的文獻學界同道做個參考。

拙見以爲，排除了殿本的可能性之後，討論浙本的底本爲何時，有幾個因素必須列入考慮：（1）阮元的"恭發文瀾閣藏本校刊"説；（2）文瀾閣抄本與浙本的明顯差異；（3）江南三閣（文宗、文匯、文瀾）抄本完成後、殿本刊刻之前，紀昀仍在持續進行《總目》的修訂工作。以下就此三點，分别進行討論：

(1) 阮元的"恭發文瀾閣藏本校刊"説

阮元的"恭發文瀾閣藏本校刊"説是探討浙本底本時，必須正面對待的一個問題。阮元于乾隆六十年(1795)十一月初六日接下浙江學政之前，浙本已刊板完竣，阮元的《浙江刻〈四庫書提要〉恭跋》所謂"恭發文瀾閣藏本校刊"一語，應爲事實，不是空穴來風。接下來的問題是，這句話的具體意義是甚麼？王重民將其解釋爲"文瀾閣所藏的殿刊本"，顯然爲過度解釋，缺乏佐證。那麼，崔富章解釋爲"文瀾閣抄本《總目》"是否就是正解呢？依照每閣《四庫全書》入藏時必定會有抄本《四庫全書總目》、《簡明目録》以及《四庫全書考證》隨同的慣例，①乾隆五十八年(1793)入藏文瀾閣的《四庫全書》自不例外。② 所以，崔氏的解釋有其合理性。既然如此，浙本的底本是否即是文瀾閣所藏的抄本《總目》？可以説可能性極大，但並不必然，原因卡在上述所舉文瀾閣抄本與浙本有相當不少的差異。這個差異現象既然存在，就不能視而不見任意排除，直接下"浙本翻刻文瀾閣抄本"的判斷，必須參考其他狀況，再做更多的思考。

(2) 文瀾閣抄本與浙本的明顯差異

在上述比對時，可以看出浙本固然有同于文瀾閣抄本之處，但兩者差異之處亦復不少，這種現象該如何解釋？筆者以爲，若仔細觀察分析，其中還是有若干迹象可以注意：

a. 文瀾閣抄本與文溯閣抄本絶大部分相同，偶爾出現不同，可能是筆誤、誤漏或抄手刻意省略，完全不同的極少。③ 可以説兩者基本上相同，應可視爲出自于同一個底本。

b. 當文瀾閣抄本與浙本出現不同時，此時浙本與殿本却經常一致，僅有少數例

---

① 據《纂修四庫全書檔案》，乾隆四十六年二月十九日的《諭〈總目提要〉並黃簽考證書成時俱著列于四庫全書之首》："此次所進《總目提要》，並王太岳、曹錫寶所辦黃簽考證，將來書成時，俱著列于四庫全書之首。"(第 1294—1295 頁)同書第 2392 頁，《附録一》所附《文津閣收存書籍數目清單》載，該閣所收書目即包括《簡明目録》二十卷、《欽定四庫全書總目》二百卷(武英殿本)、《欽定四庫全書考證》一百卷。又臺北"國家圖書館"所藏《文匯閣四庫全書目録》亦著録有《四庫全書總目》一百三十五本、二十四函，《四庫全書考證》一百册、十六函，可證各閣《四庫全書》入藏時均依此辦理，附有《四庫全書總目》、《四庫全書考證》及《四庫全書簡明目録》等書。

② 崔富章《〈四庫全書總目〉版本考辨》即説："從封面題簽、御寶、貼黃諸項看，文瀾閣原抄本《總目》是作爲《欽定四庫全書》經、史、子、集四部的組成部分，跟庫書一起頒發的。"又説："四庫館抄寫《總目》全本在乾隆五十八年已入閣庋藏。"(《文史》第 35 輯，第 159、173 頁)

③ 文瀾閣抄本與文溯閣抄本文字偶爾不同的如：宋朋九萬編《烏臺詩案》、明管志道《問辨牘》、宋林景熙《林霽山集》、宋張戒《歲寒堂詩話》，比對中發現，文瀾閣本的抄手有刻意漏抄的情形，因而造成兩者的不同。完全不同的如：清蔣驥《山帶閣注楚辭》，兩者所據的版本不同。

外。這些例外有些是筆誤,有些則是實質内容的差異。① 浙本與殿本的實質差異,可能即是所據底本的時間先後所致。

c. 最值得注意的是提要條目差異的部分,文瀾閣抄本、文溯閣抄本多出來的十個條目,浙本、殿本同時闕如;反之,浙本、殿本同有的五條,文瀾閣抄本、文溯閣抄本並缺,足見文瀾閣抄本、文溯閣抄本應是較早的一組,浙本、殿本則是稍晚的一組。兩組的差異並非偶然,而係底本不同所致,文瀾閣抄本、文溯閣抄本所據的較早底本原有這十條,其後修訂時删除,並新增了五條,成爲浙本、殿本所據的祖本。浙本、殿本雖來自于同一祖本,②兩者還是有所差異,原因在于浙本的底本時間較早,而殿本則是底本再經修訂的最後定本,這由兩者與《津圖紀稿》的比對時可以得知。③

---

① 浙本與殿本的差異部分,如:明徐宏祖《徐霞客游記》、卷一百二十五卷末"右雜家類雜學之屬"卷數不同,卷六十四"右傳記類雜錄之屬"、唐皇甫湜《皇甫持正集》、宋趙湘《南陽集》、宋王安中《初寮集》、宋劉攽《蒙川遺稿》、清徐以升《南陔堂詩集》、宋程顥、程頤《二程文集》。

② 殿本、浙本來自于同一祖本,可由《津圖紀稿》(第 8 册第 130—132 頁)所載清宋犖撰《綿津山人詩集》十八卷附《楓香詞》一卷、《緯蕭草堂詩》一卷(集部別集類存目九)提要内容的變化得到證明。此書《津圖紀稿》底本原作:"亦篤論也。其餘諸集之序,皆併載卷首,大抵標榜之詞。惟王鐸所作《古竹圃稿序》,稱其受鑄于唐,音調清新,差爲近實。又侯方域《序》,稱其由盛明以接盛唐。二人少同研席,其從入之徑,固稔之矣。犖爲蘇州巡撫時,州民邵長蘅嘗選犖詩與王士禎詩共爲一集。士禎寄犖詩亦有'尚書北闕霜侵髮,開府江南雪滿頭。當日朱顔兩年少,王揚州與宋黄州'句,頗欲引之雁行。然日久論定,終未能與士禎抗也。末一卷爲《楓香詞》,乃所作詩餘。後附《緯蕭草堂詩》一卷,則其子翰林院編修至所作。"紀昀將其修改爲:"亦篤論也。其餘諸集之序,皆併載卷首,大抵標榜之詞。侯方域《序》,稱其由盛明以接盛唐。二人少同研席,其從入之徑,固稔之矣。後犖自定《西陂類稿》,凡此集之詩皆不收。毋亦學與年進,悔其少作歟? 後附《緯蕭草堂詩》一卷,乃其子翰林院編修至所作,才力殆又亞于犖焉。"但殿本(第 4 册第 870 頁)並未用改本,浙本(第 1646 頁)亦未據《津圖紀稿》原底本,兩者的提要却同作:"亦篤論也。宋楊萬里、陸游並一代巨擘。而萬里《誠齋集》、游《劍南詩集》,金礫混淆,往往爲後人口實。豈非愛不能割,依違犖就至是乎? 後犖自定《西陂類稿》,凡此集之詩皆不收。毋亦學與年進,悔其少作歟? 後附《緯蕭草堂詩》一卷,乃其子翰林院編修至所作,才力殆又亞于犖焉。"與《津圖紀稿》的底本、改本又有差異。所以如此,應與紀昀的持續修訂有關,這也顯示殿本、浙本所依據的是同一個來源。

③ 在討論昌彼得的説法時,已曾就元郝經《續後漢書》、清李鍇《尚史》、明周起元《周忠愍奏疏》、明鄧鍾《籌海重編》四書,做過兩者提要與《津圖紀稿》的比對,類似的例子也見于宋馮椅《周易輯説明解》、明李化龍《平播全書》等。這些例子之外,浙本、殿本與《津圖紀稿》提要有相當明顯的區别:(1)浙本提要多同于《津圖紀稿》的原底本,而殿本提要則同于《津圖紀稿》所見紀昀的親筆改本;(2)《津圖紀稿》中,紀昀修訂時更動了許多書籍的位置,如:元黄澤《易學濫觴》、《周易乾鑿度》、元吳澄《書纂言》、陳則通《春秋屬辭》、《左傳屬事》、宋婁機《漢隸字源》、蔣維鈞編《義門讀書記》、宋趙崇絢《鷄肋》、宋鮑照《鮑參軍集》、梁江淹《江文通集》、宋舒璘《舒文靖集》、宋衛涇《後樂集》、宋程公許《滄州塵缶編》、宋唐士恥《靈巖集》、明石珤《熊峰集》、明秦王朱誠泳《小鳴稿》、明劉麟《劉清惠集》、明鄭善夫《鄭少谷集》、金段克己《二妙集》、清王士禎《新安二布衣詩》、宋周紫芝《竹坡詩話》、宋李耆卿《文章精義》、清吳景旭《歷代詩話》等,這些書的排列位置,殿本都依據紀昀的改本做了調整,而浙本則全同《津圖紀稿》底本,未作改動;(3)《津圖紀稿》(第 8 册第 305 頁)底本在《醲川集》、《舟車初集》之間,原有:"丁燁撰《問山詩集》十卷《文集》八卷《紫雲詞》一卷",紀昀將其删除,書名題下標一"扣"字。殿本(第 4 册第 915 頁)已無此書。浙本(第 1665 頁)則在《醲川集》、《舟車初集》之間,另補入尤世求撰《南園詩鈔》十卷。根據上述比對,可見浙本所據底本不僅不同于殿本的底本,其抄寫時間也早于殿本的底本。

（3）江南三閣（文宗、文匯、文瀾）抄本完成後、殿本刊刻之前紀昀仍然在持續進行《總目》的修訂工作。

江南三閣（文宗、文匯、文瀾）的抄本《總目》完成後，于乾隆五十八年（1793）送入江南文宗、文匯、文瀾三閣。乾隆五十九年（1794），浙江官民申請刊印《總目》，隨即進行刊刻作業。此時紀昀依然在進行《總目》稿的修訂工作，浙本所參考的底稿完成在先，殿本的底稿較晚完成，兩者雖同出于一源，但仍出現不少差異，原因應在于紀昀的持續修訂所致。

根據以上三點考量，筆者以爲，浙本底本雖有可能是文瀾閣抄本，即使如此，但文瀾閣抄本應該不是刊刻時的唯一依據。大致説來，浙江官民在刊刻《四庫全書總目》的過程中，除了文瀾閣抄本之外，同時也參考了其他資料。所謂“其他資料”，當然不是尚未面市的殿本，有可能是北京四庫全書館所流出來的《總目》較新的校訂稿本，也就是乾隆五十八年（1793）後，紀昀已經校訂却尚未刊刻的稿本副本。浙江地方在刊刻《總目》時，固然以文瀾閣抄本爲底本，同時也搜集到較新的資料，並參考這份校訂稿，對底本做了適度的修訂工作，所以才會出現浙本某些部分與文溯閣抄本相同，某些部分却又與殿本雷同的現象。若以上述比對的差異爲例，即是刊刻時删除文瀾閣抄本原有而修訂稿已無的十種提要條目，並增加文瀾閣抄本原缺的五種提要條目，相關内容也參考修訂稿做了局部的修正，因而成爲浙本今日的面目。浙江刊刻《總目》時何以不直接採用較新的修訂稿？原因可能是：新修訂稿取得的方式並非正式渠道，不宜徑自採用；再則原先申請核可的是“文瀾閣藏本”，擅自改用他本的話，有欺瞞之嫌，此一責任不是原申請人能承擔的。浙江官民在形式合法且能擁有較新資料的考量下，採取了以“文瀾閣抄本爲底本”，據新修訂稿修正的折衷方式刊印。新的校訂稿本從何而來？推測應與《四庫簡明目録》浙刻本據趙懷玉（1747—1823）録副本刊刻的方式相同，可能也是通過館臣録副的渠道取得。①

---

① 乾隆五十三年（1788）春，章學誠在畢沅幕府主持編纂《史籍考》（胡適：《章實齋先生年譜》，臺北：遠流出版公司，1986 年，第 94—96 頁）。當年三月一日，章學誠有《與洪稚存博士書》，書末提及：“檢閱《明史》及《四庫子部目録》，中間頗有感會，增長新解。……不知足下及仲子此時檢閱何書？《史部提要》已鈔畢否？《四庫集部目録》便中檢出，俟此間子部閱畢送上，即可隨手收集集部發交來力也。”（《章學誠遺書》卷二十二，北京：文物出版社，1985 年影印吳興劉氏嘉業堂刊《章氏遺書》本，總頁第 222 頁）可見此時已有《四庫提要》抄本在外流傳，就此而言，趙懷玉録副豈不是單一事件，其他《四庫》館臣録副的現象同樣也存在。如胡虔乾隆五十八年（1793）四月刊刻《欽定四庫全書附存目録》十卷，其時浙本、殿本尚未問世，所據《存目》底本爲何胡氏並未説明，僅云：“辛亥三月，虔在武昌節署得恭讀《欽定（轉下頁）

此舉雖然不曾得到四庫全書館的授權,但既參考了《四庫全書總目》的較新修訂稿,又有趙懷玉的先例,只要不公開張揚,還是可以避免擅自更動敕撰官書的罪名。這個揣測是否可以成立,則有待于新文獻的出現與學界方家的驗證。

六、結語

"浙本出于殿本"說流傳百餘年之久,始終是學界的主流意見,影響既大且深,深植人心。昌彼得雖已掌握到《清高宗實錄》乾隆六十年(1795)底曹文埴敬呈武英殿本的資料,卻囿于"浙本出于殿本"的誤導,反而懷疑阮元《恭跋》的可靠性,用力雖深,方向則有所偏差,因此做出了錯誤的判斷,此與當時未能見到文瀾閣抄本《總目》與《津圖紀稿》這些資料有必然的關係,殊爲可惜。相較于此,崔富章依據文瀾閣抄本《總目》殘卷,透過抄本與浙本的比對,確認兩者可能有血緣關係;再加上1997年《纂修四庫全書檔案》的整理出版,使得《原户部尚書曹文埴奏刊刻〈四庫全書總目〉竣工刷印裝潢呈覽摺》此一關鍵資料得以面市,確定了殿本刊印的時間猶在浙本之後,兩者並無關聯。"浙本出于殿本"說的不能成立,因而得以定讞。美中不足的是,由于文獻不足,比對的資料稍嫌不夠全面,崔氏未能進一步證成"浙本的底本是文瀾閣抄本"此一命題,頗爲遺憾。

根據上述的討論,大致可以知道,文獻學上的許多問題,儘管百家齊放,衆説紛紜,甚至人言人殊,各有所見,問題的解決,還得回到原典本身,辛勤研究,深入比對,據以找出比較合理的答案。就此而言,新資料的發掘與影印出版,在文獻學的研究上,扮演了關鍵性的角色。儘管近年來有關《四庫全書》的資料大量影印出版,

---

(接上頁)四庫全書提要》,書凡二百卷……力不能繕寫,又正目已有知不足齋刻本,乃録其存目校而藏之。其尚有鈔胥字畫之誤,壬子在江寧,與凌仲子廷堪復詳校之,並釐爲十卷云。"(胡虔:《欽定四庫全書附存目録跋》,臺北:成文出版社,1978年《書目類編》影印乾隆五十八年刊本)按:此處云"恭讀《四庫全書提要》,書凡二百卷",則所謂《四庫全書提要》絕非僅二十卷且無存目之《四庫簡明目録》,極可能是《總目》稿本經録副流出的抄本。周中孚即云:"曾見《存目》舊鈔本,係照館中初編之稿録出,與是本無異。知洛君(按:胡虔之字)即據初稿本編定付刊。"(《鄭堂讀書記》卷三十二,臺北:臺灣商務印書館,1968年3月,《國學基本叢書(四百種)》,第589頁,《欽定四庫全書附存目録》十卷提要。)因此,王重民即斷言:"胡虔是據乾隆五十二年畢沅得的鈔本付刻的。"(《跋新印本〈四庫全書總目〉》,《冷廬文藪》,第669頁)就章、周、王三人所說,可以確定在乾隆六十年之前,已有《總目》稿本的抄本在外流傳,胡書即據抄本編定刊行,從而可知館臣録副在當時並不罕見。浙江官民刊刻《總目》時,曾參考較新的《總目》修訂稿本,可能性極大。

使得學界《四庫》學的研究蓬勃發展,因之得到相當不錯的成績,這是可喜的現象。但是,仍有許多珍貴資料深藏于各大圖書館善本書庫內,如臺北"國家圖書館"所藏的《四庫全書初次進呈存目》①,北京國家圖書館、上海圖書館、中國歷史博物館的紀昀修訂《四庫全書總目》原稿②,天津圖書館的文溯閣抄本《總目》、浙江圖書館的文瀾閣抄本《總目》,以及天津圖書館的抄本《四庫全書提要》稿等,雖然皆非完本,但就《四庫》學的研究而言,却是難得一見的瑰寶。出版界若能有計劃、有步驟地發掘影印,公諸于世,將這些珍貴資料化身千萬,不僅對《四庫》學的研究有絕對的裨益,也可以使這些珍貴的海内孤本不再有因天灾人禍消失于人間的危險,這是有功于士林的重要大事。藉此機會誠懇提出,也期盼早日得見。

（夏長樸　臺灣大學中文系）

---

① 按:二百餘年之後,是書已于 2012 年 12 月,由臺灣"商務印書館"、"國家圖書館"共同影印出版。2015 年 6 月,人民文學出版社出版了由江慶柏等整理的《四庫全書初次進呈存目》。
② 李國慶:《影印紀曉嵐删定本〈四庫全書總目〉稿本前言》,(清)永瑢、紀昀等:《天津圖書館藏紀曉嵐删定〈四庫全書總目〉稿本》,卷首第 1 頁。

翁方綱《四庫提要》稿本考

前言

　　乾隆時代設立四庫全書館，寓禁于徵，于是各省屬行搜集書籍。"治統"對"文統"直接鉗制，實在是史無前例。更有甚者，明、清"治統"之監控文章，每透過告密的途徑，執行秘密政治審查。一者出于利誘，告密的情況是嚴重的；再者文人内部嫉妒，更加惡化情況。以上是無形的。至于另一類，則是命官審查，通報高層處理。這種合法性的告密，每是極有效壓制異見或陷害對手的方法。地方上執行統治意志的官吏，如果職守意識極度強烈，每每變本加厲，更進一步加強他"治統"的控制力度，殘酷的程度，史無前例。因此地方官吏對書籍文章打小報告的文件，如果涉及文字獄或銷毀書籍等粗暴行徑，實在是民族文化的傷痕。這些明察暗訪的評審文人著作的報告，都是需要上呈的，但也有朝中大員自存的遺稿。

　　百年來神州板蕩，大量珍貴文獻亦隨之四散，這些文獻中，便夾雜著乾隆朝大員翁方綱上呈《四庫全書》館的審書報告手稿，即是今存澳門何東爵士圖書館翁方綱《四庫全書總目手稿》(以下簡稱《翁稿》)，凡一百五十册(蝴蝶裝)[①]。透過比較《四庫全書總目提要》相關内容，發現在"治統"内部審查異見的大環境下，兩種提要對明代重要作者評價有著極大差異，這些分歧很明確地反映了文化學術管制的主觀性與隨意性。推而言之，官修正史的文章圖譜的構建，本身便是頗有主觀與隨意的内在因子。這是過去學界所未及注意處，對理解明清時代官方的文學意識，頗具參考意義，值得發覆討論。

---

　　① 　筆者在 1992 年發現此稿，于《澳門研究》1994 年第 2 期發表了《翁方綱〈四庫提要〉稿本初探》。本文所引，乃原稿文字。2005 年出版了吳格整理排印本《翁方綱纂四庫提要稿》(上海：上海科學技術文獻出版社)。爲方便讀者查看，所以引文注排印本頁碼，同時尊重文獻整理者之辛勞。

一、稿本成書緣由

翁方綱字正三,號覃谿,順天大興(今北京市)人。雍正十一年(1733)生,卒于嘉慶二十三年(1818)。乾隆朝進士,官至內閣學士,爲乾嘉時代出色的經學家、詩人、金石學家和書法家。乾隆三十八年(1773),《四庫全書》館受命纂修目録,以便御覽,時翁方綱、姚鼐、朱筠諸名儒俱以文章膺選"校辦各省送到遺書纂修官"之職[1],坐館檢核地方大吏上呈《四庫全書》館的文獻。

王先謙《東華續録》載《乾隆四十二年冬十月癸丑(1777 年 11 月 20 日)諭》云:

> 舉人王錫侯,删改《康熙字典》,另刻《字貫》。……朕初閲以爲不過尋常狂誕之徒,妄行著書立説,自有應得之罪,已批交大學士九卿議奏矣。及閲其進到之書,第一本序文後凡例,竟有一篇將聖祖、世宗廟諱及朕御名字樣開列,深堪髮指。……此等悖逆之徒,爲天地所不容……著海成即速親身馳往該犯家内,詳悉搜查,將所有不法書籍字迹,即行封固進呈。……至所有書版,及已經刷印本,及翻刻板片,均著即行解京銷毁。[2]

陳垣等輯,王重民編的《辦理四庫全書檔案》載《乾隆四十二年十一月十八日(1777 年 12 月 17 日)諭》云:

> 朕前此諭令各督撫查辦應行銷毁書籍,原因書内或有"悖理""妄誕"者,不可存留于世,以除邪説而正人心。[3]

前後諭令相距二十多天,依然怒氣未消,明確命令處理違禁書籍的具體方式,務令不可"存留"于世,至于"書板",一片不留。如此激烈的反應,更多的是性格失

---

① (清)永瑢等:《四庫全書總目提要》,北京:中華書局,1965 年影印文瀾閣本,卷首,第 13 頁。
② 王先謙:《東華續録》,《續修四庫全書》史部編年類 373 册,影印清光緒十年長沙王氏刻本,第564 頁。
③ 陳垣等輯,王重民編:《辦理四庫全書檔案》,北平:國立北平圖書館,1934 年,第 732 頁。

衡的問題。而觸引點在王錫侯删改《康熙字典》而另刻《字貫》，其中序跋直稱清歷朝人君名字，未有避諱。如此一本字書的序跋而引發如此大規模的毀禁行動，實在無法"理"喻！進一步説，在一個集體反對"理"的時代，唯我獨尊的治統人物，没有任何道義上的限制力量，于是盡情任性，揮灑手中無上的權力，所造成的破壞與創傷，也是無法估量的。《四庫全書》館除設，意不在毀書，但經過三四年時間，乾隆接觸書籍越來越多，相對于可傳之書籍量，毀禁的數量不會超越可傳之量，處身其時，很難産生"焚書坑儒"的直覺感受。但若集中在明末清初一百數十年的處境來理解，如此毀禁，則屬于毀滅性的暴力。

今何東館所庋《翁稿》，是翁方綱就館期間所草擬的審查報告，正爲執行此項粗暴政策的直接記録。根據王欣夫先生《四庫全書提要稿二十五卷(十二册)》所載：

> 手稿一百二十五册，爲嘉業堂所藏烜赫名迹之一。此爲所鈔副本。……蓋所修皆浙江所進之書，悉依乾隆三十九年七月二十五日諭旨，所謂"分晰應刻、應鈔及應存數目三項，各條下撰有提要"之例。全書計九百八十九種，隨得隨編，未加詮次。……此鈔出于故友海門施君韻秋手。君名維藩，典掌嘉業藏書樓逾廿年。……有"劉承幹字貞一號翰怡"白文方印，"吳興劉氏嘉業堂藏書印"朱文方印。[①]

文稿鈐"文淵閣校理"印。"文淵閣"乃乾隆仿浙江范氏天一閣藏書樓式樣而建的大内書庫，位處文華殿之後，《四庫全書》館即設于此，爲庋存《四庫全書》正本所在。現在何東館尚藏《四庫全書》鈔本宋岳珂《桯史》十五卷，亦鈐"乾隆御覽之寶"印，當從文淵閣流出；民國六年(1917)清查文淵閣時尚存，則《翁稿》並其他《四庫全書》當自此後散出，輾轉流至南方。

二、存毀予奪之真實記録

何東圖書館所藏手稿，篇次淆亂，無復類統，涉及書籍盈千，著録情况，總體大

---

① 王欣夫著，鮑正鵠、徐鵬標點整理：《蛾術軒篋存善本書録》之《辛壬稿卷二》，上海：上海古籍出版社，2002 年，第 525—527 頁。

略可別歸三類。

第一類只著録書籍序跋,並鈔列卷目大題,或摹寫藏印,未作評騭,此類以類書叢書居多。至于如《山居雜志》二十種、《禮記集説》一百六十卷,專家文集諸如《李草閣集》六卷拾遺一卷、《渼陂集》十六卷並《續集》三卷之類,亦爲如此。這類記賬式的記録,大抵屬接收時所登記的文字記録。

第二類屬審查定奪的意見,決定某書册的命運,指出"應存目"、"毁"或上呈館校。稿文涉及四部,獨于集部的晚明專集内,搜剔特嚴。舉邱士毅《吾美樓集》六卷"提要"爲例:

> 悖謬之處至十餘處之多,其書應毁,毋庸校辦。

翁方綱並詳示此十二處犯"悖謬"之處:

卷　　數	位　　置	"悖謬"記録
卷二	二頁下六行	此内悖觸
	五十四頁下四行	此内悖觸
卷六	十六頁下三行	此内簽記
	五十九頁上二行	此内悖觸
	六十二頁下三行	違礙
	六十六頁下四行	悖觸
	六十七頁上末行	悖觸
	下末行	記簽
	七十頁上三行	悖觸
	七十五頁下二行	悖觸
	七十八頁下五行	此内悖觸,連下三頁
	八十四頁上四行	記簽①

所謂"記簽",是于涉及"違礙"文字處黏簽識别,如翁文于清初劉子壯《屺思堂

---

① （清）翁方綱:《翁方綱纂四庫提要稿·别集類》,第957頁。

文集》八卷《詩集》一卷七言絕句類第二頁,因"違礙"而被"記簽".①

對於稍涉易代之際的任何言論,翁方綱均極仔細撽尋抉摘,一絲不苟,注上"毀"這一觸目驚心的字.甚至書"毀"字尚嫌不足,復加案語嚴厲申斥.例如明人高出的《鏡山庵集》廿五卷,提要批評謂:

> 此等集不但不應存目,而且不應校辦;不但不應校辦,而且應發還原進之人.②

如果羅織文字獄,則原進本集的人便受牽連了.

凡此類去存予奪的決定,遺稿顯示了審慎的態度.例如,明王叔承《壯游編》三卷原批"毋庸存目",即不必理會,任其存亡.批語後又附再議:

> 今覆按良然,故仍前不敢存目之説.③

又如,明孫一元《太白山人漫稿》八卷提要稿謂:"或酌抄之",即酌情校録,却非關要必録,于眉額復批示説:"删之,毋庸入目可也."④

以上的提要批示,在顯示清室纂修《四庫全書》以"寓禁于徵"的粗暴文化政策,再没有其他文獻可以追及稿本的直接和真實的程度.筆者1992年于何東圖書館鈔録手稿之際,每睹"毀"字,即寒氣上逆.昔蔡元培慨言"殺君馬者道旁兒"⑤,古今同慨!

至于第三類,則爲較完整之評審提要.

三、稿本與官修提要比勘例釋

第三類爲通過審查書籍的提要.這些提要供總纂修官紀昀參考,可以説是今

---

① （清）翁方綱:《翁方綱纂四庫提要稿·別集類》,第1006頁.
② （清）翁方綱:《翁方綱纂四庫提要稿·別集類》,第957頁.
③ （清）翁方綱:《翁方綱纂四庫提要稿·別集類》,第920—921頁.
④ （清）翁方綱:《翁方綱纂四庫提要稿·別集類》,第859頁.
⑤ （清）蔡元培:《辭北大校長職出京啓事》,《蔡元培全集》第3卷,北京:中華書局,1984年,第294頁.

本《四庫總目》的藍本。今就兩種提要所涉重大文學論議題舉例。《翁稿》評明湯顯祖《玉茗堂全集》四十六卷説：

> 當萬曆間，李于鱗、王世貞輩稱詩海內，以摹擬字句强襲唐音。至顯祖出，而欲以情懷感激銷蕩其塵壒。説者或謂其詩變而之白、蘇，其文變而之曾、王，固未知其能至與否；而要其情韻所寄，特于詞曲見長。《四夢》之作流傳，樂府有餘響焉；而其詩若文，或亦未能追踪古之作者。在明人集中，尚頗著稱。①

翁方綱始認爲湯顯祖的成就，在《臨川四夢》此類戲曲，而不在詩文；但《提要稿》叙湯顯祖于明代文學地位，視與復古領袖李、王相頡頏。復古文學重點在詩文，而湯顯祖在戲曲，若等同兩者地位，則承認戲曲的重要性。這無疑是開明的態度。

但今《四庫提要》"別集類存目類"提要叙述本集説：

> 顯祖于王世貞爲後進。世貞與李攀龍持上追秦漢之説，奔走天下；歸有光獨詆爲庸妄，顯祖亦毅然不附，至塗乙其《四部稿》，使世貞見之。然有光才不逮世貞，而學問深密過之，顯祖則才與學皆不逮，而議論識見則較世貞爲篤實，故排王、李者亦稱焉。②

紀昀没有照搬翁方綱的批評，反而刻意唱反調，細讀此評語，便發現紀昀連用三筆力壓湯顯祖：

第一筆，説明湯顯祖不外是王世貞的後輩；這是以輩分力壓。

第二筆，抗衡王、李者，紀昀認爲應以歸有光爲首，于是下一"獨"字，見衆士諤諤，而歸有光爲先知先覺，則湯顯祖亦只是後知後覺的追隨者而已；這是否定其振興的先導性。

第三筆，紀昀再説明歸有光的才華，非王世貞比，王世貞遠爲出衆。既然歸有光比不上王世貞，在紀昀的語境中，湯顯祖又比不上歸有光，則湯顯祖明顯不足以

① （清）翁方綱：《翁方綱纂四庫提要稿·別集類》，第 935 頁。
② （清）紀昀：《四庫全書總目提要》卷 179，《集部別集類存目六》之《玉茗堂集》提要，第 1621 頁。

抗衡王世貞。

如是三筆嚴苛的貶評，便徹底否定湯顯祖的戲曲成就之足與明代正統詩文同等的地位。紀昀用筆之巧密，根本是在維護正統的純粹性，而其立論，皆有據于翁稿。如果不知翁稿所論，讀者終難領會今本《提要》立論的深意。

比較之下，兩者論文的眼界與態度，其分別如此明顯。這于取捨明人張之象所輯《楚騷綺語》六卷，更見一斑。首先，翁稿評：

> 讀《楚辭》而專摘麗藻，已落第二義，然亦文人攟摭之常。至于二十五賦，每篇各有神理，而字之指歸繫焉。今概舉其字，不復著其出自何篇，則啟學者餖飣之弊矣。①

翁方綱特別指出"神理"的重要性，指出"神理"是遣詞造句的關鍵與根本。誦讀《楚辭》，首先把握"神理"。過去文論研究一直以"肌理"說統屬翁方綱的詩論，實在是以偏概全。"神理"是劉勰《文心雕龍》的關鍵詞，指作者營構意義的能力，這是源出天賦，不假外求，需要的是自覺而非依循。②

《楚辭》是詩歌母體，讀母體之《楚辭》以"神理"爲重，此觀念必然輻射至對待後世詩體之研讀與理解，"神理"亦必然成爲核心。如此，即使望文生義，亦知"肌理"與"神理"的本末關係。"肌理"只足見工具性的表達意義，表達方式自身不是關鍵的因素。而"神理"則是自主自覺的書寫原動力，不需要承命而爲，而是不得不如此的書寫願力。事實上，翁方綱深知此理，所以以"神理"的角度來理解屈原書寫的根本性質，而非從"肌理"的修辭層面見義。這是非常通透的識見。然而，至今爲止，學界對翁方綱文論的解讀，依然停留在"肌理"的層面。但是透過此稿，則知對翁方綱文論必須務實地重新考量，尤其是其中所涉及"神理"的自發自生自主觀念，更是中國文論的重要繼承與應用，而不能繼續積非成是、人云亦云。

值得注意的是，翁方綱指出此集只從枝節上理解《楚辭》，雖非研治《楚辭》的正途，主張"或僅存其目"，惟未至于毀。然而，今紀昀《提要》已摒諸其外，甚至在"《楚

---

① （清）翁方綱：《翁方綱纂四庫提要稿·類書類》，第 633 頁。
② 參見鄧國光：《〈文心雕龍〉"神理"義探》，福岡大學編《日本福岡大學〈文心雕龍〉國際學術研討會論文集》，臺北：文史哲出版社，2007 年，第 944 頁。

辭》存目類"亦不載書目,固然顯示不屑一顧的否定姿態,則並其書在解讀文字方面的努力,亦一概抹殺。蠻橫的程度,可見一斑。

結論

經過對照比較,稿文第二類裁奪明人詩文存廢的舉措,如果單獨看待,則翁方綱對部分書籍提出應銷毀之議,亦難免寒心。然較之《四庫提要》,却遠爲溫和。由此而言,紀昀之爲定案,實在遠爲苛刻,充分顯示其執行君命的忠心,從而落實乾隆時期官方文論之巨大抑制力度。

由于執行人主命令的忠誠,紀昀儘管具備足夠的學識與天賦提煉自家的一套文章學或詩學的觀念,畢竟執持殺人刀者亦心存異常巨大的恐懼,終其一生,都在《四庫提要》重複又重複矮化前朝文章主流即"復古"文學論的潛在官方任務[1],連翁方綱提出"神理"觀也不敢接受,皆因文章"神理"説的觀念;再近源來説,乃是出于明茅坤的《史記鈔》[2],這部書在《四庫提要》中便予以抹殺式的否定。

而事實上,官方的否定同時,桐城文派便完全接受"神理"的觀念,而且發展出一套涵蓋全面的文論觀念,而成爲清代文論成就的象徵標志。紀昀的文論水平絕對不下任何人,對《文心雕龍》亦非常熟識。具備第一流的水平而不敢寫出一本自成一家的文論專著,只能在《鏡烟堂十種》之類的評點文字之中,偶爾透露讀詩的神解與智慧。其中表達手法上的故作虛晃,令含恨者執之無從口實,可以説是明哲保身,但事實是浪費這樣的文學天才。而乾隆之特殊反應,根本上喜怒無常,不可理喻,在自命無所不能的人君影子下[3],爲臣者表面忠順輸誠,其實是在"逢君之惡",助紂爲虐。可以説,害苦的是整個時代,甚至整個文化。乾隆以迄同治年之間這段比較安定的日子,反而是代表著中國文化中精緻、靈氣的文論的没落與僵硬,文學上根本了無生氣,紀昀之作爲忠實的文化鷹犬,諱忌"神理",從而遏制自發性的建

---

① 參見鄧國光:《〈明史〉論明文:明史乘叙論八股及明代文學復古歧議初探》,《中國文學研究》2005 年第 7 輯,第 27—61 頁。
② 參見鄧國光《古文批評的神論:明茅坤〈史記鈔〉初探》,《文學評論》2006 年第 4 期,第 43—49 頁。
③ 參見鄧國光:《康熙與乾隆的"皇極"漢、宋義的抉擇及其實踐:清代帝皇經學初探》,彭林編《清代經學與文化》,北京:北京大學出版社,2005 年,第 101—155 頁。

構意義的能力，不能不負上一定責任。

　　而翁方綱的手稿正好提供了後人理解當時官方或官史文論形成的實際過程，通過動態的解讀，清代的文論發展理路，方能完整而實在地呈現，而清末激發起種種文學與思想的狂瀾，波蕩至今天，此一歷史進路，若求得到較爲客觀而透徹的理解，必待此手稿研究之完成，方得以實現。因此，手稿的學術意義，其重要性已不待言。

　　尚可補一筆的是，《翁稿》尚存重大的書法藝術價值。翁方綱爲乾嘉時代著名書家，包世臣《藝舟雙楫》謂：“乾嘉之間，都下言書，推劉諸城、翁宛平兩家。”①足見翁方綱書藝極受京師士人推崇。今《翁稿》俱傳世翁氏書藝真迹遺翰，觀其運筆，骨遒體逸，洵爲書林瑰寶。而且翁方綱擅長隸法，此于文稿亦稍露一二。如《谷響集》提要的眉額，便是以隸書題簽。此或校録之餘，聊以隸書以慰技癢。

（鄧國光　澳門大學中文系）

---

① 　（清）包世臣：《藝舟雙楫·論書》第 2 册，上海：商務印書館，1935 年，第 65 頁。

《四庫全書總目》浙本、殿本異文考辨二百例

　　《四庫全書總目》(以下簡稱《總目》)是中國古典目録學的集大成之作,乃學者案頭必備的工具書。遺憾的是,此書最早也是最重要的兩個版本即浙江刻本(以下簡稱"浙本")和武英殿刻本(以下簡稱"殿本")的版本優劣問題,却因卷帙浩繁,通校不易,于是諸家便不約而同採用了蜻蜓點水、抽樣調查的論證方式,終不免陷入各執一説而又互可舉出大量反證的尴尬局面。筆者以爲,惟有將二本詳校一過,對所有異文逐條辨析,方能得出令人信服的結論。

　　據筆者統計,二本異文(不包括通假字、異體字、俗體字)共七千餘條。其中應從浙本而殿本誤者約二千條,反之,應從殿本而浙本誤者約一千二百條,則孰優孰劣可成定讞。已另撰《〈四庫全書總目〉浙本、殿本優劣考論》一文詳述,此不贅。

　　今特摘出前人未曾論及或語焉不詳的異文二百則,均附有考辨,以供學界參考。

　　凡例:

　　1. 以中華書局影印浙本《總目》爲底本,上海古籍出版社影印文淵閣《四庫全書》卷前殿本《總目》爲校本。底本誤者不改原文,僅在校記中説明。

　　2. 所引各書原文,凡未作特別説明者,著録書皆據影印文淵閣《四庫全書》本,存目書皆據《四庫全書存目叢書》影印本。

　　3. 避諱字徑改。

卷一
周易正義十卷

　　　　魏王弼、晋韓康伯注,唐孔穎達疏……此書初名《義贊》,後詔改《正義》……

按：“義贊”，殿本作“易贊”，誤，《新唐書》卷一九八《孔穎達傳》載：“初，穎達與顏師古、司馬才章、王恭、王琰受詔撰《五經》義訓，凡百餘篇，號《義贊》，詔改爲《正義》云。”

卷二
紫岩易傳十卷

宋張浚撰……朱子不取牧説，而作浚《行狀》，但稱尤深于《易》、《春秋》、《論》、《孟》，不言其《易》出于牧，殆諱之歟？

按：“《行狀》”，殿本作“《墓志》”，誤，朱熹《晦庵集》卷九十五有《少師保信軍節度使魏國公致仕贈太保張公行狀》，而無其《墓志》。

卷三
周易經傳集解三十六卷

宋林栗撰……是書淳熙十二年四月嘗進于朝，首列進書表、貼黄、敕諭各一道，栗自序一篇。貼黄稱本名《周易爻象序雜指解》，後以未能該舉彖、象、繫辭、文言、説卦，乃改今名……

按：“彖、象”，殿本作“彖、詞”，誤，據《經義考》卷二七《周易經傳集解》條引貼黄曰：“臣昨陳乞修寫札子，係以《周易爻象序雜指解》爲名。今來竊自維念，三聖人所垂經訓，先設卦畫，次繫彖辭，即‘爻、象’二字不爲該備；及觀孔子所贊《大傳》，有彖、象、繫辭、文言、説卦，即‘序、雜’二字亦未能概舉。今故仍《春秋》之例，以三聖所垂之經與孔子所贊之傳，總謂之《周易經傳集解》，繕寫進呈。”

卷五
周易札記三卷

明逯中立撰。中立字與權，號確齋，聊城人。萬曆己丑進士……

按："己丑"，殿本作"丙戌"，誤，《明史》卷二三〇逯中立本傳云萬曆十七年（1589，己丑）進士。丙戌爲十四年。《明清進士題名碑録》載萬曆十七年己丑科三甲第十三名爲逯中立。高攀龍與之同榜，本卷《周易易簡説》條殿本亦誤作"萬曆乙丑進士"。

卷六
田間易學十二卷

> 國朝錢澄之撰……初撰一書，曰《易見》，因避兵閩地，失其本。又追憶其意撰一編，曰《易大傳》……

按："《易大傳》"，殿本作"《易火傳》"，應據改。此書凡例云："遇漳浦黄先生……教令學《易》。不數月，吳下大亂，家室喪亡，竄身入閩，困閩山者三年。每念先生教，輒思讀《易》。其《見易》舊解遺亡殆盡，又無書可借，唯記誦章句，默尋經義。時有所獲，久之成帙，目曰《火傳》。蓋以家園屢經兵火，所藏故本應付灰燼矣。又以薪盡火傳即此，猶是先君子之遺教也。"

讀易日鈔六卷

> 國朝張烈撰。烈字武承，大興人。康熙庚戌進士，授内閣中書。己未召試博學鴻詞，改翰林院編修，歷官左春坊左贊善。是書一以朱子《本義》爲宗。謂："《易》者象也，言有盡，象無窮。伏羲畫爲奇偶，再倍而三，因重而六……"

按："畫"，殿本作"晝"，誤，此書卷一乾卦云："伏羲仰觀俯察，至透極熟，欲舉以教人，無可形似，故借其數以明之。畫一奇以象陽，畫一耦以象陰也。然一陰一陽又有各生一陰一陽之象，故再倍而三，以成八卦。"

乾坤鑿度二卷

> ……下篇謂坤有十性，而推及于蕩配、陵配。又雜引《萬形經》、《地形經》、

《制靈經》、《著成經》、《含靈孕》諸緯文……臣等因考《列子》、《白虎通》、《博雅》諸書，皆以太易、太初、太始、太素爲氣、形、質之始，與《鑿度》所言相合……

按："陵"下"配"字，殿本脱，此書卷下有三蕩配、四淩配。

"《地形經》"，殿本作"《地靈經》"，誤，此書卷上"立乾坤巽艮四門"條引《地形經》曰："山者艮也"，云云。

"氣、形、質"，殿本作"形、氣、質"，誤，《列子・天瑞》曰："太初者氣之始也，太始者形之始也，太素者質之始也。"《白虎通義・天地》引《乾鑿度》、《廣雅（一名博雅）・釋天》所載略同。

卷七

淮海易譚四卷

明孫應鼇撰。應鼇字山甫，貴州清平籍，南直隸如皋人。嘉靖癸丑進士……

按："清平"，殿本作"青平"，誤，清乾隆《貴州通志》卷二八有孫應鼇小傳："字山甫，清平人……嘉靖丙午鄉試第一，癸丑成進士。"同書卷三八載郭子章《尚書文恭孫公應鼇傳》云："孫應鼇，字山甫，清平衛人。"

今易詮二十四卷

明鄧伯羔撰。伯羔字孺孝，常州人。朱彝尊《經義考》載其《古易詮》二十九卷，《今易詮》二十四卷……

按："孺孝"，殿本作"儒孝"，誤，《經義考》卷五八載此書史孟麟序云："吾友鄧孺孝"，清光緒《金壇縣志》卷之九《人物志・隱逸》鄧伯羔小傳亦作"字孺孝"。

"《古易詮》"，殿本作"《古易論》"，誤，《經義考》卷五八著録《古易詮》二十九卷，《今易詮》二十四卷。《明史》卷九六《藝文一》、《千頃堂書目》卷一同。

卷九
易學筮貞四卷

　　國朝趙世對撰。世對字襄臣，衢州人。……

　　按："襄臣"，殿本作"襄城"，誤，清順治刻本作《易學蓍貞》四卷，題"瀫水後學趙世對襄臣輯"。卷前章有成引言亦稱"襄臣"。

易經述

　　國朝陳詵撰。詵字叔大，號實齋，海寧人。……

　　按："叔大"，殿本作"叔夫"，誤，《清史稿》卷二七四本傳、《大清一統志》卷二百十九《杭州府·人物》小傳、《浙江通志》卷一百五十八《人物·名臣·杭州府》小傳等皆作"字叔大"。

周易本義述蘊

　　國朝姜兆錫撰。兆錫字上均，丹陽人。康熙庚午舉人……

　　按："舉人"，殿本作"進士"，誤，《江南通志》卷一三二《選舉志·舉人八》康熙二十九年庚午科有姜兆錫，丹陽人。《清史列傳》卷六十七有傳，未言曾中進士。《明清進士題名碑錄》無姜兆錫。

卷十一
尚書表注二卷

　　宋金履祥撰……初，履祥作《尚書注》十二卷，柳貫所撰《行狀》稱"早歲所著《尚書章釋句解》，已有成書"是也。……

按："十二卷"，殿本作"二十卷"，誤，《經義考》卷八十四著錄金履祥《尚書注》十二卷："按，柳文蕭貫撰《行狀》云：'先生早歲所注《尚書章釋句解》'，蓋指《書注》十二卷而言。"《十萬卷樓叢書》初編有《書經注》十二卷，《碧琳琅館叢書》甲部、《芋園叢書》經部有《金氏尚書注》十二卷。

卷十二
尚書纂傳四十六卷

　　元王天與撰。天與字立大，梅浦人。大德二年，以薦授臨江路儒學教授。蓋天與為贛州路先賢書院山長時，憲使臧夢麟以是書申臺省，得聞于朝，故有是命也。……

按："臧夢麟"，殿本作"臧夢解"，應據改。此書卷首劉辰翁序云："大德中，鄞人臧夢解為憲使，以其書上于朝，得授臨江路儒學教授。"臧夢解，《元史》卷一七七有傳，"大德元年，遷江西蕭政廉訪副使"。

卷十四
虞書箋二卷

　　明茅瑞徵撰。……解官後自號茗上漁父，又稱澹泊居士。……

按："澹泊居士"，殿本作"澹樸居士"，應據改。明崇禎刻本此書卷前自序署"崇禎壬申初秋吳興澹樸居士茅瑞徵題于浣花居"，然明崇禎刻本《禹貢匯疏》自序署"崇禎壬申仲秋吳興澹樸居士茅瑞徵題于浣花居"。朱彝尊《靜志居詩話》卷十六"茅瑞徵"條謂有《澹樸齋集》。

古文尚書考一卷

　　國朝陸隴其撰。隴其字稼書，平湖人。康熙庚戌進士，官嘉定、靈壽二縣知縣,行取御史。雍正二年,從祀孔子廟庭;乾隆二年,賜謚清獻。……

按:"雍正二年,從祀孔子廟庭;乾隆二年,賜謚清獻",殿本作"乾隆元年,從祀孔子廟庭,賜謚清獻",皆不確。據《清史稿》卷二六五陸隴其本傳:"雍正二年,世宗臨雍,議增從祀諸儒,隴其與焉。乾隆元年,特謚清獻,加贈内閣學士兼禮部侍郎。"

尚書小疏一卷

國朝沈彤撰。彤字貫雲……

按:"貫雲",殿本作"冠雲",應據改。《碑傳集》卷一三三載惠棟《沈君彤墓志銘》、陳黄中《沈徵君傳》、沈廷芳《徵士文孝沈先生墓志銘》,均作字冠雲。

卷十五
毛詩正義四十卷

漢毛亨傳,鄭玄箋,唐孔穎達疏……晋孫毓作《毛詩異同評》,復申王説;陳統作《難孫氏毛詩評》,又明鄭義(並見《經典釋文》)……

按:"陳統",殿本作"鄭統",誤,《經典釋文》卷一"注解傳述人"條載:"晋豫州刺史孫毓爲《詩評》,評毛、鄭、王肅三家同異,朋于王。徐州從事陳統難孫申鄭。"《隋書·經籍志》著録《難孫氏毛詩評》四卷,晋徐州從事陳統撰。

詩緝三十六卷

宋嚴粲撰。……《中谷有蓷》,舊以蓷之"暵乾"喻夫婦相棄,粲則以歲旱草枯,由此而致離散。……

按："歲旱"，殿本作"水旱"，誤，此書卷七"中谷有蓷"條云："舊說以蓷草暵乾喻夫婦相棄，非也。此詩但以歲旱草枯，興亂世饑年之憔悴蕭索，無潤澤氣象耳。由此而致夫婦衰薄，遂以相棄。"

卷十六
田間詩學十二卷

國朝錢澄之撰。……所採諸儒論說，自《注疏》、《集傳》以外，凡二程子、張子、歐陽修、蘇轍、王安石、楊時、范祖禹、呂祖謙、陸佃、羅願、謝枋得、嚴粲、輔廣、真德秀、邵忠胤、季本、郝敬、黃道周、何楷二十家……

按："邵忠胤"，殿本作"邵中胤"，皆鄒忠胤之誤。此書卷一《關雎篇》注云："則《關雎》爲文王宮人之作亦足據矣。按鄒氏忠胤亦有是說，特疑古者諸侯不再娶，或周制非殷制也。"以下各卷共引"鄒氏曰"四十餘條。《總目》卷十七著錄鄒氏撰《詩傳闡》二十三卷、《闡餘》二卷。

卷十九
周禮注疏四十二卷

漢鄭玄注，唐賈公彥疏……公彥，洺州永年人。……惟《召誥》、《洛誥》、《孟子》顯相舛異。至《禹貢》乃唐、虞之制，《武成》、《周官》乃梅賾《古文尚書》……

按："洺州"，殿本作"洛州"，誤，據《舊唐書·儒學傳》賈公彥傳。兩《唐書·地理志》均載洺州屬縣有永年。

"惟《召誥》、《洛誥》、《孟子》顯相舛異，至《禹貢》乃唐、虞之制，《武成》、《周官》乃梅賾《古文尚書》"，殿本作"惟《召誥》、《洛誥》、《武成》、《孟子》顯相舛異，至《禹貢》乃唐、虞之制，《周官》乃梅賾《古文尚書》"，誤，《武成》古文有，今文無。

太平經國之書十一卷

宋鄭伯謙撰。……其書爲目三十：日教化、奉天、省官、内治、官吏、宰相、官民、官刑、攬權、養民、稅賦、節財、保治、考課、賓祭、相體、内外、官制、臣職、官民、宫衛、奉養、祭享、愛物、醫官、鹽酒、理財、内帑、會計、内治……

按："宫衛"，殿本作"官衛"，誤，此書卷八首篇即《宫衛》，下注："論宫正、宫伯宿衛。"

周禮句解十二卷

宋朱申撰。申事迹無考，里貫亦未詳。案，《江西通志》有朱申字繼宣……

按："繼宣"，殿本作"繼顯"。清雍正《江西通志》卷九四《人物·贛州府》載："朱申字維宣，雩都人。"

周禮全經釋原十四卷

明柯尚遷撰。……《周禮》本闕《冬官》，尚遷宗俞庭椿之説，稍爲變易，取《遂人》以下《地官》之事分爲《冬官》，自遂人至旅下士，正六十人，以符六官各六十之數，故曰"全經"……

按："六十之數"，殿本作"六十一之數"，誤，書中《全經綱領》第三條云："《周禮》三百六十屬，見于《小宰》，絲毫不可增減也。先儒以合六官所統爲三百六十官，故參差不齊，移易經文之原起于此。今以屬首宰夫下大夫四人倍至上士八人，中士十有六人，則二十八人矣。加以旅下士三十有二人，則六十人矣。他官不稱旅也，合六官則爲全經。"

周官集注十二卷

國朝方苞撰。……後苞別著《周官辨》十篇……

按："篇"，殿本作"卷"，誤，《總目》卷二三著録方苞撰《周官辨》一卷，據清桐城方氏《抗希堂十六種》本，其中《辨僞》二篇，《辨惑》八篇。

禮説十四卷

國朝惠士奇撰。……因庶民攻説，鄗氏攻祭，遂謂段成式所記西域木天壇法禳蟲爲周之遺術……

按："庶民"，殿本作"庶氏"，應據改。《周禮・秋官・庶氏》："庶氏，掌除毒蠱，以攻説襘之，嘉草攻之。"

卷二十
儀禮鄭注句讀十七卷附監本正誤、石經正誤二卷

國朝張爾岐撰。……又明西安王堯惠所刻石經補字……

按："王堯惠所刻石經補字"，殿本作"王堯典所刊石經補字"，誤，明趙崡《石墨鐫華》卷二載："今西安府學石經乃唐文宗時石經也……嘉靖乙卯地震，石經倒損。西安府學生員王堯惠等按舊文集其缺字，別刻小石，立于碑傍，以便摹補……惟王堯惠等補字大爲紕繆。"

儀禮小疏一卷

國朝沈彤撰。……彤謂《後漢志》司隸校尉、州刺史並有假。劉昭注引《漢官》，雒陽今有假，皆不兼吏名……

按："今"，殿本作"令"，應據改。《後漢書・百官志五》"各署諸曹掾史"句下注引《漢官》云："雒陽令，秩千石。丞三人，四百石……斗食、令史、嗇夫、假五十人。"

讀禮通考一百二十卷

國朝徐乾學撰。……康熙庚戌進士第二……

按:"第二",應據殿本删。《江南通志·人物志·文苑》、《明清進士題名碑録》等均載徐乾學爲康熙九年(1670)庚戌進士一甲第三名。

卷二十三
周禮説十四卷

明徐即登撰。即登字獻和,又字德峻,號匡岳,豐城人。萬曆癸未進士,官至河南按察使……

按:"匡岳",殿本作"匡樂",誤,《河南通志》卷五十四《名宦上》有徐即登小傳,"字匡岳,江西人,進士"。《千頃堂書目》卷一"易類"著録徐即登《易説》九卷,"字德峻,别號匡岳,豐城人,李材弟子。萬曆癸未進士,河南按察使司"。

周禮輯義十二卷

國朝姜兆錫撰。……今考《禮圖》,六彝爲上尊,盛三斗;六尊爲中尊,盛五斗;六罍爲下尊,盛一石。……

按:"五斗",殿本作"六斗",誤,《三禮圖集注》卷十二"蜃尊"條云:"中尊皆容五斗。"

卷二十四
檀弓叢訓二卷

明楊慎撰。……然如胡寅以檀弓爲曾子門人,與子思同纂修《論語》……

按："《論語》"，殿本作"論説"，誤，《經義考》卷二百十一《古論語》條引胡寅曰："子思、檀弓皆纂修《論語》之人。檀弓亦曾子門人。"

卷二十八
春秋胡氏傳辨疑二卷

　　明陸粲撰。……于"齊人來歸鄆、讙、龜陰田"，以爲魯及齊平而歸田，不必以夾谷之會悉歸功于孔子，三《傳》、《家語》及《史記》皆未足據，而不取胡氏所稱攝相却齊兵之説……

按："《史記》"，殿本作"史説"，誤，據此書卷下"齊人來歸鄆、讙、龜陰田"條："以歸三田爲仲尼之功，自三《傳》、《家語》及太史遷所記皆然。以予考之……而于仲尼何與焉？"

春秋辨義三十九卷

　　明卓爾康撰。……不知古人紀歲，自有閼逢、攝提格等，歲陰、歲陽二十二名……

按："歲陰"，殿本脱，歲陰乃閼逢、旃蒙等十名，歲陽乃攝提格、單閼等十二名。

卷三十
春秋疑問十二卷

　　明姚舜牧撰。……舜牧……乃于"鄭伯克段"則曰："此鄭事也，魯《春秋》何以書？見鄭莊處母子兄弟之間，忍心害理，凡友邦必不可輕與之。此一語專爲後日渝平、歸祊、助鄭伐宋起，非謂此事極大，漫書于魯之《春秋》也。"

按："渝平"，殿本作"輸平"，應據改。《左傳·隱公六年》"春，鄭人來渝平"，《公羊》、《穀梁》俱作"輸平"。明萬曆六經堂刻《五經疑問》本《重訂春秋疑問》十二卷，卷一"夏五月鄭伯克段于鄢"條亦作"輸平"。

卷三十二
孝經大義一卷

元董鼎撰。……初，朱子作《孝經刊誤》……第十三章、十四章所謂"不解經而別發一義"者……

按："第十三章"，殿本作"第十二章"，誤，文淵閣《四庫》本書前提要不誤。朱熹《孝經刊誤》云："此不解經而別發一義，宜爲《傳》之十三章"；"《傳》之十四章，亦不解經而別發一義。"

卷三十三
七經孟子考文補遺一百九十九卷

原本題西條掌書記山井鼎撰，東都講官物觀校勘……凡爲《易》十卷，《書》二十卷，附《古文考》一卷，《詩》二十卷，《左傳》六十卷，《禮記》六十三卷，《論語》十卷，《孝經》一卷，《孟子》十四卷……

按："《易》十卷，《書》二十卷，附《古文考》一卷，《詩》二十卷，《左傳》六十卷，《禮記》六十三卷，《論語》十卷，《孝經》一卷，《孟子》十四卷"，殿本作"《易》十卷，《書》十八卷，《詩》二十卷，《禮記》六十三卷，《論語》二十卷，《孝經》一卷，《孟子》十四卷"。文淵閣《四庫》本卷一至九爲《周易兼義》，卷十爲《周易略例》，卷十一爲《古文考》，卷十二至卷三十一《尚書注疏》，卷三十二至卷五十二爲《毛詩注疏》，卷五十三至卷一百十二爲《春秋左傳注疏》，卷一百十三至卷一百七十五爲《禮記注疏》，卷一百七十六至卷一百八十五爲《論語注疏》，卷一百八十六爲《孝經注疏》，卷一百八十七至卷二百爲《孟子注疏》。

卷三十四
經玩二十卷

國朝沈淑編。……此書録唐陸德明《經典釋文》中文字之異者爲六卷，次以經傳中文字互異，及録《春秋左傳》分國土、地名、職官、器物、宮室之類爲四卷，次輯注疏《十三經》瑣語爲四卷……

按："分"，殿本作"中"，誤，清雍正七年(1729)刻本此書分金、石、絲、竹、匏、土、革、木八帙，其匏、土二帙爲"《春秋左傳》分國土、地名"。

卷三十五
孟子集疏十四卷

宋蔡模撰。……蔡沈之子，蔡抗之兄也。……惟"不得于言"一條，致疑于《語録》、《集注》之不同，以爲未及修改……

按："蔡抗"，殿本作"蔡杭"，誤，《宋史》卷四二〇有蔡抗傳。抗字仲節，乃取"抗節致忠"之義。

"不得于言"，殿本作"不得于心"，誤，此書卷三《公孫丑章句上》"不得于言，勿求于心；不得于心，勿求于氣"一段注文末云："模按'不得于言'，《集注》與《語録》不同，豈後説未及修改邪？"

卷三十六
四書講義困勉録三十七卷

國朝陸隴其撰。……是書因彦陵張氏《講義》原本……

按："彦陵"，殿本作"彦陵"，應據改。《總目》卷八著録《周易説統》十二卷："明張振淵撰。振淵號彦陵，仁和人。"當即其人。清乾隆《浙江通志》卷二四二《經籍二·經部下》"經解類"著録《四書説統》二十六卷,"《仁和縣志》：張振淵著"。同書卷二五一《經籍十一·集部四》"別集類"著録《是堂文集》十卷,"《仁和縣志》：張振淵著,字彥陵"。

四書剩言四卷補二卷

國朝毛奇齡雜論《四書》之語。前二卷爲其門人盛唐、王錫所編,後二卷爲其子遠宗所編……

按："遠宗",殿本作"宗遠",誤,毛奇齡《西河文集》卷一百一《自爲墓志銘》云："予出游時懼予不得還,以兄子珍後予,未成丁死。既而以其弟遠宗繼之。"

卷三十七
四書酌言三十一卷

明寇慎撰。慎字永修,號禮亭,自號役栩逸叟,同官人。……

按："役栩",殿本作"役栩",誤,清道光二十三年(1843)濟峰活字本此書卷一首題"役栩寇慎永修氏參訂"。役栩乃漢縣名,即清陝西同官縣。

卷四十
續方言二卷

國朝杭世駿撰。……《北户録》引顔之推《證俗音》云："南人謂凝牛羊鹿血爲蛞。……

按："顔之推",殿本作"張推",應據改。《北户録》卷二"蛞"字注引作《證俗音》。《新唐書·藝文志》著録張推《證俗音》三卷。《宋史·藝文志》、《玉海》卷四十五著録顔之推《證俗音字》四卷。

卷四十二
附釋文互注禮部韻略五卷附貢舉條式一卷

……嘉定中，嘉定府教授吳桂皆屢請增收……

按："吳桂"，殿本作"吳杜"，應據改。南宋紹定庚寅（1230）重刊本《附釋文互注禮部韻略》五卷附《韻略條式》一卷，《條式》末條載有"嘉定十六年十一月……文林郎充嘉定府府學教授吳杜……遴選其詞賦中引用者才六十七字，目以《韻略》續補……乞賜備申朝廷，詳酌行下，增入《禮部韻略》"。

增修校正押韻釋疑五卷

《押韻釋疑》，宋紹定庚寅廬陵進士歐陽德隆撰，景定甲子郭守正增修。……守正因取德隆之書，參以諸本，爲刪削增益各十餘條……

按："十"，殿本作"千"，應據改。此書卷前郭守正序云："誤者正之，疑者辨之，其不倫者次序之。筆者千餘條，削者亦如之。"

六藝綱目二卷

元舒天民撰。天民字執風……

按："執風"，殿本作"執風"，疑誤。文淵閣《四庫全書》本書前提要作"蓺風"，卷末舒睿後序云："吾伯父蓺風先生纂集六藝，名曰《綱目》。"執、蓺、藝可通。

卷四十三
説文解字五音韻譜十卷

宋李燾撰。……"苴"字本"模結切"，乃改爲"徒結切"……

按：“苢”，殿本作“頁”，誤，《説文解字》卷四上有“苢”字，注云“模結切”，卷九上有“頁”字，注云“胡結切”。明弘治十四年（1501）車玉刻本《重刊許氏説文解字五音韻譜》十二卷，卷十一《入聲二》有“苢”字，注云“徒結切”，“頁”字，注云“胡結切”。

卷四十四
韻雅五卷

> 國朝施何牧撰。何牧，蘇州人。康熙戊辰進士。……

按：“戊辰”，殿本作“乙丑”，誤，《明清進士題名碑録》載康熙二十七年（1688）戊辰科三甲第三十六名爲何牧，一作施牧，江南崇明人。而民國《崇明縣志》卷十二《人物志·文苑》有施何牧小傳，“榜名何牧，康熙十七年舉人，二十四年（乙丑）進士”。卷十三《人物志·選舉表》所載亦同。按李果《在亭叢稿》卷七《施考功傳》云：“康熙乙丑中禮部試，戊辰殿試二甲進士”，當得其實。

卷四十五
三國志六十五卷

> 晋陳壽撰。宋裴松之注。……又如……《少帝紀》之“叟”、“更”異字，亦間有所辨證。……

按：“《少帝紀》”，殿本作“《明帝紀》”，誤，此書卷四《魏書·三少帝紀》載甘露三年（258）秋八月“丙寅，詔曰：‘夫養老興教，三代所以樹風化垂不朽也，必有三老、五更以崇至敬，乞言納誨，著在惇史，然後六合承流，下觀而化。宜妙簡德行，以充其選。關内侯王祥，履仁秉義，雅志淳固。關内侯鄭小同，温恭孝友，帥禮不忒。其以祥爲三老，小同爲五更。’車駕親率群司，躬行古禮焉。”裴注曰：“蔡邕《明堂論》云：‘更’應作‘叟’。叟，長老之稱，字與‘更’相似，書者遂誤以爲‘更’。‘嫂’字‘女’傍‘叟’，今亦以爲‘更’，以此驗知應爲‘叟’也。臣松之以爲邕謂‘更’爲‘叟’，誠爲有似,而諸儒莫之從,未知孰是。"甘露乃高貴鄉公曹髦年號,非明帝曹睿。

晋書一百三十卷

　　唐房喬等奉敕撰。……即如《文選注・馬汧督誄》引臧榮緒、王隱書,稱馬
汧立功孤城,死于非罪,後加贈祭……

　　按:"稱馬汧",殿本作"稱馬敦",應據改。《文選・馬汧督誄》李善注引臧榮緒
《晋書》:"汧督馬敦,立功孤城,爲州司所枉,死于囹圄。岳誄之。"又引王隱《晋書》:
"贈馬敦詔曰:今追贈牙門將軍印綬,祠以少牢。"

卷四十六
宋史四百九十六卷

　　元托克托等奉敕撰。……如謂《高宗紀》紹興十三年八月戊戌洪皓至自
燕,而《洪皓傳》作七月見于内殿。……

　　按:"紹興十三年",殿本作"紹興二十年",誤,此書卷三十《高宗紀七》載"(紹興
十三年八月)戊戌,洪皓至自金國。"卷三七三《洪皓傳》載"(紹興)十二年七月,見于
内殿,力求郡養母"。

元史二百十卷

　　明宋濂等奉敕撰。……爲紀四十七卷,志五十三卷,表六卷,列傳九十
七卷。……

　　按:"九十七卷",殿本作"一百十四卷",誤,此書卷一百十四至卷二百一
十爲列傳。

卷四十七
資治通鑒釋文辨誤十二卷

　　元胡三省撰。……然如《唐德宗紀》"韓旻出駱驛"一條,《音注》云:"史炤謂駱谷關之驛。余案韓旻若過駱谷關驛,則已通奉天而西南矣。炤説非也。"……

　　按:"駱谷關驛",殿本作"駱谷之驛",疑誤。《資治通鑒》卷二二八《唐德宗紀三》"駱驛"下注云:"駱驛,地名。史炤曰:'駱谷關之驛也。'余按韓旻若至駱谷關之驛,則已過奉天而西南矣。炤説非也。但未知駱驛在何地。"

綱目訂誤四卷

　　國朝陳景雲撰。……景雲是書又捃摭諸家所未及,悉引據前史原文,互相考證……雍闓之叛,誤"四郡"爲"三郡"……石虎擒劉岳,誤以爲殺王導……皆指摘精確,足正傳訛……

　　按:"三郡",殿本作"二郡",誤,此書卷一"後主建興元年目"條下云:"按綱書'雍闓以四郡叛',而《分注》中止列益州、牂牁、越巂三郡,爲不相符。蓋中間漏却圍永昌一事也。"
　　"劉岳",殿本作"劉曜",誤,此書卷一"明帝太寧三年目"條下云:"虎禽岳殺之","按是時石虎禽劉岳,送襄陽,未嘗殺岳也。後三年洛西之戰,石勒禽劉曜以歸,有令劉岳見曜之事(見《通鑒》)。岳不死于石虎之手明矣"。

通鑒前編十八卷舉要三卷

　　宋金履祥撰。……至于引《周書記異》,于周昭王二十二年書"釋氏生"……

　　按："《周書記異》",殿本作"《尚書記異》",誤,此書卷九載"(周昭王)庚戌二十有年,釋氏生",注文引《周書記異》曰:"周昭王二十有二年,釋氏生。"

御定通鑒綱目三編四十卷

　　乾隆四十年奉敕撰。……《春秋》大義數千,炳若日星……

　　按:"數千",殿本作"數十",應據改。程頤《與金堂謝君書》(《二程文集》卷十)云:"《春秋》大義數十,皎如日星,不容遺忘。"

卷四十八
五代春秋二卷

　　宋尹洙撰。……知渭州,兼領涇原路經略公事。以爭水洛城事移慶州……事迹具《宋史》本傳……

　　按:"以爭水洛城事移慶州",殿本作"以爭永樂城事徙慶州",誤,《宋史》卷二九五尹洙本傳載:"以右司諫知渭州,兼領涇原路經略公事。會鄭戩爲陝西四路都總管,遣劉滬、董士廉城水洛,以通秦、渭援兵。洙以爲……不可……卒徙洙慶州而城水洛。"

卷五十
契丹國志二十七卷

　　宋葉隆禮撰。……至楊承勳劫父叛君,蔑倫傷教,而取胡安國之謬説,以爲變不失正,尤爲無所別裁……

　　按:"楊承勳",殿本脱"承"字,此書卷二《太宗孝武惠文皇帝上》載會同七年(944)冬十月,"晋師圍青州經時……其子承勳勸光遠降冀州,全其族,光遠不許。承勳乃斬勸其父反者判官丘濤,送其首于守貞,縱火大噪,劫其父出居私第。上表待罪,開城納官軍。閏月,晋以楊光遠罪大而諸子歸命,難于顯誅,命守貞便宜從事。守貞遣人拉殺光遠,以病死聞。起復其子承勳除汝州防禦使"。館臣注:"原書于此條引胡安國論,詞意偏繆,謹遵聖諭刪正。"

欽定歷代紀事年表一百卷

康熙五十一年聖祖仁皇帝御定。……考《南史·王僧孺傳》,稱太史公《年表》"旁行斜上,體仿周譜"……

按:"王僧孺",殿本作"王僧虔",皆不確。實出自《南史·劉杳傳》:"王僧孺被敕撰譜,訪杳血脉所因。杳云:'桓譚《新論》云:"太史《三代世表》旁行邪上,並效周譜。"以此而推,當起周代。'僧孺嘆曰:'可謂得所未聞。'"《梁書·劉杳傳》同。

明書四十五卷

明鄧元錫撰。……凡《帝典》十卷,《后妃内紀》一卷,《外戚傳》一卷,《宦官傳》一卷,《臣謨》五卷,《名臣》九卷,《循吏》三卷,《能吏》一卷,《忠節》一卷,《將謨》二卷,《名將》一卷,《理學》三卷,《文學》二卷,《篤行》一卷,《孝行》、《義行》、《貨殖》、《方技》共一卷,《心學》三卷,《列女》一卷……

按:"《將謨》二卷……《文學》二卷",殿本作"《將謨》一卷……《文學》三卷"。明萬曆三十四年(1606)刻本《皇明書》四十五卷,凡《帝典》十卷,《后妃内紀》一卷,《外戚傳》一卷,《宦官傳》一卷,《臣謨》五卷,《名臣》九卷,《循吏》二卷,《能吏》一卷,《忠節》一卷,《將謨》一卷,《名將》一卷,《理學》三卷,《文學》二卷,《篤行》一卷,《孝行》、《義行》、《貨殖》、《方技》共一卷,《心學》三卷,《列女》一卷。

唐紀無卷數

明孫愨撰。……是書以新、舊《唐書》皆爲蹖駁。其所指摘,如……李光顏

　　弟光進從郭子儀收西京事，誤入李光弼弟光進《傳》中……

　　按："李光顏弟光進從郭子儀收西京事，誤入李光弼弟光進《傳》中"，殿本作"李
光弼弟光進從郭子儀收西京事，誤入李光顏弟光進《傳》中"。孫愨《唐紀》序原文
作："李光弼弟光進也，與李光顏之兄光進何與？而《舊書》誤入其《傳》。"《舊唐書》
卷一百六十一《李光進傳》云："光進從郭子儀破賊，收兩京，累有戰功……其弟光
顏。"武英殿本卷末考證云："按肅宗去憲宗，閱世者五。光進薨于元和七年，其不及
從郭子儀破賊也明矣。此乃光弼弟光進事，錯簡于此。"則此句應作"李光弼弟光進
從郭子儀收西京事，誤入李光顏兄光進《傳》中"。

卷五十五
讜論集五卷

　　　　宋陳次升撰。……通籍後三居言責，建議鯁切，爲時所憚。其最大者在止
　　　　呂惠卿之使嶺南，劉安世謂其大有功于元祐諸臣。……

　　按："呂惠卿"，殿本作"呂升卿"，應據改。此集卷末所附陳士壯《待制陳公行
實》載："元符改元，京等興同文館獄，竟不得其要領。乃更遣呂升卿、董必使嶺外，
欲盡殺元祐黨人。公聞之，亟見上奏曰：'陛下初欲保全元祐臣僚，今乃欲殺之，何
耶？'上曰：'無之，卿何爲出此語？'公曰：'以升卿爲廣南按察，豈非殺之耶？升卿乃
惠卿之弟，元祐間負罪家居。其人資性慘刻，善求人過。今使擁使節元祐臣僚遷謫
之地，理無全者。'上翻然大悟，即日罷升卿按察職。元城劉公安世聞之曰：'陳當時
有功于元祐人居多。'"

訥溪奏疏一卷

　　　　明周怡撰。……是集爲其弟恪所編……

　　按："恪"，殿本作"格"，誤，此書萬曆二年（1574）刻本卷端題"同懷弟恪敬輯"，
末有周恪跋。

名臣經濟録五十三卷

明黄訓編。……或亦朱子《名臣言行録》取吕惠卿，趙汝愚《名臣奏議》不遺章惇、秦檜之意歟。……

按："章惇"，殿本作"丁謂"，應據改。趙汝愚《皇朝諸臣奏議》未收章惇奏議，而卷九十八有丁謂《上真宗乞禁銷金》。

卷五十七
古列女傳七卷續列女傳一卷

漢劉向撰。……又王回序曰："此書有母儀、賢明、仁智、貞順、節義、辨通、孽孽等目。"……

按："貞順"，殿本作"貞慎"，誤，此書卷四爲《貞順傳》。

卷五十九
闕里廣志二十卷

國朝宋際、慶長同撰。……康熙十二年，際爲孔廟司樂，慶長爲典籍，相與蒐求典故，因舊志而增損之。……

按："宋際、慶長"，殿本作"宋際、李慶長"，誤，清康熙十三年(1674)刻本此書諸序稱"雲間宋君際爲司樂，宋君慶長爲典籍"、"兩宋君"等。

卷六十
温公年譜六卷

明馬巒撰。……其大指以光《行狀》爲主，參以史傳及《名臣言行録》，潤以光所著《傳家集》。……

按："潤"，殿本作"證"，誤，明萬曆四十六年(1618)司馬露刻本此書凡例云："是編以公《行狀》爲主，參以《本傳》、《言行録》。三書所遺者，撮《傳家集》中切要者補潤之。"

卷六十二
貂璫史鑒四卷

明張世則撰。……官至四川安綿兵備副使……

按："安綿"，殿本作"安許"，誤，《明史·職官志》"按察司副使僉事"條下有四川安綿道，明萬曆刻本此書卷前進書表起首云："整飭安綿兵備四川按察司僉事臣張世則謹奏。"

名臣志鈔二十四卷

明吳孝章撰。……卷中有自爲贊詞者，如《李善長傳》末是也；有襲《弇州史稿》者，如《湯信傳》末是也……

按："《湯信傳》"，殿本作"《湯和傳》"，應據改。明天啓三年(1623)刻本此書卷三有《東甌襄武王信國湯公和》，其末有"弇州外史曰"，云云。

卷六十四
歷仕録一卷

明王之垣撰。……萬曆中，御史趙崇善論其殺心隱爲媚張居正，故其曾孫士禎雜著中屢辨之。是編之跋，亦惟争此事云。

按："跋"，殿本作"成"，誤，清康熙四十一年(1702)王氏家塾刻本此書有王士禎《歷仕録跋》、《又跋》，皆辨何心隱事。

鑒勞録一卷

　　　明孫傳庭撰。……督師征流寇，没于柿園之戰。事迹具《明史》本傳。……

　　按："柿園"，殿本作"南陽"。《明史》卷二六二本傳云："是役也，天大雨，糧不至，士卒採青柿以食，凍且餒，故大敗。豫人所謂'柿園之役'也。……傳庭既已敗歸陝西，計守潼關，扼京師上游。……賊追及之南陽，官軍還戰……賊獲督師坐纛，乘勝破潼關，大敗官軍。傳庭與監軍副使喬遷高躍馬大呼而殁于陣。"同書卷二十四《莊烈帝本紀二》載："（崇禎十六年九月）壬子，孫傳庭兵以乏食引退，賊追及之，還戰大敗，傳庭以餘衆退保潼關。……冬十月……丙寅，李自成陷潼關，督師尚書孫傳庭死之。"又卷三百九《流賊》亦云："傳庭之敗于柿園而歸陝也……至南陽，傳庭還戰……傳庭奔河北，轉趨潼關，氣敗沮不復振。冬十月，自成陷潼關，傳庭死。"則傳庭實一敗于柿園之戰，再敗于南陽，終殁于潼關。

卷六十六
南唐書十八卷音釋一卷

　　　宋陸游撰。……元天曆初，金陵戚光爲之音釋，而博士程塾等校刊之，趙世延爲序……

　　按："程塾"，殿本作"程熟"，應據改。趙世延序云："天曆改元，余待罪中。執法監察御史王主敬謂余曰：'公向在南臺，蓋嘗命郡士戚光纂輯《金陵志》，始訪得《南唐書》。其于文獻遺闕，大有所考證，裨助良多。且爲之音釋焉。因屬博士程熟等，就加校訂鋟板，與諸史並行之。'"

卷六十八
山東通志三十六卷

　　　國朝巡撫山東都察院右副都御史岳濬等監修。初，明嘉靖中，山東巡按御史方遠宜始屬副使陸鈇等創修《通志》四十卷……

按："陸�釴"，殿本作"陸鉞"，誤，今存明嘉靖十二年(1533)陸釴等纂修《山東通志》四十卷，《總目》卷七三著録即此本："明陸釴撰。按，明有兩陸釴。其一昆山人，見《明史·文苑傳》。此陸釴字舉之，號少石子，鄞縣人。正德辛巳進士，官至山東提學副使。與其兄銓並附見《明史·王慎中傳》。"

延祐四明志十七卷

元袁桷撰。……所著《易説》、《春秋説》諸書，見于蘇天爵《墓志銘》者，世久無傳……

按："《春秋説》"，殿本作"《春秋》"，誤，據蘇天爵《滋溪文稿》卷九《元故翰林侍講學士知制誥同修國史贈江浙行中書省參知政事袁文清公墓志銘》。

卷六十九
四明它山水利備覽二卷

宋魏峴撰。……鄞故有它山一水，其始大溪與江通流，鹹潮衝接，耕者弗利。唐大和七年，邑令王元暐始築堰以捍江潮……

按："江潮"，殿本作"江湖"，誤，《寶慶四明志》卷十二載："它山堰，縣西南五十里。先是，四明山水注入江，與海潮接鹵，不可食，不可溉田。唐大和中，鄞令王元暐始疊石爲堰，于兩山間闊四十二丈，級三十有六，冶鐵灌之，渠與江截爲二。"

卷七十
汴京遺迹志二十四卷

明李濂撰。……而自朱梁以迄金源，數百年間建置沿革之由、興廢存亡之迹，皆爲之匯考臚編……

按："朱梁"，殿本作"宋梁"，誤，書前自序云："獨吾汴自五代以迄于宋，久爲帝都，而紀載之書無聞焉。"

卷七十三
嘉靖江西通志三十七卷

明林廷棉、周廣同撰。……《藩省志》分十二門……

按："十二門"，殿本作"十三門"，應據改。明嘉靖刻本此書《藩省志》分建置沿革、形勝、城池、户口、田賦、藩封、兵政、公署、貢院、祠廟、秩官、名宦、奸宄十三門。

卷七十五
浙西水利議答録十卷

一名《水利文集》。元任仁發撰。……末附宋郟亶及其子僑《水利議》……

按："僑"，殿本作"喬"，誤，明王鏊《姑蘇志》卷四十九有郟亶小傳，謂其子名僑。明張國維《吳中水利全書》卷十三載郟亶《上水利書》，附子郟僑《再上水利書》。

潞水客談一卷

明徐貞明撰。……其官工科給事中時，上疏言畿甸水利……會以他事外謫太平府知事……

按："知事"，殿本作"知府"，誤，據《明史》卷二二三本傳。工科給事中爲從七品，知事爲正八品，而知府爲正四品，由給事中轉任知府不得謂謫。

河防芻議六卷

國朝崔維雅撰。……因總河王光裕請，再遷管河道僉事，官至布政使……

按："王光裕"，殿本作"王充裕"，誤，《清史稿·河渠志》載："（康熙）十年春，河溢蕭縣。六月，決清河五堡、桃源陳家樓。八月，又決七里溝。以王光裕總督河道……十六年，如錫等覆陳河工壞潰情形，光裕解任勘問。"乾隆《山東通志》卷二十五之二《職官二》"總督河道都御史"有王光裕，"奉天人，康熙十年任"。

卷七十六
慧山記三卷

　　一名《九龍山志》。明邵寶撰。……此書仿賀知章會稽洞、郭子美羅浮山之例……

按："郭子美"，殿本作"郭之美"，誤，宋郭子美著《羅浮山記》，有《説郛》本。

泰山紀事三卷

　　明宋燾撰。……柳下惠、王章、羊祜諸人亦不過生長其鄉……

按："羊祜"，殿本作"羊祐"，誤，羊祜，泰山南城人，《晋書》卷三十四有傳。明萬曆刻本此書《天集·人物紀略》有羊祜。

卷七十七
廬陽客記一卷

　　明楊循吉撰。……正德元年，循吉同年進士西充馬金爲廬州守，請循吉修郡志，以議不合歸。後二年，因採其風土大概，述爲此編。……

按："後二年"，殿本作"後二月"，誤，明楊可刻本此書有正德三年（1508）夏五月楊循吉序，後有楊氏識語云："右書正德元年太守馬汝礪來請撰郡志，客其地凡四月，竟以議不可合而歸。又明年始發舊稿作是書于家。"

卷七十八
西洋朝貢典録三卷

明黄省曾撰。……末有二跋，一爲"東川居士孫胤伽"，一爲"清常道人趙開美"……

按："趙開美"，殿本作"趙進美"，誤。孫、趙二跋今本此書已不存。明萬曆刊本《仇池筆記》有趙氏序，署"萬曆壬寅孟夏日，海虞清常道人趙開美識"。

峒溪纖志三卷志餘一卷

國朝陸次雲撰。……《志餘》一卷則皆蠻中歌謡，自吴淇《粤風續》所採出者也……

按："所"，殿本作"九"，應據改。《總目》卷二百著録吴淇《粤風續九》四卷："其云'續九'者，屈原有《九章》、《九歌》，擬以此續之也。"

卷七十九
宋宰輔編年録二十卷

宋徐自明撰。……大都本之《通鑒長編》、《繫年要録》、《丁未録》、《東都事略》……

按："《丁未録》"，殿本作"《乙未録》"，誤，書中自注引《丁未録》七十四條。《郡齋讀書志》、《直齋書録解題》、《宋史·藝文志》皆著録李丙撰《丁未録》二百卷，"自治平丁未王安石初召用，迄于靖康童貫之誅，故以'丁未'名之"。

卷八十二
謚法四卷

宋蘇洵撰。……至洵奉詔編定六家謚法，乃取《周公》、《春秋》、《廣謚》及諸家之本刪訂考證，以成是書。……

按："《周公》"，殿本脱，衢本《郡齋讀書志》卷一上載《嘉祐謚法》三卷，"右皇朝蘇洵明允撰。洵嘉祐中被詔編定《周公》、《春秋》、《廣謚》、沈約、賀琛、扈蒙六家謚法"。

卷八十三
改元考一卷

明宗室朱當㴒撰。……考《明史·諸王世表》不載其名，蓋魯荒王檀之玄孫，而懷王常㳢之從兄弟也……如《十六國春秋》載蜀李雄以晋永興元年僭稱成都王，改元建興……

按："常㳢"，殿本作"當㳢"，應據改。《弇山堂別集》卷三十二《同姓諸王表》載"魯荒王檀……莊王陽鑄……在位四十八年，以嘉靖二年薨……嫡長子懷簡世子當㳢先薨"。
"建興"，殿本作"運興"，誤，據《太平御覽》卷一二三李雄條引崔鴻《十六國春秋·蜀録》，李雄于 304 年 10 月改元建興。

國朝謚法考一卷

國朝王士禎撰。始于國初，下迄康熙三十四年，大臣之賜謚者咸録焉。凡親王十八人……提督十七人……

按："十七人"，殿本作"十一人"。清康熙刻《王漁洋遺書》本此書"提督謚號"條載田雄等十人。

卷八十六
名迹録六卷附録一卷

明朱珪編。……首誥一篇，御製祭文五篇，璽書七篇……次碑十四篇，記二十九篇，墓表一篇，墓碣一篇……

按："墓碣一篇"，殿本作"墓碣五篇"。文淵閣《四庫》本此書卷三載《元故朝請大夫溫州路總管陳公墓碣銘》、《元故殷處士碣銘》、《元故曹母碣銘》、《故孺人陶氏碣銘》共四篇墓碣，目録亦同。

卷八十七
國史經籍志六卷

　　明焦竑撰。……末附《糾繆》一卷，則駁正《漢書》、《隋書》、《唐書》、《宋史》諸《藝文志》，及《四庫書目》、《崇文總目》、鄭樵《藝文略》、馬端臨《經籍考》、晁公武《讀書志》諸家分門之誤。……

按："《宋史》"，殿本作"《宋書》"，誤，《宋書》無《藝文志》，此書卷六中有駁正《宋史·藝文志》的條目。

別本讀書蕞殘二卷

　　國朝王銍撰。……《續齊諧記》不知續東陽無疑，謂古無其書，特借莊周之文……

按："續東陽無疑"，殿本作"出東陽無疑"，誤，《總目》卷一四二《續齊諧記》條云："案，《隋書·經籍志》'雜傳類'，均書之前有宋散騎侍郎東陽無疑《齊諧記》七卷，《唐志》'小説家'亦並載之，然則均書實續無疑。"

卷八十九
史通訓故補二十卷

　　國朝黃叔琳撰。……惟起龍于知幾原書多所回護，即《疑古》、《惑經》之類亦不以爲非。……

按：“《疑古》、《惑經》”，殿本作“疑惑古經”，誤，《疑古》、《惑經》皆劉知幾《史通》中篇目。

卷九十二
省心雜言一卷

宋李邦獻撰。……又考王安禮爲沈道原作《墓志》，具列所著《詩傳》、《論語解》等書……

按：“《詩傳》”，殿本作“《書傳》”，誤，王安禮《王魏公集》卷七有《故朝奉郎權發遣秀州軍州兼管内勸農事輕車都尉借紫沈公墓志銘》，云：“公諱季長，字道原……文集十五卷，《詩傳》二十卷，《論語解》十卷，《對問》五卷。”

雜學辨一卷附記疑一卷

宋朱子撰。……末有乾道丙戌何鎬跋。鎬字叔京……

按：“叔京”，殿本作“京叔”，誤，宋黎靖德編《朱子語類》“姓氏”中有何鎬，“字叔京，邵武人”。清李清馥《閩中理學淵源考》卷二十三《朱子邵武汀州門人並交友》亦有“縣令何叔京先生鎬”條。

少儀外傳二卷

宋呂祖謙撰。……是書末有雲谷胡巖起跋，及其弟祖儉後序。……

按：“祖儉”，殿本作“祖健”，誤，是書末有嘉定癸未（1223）三月朔雲谷胡巖起跋及紹熙二年（1191）七月十五日呂祖儉後序。呂祖謙《東萊集》卷十四《東萊公家傳》

云：“曾孫十六人，曰祖謙、祖仁、祖儉、祖恕、祖重、祖寬、祖懿、祖平、祖新、祖節、祖憲、祖永、祖志、祖慈、祖義、祖惢。”

卷九十五
家語正義十卷

　　國朝姜兆錫撰。……其四十四篇之次，則從葛鼏本，以《正論》與三《問禮》篇爲卷九，以《本姓》、《終記》與《七十二弟子篇》爲卷十……

　　按：“《問禮》篇”，殿本作“《典禮》篇”，應據改。清雍正十一年(1733)寅清樓刻本此書目錄卷九下注：“此下二卷，汲古閣本以《七十二弟子》、《本姓》、《終記》、《正論》四篇爲卷九，以三《曲禮》篇爲卷十。今按葛鼏本正之。”所列篇目爲《正論》第三十八，《曲禮子貢問》第三十九，《曲禮子夏問》第四十，《曲禮公西赤問》第四十一。

顔子鼎編二卷

　　明徐達左編，高陽刪補並注。……考歷代史志無顔子書……惟宋張栻採經文爲《希顔録》……

　　按：“《希顔録》”，殿本作“《晞顔録》”，疑誤，張栻《南軒集》卷三十三有《跋〈希顔録〉》。《宋史》卷四百二十九張栻本傳、朱熹撰《右文殿修撰張公神道碑》均作《希顔録》。

白沙遺言纂要十卷

　　明張詡編。……是編採獻章《白沙文集》中語，仿南軒《傳道粹言》例，分爲十類，以闡新會之本旨。獻章之學，當時胡居仁、張懋等皆以爲禪……

　　按：“張懋”，殿本作“章懋”，應據改。明章懋《楓山語録》云：“今白沙見朱子之後支離，遂欲捐書册，不用聖賢成法，只專主靜，求自得，恐又不免流于禪學也。”

卷九十六
識仁定性解注二卷

　　明何祥撰。……卷二則《自警語》十條,《自警箴》七則,《南野語録》七段,《太洲語録》六段……

　　按:"《太洲語録》",殿本作"《大洲語録》",應據改。南野、大洲乃指歐陽德、趙貞吉,見《明儒學案》。

卷一百
武經體注大全會解七卷

　　國朝夏振翼撰。振翼字遁門……

　　按:"遁門",殿本作"遁闇",應據改。"闇"有陰暗義。《藝文類聚》卷九一載曹植《鸚鵡賦》曰:"美洲中之令鳥,超衆類之殊名。感陽和而振翼,遁太陰以存形。"則其字當作"遁闇"。

卷一百三
傷寒微旨二卷

　　宋韓祗和撰。……其《可下篇》不立湯液,惟以早下爲大戒……

　　按:"可下篇",殿本作"書下篇",誤,此書卷上末篇即《可下篇》。

卷一百四
醫壘元戎十二卷

　　元王好古撰。……萬曆癸巳,兩淮鹽運使鄞縣屠本畯又重刻之……

按：“使”，殿本作“司”。文淵閣《四庫》本書前提要作“同知”，當從。朱彝尊《静志居詩話》卷十七屠本畯小傳曰：“出爲兩淮運司同知，移福建運使。”民國《鄞縣通志·文獻志·文學》有傳，亦云：“萬曆間爲兩淮鹽運同知，復移福建鹽引。”

局方發揮一卷

元朱震亨撰。以《和劑局方》不載病源，止于各方下條列證候，立法簡便，而未能變通，因一一爲之辨論。大旨專爲辟温補、戒燥熱而作。張介賓《景岳全書》云：“《局方》一書，宋神宗（案，此《方》成于徽宗之時，介賓以爲神宗，殊爲舛誤，謹附訂于此）詔天下高醫，奏進而成……

按：“案，此《方》成于徽宗之時，介賓以爲神宗，殊爲舛誤，謹附訂于此”一句注文，應據殿本删。衢本《郡齋讀書志》卷十五《太醫局方》條云：“元豐中，詔天下高手醫，各以得效秘方進，下太醫局驗試，依方製藥鬻之。仍模本傳于世。”其下一條即《和劑局方》：“大觀中，詔通醫刊正藥局方書。閱歲書成。”可知《景岳全書》所言《局方》乃《太醫局方》，非《和劑局方》。

卷一百六
測量法義一卷測量異同一卷句股義一卷

明徐光啓撰。……歐邏巴之學，其先有歐幾里得者，按三角方圓，推明各數之理，作書十三卷，名曰《幾何原本》……

按：“數”，殿本作“類”，誤，徐光啓《幾何原本》序曰：“《幾何原本》者，度數之宗，所以窮方圓平直之情，盡規矩準繩之用也。”

卷一百八
皇極經世書解十四卷

國朝王植撰。……明嘉興徐必達所刻《邵子全書》，細目復以元經會分十二會爲十二篇，以會經運分二百四十運爲十二篇，以運經世分十篇……

按："十篇"，殿本作"爲九篇"，誤，徐必達刻《邵子全書》本《皇極經世書》卷五、卷六爲"以運經世"一至十，即《觀物篇》二十五至三十四。

卷一百十二
圖畫見聞志六卷

宋郭若虛撰。……分叙論、紀藝、故事拾遺、近事四門……

按："叙論"，殿本作"叙事"，誤，此書卷一各節題目均以叙、論起首，如叙諸家文字、叙國朝求訪、論製作楷模、論衣冠異制等。

竹譜十卷

元李衎撰。……案，黄華老人，金王庭筠之別號。澹游，庭筠子曼慶之別號。《書史會要録》稱庭筠善古木竹石，曼慶亦工墨竹……

按："《書史會要録》"，殿本作"《畫史會要録》"，應據改。朱謀垔《畫史會要》卷三載："王庭筠，字子端，號黄華老人……善山水，古木竹石，上逼古人……子曼慶，字禧伯，號澹游。善墨竹，樹石絶佳，亦能山水。"而陶宗儀《書史會要》未載。

卷一百十三
真迹日録五卷二集一卷三集一卷

明張丑撰。……凡原本所載與《書畫舫》重複者，如《初集》之……鮮于伯機《題董北苑山水》、《題趙摹本拓蘭亭後》……《二集》之……王叔明《惠麓小隱卷》……

　　按："趙摹本"，殿本作"趙蓼木"，誤，《清河書畫舫》卷二下、《真跡日録》卷二均作"題趙摹本拓蘭亭後"。"王叔明"，殿本作"王敬明"，誤，《清河書畫舫》卷十一上、《真跡日録》卷三均作"王叔明"。

卷一百十四
中麓畫品一卷

　　　　明李開先撰。……大致仿謝赫、姚最之例，品明一代之畫……

　　按："明一代"，殿本作"評一代"，誤，據李開先《中麓畫品》序，所品皆"國朝名畫"。

琴學内篇一卷外篇一卷

　　　　國朝曹庭棟撰。……説蓋本之趙孟頫《琴原》……

　　按："琴原"，殿本作"琴源"，誤，《元史》趙孟頫本傳載"所著有《尚書注》。有《琴原》、《樂原》，得律吕不傳之妙"。《松雪齋集》十卷本亦收有《琴原》。

卷一百十五
竹譜一卷

　　　　舊本題晋戴凱之撰。……段公路《北户録》引其"箰必六十，復亦六年"一條……

　　按："六十"，殿本作"六年"，誤，此書"箰必六十，復亦六年"條云："竹六十年一易根，易根輒結實而枯死。其實落土，復生六年，遂成町。竹謂死爲箰，箰音紂。"《北户録》卷二"斑皮竹笋"條云："《竹譜》曰：'竹不剛不柔，非草非木，箰必六十，復亦六年'，是也。"

卷一百十八
獨斷二卷

漢蔡邕撰。……其釋"大祝"一條，與康成"大祝"注字句全符……

按："大祝一條"，殿本作"六祝一條"，應據改。《禮記·春官·宗伯》："大祝掌六祝之辭，以事鬼神，示祈福祥，求永貞。一曰順祝，二曰年祝，三曰吉祝，四曰化祝，五曰瑞祝，六曰筴祝。"注："永，長也。貞，正也。求多福歷年，得正命也。鄭司農云：'順祝，順豐年也；年祝，求永貞也；吉祝，祈福祥也；化祝，弭灾兵也；瑞祝，逆時雨，寧風旱也；筴祝，遠罪疾。'"此書卷上"太祝掌六祝之辭"條云："順祝，順豐年也；年祝，求永貞也；吉祝，祈福祥也；化祝，弭灾兵也；瑞祝，逆時雨，寧風旱也；筴祝，遠罪病也。"

芥隱筆記一卷

宋龔頤正撰。……王昌齡"夢中喚作梨花雪"詩，誤以爲王建。……

按："雪"，殿本作"雲"，應據改。此書"東坡西江月"條曰："東坡梅詞'不與梨花同夢'，蓋用王建《夢中梨花雲》詩。"下注："王昌齡梅花詩'落落寞寞路不分，夢中喚作梨花雲'，坡用此語。"案，《苕溪漁隱叢話》前集卷四十一載："《高齋詩話》云：'高情已逐曉雲空，不與梨花同夢。'後見王昌齡梅詩云：'落落寞寞路不分，夢中喚作梨花雲'，方知東坡引用此詩也。"《野客叢書》卷六"東坡梅詞"條："《高齋詩話》載王昌齡梅詩云：'落落寞寞路不分，夢中喚作梨花雲。'坡蓋用此事也。"《墨莊漫録》卷六："東坡作梅花詞云：'高情已逐曉雲空，不與梨花同夢'，注云：'唐王建有《夢看梨花雲》詩'……題云《夢看梨花雲歌》：'薄薄落落霧不分，夢中喚作梨花雲……'或誤傳爲王昌齡，非也。"皆引作"雲"。

學齋佔畢四卷

宋史繩祖撰。繩祖字慶長，眉山人。受業于魏了翁之門。了翁《鶴山集》

中有《題史繩祖〈孝經〉》一篇……

按："《鶴山集》"，殿本作"《龍山集》"，誤，魏了翁《鶴山集》卷六五有《題史繩祖〈孝經〉》。

卷一百十九
義府二卷

國朝黃生撰。……引《世說注》，證"茗芋"即"酩酊"……

按："茗芋"，殿本作"茗柯"，誤，此書卷下"酩酊"條云："'酩酊'二字，古所無。《世說》'茗芋無所知'，蓋借用字。今俗云懵懂，即茗芋之轉也。"

卷一百二十一
石林燕語十卷

宋葉夢得撰。……然其中論館伴遼使一條……

按："遼使"，殿本作"金使"，誤，此書卷七云："國朝館伴契丹，例用尚書、學士……"

辨言一卷

宋員興宗撰。……若其辨《尚書》六宗舊解之誤……

按："舊解"，殿本作"傳解"，誤，此書"禋于六宗議"條舉劉歆、賈逵、張髦諸人之說，逐一辯駁，末云："右六宗之說，獨孔安國謂四時寒暑，日、月、星、水、旱，即《祭法》所謂者是也。"

卷一百二十三
自警編九卷

宋趙善璙撰。……凡學問類子目三，操修類子目十二，齊家類子目四，接物類子目七，出處類子目五，事君類子目十一，政事類子目十七，拾遺類子目二，共八類五十五目……

按："政事類子目十七"，殿本無。文淵閣《四庫》本書前提要作"政事類子目十一"，合計方爲五十五目。然卷二"操修類"實有子目十一，卷四"接物類"子目六，卷八"政事類"子目十三，合計仍爲五十五目。

卷一百二十四
于陵子一卷

舊本題齊陳仲子撰。……凡十二篇……四曰遺蓋……

按："遺蓋"，殿本作"遺益"，誤，明萬曆綠天館刻本、明《秘册匯函》本此書皆作"遺蓋"，其文曰："於陵子休于青丘之門，去而遺其蓋。天將雨，識者獲而馳返之於陵子"，云云。

樵談一卷

舊本題宋許棐撰。棐字忱父，海鹽人。嘉熙中居秦溪，于水南種梅數千樹，自號梅屋。……

按："秦溪"，殿本作"泰溪"，誤，許棐《獻醜集》（《百川學海》本）有《梅屋記》曰："予小莊在秦溪極北，屋庳地狹，水南別築數椽爲讀書所。四簷植梅，因扁'梅屋'。"《總目》卷一六四《梅屋集》條亦云："宋許棐撰……嘉熙中居于秦溪，自號曰梅屋，因以名集。"

卷一百二十六
天香樓偶得十卷

國朝虞兆漋撰。……論郭子章《馬記》誤收羊事。……

按："羊"，殿本作"牛"。清鈔本《天香樓偶得》一卷本，有"牛駿"條曰："郭子章《馬記》引《宋書》云：'何偃乘在前，劉瑀居後。瑀謂偃曰：君轡何疾？曰：牛駿馭精，故疾。'子章蓋以牛駿爲馬名，誤矣……何偃所云牛駿乃謂車牛之駿耳，豈馬名乎？"然明萬曆《寶顏堂秘笈》本郭子章《蠶衣生馬記》有"黑馬"條云："《五代史》：黑訖支部，地多黑馬，善走，其登山逐獸，下上飛。歲獻以爲常。"按，《新五代史》卷七十四載："奚本匈奴之別種……分爲五部……五曰黑訖支部……地多黑羊，馬趫前蹄堅善走，其登山逐獸，下上如飛。"則其書確有誤收羊事條目，或《天香樓偶得》十卷本中亦有指摘。

卷一百二十七
碧湖雜記一卷

不著撰人名氏。……第二條載僧思説及曾季貍辨五臣《文選注》陶潛但書甲子之訛……

按："僧思説"，殿本作"湯思説"。《古今説海》本此書原文作："五臣注《文選》謂陶淵明詩自晋義熙以後，皆題甲子，後世因仍其説。獨治平中，虎丘僧思悦編淵明詩，辨其不然。"南宋紹興刻本《陶淵明文集》録思悦《書靖節先生集後》。

卷一百二十八
應庵任意録十四卷

明羅鶴撰。……大意欲仿《容齋隨筆》、《學齋佔畢》諸書……

按："《學齋佔畢》"，殿本作"《學齋佔俾》"，誤，《總目》卷一百十八著録宋史繩祖撰《學齋佔畢》四卷。據其自序，乃取自《禮記·學記》"呻其佔畢，多其訊"。

説楛七卷

　　明焦周撰。周字茂叔，上元人。焦竑之子也。萬曆庚子舉人。……

按："字茂叔"，殿本作"字茂孝"，應據改。明萬曆刻本《焦氏説楛》卷首有"仲弟潤生"《説楛》小序云："余兄茂孝……"清道光《上元縣志》卷十《選舉志》萬曆三十一年(1603)癸卯科舉人有焦周，"字茂潛，一作茂孝，竑次子。有《説楛集》"。

卷一百三十三
權衡一書四十一卷

　　國朝王植撰。……自序謂王充有《論衡》，蘇洵有《權書》，《論衡》、《權書》皆爲一家之私意……

按："《權書》，《論衡》、《權書》"，殿本作"《權書》、《衡論》"，應據改。清乾隆元年(1736)崇雅堂刻本此書卷首《書意》云："昔人有作書曰《論衡》，又有曰《權書》、《衡論》者，余初其悦之。及讀其書，猶惜其一家私言……"蘇洵《嘉祐集》卷十《上皇帝十事書》稱所著《權書》、《衡論》、《幾策》二十二篇。

卷一百三十四
鹽邑志林六十二卷

　　明樊維城編。……凡三國三種，晋二種，陳一種，唐一種，五代一種，宋三種，元一種，明二十九種。……

按："宋三種"，殿本作"宋二種"，疑誤，明天啓三年(1623)樊維城刻本此書收入宋人著作三種：許棐《許梅屋樵談》一卷，魯應龍《魯應龍閑窗括異志》一卷，常棠

《常竹窗修海鹽澉水志》二卷。

卷一百三十五
翰苑新書前集七十卷後集上二十六卷後集下六卷別集十二卷續集四十二卷

不著撰人名氏。……文燭序稱是書舊無傳本，慈溪袁煒爲大學士時，始從
内閣録出……

按："慈溪"，殿本作"分宜"，誤，袁煒，《明史》卷一九三有傳，作慈溪人，《浙江通
志・選舉志》亦同。而分宜明屬袁州府(今江西境内)。然明萬曆十九年(1591)金
陵仁壽堂刻本此書陳文燭序云："《翰苑新書》，此宋人書也，原無梓本，分宜袁相公
録自内閣。"序中所謂"袁相公"疑非袁煒。

卷一百三十六
圖書編一百二十七卷

明章潢撰。……一百二十七卷爲學《詩》多識……

按："學《詩》多識"，殿本作"學語多識"，誤，此卷皆摘《詩經》中詞語。

卷一百三十七
名物類考四卷

明耿隨朝撰。……如"春日蒼天"云云，是《爾雅》之文也；"東日變天"云
云，是《吕氏春秋》之文也；而突接以"欲界六天，色界十八天"云云，是儒、墨混
爲一説矣……

按："儒、墨"，殿本作"儒、異"，應據改。"異"乃指佛教爲異端。

卷一百三十八
文筌匯氏二十四卷

明傅作興撰。……如以……又若巢父爲出于有巢氏……

按：“又若”，殿本作“有若”，應據改。明崇禎刻本此書卷一“有巢氏”條云分二姓，“有”下舉有若等，“巢”下舉巢父等。

卷一百三十九
古事比五十三卷

國朝方中德撰。中德字用伯……

按：“用伯”，殿本作“田伯”，應據改。《清史稿》卷五百《方以智傳》附“子中德，字田伯，著《古事比》”。清康熙四十五年（1706）書種堂刻本此書各卷卷首署“桐山方中德田伯輯著”。

卷一百四十一
步里客談二卷

宋陳長方撰。長方字齊之，侯官人。紹興戊午進士第，官江陰縣學教授……

按：“江陰縣學教授”，殿本作“江州軍學教授”。據胡伯能《陳唯室先生行狀》（陳長方《唯室集》附錄），實授江陰軍學教授。《淳熙三山志》卷二八《人物類三·科名》紹興八年（1138）戊午黃公度榜有陳長方，“偁之子，字齊之，終宣教郎、江陰軍教授”。

卷一百四十二
唐闕史二卷

舊本題唐高彥休撰。……他如……單長鳴非姓單諸事，亦足以資考證……

按："姓單"，殿本作"姓單"，應據改。此書卷上"單進士辨字"條云："進士單長鳴者，隨計求試于春官，日袖狀訴吏云：'某姓單，會爲筆引榜者易爲單。誠姓氏之僻，而援毫吏得以侮易之，實貽宗先之羞也。'主司初不諭，久之方云：'方口、尖口，亦何畏耶？'長鳴厲聲曰：'不然。梯航所通，聲化所暨，文學之柄，屬在明公。公倘以尖、方口得以互書，則台州吳兒乃吕州矣兒也。'主文者不能對，詞場目爲舉妖。"

卷一百四十三
漢世説十四卷

　　國朝章撫功編。……其凡例云："書以'語'名，始《論語》也。《國語》紀言，不參以事。陸賈《新語》，馬上翁每奏稱善……"

按："奏"，殿本作"卷"，誤，今存本此書凡例已缺佚。《漢書·陸賈傳》："賈凡著十二篇。每奏一篇，高帝未嘗不稱善，左右呼萬歲。稱其書曰《新語》。"盧照鄰《結客少年場行》詩："歸來謝天子，何如馬上翁。"乃用漢高祖"吾用馬上得天下"之語。

卷一百四十六
道德真經注四卷

　　元吴澄撰。……篇末有澄跋云："莊君平所傳，章七十二，諸家所傳，章八十一，然有不當分而分者，定爲六十八章。上篇三十二章，二千三百六十六字；下篇三十六章，二千九百六十二字。凡五千二百九十二字。"……

按："上篇三十二章，二千三百六十六字；下篇三十六章，二千九百六十二字。凡五千二百九十二字"，殿本作"上篇三十二章，三千三百六十六字；下篇三十六章，二千九百二十六字。凡五千二百九十三字"，皆不確。《正統道藏》洞神部玉訣類收此書，書末吴澄跋原文曰："上篇三十二章，二千三百六十六字；下篇三十六章，二千九百二十六字。總之五千二百九十二字云。"

卷一百四十八
嵇中散集十卷

　　舊本題晉嵇康撰。……王楙《野客叢書》云：“《嵇康傳》曰：康喜談名理，能屬文。撰《高士傳贊》，作《太史箴》、《聲無哀樂論》……”

　　按：“《太史箴》”，殿本作“《太師箴》”，應據改。《晋書》卷四十九嵇康本傳及《野客叢書》卷八“嵇康集”條皆作《太師箴》。文淵閣《四庫》本此集卷八有《太師箴》。

卷一百四十九
黄氏補注杜詩三十六卷

　　宋黄希原本，而其子鶴續成之者也。……其間牴牾不合者，如《贈李白》一首，鶴以爲開元二十四年游齊、趙時作。不知甫與白初未相見，至天寶十四載，白自供奉被放後，始相遇于東都。觀甫《寄白二十韻》詩所云“乞歸優詔許，遇我宿心親”者，是其確證，鶴説殊誤。……

　　按：“天寶十四載”，殿本作“天寶三四載”，應據改。錢謙益《讀杜二箋下》（《牧齋初學集》卷一百十）《寄李十二白二十韻》條云：“魯訔、黄鶴輩叙《杜詩年譜》，並云開元二十五年後客游齊、趙，從李白、高適過汴州，登吹臺，而引《壯游》、《昔游》、《遣懷》三詩爲證。余考之非也。以杜集考之，《贈李十二》詩云：‘乞歸優詔許，遇我宿心親。醉舞梁園夜，行歌泗水春。’則李之遇杜，在天寶三年乞歸之後，然後同爲梁園、泗水之游也……天寶三載，杜在東都，四載在齊州，斯其與高、李游之日乎？”當即《總目》所本。

卷一百五十一
羅昭諫集八卷

　　唐羅隱撰。……所載詩四卷，又有雜文一卷……

按："四卷"，殿本作"四首"，誤，文淵閣《四庫》本此集卷一至卷四爲詩。

卷一百五十三
彭城集四十卷

宋劉攽撰。……曾鞏《祭文》有曰："强學博敏，超絶一世。肇自載籍，孔墨百氏。太史所録，俚聞野記……"云云……

按："俚聞"，殿本作"俚問"，誤。曾鞏當作曾肇。曾肇《曲阜集》卷三《代祭劉貢父文》作"俚聞野記"。

擊壤集二十卷

宋邵子撰。……遂以是集編入《道藏·太玄部》賤字、禮字二號中……

按："禮"，殿本作"體"，誤，《伊川擊壤集》收入《道藏·太玄部》賤字、禮字二號中。

南陽集三十卷附録一卷

宋韓維撰。……考邵伯温《聞見前録》稱："神宗開潁邸，韓琦擇官僚，用王陶、韓維、陳薦、孫國忠、孫思恭、邵亢"，云云……

按："官僚"，殿本作"宮僚"，應據改。邵伯温《聞見録》卷三原文作"宮僚"，宮僚即太子屬官。

卷一百五十四
鷄肋集七十卷

宋晁補之撰。……此本爲明崇禎乙亥蘇州顧凝遠依宋版重刊，前有元祐九年補之自序,後有紹興七年其弟謙之跋。序稱:"哀而藏之,謂之《鷄肋集》。"
跋則稱:"宣和以前,世莫敢傳。今所得者古賦、騷詞四十有三,古、律詩六百三
十有二,表啓、雜文六百九十有三。自捐館舍,迄今二十八年,始得編次爲七十
卷。"云云……

按:"六百三十有二",明崇禎乙亥(1635)吳郡顧氏詩瘦閣刊本此集晁謙之跋原
文及殿本均作"六百三十有三",應據改。

卷一百五十五
慶湖遺老集九卷

宋賀鑄撰。鑄字方回……《王直方詩話》載鑄論詩之言曰:"平淡不涉于流
俗,奇古不鄰于怪僻。題詠不窘于物義,叙事不病于聲律。比興深者通物理,
用事工者如己出。格見于成篇,渾然不可鐫。氣出于言外,浩然不可屈(案,此
段以叶韻成文)。"……

按:"載"下"鑄"字,殿本作"回",誤,《苕溪漁隱叢話》前集卷三十七引《王直方
詩話》云:"方回言學詩于前輩,得八句云:'平淡不流于淺俗,奇古不鄰于怪僻。題
詠不窘于物象,叙事不病于聲律。比興深者通物理,用事工者如己出。格見于成
篇,渾然不可鐫;氣出于言外,浩然不可屈。'盡心于詩,守此勿失。"

忠肅集三卷

宋傅察撰。……初,察登第時,蔡京欲以女妻之。察固辭,復娶趙挺
之女……

按:"復",殿本作"後",應據改。晁公休《行狀》云:"堅欲以女妻公……公毅然
不肯從……其後公爲清憲趙公壻。"

卷一百五十七
鴻慶居士集四十二卷

宋孫覿撰。……趙與峕《賓退錄》復摘其作莫开《墓志》，極論屈體求全之是，倡言復讎之非……

按："莫开"，殿本作"莫汧"。《賓退錄》卷十云："莫儔靖康末所爲，雖三尺童子亦恨不誅之。而孫仲益尚書志其墓，顧謂：'靖康之變，臺諫争請和戎，皆斥廢不用。而二三狂生抗首大言，乘險徼幸，試之一擲，卒至誤國。高宗狩維揚，移蹕臨安，國步阽危，至此極矣，而進取之士終以和戎爲諱。此翰林莫公所以投閑置散，至于老死不用。'斯言也，不幾于欺天乎？"此集卷三十八有《宋故翰林學士莫公墓志銘》，文曰："靖康之變，金人擁騎數萬，長驅河朔，直侵宮闕。于時臺諫争請和邊，以備倉卒不測之難，皆斥廢不用。而二三狂生抗首大言，乘險徼幸，起于小吏，驟擢將相。試之一擲，卒至誤國。二帝蒙塵，中原搶攘，億萬生靈不得寧處。太上皇狩維揚，移蹕臨安，國步阽危，至此極矣。而進取之士尚循紹述之利，終以和邊爲諱。此翰林莫公所以投閑置散，致于老死不用，固其禮也。"《宋史》唐恪、李綱、范宗尹、吕好問諸傳皆以莫儔、吴开並舉，疑《總目》將二人誤合爲一。

卷一百五十八
太倉稊米集七十卷

宋周紫芝撰。……故于張耒《柯山》、《龍門》、《右史》、《譙郡先生》諸集汲汲搜羅，如恐不及……

按："龍門"，殿本作"龍閣"，應據改。此集卷六十七《書譙郡先生文集後》："余頃得《柯山集》十卷于大梁羅仲共家，已而又得《張龍閣集》三十卷于內相汪彦章家，已而又得《張右史集》七十卷于浙西漕臺，先生之製作于是備矣。今又得《譙郡先生集》一百卷于四川轉運副使南陽井公之子晦之，然後知先生之詩文爲最多，當猶有網羅之所未盡者。"

卷一百五十九
海陵集二十三卷外集一卷

宋周麟之撰。……而所載《中原民謠》十章,乃盛陳符讖……以《金瀾酒》爲金爛之兆……

按:"金爛",殿本作"金闌",應據改。民國《海陵叢刻》本周麟之《海陵集·外集》收《中原民謠》,第三首爲《金瀾酒》,其小序云:"客曰:'不然。子弗聞夫白蛇斷而秦亡,當塗高而魏昌,國之興亡實繫焉。金瀾者,金運其將闌乎?'"其詩云:"或言此酒名金瀾,金數欲盡天意闌。"

卷一百六十
放翁詩選前集十卷後集八卷附別集一卷

宋羅椅、劉辰翁所選陸游詩也。……椅字子遠……以秉義郎爲江陵教官,改漳州……

按:"漳州",殿本作"潭州",宋陳起《江湖後集》卷九、清厲鶚《宋詩紀事》卷六十七羅椅小傳亦同,應據改。

卷一百六十二
龍洲集十四卷附録二卷

宋劉過撰。……蓋亦陳亮之流,而跅弛更甚者也……

按:"跅弛",殿本作"弛跅",疑誤,陳亮《龍川集》卷一《戊申再上孝宗皇帝書》:"才者以跅弛而棄,不才者以平穩而用。"

卷一百六十四
雪坡文集五十卷

宋姚勉撰。……寶祐元年以詞賦擢第……

按:"寶祐元年以詞賦擢第",殿本作"寶祐八年以詞賦擢等",誤,《宋史》卷四三《理宗本紀三》載寶祐元年(1253)五月己亥"賜禮部進士姚勉以下及第出身有差"。《南宋館閣續録》卷九《官聯三》亦載姚勉寶祐元年進士及第。《總目》本卷《雪磯叢稿》條云:"宋樂雷發撰。……寶祐元年,其門人姚勉登科,上疏請以讓雷發。"

卷一百六十六
水雲村稿十五卷

元劉壎撰。……考《隱居通議》自述其得意之筆,如代吳浚謝建閫表、吊吳俊文……今皆不見于集中……

按:"吳俊",殿本作"吳浚",應據改。《隱居通議》卷二二《吳允文諸作》條云:"其後允文事不成,爲文丞相所殺。余作哀文以吊之曰……"吳浚字允文,其事見《宋史》卷四一八《文天祥傳》。

卷一百六十七
子淵詩集六卷

案,《子淵詩集》散見《永樂大典》中,但題曰元人。……七言如"江村夜迥傳金鼓,池館秋深老芰荷"、"滿面炎塵依客帽,一川離思屬荷花"……

按:"依",殿本作"低",應據改。此集卷四有《送周養心檢討》:"江南六月颸重熟,此日揚舲興倍賒。滿面炎塵低客帽,一川離思屬荷花。功名衮衮人千里,世路悠悠日自斜。擬駕輕車尋舊約,曳裾多在五侯家。"

卷一百六十八

雲松巢集三卷

元朱希晦撰。希晦,樂清人。至正末,隱居瑶州。……

按:"瑶州",殿本作"瑶川",應據改。永樂五年(1407)鮑原弘序云:"初,予在樂清咨訪故老,得瑶川朱先生希晦。"正統六年(1441)章陬序亦云:"《雲松巢集》者,樂清朱先生希晦所賦詠也。先生家瑶川。"

卷一百六十九

藍山集六卷

明藍仁撰。仁字静之,崇安人。《明史・文苑傳》附載《陶宗儀傳》末,稱:"元末,杜本隱居武夷山,仁與弟智往師之。授以四明任松鄉詩法,遂謝科舉,一意爲詩。……"

按:"任松鄉",殿本作"任松卿",誤,《明史・文苑一》:"藍仁,字静之。弟智,字明之,崇安人。元時,清江杜本隱武夷,崇尚古學,仁兄弟俱往師之。授以四明任士林詩法,遂謝科舉,一意爲詩。"明貝瓊《清江文集》卷八《雲間集》載《元故兩浙都轉運鹽使司照磨任公墓志銘》曰:"公諱耜,字子良,姓任氏……父士林,字叔實,湖州路安定書院山長,一號松鄉先生。"《總目》卷一六六《松鄉文集》條亦云:"元任士林撰。士林字叔實,號松鄉,奉化人。"

鳧藻集五卷

明高啟撰。……此本爲雍正戊申桐鄉金檀所刻……

按:"金檀",殿本作"金壇",誤,今存清雍正金檀文瑞樓刻本《青邱高季迪先生鳧藻集》五卷。

鵝湖集六卷

明龔斆撰。……《明史》無傳。惟《太祖本紀》載:"洪武十三年九月丙午,置四輔官,以儒士王本、杜佑、龔斆、杜斅、趙民望、吳源爲春、夏官。"……

按:"九月",殿本作"八月",誤。"杜斅",殿本脱。《明太祖實録》卷一三三載:"(洪武十三年九月)丙午,始置四輔官,告太廟。以王本、杜佑、龔斆爲春官,杜斅、趙民望、吳源爲夏官。"《明史》卷二《本紀第二·太祖二》:"(洪武十三年九月)丙午,置四輔官,告于太廟。以儒士王本、杜佑、龔斆、杜斅、趙民望、吳源爲春、夏官。"

卷一百七十
唐愚士詩二卷附會稽懷古詩一卷

明唐之淳撰。……《會稽懷古詩》一卷,乃其少作。凡五言古詩三十首,題下各有小序,仿阮閲、曾極、張堯同之例。其中如《舜廟》不取地志"耕象"之説……

按:"耕象",殿本作"象耕",應據改。《文選·吳都賦》:"象耕鳥耘,此之自與。"李善注引《越絶書》:"舜死蒼梧,象爲之耕;禹葬會稽,鳥爲之耘。"

卷一百七十一
震澤集三十六卷

明王鏊撰。……

按:"三十六卷",殿本作"三十卷",誤,明嘉靖刻本與文淵閣《四庫》本此集均爲三十六卷。

卷一百七十二
馮少墟集二十二卷

明馮從吾撰。……又郭允厚、郭興治等劾鄒元標，從吾又上疏力争……

按："郭允厚"，殿本作"郭元厚"，誤，郭允厚、郭興治等劾鄒元標事見《明史》卷二四三鄒元標、馮從吾本傳。

集玉山房稿十卷

明葛昕撰。……揚武侯薛鋹以貧故，幾不得襲……

按："揚武侯"，殿本作"陽武侯"，應據改。《弇山堂別集》卷三八《永樂以後功臣公侯伯年表》載："陽武侯薛禄……（宣德）五年薨。子勳蚤死，孫詵嗣，正統四年薨。子琮嗣，嘉靖八年薨。子翰嗣，二十三年薨。無子，族孫鋹嗣。"

卷一百七十三
湛園集八卷

國朝姜宸英撰。……初編其文爲《湛園未定稿》，秦松齡、韓菼皆爲序。後武進趙同敩摘爲《西溪文鈔》。……

按："趙同敩"，殿本作"趙侗敩"，應據改。今存乾隆四年（1739）趙侗敩匪懈堂刻本《姜西溟先生文鈔》四卷。

卷一百七十四
朱子大同集十三卷

宋陳利用編，明林希元增輯。……其稱"大同"者，唐貞觀中，于同安置大同場……

按:"塲",殿本作"場",應據改。《太平寰宇記》卷一百二《江南東道十四·泉州》"同安縣"條載:"唐貞元十九年,析南安縣南界四鄉置大同場。福州偽命己亥歲,升爲同安縣。"可知"貞觀"乃"貞元"之誤。

卷一百七十五
退庵遺稿七卷

　　明鄧林撰。林初名彝,又名觀善,字士齊。……

　　按:"士齊",殿本作"士齋",誤,清抄本《退庵鄧先生遺稿》七卷卷首陳賛序云:"退庵鄧先生諱林,字觀善,一字士齊",黎貞《純素子傳》亦云:"純素子姓鄧名彝,士齊其字也。"

卷一百七十六
治齋集十七卷

　　明萬鏜撰。……是編凡奏議十卷,分順天、南京、南臺、勘夷、北兵、吏部、辭謝、稱賀八集,文集四卷,詩詞三卷……

　　按:"南京",殿本作"南兵",應據改。《天一閣書目》卷二著録《治齋奏議》四本,子目有《南兵集》一卷。《明史》卷二百二載萬鏜曾歷任順天府尹、南京兵部侍郎、南京右都御史、兵部侍郎、吏部尚書等。

東畬集十四卷

　　明錢琦撰。……陸師道稱其七言絕句云:"江北滁南數日程,蕭蕭落木送秋聲。夕陽滿地鳥飛絕,人在亂山堆裏行。"……

　　按:"陸師道",殿本作"陸師遂",誤,明萬曆三十二年(1604)錢藄刻本《錢臨江先生集》有陸師道嘉靖乙丑(1565)序,謂其七言詩"江北滁南數日程"一首平實而懇到。

卷一百七十七
程文恭遺稿三十二卷

> 明程文德撰。此集二十二卷以前皆文……

按:"二十二卷",殿本作"二十三卷",誤,明萬曆十二年(1584)程光裕刻本此集卷二十三首爲賦三篇、頌一篇,以下皆爲四言古詩、五言古詩。

包侍御集六卷

> 明包節撰。……節嘗謂《文苑英華》集可以續《昭明文選》,因輯《苑詩類選》三十卷……

按:"集",殿本作"詩",應據改。明嘉靖三十七年(1558)包杞等刻本此集卷五《〈苑詩類選〉後序》云:"按《文苑英華》……凡千卷,詩一類且三百卷……予自壬寅歲在告居閑,則取《苑》詩而讀之,乃知其續《昭明》而成者也。"

卷一百七十八
近溪子文集五卷

> 明羅汝芳撰。汝芳有《孝經宗旨》,已著録。其學出于顏均……

按:"顏均",殿本作"顏鈞",應據改。《明史·儒林傳》云:"(王)艮傳林春、徐樾,樾傳顏鈞,鈞傳羅汝芳、梁汝元,汝芳傳楊起元、周汝登、蔡悉。"顏鈞,《明儒學案·泰州學案》有傳。

卷一百七十九
雲東拾草十四卷附録一卷

明韓世能撰。世能字存良……

按：“存良”，殿本作“存録”，誤，據《明史》卷二一六黃鳳翔傳附韓世能傳、俞汝楫《禮部志稿》卷四二《歷官表·左右侍郎》“韓世能”條。

支子餘集五十二卷

明支大綸撰。……又《永陵編年史》四卷，《昭陵編年史》二卷，即所爲《世穆兩朝編年史》也……

按：“昭陵”，殿本作“明陵”，誤，明穆宗陵號昭陵。《皇明永陵編年史》四卷，《昭陵編年史》二卷，有明萬曆二十四年（1596）刻本。

折腰漫草八卷

明華善繼撰。善繼字孟達……然王世貞序列四十子詩，顧取善繼而善述不與焉……

按：“王世貞”，殿本作“王貞”，誤，王世貞《弇州續稿》卷三《四十詠》有華太學善繼，收詩二首。

卷一百八十
仁節遺稿無卷數

明陶琰撰。琰字稚圭……

按："稚圭"，殿本作"圭稚"。清乾隆《江南通志》卷一五三《人物志·忠節一·蘇州府》載："陶琰，字稚圭，昆山人。"道光《昆山新陽兩縣志》卷二四《人物·忠節》載："陶琰，字圭稚。"皇甫汸《長洲志》載宋人林琰，亦字稚圭。疑當從底本，"稚"表行第較末。

祝子遺書四卷附録一卷

　　明祝淵撰。……初，崇禎壬午，劉宗周以劾周延儒下獄。淵與宗周不相識，上書救之。逮治拷掠幾殆，卒抗詞不撓。既而延儒敗，流寇逼京師，始有詔赦出，而城已陷。會吳麟徵殉節死，淵與相善，乃乘間護其喪以歸。時馬士英亂政，又擬具疏劾之，未及上而南都破。乃函葬其母，自經而死。事迹附見《明史·劉宗周傳》。柴紹炳《省軒集》載其始末甚詳。乾隆乙未，賜謚忠節。是集爲其友陳確、吳蕃昌所編……

按："壬午"，殿本作"壬子"，誤，崇禎無壬子。據《明史·劉宗周傳》，乃崇禎十五年(1642)壬午事。

"函葬"，殿本作"亟葬"，應據改。《明史·劉宗周傳》載："杭州失守，淵方葬母，趣竣工。既葬，還家設祭，即投繯而卒。"

"《省軒集》"，殿本作"《省堂集》"，誤，《清史稿》卷四八四《文苑一》云："(柴紹炳)有《省軒集》。"今存清康熙刻本《柴省軒先生文鈔》十二卷《外集》一卷。《總目》卷一八一著録柴紹炳《省軒文鈔》十卷。

"蕃"下"昌"字衍，應據殿本删。清茹實齋抄本《祝子遺書》六卷，卷六附録載《開美祝子遺事》，署"癸巳六月廿有九日同學弟吳蕃拜識"。

卷一百八十一
紫峰集十四卷

　　國朝杜越撰。……前明諸生，康熙己未薦舉博學鴻詞……

按："己未"，殿本作"乙未"，誤，據《清史稿·選舉四》。

卷一百八十二
托素齋集十卷

　　　　國朝黎士弘撰。士弘字媿曾，長汀人。順治甲午舉人，官至陝西布政司參議。……

　　按："參議"，殿本作"參政"，應據改。清乾隆《福建通志》卷四十八《人物六·汀州府》"黎士弘"條、《甘肅通志》卷三十二《名宦·寧夏府》"黎士弘"條均作"陝西布政司參政"。

卷一百八十三
匏庵遺集三卷

　　　　國朝石璜撰。璜字夏宗，別號匏庵，如皋人。是集爲其子沿等所編。據目錄當爲五卷，而此本僅三卷，蓋不全之本也。

　　按："沿"，殿本作"伊"。清康熙陳君仲刻本《匏庵先生遺集》五卷，卷端署"如皋石璜夏宗甫著，男沿月川甫敬輯"。

別本蓮洋集二十卷

　　　　國朝吳雯撰。……考第七卷中《留別車仝》詩載士禎評曰："今車仝果領解中州，此亦讖也，惜天章不及見耳。"……

　　按："留別車仝"，殿本作"留別仝車同"，應據改。清乾隆三十九年（1774）荆圃草堂刻本此集卷六有《留別仝車同三首》，其後評曰："今車同果領解中州，此亦讖也，惜天章不及見耳。"

友柏堂遺詩選二卷

　　　　國朝馮協一撰。……是集乃協一歿後，其子厚檢收遺稿，求正于其姻家趙執信。執信托目疾不省覽，命門人常熟仲是保代刪之，而執信爲之序，是保跋焉……

按："厚"，殿本作"原"。趙執信《飴山文集》所收《中憲大夫福建臺灣府知府退庵馮君墓志並銘》云："抵吴留止，子愿生焉……顧愿曰：'後當改卜。'未幾，君無疾下世。愿得今兆，以禮安君，遷祔二母，遵治命也。"則其子名愿。

卷一百八十四
唐堂集六十一卷

國朝黄之雋撰。……之雋之學排陸、王而尊程、朱，多散見所作詩文中……

按："詩文"，殿本作"諸文"，應據改。清乾隆刻本此集總目後有門人王永祺序云："然先生之于文章自有原本。平日孶孶爲學，一禀程朱，卓立不惑。深疾夫陸王釋老之説中于高明而流弊不可止也，見于口講指畫，又著之于文。闡提正學，排觝邪論，不遺餘力。散在集中可考。"

卷一百八十五
史復齋文集四卷

國朝史調撰。調字勾五，號後齋……

按："後齋"，殿本作"復齋"，應據改。清乾隆刻本此集所附《先公文林郎行述》、墓志銘、墓表皆作"號復齋"。

卷一百八十六
西崑酬唱集二卷

不著編輯者名氏。……凡億及劉筠、錢惟演、李宗諤、陳越、李維、劉騭、刁衎、任隨、張詠、錢惟濟、丁謂、舒雅、晁迥、崔遵度、薛映、劉秉十七人之詩……

按："薛映"，殿本作"薛暎"，誤，此集卷下《清風十韻》、《戊申年七夕五絕》有薛映所和詩作。薛映，《宋史》卷三〇五有傳。

卷一百八十七
聲畫集八卷

　　宋孫紹遠編。……其所録如劉莘老、李鷹、折中古、夏均父、徐師川、陳子高、王子思、劉叔贛、僧士珪、王履道、劉王孟、林子來、李商老、李元應、喻迪孺、李誠之、潘邠老、崔德符、蔡持正、王佐才、曾子開、陶商翁、崔正言、林子仁、吳元中、張子文、王承可、曹元象、僧善權、祖可、壁師、聞人武子、韓子華、蔡天啟、程叔易、李成年、趙乂若、謝民師、李膺仲、倪巨濟、華叔深、歐陽辟諸人……

按：劉莘老、李鷹、王履道、曾子開，殿本皆脱，此集載劉氏詩三首，李氏詩一首，王氏詩八首，曾氏詩一首。

文章正宗二十卷續集二十卷

　　宋真德秀編。德秀有《四書集編》，已著録。是集分辭令、議論、叙事、詩歌四類……

按："辭令"，殿本作"辭命"，應據改。此集卷一至卷三爲"辭命"。

卷一百八十八
梅花百詠一卷

　　元馮子振與釋明本倡和詩也。……《宋史・藝文志》載李祺《梅花百詠》一卷，久佚弗傳……

按："李祺"，殿本作"李禥"。《宋史・藝文志七》載李祺《刀筆集》十五卷，又《象臺四六集》七卷,李縝《梅百詠詩》一卷。《藝文志八》載李祺《天聖賦苑》一十八卷,又《珍題集》三十卷。則撰《梅百詠詩》者乃李縝,李祺、李緹皆誤。

卷一百八十九
廣州四先生詩四卷

不著編輯者名氏,乃明初廣州黃哲、李德、王佐、趙介四人詩也。哲字庸之……有《雪篷集》……

按:"《雪篷集》",殿本作"《雪蓬集》",誤,清《廣東通志》卷四七《人物志·文苑》有黃哲小傳,云:"哲始北上,時倚篷聽雪。常自詫曰:'天下奇音妙韻出自然者,莫是過也。'歸構一軒,名聽雪篷。學者遂稱爲雪篷先生。"

古今詩刪三十四卷

明李攀龍編。……江淹作《雜擬詩》,上自漢京,下至齊、梁……

按:"齊、梁",殿本作"齊代",應據改。江淹《雜體詩》三十首,末一首《休上人怨別》乃擬齊代湯惠休《怨詩行》。

卷一百九十
宋百家詩存二十八卷

國朝曹庭棟編。……其中如……許棐、張至龍、施樞諸人載于《江湖小集》者……

按:"許棐",殿本作"許樂",誤,清乾隆刻本此集卷十八、文淵閣《四庫》本卷三六皆錄許棐《梅屋集》一卷,《江湖小集》卷七五至卷七七收許棐《梅屋詩稿》、《融春小編》、《梅屋稿》各一卷。

卷一百九十一
風林類選小詩一卷

　　明朱升編。……元宗宮人之《題梧葉》……

　　按："元〔玄〕宗",殿本作"元宋",誤,《題梧葉》應即《全唐詩》卷七九七所收天寶宮人《題洛苑梧葉上》詩。

詩學權輿二十二卷

　　明黃溥編。……如卷首《董少年歌》,不知"鳴"、"平"爲韻,古多此格,乃誤以爲七言一句之歌……

　　按："《董少年歌》",殿本作"《董少平歌》",應據改。《樂府詩集》卷八十五有《董少平歌》,其辭曰:"枹鼓不鳴董少平。"

卷一百九十二
九代樂章二十三卷

　　明劉濂撰。……又每代下各爲總論一篇,而北齊伶人曹妙達等封王及《無愁伴侶曲》諸事,乃以屬之陳後主,殊爲不考……

　　按："曹妙達",殿本作"曹孫達",誤,《隋書·音樂志》載:"(齊)後主唯賞胡戎樂,耽愛無已。于是繁手淫聲,爭新哀怨。故曹妙達、安未弱、安馬駒之徒,至有封王開府者。"明嘉靖二十九年(1550)此書卷七所引略同,惟誤作陳後主事。

卷一百九十三
百家論鈔十二卷

　　明王思任編。思任字季重,山陰人。萬曆乙未進士,官至江西九江道按察使僉事……

按："山陰"，殿本作"於潛"，誤，清乾隆《紹興府志》卷三十一《選舉志二·進士》萬曆二十三年（1595）乙未科朱之蕃榜有王思任，云："宛平籍山陰人，九江僉事。"《總目》卷一一四《弈律》條亦謂山陰人。

卷一百九十四
篤叙堂詩集五卷

　　侯官許氏之家集也。……曰《米友堂集》，許友撰。……友字有介……

按："有介"，殿本作"介有"，誤，《清史列傳》卷七十本傳、《國朝耆獻類徵初編》卷四二八小傳均作"字有介"，今存《許有介先生詩稿》一卷。

友聲集七卷

　　國朝賴鯤升編。……其父方勃偕弟方度于邑治之西辟霞綺園，與邑人沈開進、胡應相、曾鑑、歐有駿讀書其中，一時多爲題詠……

按："胡應相"，殿本作"胡應柏"，應據改。此集卷一有胡應柏《沈仲孚詩序》，詩五卷中有其詩作多首。

卷一百九十五
藏海詩話一卷

　　案，《藏海詩話》載于《永樂大典》中，不著撰人名氏。……他如引徐俯之説，以杜甫"天棘蔓青絲"句爲見柳而憶馬……

按："蔓"，殿本作"夢"，應據改。杜甫《巳上人茅齋》詩："江蓮搖白羽，天棘蔓青絲。"然此書中載:"徐師川云:'工部有"江蓮搖白羽,天棘夢青絲"之句。于江蓮而言搖白羽,乃見蓮而思扇也。蓋古有以白羽爲扇者。是詩之作,以時考之,乃夏日故也。于天棘言夢青絲,乃見柳而思馬也。蓋古有以青絲絡馬者。'"

卷一百九十六
墓銘舉例四卷

　　明王行撰。……其大要十有二事:曰諱,曰字,曰姓氏,曰鄉邑,曰族出,曰治行,曰履歷,曰卒日,曰壽年,曰妻,曰子,曰葬……

　　按:"十有二事",殿本作"十有三事"。《總目》所列爲十二事,文淵閣《四庫》本書前提要則作:"其大要十有三事,曰諱,曰字,曰姓氏,曰鄉邑,曰族出,曰行治,曰履歷,曰卒日,曰壽年,曰妻,曰子,曰葬日,曰葬地",與書中卷一所列相同。

漁洋詩話三卷

　　國朝王士禎撰。……如記其兄士祜論焦竑字……

　　按:"兄",殿本作"弟",誤,王士禎《帶經堂集》卷四十九《賜進士出身先兄東亭(士祜號東亭)行述》曰:"兄生于明崇禎壬申(1632)十二月八日寅時",宋犖《西陂類稿》卷三十一《資政大夫刑部尚書阮亭王公暨配張宜人墓志銘》曰:"生于明崇禎甲戌(1634)閏八月二十八日亥時。"

卷一百九十八
漱玉詞一卷

　　宋李清照撰。……其《〈金石録〉後序》與刻本所載詳略迥殊,蓋從《容齋五筆》中鈔出,亦非完篇也……

　　按："《容齋五筆》"，殿本作"《容齋隨筆》"，應據改。《容齋四筆》卷五"趙德甫《金石録》"條略述《〈金石録〉後序》大概。

卷一百九十九
詞律二十卷

　　　　國朝萬樹撰。……至其論《燕臺春》、《夏初臨》爲一調……

　　按："《燕臺春》"，殿本作"《燕春臺》"，應據改。此書卷十五張先《燕春臺》下注曰："此調沈氏作《燕春臺》，《圖譜》作《燕臺春》……但舊《草堂》所載是《燕春臺》，合當從之也。又按，《夏初臨》一調與此相同，即載此後，以便考訂。"

卷二百
後山詞一卷

　　　　宋陳師道撰。……如《贈晁補之舞鬟》之類……

　　按："舞鬟"，殿本作"歌鬟"，誤，《宋名家詞》本《後山詞》有《減字木蘭花·贈晁無咎舞鬟》："娉婷娜嬝，紅落東風青子小，妙舞逶迤，拍誤周郎却未知。"下注一本云："婷婷嬝嬝，芍藥枝頭紅玉小，舞袖遲遲，心到郎邊客已知。"

（魏小虎　上海博物館）

《四庫全書總目·易類存目》著録江南典籍補正[*]

眾所周知，《四庫全書總目》學術價值甚高，可藉以"辨章學術，考鏡源流"，常被文史工作者作爲案頭必備之書。而其提要成于衆手，也存在若干訛誤與疏漏，前賢胡玉縉、余嘉錫，當代學者李裕民、崔富章、楊武泉、杜澤遜等諸先生皆有專著糾正，零散訂補亦有很多，然尚有不盡之處。其中《總目》所收今屬蘇州、無錫、常州、鎮江、上海等地的江南士人著述衆多，相關提要中的疏誤也最多，亟需訂正。本文僅就經部易類存目提要中的問題，引述方志等資料進行補正。

補齋口授易説無卷數

不著撰人名氏，題曰"門人永豐周佐編次"，蓋"補齋"乃其師之號，佐録所講授以成書。①

按：魏小虎《四庫全書總目彙訂》②已言補齋即丁璣，字玉夫，丹徒人，成化十四年(1478)戊戌進士，而未補充其仕履。明林俊《見素集》卷二十四有《丁補齋先生傳》，云："介庵受之，欲引吏部屬，爲忌者所沮，僅判廣信，未三年，凡再上提學不果，先生以易洞去位，服闋，即家授興國知州，居八月，以錢孺人憂去位。服闋，倪文毅公當軸，收拾名士，即家起致仕僉事章公懋爲南京國子祭酒，先生爲南京儀制郎中。未四月，遷廣東按察司副使，奉敕提督學校。歲餘入賀，道清遠，山水暴漲，舟且覆，

＊ 本文 2015 年國家社科基金一般項目"四庫全書書前提要綜合研究"(編號：15BZW083)的階段性成果之一。

① （清）永瑢等：《四庫全書總目》卷 7，北京：中華書局，1965 年，第 53 頁。
② 魏小虎編：《四庫全書總目彙訂》，上海：上海古籍出版社，2012 年，第 2063 頁。

先生衣冠祝天，度不免，闔窗端坐，與繼室陳氏、二女、丁氏、伯子咸、叔子尚、季氏啟一家十一人俱歿，惟仲子同一僕以他舟僅存。"①焦竑《國朝獻徵錄》卷九十九《廣東一》亦收此文，即題《廣東按察司副使丁公璣傳》②，文字略有小異，知其官至廣東提學副使，可補。

顧氏易解無卷數

明顧曾唯撰。曾唯字一貫，號魯齋，吳江人。嘉靖癸丑進士。③

按：《總目》未言其仕履。潘檉章《松陵文獻》卷五《人物志五》有其傳，云："顧曾唯，字一貫，同里人。嘉靖三十二年進士，授金華知縣……遷監察御史，巡按廣西……以大父年高，請告歸。……"④則其官至監察御史。（乾隆）《吳江縣志》卷二十七《人物四‧名臣二》亦有其傳⑤，略同。

易學飲河八卷

明張納陛撰。納陛字以登，宜興人。萬曆己丑進士，官禮部主事。事迹附見《明史‧顧允成傳》。納陛以爭並封去官，乃閉門注《易》。⑥

按：《明史》卷二三一《顧允成傳》附其傳，云："納陛，字以登，宜興人。年十六，從王畿講學。舉萬曆十七年進士。由刑部主事改禮部。……時與允成等同以部曹爭三王並封，又爭拾遺事者，戶部主事滁人賈巖，亦貶曹州判官。投劾歸，卒。天啓

---

① （明）林俊撰：《見素集》，《景印文淵閣四庫全書》本。
② （明）焦竑輯：《國朝獻徵錄》，周駿富主編《明代傳記叢刊》第 114 冊，臺北：明文書局，1965 年，第 127 頁。
③ （清）永瑢等：《四庫全書總目》卷 7，第 55 頁。
④ （清）潘檉章編：《松陵文獻》（清康熙三十二年刻本），《四庫禁毀書叢刊》編纂委員會編《四庫禁毀書叢刊》史部七，北京：北京出版社，1997 年，第 51 頁。
⑤ （清）陳萸纕、丁元正修，倪師孟、沈彤纂：《吳江縣志》，清乾隆十二年(1747)刻本。
⑥ （清）永瑢等：《四庫全書總目》卷 8，第 60 頁。

中,贈允成、納陞光禄少卿,巖尚寶丞。"①言其去官,一因争三王並封,二因争拾遺事。《明史》卷二十《神宗本紀一》:"(萬曆)二十一年春正月……辛巳,詔並封三皇子為王,廷臣力争,尋報罷。"②談遷《國榷》卷七十六:"(萬曆二十一年正月)癸未……禮部儀制主事張納陞、顧憲成、工部都水主事樂元聲合疏沮並封,不聽。"③"(二月辛卯)……上報曰:'……三子俱不必封,少俟一二年,中宫無出,再行册立。'"④三王並封事遂平,神宗未切責懲罰言事諸臣,故張納陞之去官,非因此事。又《國榷》同卷:"(萬曆二十一年)三月己未……于是左僉都御史王汝訓……主事顧允成、張納陞、賈巖、國子助教薛敷教俱論救……謫孔兼安吉州判官,允成光州判官,敷教光州學正。"⑤張納陞謫鄧州判官,亦應在三月己未或稍後。(康熙)《常州府志》卷二十四有其傳,云:"趙南星主計黜幽,忤執政,罷官。陞抗疏論救,謫判鄧州,告假歸。"⑥(乾隆)《江南通志》卷一百四十二有其傳,亦云:"時有三王並封之議,納陞與同官顧允成等力争之,事得寢。趙南星掌內計,以執法忤輔臣,被斥,覆疏救甚力,謫鄧州判,尋乞歸。"⑦則其去官,主因非"争並封",乃因疏救趙南星。《總目》云"以争並封去官",不確。

易窺無卷數

　　明程玉潤撰。玉潤字鉉吉,常熟人。萬曆癸丑進士,據《經義考》所引倪長玗語,知其嘗官部郎,始末則未能詳也。⑧

　　按:(康熙)《常熟縣志》卷十一《選舉表》,(萬曆)四十一年癸丑周延儒榜進士

① (清)張廷玉等:《明史》,北京:中華書局,1974 年,第 6036 頁。
② (清)張廷玉等:《明史》,第 275 頁。
③ (明)談遷撰,張宗祥點校:《國榷》,北京:中華書局,1958 年,第 4693 頁。
④ (明)談遷撰,張宗祥點校:《國榷》,第 4694 頁。
⑤ (明)談遷撰,張宗祥點校:《國榷》,第 4696—4697 頁。
⑥ (清)于琨修、陳玉璂纂:《常州府志》,清康熙三十四年(1695)刻本。
⑦ (清)尹繼善、趙國麟修,黄之雋、章士鳳纂:《江南通志》,乾隆元年(1736)刻本。
⑧ (清)永瑢等:《四庫全書總目》卷 8,第 63 頁。

有程玉潤,云:"(字)鉉吉,宗侄孫,評事,易州知州,以强項稱。"①(同治)《蘇州府志》卷六十《選舉二·明進士》,萬曆四十一年(1613)癸丑周延儒榜進士,常熟有程玉潤,云:"(字)鉉吉,易州知州。"②(乾隆)《直隸易州志》卷十二《職官·知州·明》,萬曆間有程玉潤,云:"江南常熟人,進士,四十二年任。"③明楊守勤《寧澹齋全集》卷十一亦收有《直隸保定府易州知州程玉潤誥命》一道④,可知程玉潤確曾官易州知州。

繫辭十篇書十卷

　　明陳仁錫撰。仁錫字明卿,長洲人。天啓壬戌進士第三,官至南京國子監祭酒。事迹具《明史·文苑傳》。⑤

　　按:《明史》卷二八八《文苑四》,陳仁錫傳⑥附見于焦竑傳,《總目》此例當作:"事迹附見《明史·焦竑傳》。"

易鼎三然無卷數

　　明朱天麟撰。天麟字震青,吴江人,寄籍昆山。崇禎戊辰進士,由兵部主事改授編修。後桂王由榔僭號,以天麟爲大學士,卒于廣西。⑦

　　按:《明史》卷二七九有朱天麟傳⑧,《總目》此例當云:"事迹具《明史》本傳。"又

　　①　(清)高士鸃、楊振藻修,錢陸燦、嚴熊、王家震等纂:《常熟縣志》,清康熙二十二年(1683)修,二十六年(1687)刻本。
　　②　(清)李銘皖、譚鈞培修,馮桂芬纂:《蘇州府志》,清同治十三年(1874)修,光緒八年(1882)江蘇書局刻本。
　　③　(清)楊芊纂修,張登高續纂修:《直隸易州志》,清乾隆十二年(1747)刻本。
　　④　(明)楊守勤:《寧澹齋全集》,明末刻本。
　　⑤　(清)永瑢等:《四庫全書總目》卷8,第64頁。
　　⑥　(清)張廷玉等:《明史》,第7394頁。
　　⑦　(清)永瑢等:《四庫全書總目》卷8,第66頁。
　　⑧　(清)張廷玉等:《明史》,第7156頁。

本傳云："朱天麟,字游初,昆山人。崇禎元年進士。授饒州推官,有惠政。考選入都,貧不能行賂,擬授部曹。帝御經筵,講官並爲稱屈。及臨軒親試,乃改翰林編修。"①黄宗羲《南雷文定五集》卷二《文淵閣大學士文靖朱公墓志銘》(改本)云:"公諱天麟,字游初,别號震青,以沈天英舉鄉試,後始復姓。世居吴江之太湖濱,爲農家,至公而徙昆山。"②則其字爲游初,"震青"乃其號,《總目》誤號爲字。又其籍爲吴江,《明史》本傳不確。

周易廣義四卷

　　明鄭敷教撰。敷教字汝敬,吴縣人。崇禎庚午舉人。③

　　按:朱彝尊《經義考》卷六十四《易》著録有鄭氏敷教《易經圖考》,引沈蕙纕説云:"敷教字汝敬,吴人,崇禎庚午舉人。"④《總目》蓋本此。然(乾隆)《長洲縣志》卷二十四《人物三》其傳⑤、(乾隆)《元和縣志》卷二十四《人物》其傳⑥、(乾隆)《江南通志》卷一百六十五《人物志·文苑一·蘇州府》其傳⑦等,皆作"字士敬",陸隴其《檇亭先生詩文集》文集卷四⑧、錢謙益《牧齋有學集》卷二十四⑨並有《鄭士敬孝廉六十壽序》,《隰西草堂詩文集》詩集卷二十五有《同韓張甫許孟同鄭士敬錢大鶴沈伯叙月夜泛舟虎阜坐卧石軒僧院》詩⑩,徐枋《居易堂集》卷四有《答業師鄭士敬先生》⑪、卷六有《贈業師鄭士敬先生序》⑫,皆可證鄭敷教字士敬,《總目》作"字汝敬",不確。

①　(清)張廷玉等:《明史》,第 7156 頁。
②　(清)黄宗羲:《南雷文定五集》,清程志隆刻本。
③　(清)永瑢等:《四庫全書總目》卷 8,第 66 頁。
④　(清)朱彝尊,林慶彰等主編:《經義考新校》,上海:上海古籍出版社,2010 年,第 1188 頁。
⑤　(清)李光祚修,顧詒禄等纂:《長洲縣志》,清乾隆十八年(1753)刻本。
⑥　(清)沈德潛等纂修:《元和縣志》,清乾隆五年(1740)刻本。
⑦　(清)尹繼善、趙國麟修,黄之雋、章士鳳纂編:《江南通志》,乾隆元年(1736)刻本。
⑧　(清)陸隴其:《檇亭先生詩文集》,光緒二十五年(1899)唐受祺刻陸檇亭先生遺書本。
⑨　(清)錢謙益著,(清)錢曾箋注,錢仲聯校:《牧齋有學集》,上海:上海古籍出版社,1996 年。
⑩　(清)萬壽祺:《隰西草堂詩文集》,民國八年(1919)明季三孝廉集本。
⑪　(清)徐枋:《居易堂集》,清康熙刻本。
⑫　(清)徐枋:《居易堂集》,清康熙刻本。

易序圖説二卷

　　明秦鏞撰。鏞字大音，無錫人。崇禎丁丑進士，官清江縣知縣。①

　　按：(光緒)《無錫金匱縣志》卷十二《塚墓》："御史秦鏞墓在朱山"②，卷十六《選舉》崇禎十年(1637)丁丑劉同升榜進士有秦鏞，云："御史"③，卷二十一《儒林》有其傳："……秦鏞字大音……崇禎十年進士，知清江縣……福王時，擢監察御史，屢上封事，不報，尋歸。……"④可知其仕履。

易憲四卷

　　明沈泓撰。泓字臨秋，華亭人。崇禎癸未進士，官刑部主事。⑤

　　按：(同治)《上海縣志》卷九有忠義孝弟祠所祀有"户部主事沈泓，國朝雍正四年欽旌"⑥。卷十九《人物二》其傳云："沈泓，字臨秋，嘉善籍。崇禎十六年進士，授户部主事，未仕，痛母亡，每遇歲除，必至殯所寢處，過元正三日乃歸。每一念母，必哽咽，人爲感動。國朝雍正四年旌祀孝弟。"⑦而(嘉慶)《松江府志》卷五十五有其傳，云："沈泓，字臨秋，華亭人。崇禎十六年進士。生五月而孤，母宋食貧苦節，撫之成立。泓遭母喪，日夜撫棺號哭，感動鄰里。舉于鄉，即陳母苦節，建完節坊。既成進士，還家葬親，遭國變，乃援墓柏自縊。鄉人救之，不獲死，遂從惟岑禪師剃染受具，更名宏忍，號無寐。小僕阿寓爲徒，住會稽東山國慶寺。後聞叔父死，奔喪盡哀，因寓郡南之梅溪，坐卧一庵。二子嚴、廉，泣勸之歸，不許，尋疾作，絶醫藥，遂卒。著有《東山遺草》、《懷謝軒詩文集》。"⑧(乾隆)《金山縣志》卷十三《人物二》其

①　(清)永瑢等：《四庫全書總目》卷8，第67頁。
②　(清)裴大中、倪咸生修，秦緗業等纂：《無錫金匱縣志》，清光緒七年(1881)刻本。
③　(清)裴大中、倪咸生修，秦緗業等纂：《無錫金匱縣志》，清光緒七年(1881)刻本。
④　(清)裴大中、倪咸生修，秦緗業等纂：《無錫金匱縣志》，清光緒七年(1881)刻本。
⑤　(清)永瑢等：《四庫全書總目》卷8，第67頁。
⑥　(清)應寶時等修，俞樾、方宗誠纂：《上海縣志》，清同治十年(1871)吴門皋署刻本。
⑦　(清)應寶時等修，俞樾、方宗誠纂：《上海縣志》，清同治十年(1871)吴門皋署刻本。
⑧　(清)宋如林修，孫星衍、莫晉纂：《松江府志》，清嘉慶二十三年(1818)修，松江府學明倫堂刻本。

傳①、(乾隆)《婁縣志》卷二十五《人物》其傳②、(光緒)《重修嘉善縣志》卷二十一《孝友》其傳③(《檇李詩繫》卷二十二④,沈泓由嘉興府學選貢中崇禎癸未進士)略同,則其中進士後,授户部主事,然未即任,明朝即亡,乃祝髮爲僧,並未出仕,《總目》云"官刑部主事",誤。

周易感義無卷數

此書爲未刻稿本,中多朱墨塗乙,其撰人姓名,墨筆題"東海衲民岳嵐墨山氏述",蓋所自書。朱筆題"江西兵憲岳虞巒衡山氏述",爲其同里魯釗所書。考《太學題名碑録》,前明崇禎辛未科有岳虞巒,南直隸武進人。又《江南通志·儒林傳》稱,虞巒字舜牧,官至江西按察使,晚尤好《易》,撰有《周易感》及《春秋平義》二書。⑤

按:(康熙)《常州府志》卷二十四《人物三》有其傳,云:"岳虞巒,字舜牧,武進人。崇禎進士。知杭州,有冰心鐵面之頌,升江西按察司副使,並著政聲。"⑥(乾隆)《武進縣志》卷十其傳亦云:"遷江西按察司副使。"⑦(光緒)《江西通志》卷十三《職官表十四·明二》"布政使、按察使"欄有岳虞巒,云:"字舜牧,一字衡山,直隸武進人。崇禎辛未進士。按察使。(據《江南通志》補。)"⑧而《江西通志》卷四十七《秩官·明》⑨,明崇禎間按察使無岳虞巒名,此蓋光緒《江西通志》據《江南通志》誤增。

周易纂注無卷數

國朝朱奇穎撰。奇穎字九愚,嘉定人。順治辛卯拔貢生,官平遥縣知縣。⑩

① (清)常琬修,焦以敬等纂:《金山縣志》,清乾隆十七年(1752)刻本。
② (清)謝庭薰修,陸錫熊纂:《婁縣志》,清乾隆五十三年(1788)刻本。
③ (清)江峰青修,顧福仁纂:《重修嘉善縣志》,清光緒二十年(1894)刻本。
④ (清)沈季友編:《檇李詩繫》,《景印文淵閣四庫全書》本。
⑤ (清)永瑢等:《四庫全書總目》卷9,第70頁。
⑥ (清)于琨修,陳玉璂纂:《常州府志》,清康熙三十四年(1695)刻本。
⑦ (清)王祖肅等修,虞鳴球纂:《武進縣志》,清乾隆三十年(1765)刻本。
⑧ (清)劉坤一等修,劉鐸等纂:《江西通志》,清光緒七年(1881)刻本。
⑨ (清)劉坤一等修,劉鐸等纂:《江西通志》,清光緒七年(1881)刻本。
⑩ (清)永瑢等:《四庫全書總目》卷9,第71頁。

　　按：（嘉慶）《直隸太倉州志》卷十五《選舉·貢生》，國朝有朱奇穎，云：“（順治）九年。”①卷三十一亦有其傳，云：“朱奇穎，字兼兩……順治九年，由貢生，廷試授山西平遥縣知縣。”②順治九年（1652）爲壬辰年，《總目》此作“順治辛卯拔貢生”，誤。

周易本義述蘊四卷

　　　　國朝姜兆錫撰。兆錫字上均，丹陽人。康熙庚午舉人，乾隆初薦充三禮館纂修官。③

　　按：（光緒）《重修丹陽縣志》卷二十《儒林》有其傳，云：“姜兆錫，字上均，别號素清學者，康熙庚午舉人，官中書，改蒲圻令，親老告歸。……”④卷十二《陵墓》亦有：“蒲圻知縣姜兆錫墓：在大華觀墓上。”⑤可據補其仕履。

易韋二卷

　　　　國朝朱襄撰。襄，無錫人。⑥

　　按：《總目》未及其字。（光緒）《無錫金匱縣志》卷二十二《文苑》有其傳，云：“朱襄，字贊皇，諸生。……又著有《易韋》，蕭山毛奇齡序之，秀水朱彝尊稱其立説皆本漢以前，不墮陳圖南、邵堯夫窠臼。”⑦可據補。

易互六卷

　　　　國朝楊陸榮撰。陸榮字采南，青浦人。⑧

---

①　（清）王昶纂修：《直隸太倉州志》，清嘉慶七年（1802）刻本。
②　（清）王昶纂修：《直隸太倉州志》，清嘉慶七年（1802）刻本。
③　（清）永瑢等：《四庫全書總目》卷9，第75頁。
④　（清）劉誥、凌焯等修，徐錫麟、姜璘纂：《丹陽縣志》，清光緒十一年（1885）鴻鳳書院刻本。
⑤　（清）劉誥、凌焯等修，徐錫麟、姜璘纂：《丹陽縣志》，清光緒十一年（1885）鴻鳳書院刻本。
⑥　（清）永瑢等：《四庫全書總目》卷9，第76頁。
⑦　（清）裴大中、倪咸生修，秦緗業等纂：《無錫金匱縣志》，清光緒七年（1881）刻本。
⑧　（清）永瑢等：《四庫全書總目》卷9，第78頁。

按：（光緒）《青浦縣志》卷十九《人物三·文苑傳》有其傳，云："楊陸榮，字采南，婁縣諸生，居學潭西，自號潭西。"①楊鍾義《雪橋詩話》續集卷三亦有："婁縣楊采南文學陸榮，撰《三藩紀事本末》、《殷頑錄》等書，有《潭西詩》九卷……"②，則其籍貫當爲婁縣。

易貫十四卷

國朝張叙撰。叙字鳳岡，太倉人。雍正壬子舉人。③

按：（嘉慶）《直隸太倉州志》卷三十六《人物·文學》有其傳，云："張叙，字濱璜，雍正十年舉人，乾隆元年以博學鴻詞徵，乾隆十六年舉經學，皆報罷。二十六年，以耆年宿學，賜國子監學正。……"④卷五十一《祠墓》："國子司業張叙墓在吳塘東原。"⑤

易學圖説會通八卷

國朝楊方達撰。方達字符蒼，一字扶蒼，武進人。⑥

按：《總目》未詳其科第。（光緒）《武進陽湖縣志》卷十九《選舉·舉人》⑦，雍正二年（1724）甲辰有楊方達。卷二十三《人物·經學》有其傳，亦云："楊方達，字元蒼，少凝重好學，雍正二年舉人。"⑧可補。

讀易自識無卷數

國朝金綖撰。綖字絲五，吳縣人。⑨

---

① （清）汪祖綬等修，熊其英、邱式金纂：《青浦縣志》，清光緒五年（1879）尊經閣刻本。
② （清）楊鍾義撰集，劉承幹參校：《雪橋詩話續集》，北京：北京古籍出版社，1991年，第212頁。
③ （清）永瑢等：《四庫全書總目》卷10，第81頁。
④ （清）王昶纂修：《直隸太倉州志》，清嘉慶七年（1802）刻本。
⑤ （清）王昶纂修：《直隸太倉州志》，清嘉慶七年（1802）刻本。
⑥ （清）永瑢等：《四庫全書總目》卷10，第82頁。
⑦ （清）王其淦、吳康壽修，湯成烈等纂：《武進陽湖縣志》，清光緒五年（1879）刻本。
⑧ （清）王其淦、吳康壽修，湯成烈等纂：《武進陽湖縣志》，清光緒五年（1879）刻本。
⑨ （清）永瑢等：《四庫全書總目》卷10，第83頁。

按：(同治)《蘇州府志》卷八十二《人物九·吳縣·國朝》有其傳,云:"金綎,字絲五,貢生,官宣城訓導。"①卷一百三十九《藝文四》著録有方潔《采林詩稿》一卷,云:"一名京,金綎室,番禺人。"②(同治)《番禺縣志》卷五十一有方潔傳,云:"方潔,初名京,字彩林,進士殿元女,廣文金綎室也。"③廣文,即學官之雅稱。(光緒)《宣城縣志》卷十一《官師·儒學教諭》有金綎,云:"號蘊亭,吳縣人,貢生。集有《詩舊志遺》。"④則《蘇州府志》云"官宣城訓導"乃"官宣城教諭"之誤。又,其前任駱民新,康熙四十九年(1710)任;後任宣芸,康熙五十三年任,則其當康熙五十年前後任,《總目》應將其《讀易自識》次于康熙朝著述間。

易讀無卷數

國朝宋邦綏撰。邦綏字逸才,號況梅,長洲人。乾隆丁巳進士,官至兵部左侍郎。⑤

按：(同治)《蘇州府志》卷八十九《人物十六·長洲縣·國朝》其傳:"……(乾隆)三十二年,授兵部侍郎,署倉場,調戶部,三十五年卒。"⑥卷二十五《學校一》鄉賢祠祀有"戶部右侍郎宋邦綏"⑦,則其當官至"戶部右侍郎"。

易例舉要二卷

國朝吳鼎撰。鼎字尊彝,號易堂,金匱人。乾隆辛未薦舉經學,授國子監

①　(清)李銘皖、譚鈞培修,馮桂芬纂:《蘇州府志》,清同治十三年(1874)修,光緒八年(1882)江蘇書局刻本。
②　(清)李銘皖、譚鈞培修,馮桂芬纂:《蘇州府志》,清同治十三年(1874)修,光緒八年(1882)江蘇書局刻本。
③　(清)李福泰修,史澄、何若瑤纂:《番禺縣志》,清同治十年(1871)刻本。
④　(清)李應泰等修,章綬纂:《宣城縣志》,清光緒十四年(1888)活字本。
⑤　(清)永瑢等:《四庫全書總目》卷10,第84頁。
⑥　(清)李銘皖、譚鈞培修,馮桂芬纂:《蘇州府志》,清同治十三年(1874)修,光緒八年(1882)江蘇書局刻本。
⑦　(清)李銘皖、譚鈞培修,馮桂芬纂:《蘇州府志》,清同治十三年(1874)修,光緒八年(1882)江蘇書局刻本。

司業,官至翰林院侍講學士,後降補侍講。①

　　按:《清史稿》卷四八〇《儒林一》有其傳,云:"吳鼎,字尊彝,金匱人。乾隆九年舉人,授司業。洊擢翰林院侍講學士,轉侍讀學士。大考降左春坊左贊善,遷翰林院侍講,旋休致。"②(光緒)《無錫金匱縣志》卷十六《選舉·舉人》,乾隆九年(1744)甲子舉人有吳鼎,云:"金(匱)。乾隆庚午舉經學。"③卷十七《選舉·辟召·經學》,乾隆十五年庚午有吳鼎,云:"金(匱)。舉人。由侍郎秦蕙田舉,授國子監司業,升侍講學士。"④則《總目》漏言其爲乾隆九年舉人,又誤薦舉之年乾隆十五年庚午爲十六年辛未。

讀易隨鈔無卷數

　　不著撰人名氏,亦無序目。其書用反對之説,除《乾》、《坤》、《頤》、《大過》、《坎》、《離》六卦兩名並列外,餘五十八卦皆每二卦順逆相對畫之,所解多參以人事。雖以"隨鈔"爲名,實雜採諸家之言而融貫以己意,不出原採書名也。⑤

　　按:(光緒)《武進陽湖縣志》卷二十三《人物·文學》張一是傳:"晚得蔣理正《讀易隨鈔》,因延于家,喟然曰:'經義當以象傳爲斷。'"⑥卷二十八亦著録有蔣理正《讀易隨鈔》四卷。⑦蓋即此書。(乾隆)《武進縣志》卷十有其傳,云:"蔣理正,字紫真,居武進,補丹陽學生。……"⑧可參。

　　　　　　　　　　　　　(周録祥　韓山師範學院文學與新聞傳播學院)

① (清)永瑢等:《四庫全書總目》卷10,第85頁。
② (清)趙爾巽等:《清史稿》卷480,北京:中華書局,1977年,第13150頁。
③ (清)裴大中、倪咸生等修,秦緗業等纂:《無錫金匱縣志》,清光緒七年(1881)刻本。
④ (清)裴大中、倪咸生等修,秦緗業等纂:《無錫金匱縣志》,清光緒七年(1881)刻本。
⑤ (清)永瑢等:《四庫全書總目》卷10,第88頁。
⑥ (清)王其淦、吳康壽修,湯成烈等纂:《武進陽湖縣志》,清光緒五年(1879)刻本。
⑦ (清)王其淦、吳康壽修,湯成烈等纂:《武進陽湖縣志》,清光緒五年(1879)刻本。
⑧ (清)王祖肅等修,虞鳴球纂:《武進縣志》,清乾隆三十年(1765)刻本。

《四庫全書》卷前提要四種及其收書異同録

——兼及金毓黼所論《四庫全書》卷前提要問題

一、《四庫全書》卷前提要四種介紹

《四庫全書》是我國古代規模最大、卷帙最多的一部綜合性叢書。它沿用唐代四庫的名稱,以經、史、子、集爲四部,共收録圖書 3 470 種(計:經部 695 部,史部 563部,子部 930 部,集部 1 282 部),保存了清代乾隆朝以前的重要典籍,是我國古籍思想文化遺産的重要組成部分。《四庫全書》的纂修,經歷了一個相當繁複的過程。從乾隆三十七年(1772)正月乾隆帝諭令各地徵集遺書開始,于翌年二月設立四庫全書館,直至乾隆四十六年(1781)十二月第一部《四庫全書》纂修繕寫完畢,貯于紫禁城文淵閣,歷時十年。其後,第二、三、四部《四庫全書》相繼于乾隆四十七、八、九年繕竣,分貯于盛京文溯閣、圓明園文源閣、承德避暑山莊文津閣。以上是爲北四閣《四庫全書》。乾隆四十七年(1782)七月,乾隆帝又諭令續繕《四庫全書》三部,分貯于揚州大觀堂文匯閣、鎮江金山寺文宗閣、杭州聖因寺文瀾閣,直至乾隆五十二年(1787)告竣,歷時七年。以上是爲南三閣《四庫全書》。在七部《四庫全書》完竣之後,根據乾隆帝的諭旨,又進行了全面覆校、審閱,其間時有"添改抽挖"等情況發生。

《四庫全書總目》(以下簡稱《總目提要》)是伴隨《四庫全書》的纂修而產生的,由總纂官紀昀等人主持完成。這部《總目提要》凡二百卷,對《四庫全書》收録的和没有收録而僅存其目的歷代古籍,合計 100 223 種古籍,都撰寫了内容提要,逐一進行介紹和評價,"凡六經傳注之得失,諸史記載之異同,子、集之支分派别,罔不抉奥提綱,溯源徹委"[1],在古典目録學領域取得了具有里程碑意義的研究成果。

---

① (清)阮元撰,鄧經元點校:《揅經室集·三集》,北京:中華書局,1993 年,第 678 頁。

　　"卷前提要",指在《四庫全書》中,于每一種書的前面所冠有的提要。人們對這種提要的稱呼不一:除稱"卷前提要"外,又名"原本提要",或曰"閣書提要"。所謂"卷前提要",強調"提要"所在一書的部位,即卷之前面;所謂"原本提要",強調單本書所載的提要,即每一部書載有的提要;所謂"閣書提要",強調各閣《四庫全書》中載有的提要。三者名異而實同,都是針對"總目提要"說的。

　　傳世的《四庫全書》共有四部:現存臺灣"故宮博物院"的文淵閣本《四庫全書》、現存國家圖書館的文津閣本《四庫全書》、現存甘肅省圖書館的文溯閣本《四庫全書》及現存浙江省圖書館的文瀾閣本《四庫全書》。其中,文淵閣本、文津閣本及文溯閣本《四庫全書》三部爲足本,而文瀾閣本《四庫全書》則爲殘本,所缺部分經後人補足。自民國以來至今,已經有三部閣本《四庫全書》的卷前提要被逐一摘録下來,單獨編輯成帙。

　　其一,文溯閣本《四庫全書》"卷前提要"。

　　民國二十四年(1935),金毓黻將文溯閣本《四庫全書》"卷前提要",逐一抽出,用鉛字排印,由遼海書社出版,成爲第一部《四庫全書》的"卷前提要"。這部"卷前提要",一直以來成爲研究四庫學的重要基礎文獻。1999年遼寧省圖書館又將這部遼海書社出版的文溯閣本《四庫全書》"卷前提要"交付中華全國圖書館文獻縮微複製中心重新影印。書後還編製了包括書名和作者在内的"綜合索引",甚便檢閱。主其事者王清原和韓錫鐸先生寄贈一部,成爲自己案頭經常翻檢之書。

　　其二,文津閣本《四庫全書》"卷前提要"。

　　2003年盧仁龍有影印出版文津閣本《四庫全書》之舉。與此同時,盧仁龍還將文津閣本《四庫全書》的"卷前提要",逐一抽出,將原版排成上下雙欄後,影印出版。此書是繼金氏文溯閣本《四庫全書》"卷前提要"之後,第二部《四庫全書》"卷前提要"。作爲學友,盧仁龍將一部剛剛出版的文津閣本《四庫全書》"卷前提要"出版物相贈。自己又得一部四庫學重要的工具書。

　　其三,文淵閣本《四庫全書》"卷前提要"。

　　近年來,臺灣影印出版了文淵閣本《四庫全書》,這就爲抽出、整理、影印出版該書的"卷前提要",提供了前提條件。2013年,方應權有高仿影印綫裝文淵閣本《四庫全書》之舉。在徵得方應權同意之後,筆者遂將文淵閣本《四庫全書》的"卷前提要",逐一抽出,仿文溯、文津兩本"卷前提要"之版式,排成了上下雙欄。此書是繼金氏、盧氏影印出版《四庫全書》“卷前提要”之後，第三部《四庫全書》的“卷前提要”。

在傳世的四部《四庫全書》中，只有文瀾閣本《四庫全書》“卷前提要”，尚没有進行摘録。爲了滿足四庫學研究需要，編輯出版文瀾閣本《四庫全書》“卷前提要”，是一項有待落實的工作。

除此之外，尚有一部傳世的、十分特殊的《四庫全書》“卷前提要”——原内府寫本《四庫全書》“卷前提要”，有必要向大家進行介紹。這部内府寫本《四庫全書》“卷前提要”，現藏天津圖書館。這是一部不同尋常的好書。此前該書不見著録，無人言及，未見研究成果。這部“卷前提要”在清宫經館臣編纂後自成一套大書。每一篇的開頭，有“臣等謹案”四字；每一篇結尾，有校上年月及館臣題名等署款。其具備“卷前提要”主要特徵和書寫形式。這部内府寫本“卷前提要”，爲我們留下了諸多疑問：爲何獨立成書？與其他各閣“卷前提要”有何關係？是否爲其他各閣“卷前提要”的底本？這些都需要逐步找到答案。這部内府寫本“卷前提要”，不是足本，尚有部分殘缺，爲我們留下些許遺憾。

筆者認爲，將這幾種重要的、相互之間存在關聯的“卷前提要”，合爲一帙，影印出版的時機已經成熟。因此不揣固陋，在徵得庋藏和輯印各方單位和同仁首肯和支援之後，遂將金毓黻編印之文溯閣本《四庫全書》“卷前提要”，盧仁龍編印之文津閣本《四庫全書》“卷前提要”，筆者編輯之文淵閣本《四庫全書》“卷前提要”，以及天津圖書館藏内府寫本《四庫全書》的“卷前提要”，合四爲一，題名《四庫全書卷前提要四種》（以下簡稱《影本四種》），由河南大象出版社影印出版。影印出版這部《影本四種》，具有重要的學術意義，其功用和價值不言而喻。早年陳垣先生曾撰文對此進行了深入探討，總結影印出版“卷前提要”，“其善有七”的觀點，爲學界首肯。茲不贅述。

筆者依據這部《影本四種》，僅就“卷前提要”異同問題進行初步討論，撰成小文，旨在抛磚引玉，以俟來者。

二、《四庫全書》四種卷前提要收書異同録

《四庫全書》四種卷前提要，比較其所收諸書，可以發現，絶大多數完全一樣，略有不同者屬于極少數。茲將筆者發現的屬于極少數不同者，編製簡表如下：

《四庫全書》四種卷前提要收書異同簡表

序號	書　名	文淵閣本	文津閣本	文溯閣本	內府抄本	備注	《總目》
1	鹽書	198 頁	0	420 頁	830 頁		852 頁
2	元史續編	1117 頁	0	230 頁	529 頁		429 頁
3	墨藪	2281 頁	0	484 頁	961 頁		955 頁
4	老子注	2962 頁	0	628 頁	1287 頁		1243 頁
5	三體唐詩	4342 頁	0	935 頁	1927 頁		1702 頁
6	監本石經正誤	430 頁	0	0	184 頁		162 頁
7	野老記聞	2493 頁	0	0	1063 頁		1021 頁
8	會稽懷古詩	4028 頁	0	0	1763 頁		1479 頁
9	宋本古文孝經	0	433 頁	141 頁	0		263 頁
10	樂律全書	0	534 頁	174 頁	405 頁		324 頁
11	御定全唐詩	0	2931 頁	959 頁	1299 頁		1725 頁
12	大政記	0	0	0	542 頁	特殊	435 頁
13	上諭旗務議覆	1234 頁	0	256 頁	0		0
14	練兵雜記 （練兵實紀雜集）	1968 頁	0	256 頁	0		840 頁
15	寶晋英光集	3314 頁	0	704 頁	0		1331 頁
16	朱子論學切要語	1297 頁	0	0	0	特殊	0
17	八旬萬聖盛典	1683 頁	0	0	0	特殊	707 頁
18	欽定南巡盛典	1681 頁	1081 頁	0	0		706 頁
19	慎獨叟遺稿	3731 頁	2434 頁	0	1615 頁		1419 頁
合計		15 種	5 種	11 種	12 種		

（注：表內某頁，指《影本四種》的頁碼。）

我們依據上表，可以歸納總結出以下五個方面的問題：

1.《四庫全書》四種卷前提要在收書方面存在不同之處者共有 19 種。按照數量多少排序，依次爲文淵閣本 15 種、內府寫本 12 種、文溯閣本 11 種、文津閣本 5 種。其中，最多者是文淵閣本，最少者爲文津閣本。內府抄本因非足帙，故其原本數量應該多于 12 種，估計與文淵閣本相當。

2.《四庫全書》四種卷前提要，根據其收書異同情況，可以歸納爲 9 個類型：

（1）序號 1 至 5，凡 5 種，分别爲《蠶書》、《元史續編》、《墨藪》、《老子注》及《三體唐詩》，屬于文淵閣本、文溯閣本及内府寫本有，而文津閣本無者例。

（2）序號 6 至 8，凡 3 種，分别爲《監本石經正誤》、《野老記聞》及《會稽懷古詩》，屬于文淵閣本、内府寫本有，而文津閣本、文溯閣本無者例。

（3）序號 9，凡 1 種，爲《宋本古文孝經》，屬于文津閣本、文溯閣本有，而文淵閣本、内府寫本無者例。

（4）序號 10、11，凡 2 種，爲《樂律全書》、《御定全唐詩》，屬于文津閣本、文溯閣本、内府寫本有，而文淵閣本無者例。

（5）序號 12，凡 1 種，爲《大政記》，屬于内府寫本有，而文淵閣本、文津閣本、文溯閣本無者例。這屬于特殊情况。

（6）序號 13 至 15，凡 3 種，爲《上諭旗務議覆》、《練兵雜記》、《寶晋英光集》，屬于文淵閣本、文溯閣本有，而文津閣本、内府抄本無者例。

（7）序號 16、17，凡 2 種，爲《朱子論學切要語》、《八旬萬壽盛典》，屬于文淵閣本有，而文津閣本、文溯閣本、内府抄本無者例。這屬于特殊情况。

（8）序號 18，凡 1 種，爲《欽定南巡盛典》，屬于文淵閣本、文津閣本有，而文溯閣本、内府寫本無者例。

（9）序號 19，凡 1 種，爲《慎獨叟遺稿》，屬于文淵閣本、文津閣本、内府寫本有，而文溯閣本無者例。

3. 在以上 9 個類型中，文淵閣本佔有 6 個類型，文津閣本佔有 4 個類型，文溯閣本佔有 4 個類型，内府寫本佔有 5 個類型。其中，文淵閣本和内府寫本居前兩位。

4. 在《四庫全書》四種卷前提要中，從上表前三類來看，文淵閣本和内府寫本的關係較爲密切。例如：

類 1，序號 1 至 5，爲《蠶書》、《元史續編》、《墨藪》、《老子注》及《三體唐詩》，文淵閣本、文溯閣本及内府寫本均有，文津閣本獨缺。

類 2，序號 6 至 8，爲《監本石經正誤》、《野老記聞》及《會稽懷古詩》，文淵閣本、内府寫本均有，而文津閣本、文溯閣本無。

類 3，序號 9，爲《宋本古文孝經》，文津閣本、文溯閣本並有，而文淵閣本、内府寫本均無。

5. 在以上 9 個類型中,屬于一家獨有,而其他三家缺如者,僅有 3 例。

(1)《朱子論學切要語》、《八旬萬聖盛典》,僅文淵閣本獨有,而文津閣本、文溯閣本及內府寫本均無。不知何故造成這種結果,有待破解。

(2)《大政記》,僅內府寫本獨有,而文淵閣本、文津閣本及文溯閣本均無。

筆者檢出內府寫本《大政記》卷前提要,將其全文抄録如下:

> 《明大政記》二十五卷,內府藏本,明雷禮撰。禮,字必進,豐城人,嘉靖壬辰進士,官至工部尚書。《明史 · 藝文志》載禮《大政記》三十六卷。此本爲萬曆中應天周時泰所刊。其中禮所輯者至武宗而止,僅二十卷。其《世宗》四卷,即范守己之《肅皇外史》。《穆宗》一卷,則譚希思所續編。卷目與史志不符,蓋時泰已有所合併也。禮明習朝典,以史學自任。而所記多採撮實録,詳略未能得中,異同亦鮮能考據。

筆者再檢出清乾隆武英殿刻本《四庫全書總目》卷四十八史部四編年類存目,載《大政記》提要,現將其全文抄録如下:

> 《明大政記》二十五卷,內府藏本,明雷禮撰。禮,字必進,豐城人,嘉靖壬辰進士,官至工部尚書。《明史 · 藝文志》載禮《大政記》三十六卷。此本爲萬曆中應天周時泰所刊。其中禮所輯者至武宗而止,僅二十卷。其《世宗》四卷,即范守己之《肅皇外史》。《穆宗》一卷,則譚希思所續編。卷目與史志不符,蓋時泰已有所合併也。禮明習朝典,以史學自任。而所記多採撮實録,詳略未能得中,異同亦鮮能考據。

筆者將以上兩條提要逐字進行比對,發現文字完全一樣。我們據此可以得出以下結論:

其一,內府寫本《大政記》的卷前提要,可以看作是開館初期撰寫的、較爲原始的一篇提要。基本判斷是:館臣撰寫包括《大政記》在內的卷前提要初稿後,交紀曉嵐潤色,而後匯編成這部內府寫本《四庫全書 · 卷前提要》。館臣依據這部內府寫本《四庫全書 · 卷前提要》,再分別抄録,置入各個閣本《四庫全書》的卷前。

　　其二,館臣在撰寫提要時,對此書的評價不高,稱其"所記多採撮實録,詳略未能得中,異同亦鮮能考據",因此決定將此書從《四庫全書》中撤出。再將文淵閣本、文津閣本及文溯閣本《四庫全書》的卷前提要一一拿掉。同時把這篇《大政記》的卷前提要,放入《四庫全書總目》卷四十八史部四編年類存目中"僅存其目"了。唯獨收在這個内府寫本《四庫全書·卷前提要》裡的這篇《大政記》的"卷前提要",成了漏網之魚,一直隨著這部内府寫本《四庫全書·卷前提要》保存了下來。

　　這條内府寫本《大政記》的卷前提要,其價值也正在這裡,成爲内府抄本《四庫全書·卷前提要》是各個閣本"卷前提要"底本的一個依據。

三、《四庫全書》四種卷前提要文字異同録

　　各閣《四庫全書》的卷前提要不盡相同,我們粗略將文淵閣、文津閣、文溯閣和内府寫本所載的相同一部書的提要文字進行比對,發現各閣本有幾點不同之處,大致可以分爲以下幾種類型:

　　1. 篇數不同。《荀子》的篇數,文淵閣本卷前提要稱"劉向校書序録稱: 孫卿書凡三百二十三篇以相校,除重複二百九十篇,定著三十三篇爲十二卷,題曰新書",即《荀子》原本一共是三百二十三篇,最後定著時只剩三十三篇。文溯閣和内府寫本所著與文淵閣本相同。文津閣本稱"劉向校書序録稱: 孫卿書凡三百三十三篇以相校,除重複二百九十篇,定著三十二篇爲十二卷題曰新書",即《荀子》從最初的三百三十三篇定位三十二篇。比較結果是存在三十三篇和三十二篇之别。

　　2. 年份不同。關于《周易經傳集解》著者林栗的生平簡介,文溯閣本卷前提要著爲"栗字黄中,福清人,紹興二十年進士",文淵閣、文津閣和内府寫本都交代林栗爲"福清人,紹興十二年進士"。比較結果是林栗中進士的年份,存在紹興二十年與紹興十二年兩種記載。

　　3. 讀音相同或相近。《後漢書年表》中,文淵閣本提要作"中有皇帝陛下奮神武以撥亂致太平,而中興仰稽聖功同符光武之語",内府寫本題作"中有皇帝陛下奮神武以撥亂致太平,而中興仰籍聖功同符光武之語",比較可知,文淵閣本中使用"稽"字,内府寫本作"籍"字。

　　4. 用字不同。《書纂言》一書的卷前提要,文淵閣和内府寫本題作"其端皆發自

古文亦無肯輕議者”，文津閣本寫作“其端皆發於古文無敢輕議者”，文溯閣本作“其端皆發於古文無敢輕議者”。文淵閣和内府寫本使用的“發自”、“無肯”，對應的是文津閣使用“發於”、“無敢”和文溯閣使用的是“發於”、“無敢”。一個句子中出現兩處用字不同。

5. 繁簡體字使用不同。《明本釋》一書的卷前提要中，文淵閣本載“馬端臨經籍考，但載荀所載建炎德安守御録，而是書亦畧焉”，文津閣載“馬端臨經籍考，但載撰荀所載建炎德安守御録，而是書亦畧焉”，文溯閣本載“馬端臨經籍考，但載撰荀所載建炎德安守御録，而是書亦略焉”，内府寫本撰“馬端臨經籍考，但載荀所載建炎德安守御録，而是書亦畧焉”，由此可知，只有文溯閣本使用“略”字，其他三閣均使用“畧”。

6. 異體字。《翰苑集》一書的卷前提要，文淵閣本題“然經世有用之言悉具是書”，文津閣、文溯閣和内府寫本題爲“然經世有用之言悉具是書”。“悉”，是“悉”的異體字。

7. 增減個别文字。同樣是《明本釋》四種卷前提要，文津閣和文溯閣本題“載撰”，文淵閣和内府寫本“載”後無“撰”字。

8. 官職名稱不同。《周易經傳集解》文淵閣和内府寫本載“朱子方除兵部郎中而栗爲兵部侍郎”，此爲“郎中”；文津閣和文溯閣本作“朱子方除兵部郎官而栗爲兵部侍郎”，此爲“郎官”。

9. 句子内容完整程度不同。同樣是《翰苑集》著者的生平介紹，文津閣和文溯閣載“唐陸贄撰。贄字敬輿，嘉興人。歷官中書侍郎同中書門下平章事，謚曰宣，事迹具《唐書》本傳”，文淵閣和内府寫本只載“唐陸贄撰，贄事迹具《唐書》本傳”。

四、關于金毓黻所論《四庫全書》卷前提要的問題

金毓黻在影印文溯閣本《四庫全書》“卷前提要”的前言中，言及“卷前提要”各個閣本存在異同之問題。他説：“唯經部之鄭敷文《書説》，子部之虞荔《鼎録》、趙璘《因話録》，集部之司空圖《詩品》，具著録文瀾閣（亦著録《簡明目録》，唯文淵、文津兩本尚待考察），而文溯閣本無之。又文溯閣本史部之《南巡盛典》、《八旗通志》，子部之《性理大全》，皆缺提要。殆因抽换改繕而致遺漏。（乾隆五十七年、嘉慶十一

年時將其三書抽换改繕,見《盛京舊檔》)不知文淵、文津、文瀾諸本是否皆缺,凡此皆未暇旁考。"

筆者將金毓黻的這段專論,劃爲兩個部分,進行析分,並列出以下四條:

1. 經部之鄭敷文《書説》,子部之虞荔《鼎録》、趙璘《因話録》,集部之司空圖《詩品》,具著録文瀾閣(亦著録《簡明目録》,唯文淵、文津兩本尚待考察),而文溯閣本無之。

(1)文瀾閣本均著録。

(2)《四庫全書簡明目録》均著録。

(3)文淵、文津兩本尚待考察。

(4)文溯閣本均未收録。

2. 史部之《南巡盛典》、《八旗通志》,子部之《性理大全》。

(1)文溯閣本皆缺提要。

(2)文淵、文津、文瀾諸本不知是否皆缺。

筆者依據金毓黻這段專論和《影本四種》,編製如下簡表:

金毓黻所論《四庫全書》卷前提要收書異同簡表

書　　名	文淵閣本	文津閣本	文溯閣本	文瀾閣本	簡明目録
經部鄭敷文《書説》	0	0	0	著録	著録
子部虞荔《鼎録》	2366 頁	1541 頁	1007 頁	著録	著録
子部趙璘《因話録》	2801 頁	1814 頁	1008 頁	著録	著録
集部司空圖《詩品》	4496 頁	2958 頁	968 頁	著録	著録
史部《南巡盛典》	0	0	0	0	著録
史部《八旗通志》	0	0	0	0	著録
子部《性理大全》	0	0	0	0	著録

我們依據這個簡表,可以逐條作如下解答:

1. 經部之鄭敷文《書説》,子部之虞荔《鼎録》、趙璘《因話録》,集部之司空圖《詩品》。

(1)金毓黻云"文瀾閣本均著録",筆者認爲,其所云正確。

（2）金毓黻云"《簡明目録》亦著録"，筆者認爲，其所云正確。

（3）金毓黻云"唯文淵、文津兩本尚待考察"，經筆者考察，結論是僅《書説》一種，文淵、文津、文溯三本没有著録，其他三種，文淵、文津、文溯三本與文瀾閣本一樣，均予著録。

（4）金毓黻云"文溯閣本均未收録"，經筆者考察發現，其結論是錯誤的。

2. 史部之《南巡盛典》、《八旗通志》，子部之《性理大全》。

（1）金毓黻云"文溯閣本皆缺提要"，筆者認爲，其所云正確。

（2）金毓黻云"文淵、文津、文瀾諸本不知是否皆缺（提要）"，經筆者查檢，文淵、文津本均缺提要。我們依據文淵、文津及文溯閣本皆缺提要來推測，文瀾閣本亦當缺少提要。

（李國慶　天津圖書館歷史文獻部　王　釩　天津師範大學）

不使異學淆正經

—— 從《四庫全書總目》對易學圖書之部次看清代易學潮流

中國傳統之目録因類例而部次,每一部目之分立次序,絶非毫無意謂之所爲。晋著作郎李充將荀勖甲經、乙子、丙史、丁集之部次,更易爲甲經、乙史、丙子、丁集,並爲歷代主流目録所沿襲,即顯見傳統中國重史輕子、引史訓經之學術主流。[①] 此即爲傳統目録有意謂部次之顯證。

故昌彼得對目録學便有如此之定義:"所謂'目録學'者,是詳分類例來部次群書,並進一步推闡各書的旨要,辨學術的源流本末,志版本的異同優劣,使閱者能夠即類而知道學問,因學問而知道求書,求書時知道選擇版本的一種專門學術。"[②]可見目録之功能,非止于"志版本","闡旨要",便于學者求書而已;"辨學術的源流本末","使閱者能夠即類而知道學問"亦乃其題中當有之義。而目録之所以能辨學術之源流本末,實亦主要緣于類例之部次。是以,鄭樵曰:"類例分則百家九流各有條理","類例既分,學術自明,以其先後本末具在。"[③]

蓋某一時代之學術潮流,勢必影響其時代目録著作之類例部次;反之,某一目録著作之類例部次,亦能反映其時代之學術潮流。[④]《四庫全書總目》(以下簡稱《總

① 李萬健認爲李充所更之四部順序,體現了傳統中國"尊經、重史、輕子、鄙集"之學術觀念。參見李萬健:《中國著名目録學家傳略》,北京:書目文獻出版社,1993 年,第 26 頁。

② 昌彼得、潘美月:《中國目録學》,臺北:文史哲出版社,1991 年,第 18 頁。

③ (宋)鄭樵《校讎略·編次必謹類例論六篇》,鄭樵撰,王重民點校:《通志二十略》下册,北京:中華書局,1995 年,第 1804—1806 頁。

④ 周積明認爲:"作爲人類文化實踐活動的一種産品,書目無論在東西還是西方,都具有自身的文化品性。"(周積明:《文化視野下的〈四庫全書總目〉》,北京:中國青年出版社,2001 年,第 7 頁)

目》)被余嘉錫先生盛譽爲"剖析條流，斟酌古今，辨章學術，高挹群言，尤非王堯臣、晁公武等所能望其項背"①，則其之對清代學術潮流之反映，殆毋庸置疑。故而，本文即通過考察《總目》對易學圖書之部次，探討清代易學思想之發展潮流。既欲凸顯"清代易學"所獨有之特色，則與前代目錄著作之對比，又爲本文主要之研究方法。是以文中針對具體問題，將各自製作表格，比較歷代書目編著之差異，冀能稍獲清晰條理之功。

一、分隸經子：嚴分"易中""易外"之畛域

（一）儒學《易》入經部，"易外別傳"斥諸子部

自劉歆以降，《易》日漸成爲群經之首。② 但亦始自劉歆，《易》亦非專屬于經，其著《七略·數術略》"蓍龜"下又錄有《周易》、《大筮衍易》等八部以"易"爲名之圖書。③ 可見，在傳統學術思想看來，尤其在目錄學家看來，《易》自始即有經、子之別，即使在四部觀念確立以前亦然。《總目》承繼傳統學術思想與目錄學傳統，對《易》之"正經"與"非正經"作了更細緻、更嚴苛之分判。黃道周《三易洞璣》雖頗得"藏往知來之道"，《總目》卻以其"自爲一家之學"，"以爲經之正義則不可"，從而"退而列

---

① 余嘉錫：《四庫提要辨證》，北京：中華書局，1980 年，《序錄》第 48 頁。
② 按，《莊子·天運篇》始有"六經"之說，而首序《詩》，其文曰："孔子謂老聃曰：'丘治《詩》、《書》、《禮》、《樂》、《易》、《春秋》六經，自以爲久矣，孰知其故矣。'"（陳鼓應注譯：《莊子今注今譯》，北京：中華書局，2011 年，第 419 頁）董仲舒雖以"六藝"名之，其序亦全同，《春秋繁露》曰："君子知在位者不能以惡服人也，是故簡六藝以贍養之：《詩》、《書》序其志，《禮》、《樂》純其美，《易》、《春秋》明其知。"〔（漢）董仲舒著，蘇輿撰，鍾哲點校：《春秋繁露義證》卷 1，北京：中華書局，2011 年，第 35 頁〕《禮記·經解》之序雖不盡同，然亦首序《詩》，其文曰："孔子曰：'入其國，其教可知也。其爲人也溫柔敦厚，《詩》教也；疏通知遠，《書》教也；廣博易良，《樂》教也；潔静精微，《易》教也；恭儉莊敬，《禮》教也；屬辭比事，《春秋》教也。'"〔（漢）鄭玄注，（唐）孔穎達疏：《禮記注疏》卷 50，《十三經注疏》，臺北：藝文印書館，1981 年影印本，第 845 頁〕蓋漢初以前，均以《詩》首諸經耶？自劉歆作《七略》始爲之一變，由"删其要以備篇籍"的《漢書·藝文志》可見歆説之涯畧，《漢志》曰："六藝之文：《樂》以和神，仁之表也；《詩》以正言，義之用也；《禮》以明體，明者著見，故無訓也；《書》以廣聽，知之術也；《春秋》以斷事，信之符也。五者，蓋五常之道，相須而備，而《易》爲之原。"而其《六藝略》之部次，亦依《易》、《書》、《詩》、《禮》、《樂》、《春秋》爲序，是顯以《易》首群經。（《漢書》卷 30《藝文志第十》，臺北：明倫出版社，1972 年，第 1723 頁）歷代主要目錄均從《七略》之範式而以《易》首群經。
③ 據《漢志·數術略》"蓍龜"錄與《易》相關之圖書有：《周易》三十八卷、《周易明堂》二十六卷、《周易隨曲射匿》五十卷、《大筮衍易》二十八卷、《大次雜易》三十卷、《於陵欽易吉凶》二十三卷、《任良易旗》七十一卷，與《易卦八具》等凡八部。（《漢書》卷 30《藝文志》，第 1770—1771 頁）自《漢志》以下歷代目錄著作，亦均有將易學類相關圖書各入經、子之做法。

諸術數".① 然則《總目》所謂"經之正義",如何區別?

《總目·易類叙》曰:

> 《左傳》所記諸占,蓋猶太卜之遺法。漢儒言象數,去古未遠也。一變而爲京、焦,入于禨祥。再變而爲陳、邵,務窮造化。《易》遂不切于民用。王弼盡黜象數,説以老莊。一變而胡瑗、程子,始闡明儒理。再變而李光、楊萬里,又參證史事。《易》遂日啓其論端。此兩派六宗,已互相攻駁。又《易》道廣大,無所不包,旁及天文、地理、樂律、兵法、韻學、算術以逮方外之爐火,皆可援《易》以爲説,而好異者又援以入《易》,故《易》説愈繁。②

蓋《總目》以兩派六宗剖析易學條流,一派自漢儒象數宗至京、焦禨祥宗,至陳、邵數學宗;一派自王弼玄學義理宗至胡、程儒學義理宗,至李、楊史事宗。此兩派六宗,雖明言所謂"派""宗",然《總目》却並非全然以《易》之"正經"視之。縱觀《總目》易學類所有提要,③上述僅漢儒象數宗、王弼玄學宗、胡程儒學宗與李楊史事宗,此四宗易學著作儘管不盡得"經之正義",亦可謂"易中"之《易》,故被録入經部"易類"。至于京、焦禨祥宗與陳、邵數學宗,《總目》即顯然以其爲"易外別傳",絕非"經之正義",而斥諸子部"術數類"。④《總目》之曰"漢學之有孟、京,亦猶宋學之有陳、邵,均所謂《易》外別傳也"⑤,所傾向極爲明顯。

除兩派六宗外,據上引《易類叙》可見,《易》又"旁及天文、地理、樂律、兵法、韻學、算術以逮方外之爐火"。依《總目》之義,顯然亦以此等著作爲"易外"之《易》,從而亦排除在經部"易類"以外。天文、樂律等牽合《周易》之圖書,散見于經、子相關類別下而不入"易類",歷來蓋亦無易家爲此争訟。至于指涉以《周易參同契》爲代表的道家"方外爐火"之《易》,《總目》置之于子部"道家類"而斥之爲"易外"之《易》,

<hr>

① (清)永瑢等:《四庫全書總目》卷108,北京:中華書局,1965年影印本,第919頁。
② (清)永瑢等:《四庫全書總目》卷1,第1頁。
③ 《四庫全書總目》經部"易類"與子部"術數類"、"道家類"均收録有易學著作,爲區別起見,下文以"易類"獨指經部所收録之易學著作,而以"易學類"指代所有易學著作。
④ 當然《總目》爲"以備一家",對于《易數鈎隱圖》、《易象正》、《兒易内儀以》等亦涉及術數者,亦以其或"依經立訓",或"據經起義發揮于《易》中",或其作者人品可嘉,而亦姑且録入經部。分見《易數鈎隱圖提要》、《易象正提要》案語、《兒易内儀以提要》,《四庫全書總目》卷2,第5頁;卷5,第32—33頁。
⑤ (清)永瑢等:《四庫全書總目》卷6,第44頁。

則恐非易學家所能認同者。① 然而,不管如何,《總目》以自京焦機祥宗以下至陳邵數學宗,至《周易參同契》之道家易均爲"易外"之《易》,而非《易》之正宗,其態度極爲明確。其于"易類"案語所言甚明:

> 聖人因卜筮以示教,如是焉止矣。宋人以數言《易》,已不甚近于人事。又務欲究數之所以然,于是由畫卦推奇偶,由奇偶推《河圖》、《洛書》,由《河圖》、《洛書》演爲黑白方圓,縱橫順逆,至于汗漫而不可紀,曰此作《易》之本也! ……今所編録,于推演數學者略存梗概,以備一家。其支離曼衍,不附經文,于《易》杳不相關者,則竟退置于術數家。明不以魏伯陽、陳摶等方外之學淆《六經》之正義也。②

此雖未直接指涉京焦機祥宗,但究其深意,實已將機祥、圖書、道家易一舉掃出"易類"之門庭,而"退置于術數家"之列。其目的即明謂"不以方外之學淆《六經》之正義"。由此可見,《總目》顯然在"易中"與"易外"之間,豎立了堅實的壁壘。這壁壘便是經部與子部之樊籬,"易類"與"術數類"之軫域。其對"推演數學者"雖亦"略存梗概,以備一家",但亦僅此而已,終究是"易中""易外"有別。《總目》所謂之"易中",實即是儒家之《易》;不合其儒學理想之《易》則均被斥爲"易外"。從而,《總目》對歷代易學圖書分析部次,其實就在于分判儒學《易》與非儒學《易》,並將非儒學《易》摒除于"易類"之外,不使其混淆儒學《易》之"正義"。非儒學《易》者,概言之即所謂道家《易》與占卜《易》。

(二)"易緯"附録于"易類",經部"易類"範圍收窄

諸經緯書皆不見于《漢書·藝文志》。緯書之始見現存目録,似始于《隋書·經

---

① 當代易學家朱伯崑先生所著《易學哲學史》,即闢有專門篇章討論魏伯陽《周易參同契》月體納甲説之易學地位,可見是著蓋亦爲易學史無法繞道之作。(朱伯崑:《易學哲學史》第一卷,北京:華夏出版社,1995 年,第 220—244 頁)而陳鼓應先生則更是爲道家易爭名奪分之中流砥柱,故而專著《易傳與道家思想》而爲道家易爭辯,其曰《易傳》的哲學思想,是屬于道家,而非儒家",如此傾向即與《總目》迥然殊途。(陳鼓應:《易傳與道家思想》,北京:生活·讀書·新知三聯書店,1996 年,序言,第 1 頁)

② (清)永瑢等:《四庫全書總目》卷 7,第 47—48 頁。

籍志》。《隋志》設有"緯書"一類，載籍凡十三部，與"易類"並列于經部。① 自《隋志》以下，《舊唐志》則有甲部經録之"經緯"，②《唐志》甲部經録亦有"讖緯"一類，③陳振孫《直齋書録解題》與馬端臨《文獻通考·經籍考》亦各于經部下立"讖緯"一類，④凡此實皆承《隋志》之範式，以包括"易緯"在内之"緯書"與"易類"相提並論。而《崇文總目》則另開典範，直以"易緯"入經部"易類"，⑤尤袤《遂初堂書目》、晁公武《郡齋讀書志》皆依其例；⑥焦竑《國史經籍志》雖子目繁多，然其經類"易"下所立"讖緯"之子目，實亦《崇文》以"易緯"入"易類"之例。⑦

觀《隋志》以下之以"緯書"與"易類"並列于經部，其實即顯現較强烈的"緯可解經"之意味。故《舊唐志》"甲部經録"序言"讖緯類九，經解類十"，而内文則直將二類合編于一處，並曰"經緯九家，七經雜解二十七家"。⑧ 如此看，"經緯"實類于"經解"，當可理解爲"諸經之緯"。所以，《隋志》一系如此之部次，似將"易緯"置于一相當顯要之地位。而《崇文》以下諸目以"易緯"直入"易類"，與《易經》諸傳、注、疏比鄰而處，則更有進一步拔高"易緯"之意味。

相較之下，《總目》對"易緯"諸書之處理，則迥異于前代諸目。《總目》于"易類"著録諸書之後，存目諸書之前，附録"易緯"類圖書。這對于"易緯"而言，是相當尷尬之部次：雖曰亦隸屬于"易類"，然而，進既不能如《隋志》那樣佔有經部一類之席次，毋庸言如《崇文總目》那樣有與經、傳雜處之地位；退又不至于見斥諸子部，而與機祥、圖書諸派同流。

"易緯"案語即甚顯《總目》對是類圖書的矛盾態度。其既曰："儒者多稱'讖

① （唐）魏徵等：《隋書》卷 32《經籍志》，臺北：史學出版社，1974 年，第 940—941 頁。

② 按是書"甲部經録"序言爲"讖緯類九"，然内文又言"右三十六部，經緯九家"，略異爾。參見《舊唐書》卷 46《經籍志》，臺北：國泰文化事業有限公司，1977 年，第 1966 頁、第 1982—1983 頁。

③ （宋）歐陽修等：《新唐書》卷 57《藝文志》，臺北：鼎文書局，1976 年，第 1444—1445 頁。

④ 分見（宋）陳振孫撰：《直齋書録解題》卷 3，上海：上海古籍出版社，1987 年，第 79—80 頁；（元）馬端臨：《文獻通考》卷 15《經籍考》，臺北：新文豐出版公司，1986 年，第 382—383 頁。

⑤ 其經部"易類"即載《易緯》九卷與《周易乾鑿度》二卷。參見（宋）王堯臣等編次，（清）錢東垣輯釋：《崇文總目》卷 1，臺北：臺灣"商務印書館"，1965 年，第 2 頁。

⑥ 《遂初堂書目》經部"周易類"載有《乾鑿度》、《易緯》、《坤鑿度》、《周易通卦驗》四部"易緯"之書。參見（宋）尤袤撰：《遂初堂書目》，臺北：臺灣"商務印書館"，1965 年，第 1—2 頁。《郡齋讀書志》經部"易類"亦有《易乾鑿度》、《坤鑿度》諸"易緯"見録。參見（宋）晁公武撰，孫猛校證：《郡齋讀書志校證》卷 1，上海：上海古籍出版社，1990 年，第 7—8 頁。

⑦ （明）焦竑輯：《國史經籍志》卷 2，臺北：臺灣"商務印書館"，1965 年，第 12 頁。

⑧ （後晋）劉昫等：《舊唐書》卷 40《經籍志》，第 1966 頁、第 1982—1983 頁。

緯'。其實讖自讖，緯自緯，非一類也。讖者詭爲隱語，預決吉凶。……緯者，經之支流，衍及旁義"，"緯與讖別，前人固已分析之，後人連類而讖，非其實也"。頗有替緯正名之意，使其不致因雜與讖而見讖。然而，《總目》又以易緯"雜以術數之言，既不知作者爲誰，因附會以神其説，迨彌傳彌失，又益以妖妄之詞，遂與讖合而爲一"。故而概而言之曰："《乾鑿度》等七書，皆《易》緯之文，與圖讖之熒惑民志、悖理傷教者不同，以其無可附麗，故著録于《易》類之末焉。"①

　　由此觀之，"易緯"之所以得以次于經部，附于"易類"，非《總目》以"易中"之《易》目之，僅因其"無可附麗"不得已而採取的權宜之計。而"易緯"作爲"附録"間隔于經部"易中"之《易》與子部"易外"之《易》之間，從而成爲"易中"與"易外"之過渡地帶。而"附録"此"不經不子"之角色性質，又顯然使得"易緯"的身份變得頗爲撲朔迷離。較之前代諸目，"易緯"身份之模糊化，似透顯《總目》欲縮小"易類"範圍之意圖，體現《總目》判定儒家《易》的嚴謹態度。

　　"易類"範圍之收縮，從《總目》全部易學類作品之部次看，則是更爲明確的。仔細對比《總目》與前代諸目對易學類作品之部次，顯而易見：《總目》經部"易類"著録諸書于他目亦均屬經部"易類"，同時却有相當部分圖書在前代諸目中尚屬經部，而《總目》却始斥之于子部；被《總目》判爲數學宗、機祥宗之易學著作，均被逐出經部"易類"。如此一來，《總目》"易類"之範圍顯然遠遠狹于前代諸目。而"易類"範圍之收縮，顯然是《總目》爲儒家《易》正名之必然結果。蓋其之爲儒家《易》正名，無非是將所有不合其儒家經學理念之易學類相關著作，均驅逐出"易類"之園地。

二、易學儒道之辨是清儒的學術使命

(一) 對邵氏《易》定案，斥諸"術數類數學之屬"

　　陳摶、邵雍是易學中重"數"的一派，即"在奇偶之數的基礎上講卦爻象的變化"，"主'數生象'"。②《總目》述説是派之《易》亦曰："宋人以數言《易》，已不甚近于人事。又務欲究數之所以然，于是由卦畫推奇偶，由奇偶推《河圖》、《洛書》，由《河

---

①　(清)永瑢等：《四庫全書總目》卷6，第47頁。

②　參見朱伯崑：《易學漫步》，臺北：臺灣學生書局，1999年，第77頁。

圖》、《洛書》演爲黑白方圓、縱橫順逆，至于汗漫而不可紀，曰此作《易》之本也。"①邵雍一派因以奇偶之數推演《河圖》、《洛書》，並據此以建構其宇宙論，故而又被稱爲圖書派。

《易·繫辭上》雖明文曰"天垂象，見吉凶，聖人象之；河出《圖》，洛出《書》，聖人則之"云云，②然陳、邵之倫之以《圖》、《書》解《易》，是否果得"作《易》之本"呢？從歷代目録對其著作之部次看（見表一），亦可見其爭議之大。

表一　《四庫全書總目》與前代諸目對數學宗主要圖書部次比較表

《四庫全書總目》主要數學宗圖書	《皇極經世書》		《皇極經世觀物外篇衍義》		王湜《易學》	《正易心法》（術數存目）
《國史經籍志》	子部·儒家類		子部·儒家類			經部·易·論説
《文獻通考·經籍考》	子部·儒家類		子部·儒家類		經部·易類	經部·易類
《直齋書録解題》	經部·易類	子部·儒家類	經部·易類	子部·儒家類		經部·易類
《郡齋讀書志》	經部·易類		經部·易類		經部·易類	
《遂初堂書目》	子部·儒家類					經部·易類

《正易心法》，《總目》曰"舊本題宋麻衣道者撰"。所謂"麻衣道者"即陳搏，《總目》引朱熹之語，以其爲"爐火之末技"，"必近年術數末流"，而堅信"是書之僞妄審矣"，並斥之于"術數類存目"。③ 然而，所見凡有載是書之宋元明書目，均以之入經部"易類"。此或許有《總目》所批判的"古來諸家著録""往往循名失實，配隸乖宜"的原因，④然而，歷代易學潮流之發展，及其對目録學之影響，當亦不可忽視。按朱伯崑講宋代易學之格局，曰："張載創氣學派，程頤創理學派，同邵雍的數學派，成爲三足鼎立之勢。"⑤陳搏易學爲邵雍易學所自出；又三朝學術內部雖亦爭論頗烈，然均乃宋明理學一脉而下，故其對陳搏、邵雍一派數學《易》之排斥，顯然不若清儒之烈。從而，三朝目録之置《正易心法》于經部"易類"，亦有其學術根據。

① （清）永瑢等：《四庫全書總目》卷6，第47頁。
② （宋）朱熹：《周易本義·繫辭上傳第五》，上海：上海古籍出版社，2002年，第123頁。
③ （清）永瑢等：《四庫全書總目》卷110，第932頁。
④ （清）永瑢等：《四庫全書總目》卷首《凡例》第六則，第17頁。
⑤ 朱伯崑：《易學哲學史》第二卷，第113頁。

　　然而,這也並不能説明三朝目録學家對數學《易》的正宗地位之完全認同,他們對邵雍《皇極經世書》,及邵氏後學諸書之部次,即顯見當時學術界對此派《易》説的判定是何其游移不定。如"表一",《皇極經世書》與《觀物外篇衍義》,《郡齋讀書志》均將它們列入經部"易類",而《遂初堂書目》,《文獻通考》,《國史經籍志》均以其入子部"儒家類"。經子之别,實即經學地位之别。得入"儒家類",亦不同于經部"易類"之儒家《易》。然而,這亦僅係不同目録學家意見之分歧,尚易理解;至于陳振孫《直齋書録解題》,則更將二書分别同時録入經部"易類"與子部"儒家類"。

　　綜合上述,宋,元,明三朝對陳,邵數學《易》雖並非全然否定,但對他們在易學中的正統性地位,實亦處于然疑之間。此所謂然疑,一者就不同目録對同一圖書之部次而言;一者就同一目録對同一易學系統不同圖書(甚至同一圖書)之部次而言。

　　而至《四庫全書總目》,則對前代猶豫不決之分判予以定案,一概斥之于子部"術數類數學之屬"中。《總目》如此之部次,較之前代諸目,分明顯現其對數學《易》更加徹底的排斥態度。此態度在《總目》中,在在可見,如其評《易學殘本》亦曰:

　　　　其大旨附會《河》,《洛》,推演奇偶,紛紜繆轕,展卷如歷家之數表。所謂聖人因象示教之本旨,渺不知其所在。以此爲作《易》之奥,則老算博士人人皆妙契先天矣。[①]

以"歷家之數表",“老算博士"如此辛辣之言辭,挖苦諷刺數學易家,其貶斥態度甚矣。

　　《總目》對圖書數學《易》之排斥,最重要的原因,恐即在于認爲是派之《易》乃源于道家之"異學"。《總目》評胡渭《易圖明辨》曰:

　　　　元陳應潤作《爻變義藴》,始指先天諸圖爲道家假借《易》理以爲修煉之術。吳澄,歸有光諸人亦相繼排擊,各有論述。國朝毛奇齡作《圖書原舛編》,黃宗羲作《易學象數論》,黃宗炎作《圖書辨惑》,爭之尤力。……渭此書……皆引據舊文,互相參證,以箝依托者之口,使學者知圖書之説,雖言之有故,執之有理,

---

①　(清)永瑢等:《四庫全書總目》卷8,第63頁。

乃修煉、術數二家旁分《易》學之支流，而非作《易》之根柢。①

　　此即《總目》何以屢借朱熹之語，指斥邵雍之《易》爲"易外別傳"之故也，如"朱子以康節之學爲《易》外別傳，持論至確"，"邵子之學，朱子以爲《易》外別傳"云云，②此均《總目》否定邵氏《易》爲儒家正統易學之顯例。

　　《總目》對邵雍之貶抑，非止于不許其入經部"易類"，甚至連前代諸目以其入子部"儒家類"，《總目》亦頗爲不滿：

> 　　《皇極經世》雖亦《易》之餘緒，而實非作《易》之本義。諸家著録，以出于邵子，遂列于"儒家"。然古之儒者，道德仁義，誦説先王；後之儒者，主敬存誠，闡明理學。均無以數爲宗之事，于義頗屬未安。夫著述各有體裁，學問亦各有派別……邵子既推數以著書，則列之術數，其亦更無疑義矣。③

其貶抑之意甚明。

　　《總目》對陳、邵數學《易》之排詆，其實即是清儒對宋易圖書宗批判潮流在目録學上之反映。誠如上引《易圖明辨提要》，有清一代，自黃宗羲《易學象數論》，其弟黃宗炎《圖書辨惑》，至毛奇齡《河圖洛書原舛編》、《太極圖説遺議》，以至胡渭《易圖明辨》，整個易學界掀起了批判陳摶、邵雍圖書數學《易》之思潮。這是清儒在儒學全面迴歸經典的過程中，清理道教思想闌入儒學經典的運動中重要一環。從而，在迴歸易學經典時，將其中闌入之道教思想排除在外，分判儒家之《易》與道教之《易》，將屬道者還諸道，從而復原他們所認同的作爲儒家群經之首的《易》之本原面貌。這便成爲其時儒家易學家的重要工作與學術使命。此中，邵雍作爲宋儒兼宋

---

　　① （清）永瑢等：《四庫全書總目》卷 6，第 39—40 頁。提要中所謂"先天諸圖"、"圖書之説"，均指邵雍以下之圖書數學《易》而言。按，陳邵之《易》，以乾坤坎離爲四正卦，推衍出"先天圖"，以其爲伏羲所畫，係《周易》的基本原理，先于《周易》而有；而漢易中坎離震兑爲四正卦的圖式，則被以爲是文王之《易》，是伏羲《易》的推衍，被稱爲"後天圖"。參見朱伯崑：《易學漫步》，第 86 頁。

　　② （清）永瑢等：《四庫全書總目》卷 6，第 48 頁；卷 10，第 80 頁。《四庫全書總目》抨擊邵雍及其學説爲"易外別傳"的提要，可參見《易漢學提要》、《周易明善録提要》、《皇極經世書提要》、《周易懸鏡提要》，分見《四庫全書總目》，第 44、70、915、945 頁。

　　③ （清）永瑢等：《四庫全書總目》卷 108，第 919 頁。

易之泰山北斗,却據道家學説而説《易》,便不可避免成爲重點批判之對象。①

在如此思潮下産生的《四庫全書》,其之編纂即在强烈的"尊經崇儒的衛道觀念"指導下開展的,②《總目》作爲《全書》主要的思想傳達渠道,其"尊經崇儒"觀念更突出。在此基礎上,《總目》對其時見存之易學類圖書進行統一整理,通過對圖書重新部次,藉此對儒家《易》與道家《易》進行目録學上的清理與分判,這無疑是更加全面且更加徹底的。

(二) 對純正道家《易》的徹底摒棄

《總目》曰:"數者《易》之本,主數太過,使魏伯陽、陳摶之説竄而相雜,而《易》入于道家。"③可見在《總目》看來,數學《易》迷途尚不知返,則必墜入道家《易》之禁地。《總目》對稍涉道術的儒學宗師邵雍尚且如上述般不能容忍,其對純然的道家《易》之排擊更是可想而知。歷代道家《易》首屈一指之代表著作,當數魏伯陽所著、有"萬古丹經王"之稱的《周易參同契》。④

按:《周易參同契》有"爐火之事,真有所據;三道由一,俱出經路"之説。⑤ 據朱伯崑,"三道"有"《周易》、黄老和煉丹術"與"金木火"等不同解釋,"三道同一而相合"即所謂"參同契"。朱伯崑認爲:"無論哪種解釋,'參同契'前,冠以"周易",表明作者企圖用《周易》的原理解釋煉丹術,這是無疑的。"⑥

正緣于《參同契》如此明確之企圖,故歷代諸目,多以其子部而非經部(見表二)。而其在子部所隸屬之類别,表面上看似頗有歧異,然實皆旨于將之區别于學

---

① 關于有清一代易學思潮的儒道之辨,及清儒對宋易圖書派之批判,鄭吉雄曾有詳盡討論,參見鄭吉雄:《〈易圖明辨〉與儒道之辨》,《易圖象與易詮釋》,臺北:"國立"臺灣大學出版中心,2004 年,第83—124 頁。

② 相關《四庫全書》"尊經崇儒"思想傾向,參見吴師哲夫:《四庫全書所表現的傳統文化特色考探》,《故宮學術季刊》第 12 卷第 2 期,1994 年 12 月,第 6—18 頁。

③ (清)永瑢等:《四庫全書總目》卷 6,第 35 頁。唯此中所謂"數者《易》之本",可能是一個不嚴謹或歧出的説法。因爲《總目》的易學觀,在總體上實有"重象斥數"而以"象"爲《易》之本的傾向。參見拙文:《〈四庫全書總目〉"易學觀"的探討》,第四屆全國中文學科博士生學術論壇會議論文,廣州,2015 年9 月。

④ 孟乃昌《〈周易參同契〉三十四家注釋集萃·自序》論《周易參同契》説:"自北宋以來,它被煉丹家高先或張伯端稱爲'萬古丹經王',即受到一致公認。"孟乃昌、孟慶軒輯編:《萬古丹經王:〈周易參同契〉三十四家注釋集萃》,北京:華夏出版社,1993 年,第 1 頁。

⑤ 孟乃昌、孟慶軒輯編:《〈周易參同契〉三十四家注釋集萃·大易情性章第八十五》,第 359 頁。

⑥ 朱伯崑:《易學哲學史》第一卷,第 221 頁。

術性的道家著作。如《文獻通考》、《直齋書録解題》、《郡齋讀書志》三目,均有"道家類"立于"儒家類"之後,[①]此在子部當屬相當顯要之部次;而其《參同契》相關圖書却收録于"神仙類"之中。同樣,兩《唐書》雖亦有"道家類"次于"儒家類",而以《參同契》入"五行類";[②]《崇文總目》亦有"道家類"不入而入"道書類"。[③]《國史經籍志》中,《參同契》雖入"道家類",然其亦别立"參同契"子目以區别于"老子"、"莊子"、"諸子"等學術性道家著作。[④] 上述諸目如此部次,似有著意將"道教"與"道家"相區别的文化用意,即將具有道教煉丹傾向的《參同契》從學術思想性的道家著作中分離出來。

表二　歷代主要目録《周易參同契》部次情況比較表

書　目	部　目	收録《參同契》相關著作
《四庫全書總目》	子部·道家類	《周易參同契通真義》等四部
《國史經籍志》	子部·道家·參同契	《參同契分章通義》等七部
《文獻通考》	子部·神僊類	《參同契分章真義》等六部
《直齋書録解題》	子部·神仙類	《參同契分章通真義》等四部
《郡齋讀書志》	子部·神仙類	《彭曉注參同契》等三部
《遂初堂書目》	子部·道家類	《參同契分章通義》等二部[⑤]
《唐書·藝文志》	子部·五行類	《魏伯陽周易參同契》一部
《崇文總目》	子部·道書類	《參同契心鑒》等五部
《舊唐書·經籍志》	子部·五行類	《周易參同契》一部

唯《總目》與《遂初堂書目》將《參同契》與其他學術性道家著作混而爲一,均直入"道家類",且不另立子目以區别之。然二目之間,又有微妙的區别。《遂初堂》"道家類"乃僅次于"儒家"、"雜家"而躋身子部前列,[⑥]此實可理解爲將"道教"之《參

---

　　① 《文獻通考》"道家類",見(元)馬端臨:《文獻通考》卷 38《經籍考》,第 881—910 頁;《直齋書録解題》"道家類",見(宋)陳振孫撰:《直齋書録解題》卷 9,第 285—290 頁;《郡齋讀書志》"道家類",見(宋)晁公武撰,孫猛校證:《郡齋讀書志校證》卷 11,第 456—490 頁。
　　② 分見(後晉)劉昫等:《舊唐書》卷 47《經籍志》,第 2023 頁;(宋)歐陽修、宋祁:《新唐書》卷 59《藝文志》,第 1509 頁。
　　③ (宋)王堯臣等編次,(清)錢東垣輯釋:《崇文總目》卷 3"道家類",第 133—138 頁。
　　④ 參見(明)焦竑輯:《國史經籍志》卷 4 上,第 123—126 頁。
　　⑤ 另有《李都參同契》一部載于經部"周易類",然其他書目均未見有李都所注之《參同契》,未知其故。參見(宋)尤袤:《遂初堂書目》,第 1 頁。
　　⑥ (宋)尤袤:《遂初堂書目》,第 16—19 頁。

同契》視同"道家"之學術著作,實即昇之也。而在《總目》則全然不同,其之以"道家類"殿子部諸類,實別于前代諸目而獨降"道家類"。《總目》曰:"二氏,外學也。故次以釋家,道家終焉。"①"道家"之于《總目》,恐是歷代諸目中地位最卑微之部次。《參同契》側于其間,則有混而一同貶斥之意味。是以歷代諸家之易中,以《參同契》爲代表的道家《易》,乃《總目》至爲不屑者。

職此之故,《經義考》之以《參同契》入"易類",其至《唐志》之以入"五行類",都讓《總目》極爲不滿,曰:

> 《唐志》列《參同契》于五行類,固爲失當;朱彝尊《經義考》列"周易"之中,則又不倫。惟葛洪所云得魏伯陽作書本旨,若預睹陳摶以後牽異學以亂聖經者。是此書本末源流,道家原了了,儒者反憒憒也。今仍列之于道家,庶可知丹經自丹經,《易》象自《易》象,不以方士之説淆羲、文、周、孔之大訓焉。②

其之執意如此區分,更顯然是順應清儒分判儒《易》與道《易》之學術使命。其不單要將道《易》之《參同契》驅逐出儒《易》之經部"易類",更要嚴謹地將它請回"道家類",以申明其本身具有之名分。此即《總目》以其學術觀念,通過部次圖書,爲易學流派"剖析條流"、"辨章學術"的努力。故《易外別傳提要》曰:"蓋一家之書,可以不分品目,自相繫屬。若區別門類,則宗旨各殊,不容以黃、老之談,參羲、文之笈矣。"③而道《易》與"道家類"一同被斥于子部之末,則更是盡顯《總目》分判儒道的堅決。

三、京焦之《易》均判爲術數占卜之書

(一) 機祥《易》被排除出經部始自《總目》

《總目》不喜機祥宗孟喜、京房、焦延壽之《易》,而斥之于子部"術數類占卜之屬"。其于《易漢學提要》即借《漢書》與劉向之口,誅討其至排擠孟、京、焦三家之《易》:

---

① （清）永瑢等:《四庫全書總目》卷 91,第 769 頁。
② （清）永瑢等:《四庫全書總目》卷 146,第 1248—1249 頁。
③ （清）永瑢等:《四庫全書總目》卷 146,第 1253 頁。

考漢易自田王孫後,始岐爲施、孟、梁丘三派。然《漢書·儒林傳》稱:"孟喜得《易》家候陰陽灾變書,詐言田生且死時,枕喜独獨傳。而梁丘賀疏通証明,謂田生絶于施讐手中。時喜歸東海,安得此事?"又稱:"焦延壽嘗從孟喜問《易》,京房以爲延壽即孟氏學,而翟牧、白生不肯,皆曰非也。"劉向亦稱:"諸《易》家説皆祖田何、楊叔、丁將軍,大義略同,惟京氏爲異黨。"則漢學之有孟、京,亦猶宋學之有陳、邵,均所謂《易》外別傳也。……孟、京兩家之學,當歸術數。[①]

《總目》用《漢書》與劉向之説,而推導出"漢學之有孟、京,亦猶宋學之有陳、邵,均所謂《易》外別傳也"之結論。從而,除已亡佚之孟氏《易》外,其時尚見存之焦氏《易林》十六卷、《京氏易傳》三卷,均被《總目》斥入子部"術數類占卜之屬"。然而,究劉向與班固之意,其雖以孟、京、焦爲"異黨",却不必以其爲"易外別傳"也。

考諸《漢書·藝文志》,其《六藝略》"易類"所載十三家書,即有"《易經》十二篇,施、孟、梁丘三家"、"《孟氏京房》十一篇,《灾異孟氏京房》六十六篇,五鹿充宗《略説》三篇,《京氏段嘉》十二篇"、"《章句》施、孟、梁丘氏各二篇"等三家明顯與孟、京之《易》相關。[②]可見,劉向、班固並不否認孟、京《易》之經學地位,更何從以其爲"易外"? 而自劉、班以降,孟、京、焦三家之《易》的經學地位,雖頗受動搖,但亦並不曾被完全排除在經部以外。是派易學之完全脱離經部,似始于《總目》。

由表三可見,自《隋志》以下諸目,均將《總目》所謂機祥宗之《易》分別録入經部或子部。析言之,孟、京之《章句》與《易傳》,均入經部"易類",僅《文獻通考》與《直齋書録解題》又以京氏《易傳》兼入子部。京房除《易傳》以外之《易》著,則多入子部五行或占筮類。可見《總目》以前,學術界認爲京氏易學體系,乃分經解與占筮兩個系統。而焦氏《易林》雖多被録入子部,然《文獻通考》、《郡齋讀書志》、《遂初堂書目》亦同時以其入經部。易言之,歷代蓋多以孟、京解經之《章句》、《易傳》爲經部,而京、焦講述占筮之書則入子部。如此之區別,當更爲合理。然《總目》則毋論偏重于解經之《京氏易傳》,抑或講述占筮之《焦氏易林》,一概編入"術數類占卜之屬"。

---

① (清)永瑢等:《四庫全書總目》卷6,第44頁。
② (東漢)班固:《漢書》卷30,第1703—1704頁。

表三　《四庫全書總目》與諸目收録機祥宗圖書部次比較表

	《四庫全書總目》著録之機祥宗圖書在他目中之部次				《四庫全書總目》未著録而見于他目之機祥宗著作		
	《焦氏易林》		《京氏易傳》		孟氏《易》	其他著作	
《國史經籍志》	子部·五行類·易占		經部·易		經部·易	經部·讖緯載一部	子部·易占載九部
《文獻通考》	經部·易類	子部·占筮類	經·易類	子·占筮	經部·易類	子部·占筮載二部	
《直齋書録解題》	子部·卜筮類		經·易類	子·卜筮		子部·卜筮載二部	
《郡齋讀書志》	經部·易類		經部·易類				
《遂初堂書目》	經部·周易類	子部·數術類	經部·周易類			子部·數術載三部	
《唐書·藝文志》	子部·五行類		經部·易類		經部·易類	子部·五行載五部	
《崇文總目》	子部·卜筮類					子部·卜筮載一部	
《舊唐書·經籍志》	子部·五行類		經部·易類		經部·易類	子部·五行載六部	
《隋書·經籍志》	子部·五行類		經部·易類		經部·易類	子部·五行載十一部	

　　從易學史的角度看，《總目》之斥京、焦《易》于子部"占卜之屬"，雖似符合是派"因數以觀吉凶"之易學屬性，然似亦忽視了其易學史地位。《後漢書·儒林傳》述漢代易學現狀曰："施、孟、梁丘、京氏，四家皆立博士，費、高二家未得立。"[①]孟、京二氏之《易》得立爲漢代經學博士，此乃代表當時經學正統地位之象徵。而漢代五經博士相互傾軋，不同經師派系之間互以"異黨"相斥，均是習以爲常之事，故《總目》上引《漢書》及劉向之語以孟京爲"異黨"云云，實亦不足以駁二氏易學之經學正統地位。而《漢書·藝文志》之列二氏之《易》于《六藝略》，却適足以證明其易學正統地位。故而，朱伯崑即認爲，孟、京易學雖被劉向視爲"異黨"，但其易學哲學之内容却富有創造性，從而實際上代表了漢代官方主流易學之取向。[②] 但代表漢代官方

<hr>

　　①　(南朝宋)范曄撰，(清)王先謙集解：《後漢書集解》卷79《儒林列傳第六十九上》，北京：中華書局，1984年影印本，第891頁。
　　②　朱伯崑：《易學哲學史》第一卷，第114、127頁。

經學正統之孟、京、焦易學，到了以復興漢易自許的清代之《總目》，①却成爲"易外別傳"而被徹底斥諸經部之外。漢清易學如此差異，頗爲耐人尋味；而《總目》如此之部次，亦似待商榷。

《總目》雖曰基于經學《易》之角度部次諸家《易》著，然其以後代積成之學術偏見貶抑前代之易學流派，此固然可謂之代表易學思想之新潮流，却似有割裂易學學術源流之嫌。機祥《易》本曾爲經學《易》之正統，因不合于《總目》易學觀，而被强行割"經"入"子"，從而使《總目》自詡之經學《易》架構有所缺失而不盡完備。

(二) 清代實用理性思潮不容迷信占卜之《易》

究《總目》之排擊機祥宗，其中一個顯著的原因，即在于其認爲孟、京、焦之《易》"不出于經師"，授受無源。其曰：

> 陰陽灾異之説始于孟喜，別得書而托之田王孫。焦延壽又別得書而托之孟喜。其源實不出于經師。朱彝尊《經義考》備列焦、京二家之書，蓋欲備易學宗派，不得不爾。實則以《隋志》列五行家爲允也。今退置"術數類"中，以存其真。②

其次，恐怕還要推原于機祥《易》與有清一代之學術潮流不合。就《易》之原理而言，《易》當係"象"、"數"、"理"三位一體之學問。三者之間，彼此不能相離，此即《總目》所謂"盈虚消息，理之自然也。理不可見，聖人即數以觀之，而因立象以著之"，"象也者，理之當然也，進退存亡所由決也；數也者，理之所以然也，吉凶悔吝所由生也。"③理論上雖如此，然歷代易家之講《易》，皆難免有所偏倚。其中"象"與"數"在原理上較趨近，故"象數"成爲一大派，而"理"則形成"義理"一派，此即《總目》"兩派六宗"之"兩派"。然象數派之中，又有偏"象"或偏"數"者。與上述陳摶、邵雍數學宗相似，機祥宗實亦是象數派中偏"數"之一宗，只是其用《易》之"數"行占

---

① 朱伯崑將易學分爲四大階段(漢、晋唐、宋、清)兩大流派(象數、義理)。其中漢易主象數，而清易則有復興漢易之潮流。參見朱伯崑：《易學漫步》，第77—78頁。
② (清)永瑢等：《四庫全書總目》卷109，第924頁。
③ (清)永瑢等：《四庫全書總目》卷1，第47頁。

卜之事,在目的上區別于數學派之以《易》"數""窮究造化"而已。《總目》"術數類占卜之屬"案語即曰:"今于凡依托《易》義,因數以觀吉凶者,統謂之占卜。"[①]

《總目》之易學觀念,從總體而言順應了清易復興漢代象數易之學術潮流,但如前述,《總目》所主張的象數易,却毋寧是相對偏重于"象"之象數易。如此之易學取向,必然會對窮究"數"理之易學流派產生反感。陳、邵數學宗,京、焦機祥宗,很大程度上都是基于此一原因而遭壓抑。同時,也基于此一原因,《總目》認爲漢易機祥宗與宋易數學宗之間,存在著某種因果關係,其曰:

> 蓋《易》至京房、焦延壽而流爲方術,至陳搏而岐入道家,學者失其初旨,彌推衍而輾轉彌增。[②]

正因爲有京、焦《易》爲方術,才會有陳、邵之數學《易》,並最終使《易》"岐入道家"。《總目》所欲維護者,乃儒學《易》。在《總目》看來,京、焦《易》從邏輯上是開啟道家《易》的始作俑者,宜其不爲《總目》所容。

此外,清代主流學術有理性迴歸之傾向。從而,"以實心勵實行,以實行勵實用"的實用主義價值傾向,在在可見于《總目》四部之提要。[③] 在實用理性主義價值觀的觀照下,"因數以觀吉凶"機祥宗易學,其非理性的方技迷信色彩,顯然也是《總目》所不能海涵的。《總目·凡例》即申明:

> 九流自《七略》以來,即已著録。然方技家遞相增益,篇帙日繁,往往偎妄荒唐,不可究詰。抑或卑瑣微末,不足編摩。今但就四庫所儲,擇其稍古而近理者,各存數種,以見彼法之梗概。其所未備,不復搜求。蓋聖朝編録遺文,以闡聖學、明王道者爲主,不以百氏雜學爲重也。[④]

在《總目》看來,因"數"説《易》已是"汗漫而不可紀",何況機祥宗"因數以觀吉

---

① (清)永瑢等:《四庫全書總目》卷109,第925頁。
② (清)永瑢等:《四庫全書總目》卷6,第36頁。
③ 關于《四庫全書總目》的實用主義價值傾向,參見周積明:《文化視野下的〈四庫全書總目〉》,第21—49頁。
④ (清)永瑢等:《四庫全書總目》卷首《凡例》,第19頁。

凶"，則更是"僞妄荒唐不可究詰"矣。在此思維邏輯之下，京、焦《易》勢必不能見録于《總目》經部矣。只是，《易》自始即是卜筮之書，最能體現《總目》易學總體立場的《易類叙》，對此亦未嘗有所否認。其所謂："《左傳》所記諸占，蓋猶太卜之遺法。"[①]卜筮，則無非在于觀吉凶。《左傳》諸占亦無非是"觀吉凶"之《易》。從而，《總目》何以得以《左傳》諸占爲"太卜遺法"而許之，而同是"觀吉凶"之機祥宗却只落得個"僞妄荒唐不可究詰"？此恐怕有雙重標準之虞。

最後，《總目》對機祥宗易學地位之誤判，恐怕也是其中重要原因。在《總目》看來，孟、京《易》乃出自"易緯"。《易緯稽覽圖提要》即曰："蓋即孟喜、京房之學所自出。漢世大儒言《易》者，悉本于此，最爲近古。"[②]于漢世"最爲近古"的"易緯"尚且附屬于"不經不子"之"易類"附録，由其派生而出之孟、京機祥《易》固不能入經矣。

然而，孟京《易》是否確出于"易緯"，是值得深入討論的。苟"易緯"果"漢世大儒言《易》者"所本，何以《漢書·藝文志》全無載籍？相反孟京之《易》見載？是以，朱伯崑先生即據劉勰先讖後緯説，[③]並分析"易緯"與《京氏易傳》内容上的關係後判定："《易緯》乃孟京易學的發展，出于孟京之後，或劉歆《三統曆》之後，《乾鑿度》乃《易緯》解易的代表著作。其中許多觀點是對《京氏易傳》的闡發。"[④]機祥《易》與"易緯"確是一脉相承，只是機祥在前而易緯在後。倘若機祥《易》之"因數以觀吉凶"爲"僞妄荒唐不可究詰"，則承其而出之"易緯"亦不當獨居"易類附録"。然以《總目》之理性意識，足以袪機祥《易》之"僞妄荒唐"，却未足以袪"易緯"之"僞妄荒唐"，此蓋礙于班固"聖人作經，賢者緯之"之陳説。[⑤] 但班氏固不否定"易緯"之"賢"，亦未嘗否定孟京《易》之經學地位。而《總目》以班氏之見爲自己學術主張之"脚注"，僅取可爲己用者而已，從而有去取失據之嫌。

---

① （清）永瑢等：《四庫全書總目》卷1，第1頁。
② （清）永瑢等：《四庫全書總目》卷6，第46頁。
③ 劉勰《文心雕龍·正緯第四》曰："原夫圖籙之見，乃昊天休命，事以瑞聖，義非配經。故河不出圖，夫子有嘆，如或可造，無勞喟然。昔康王河圖，陳于東序，故知前世符命，歷代寶傳，仲尼所撰，序録而已。于是伎數之士，附以詭術，或説陰陽，或序災異，若鳥鳴似語，蟲葉成字，篇條滋蔓，必假孔氏。通儒討核，謂起哀平，東序秘寶，朱紫亂矣。"是即謂圖讖之説，至劉漢哀平年間，經伎數之士附以陰陽灾異，並假托孔子而成緯説。孟京在哀平前，是孟京《易》早于"易緯"也。〔（南朝梁）劉勰著，范文瀾注：《文心雕龍注》卷1，北京：人民文學出版社，1962年，第30頁〕
④ 朱伯崑：《易學哲學史》第一卷，第161頁。
⑤ （清）永瑢等：《四庫全書總目》卷6，第47頁。

四、結論

圖書目録的部次是可以體現編目者乃至其所在時代之學術思想的。從分析《四庫全書總目》對易學類圖書之部次，可見清儒通過《總目》之編纂，分判儒家之《易》與非儒家之《易》的努力。前者被歸爲"易中正經"而列入經部"易類"，後者則被視爲"易外別傳"而斥諸子部。《總目》在"易中"與"易外"之間，又將"易緯"作爲"附録"安插于"易類"之末，此"不經不子"之模糊身份，體現《總目》判定儒家《易》的嚴苛態度，同時也有縮小"易類"範圍之意。被《總目》斥入子部的"易外別傳"，在前代目録部次中，有相當一部分均被納入經部，即視爲經學正統。《總目》之將其排除于經部之外，則更彰顯其收攏儒家經學《易》之動機。

被離析出來的"易外別傳"，大體有漢易中的京焦禨祥占卜《易》、宋易中的陳邵數學《易》，以及所謂道家《易》。據《總目》之"剖析條流"，邵雍數學《易》之圖書説，實源于道家煉丹術，故《總目》對此兩派之排斥，實均可看作爲清儒對易學進行儒道分判的學術潮流在目録學上的展現。或緣于邵雍崇高的儒學地位，歷代目録對邵氏《易》之部次頗無定論，或經或子，《總目》則順承清儒清除經典文獻中的道家思想之學術潮流，徹底將邵氏數學《易》排除于經部之外。而道家《易》則更是與道家學説一道殿子部之末，其貶抑之意益顯。至于京焦占卜《易》，實曾爲漢代官方經學《易》之正統，所以自《漢志》以下亦多以其解經一部分著作列入經部，唯專主占卜一部分著作列入子部。但《總目》在有清一代實用主義思潮的影響下，以更理性的態度看待《易》，從而亦將是派之學排斥于儒家經學《易》之外。

（蔡智力　輔仁大學）

《四庫全書總目·周禮類》所載學術流別管窺

　　《四庫全書總目·周禮類》(《四庫全書總目》,以下簡稱《總目》)提要凡 61 篇 (正編 22 篇,存目 39 篇),于歷代著作剖析源流,考辨得失,可以視爲一部簡明的清中期以前《周禮》學史。今就筆者管見所及,試論其編撰心曲及學術史觀,不當之處,敬請方家指正。

　　《總目·周禮類》提要較爲關注各書之間的學術淵源,凡沿襲傳承之處悉加點明,將其提供的綫索匯集貫串,首先可劃出三個大的流別。

(一) 遵循經注舊文者

　　1. 宋易袚《周官總義》:"雖持論互有短長,要皆以經釋經,非鑿空杜撰。"①

　　2. 宋朱申《周禮句解》:"大略根據注疏,義取簡約。"②明孫攀《古周禮釋評》:"因朱申《周禮句解》稍爲訂補,別以音釋、評語標注上方。"③明徐昭慶《考工記通》:"此注本之朱周翰之《句解》。"④

　　3. 明郎兆玉《古周禮》:"自別于俞庭椿諸人之改本也。其注皆鈔撮舊文,罕能通貫。"⑤明陳仁錫《重校古周禮》:"即因兆玉本也。……其注釋多剟朱申《句解》。"⑥

　　4. 明王志長《周禮注疏删翼》:"于鄭注賈疏多刊削其繁文,故謂之删。又雜引諸家之説,以發明其義,故謂之翼。……亦多採宋以後説,浮文妨要,蓋所不免,而能以注疏爲根柢,尚變而不離其宗。"⑦

---

① (清)永瑢等:《欽定四庫全書總目》卷 19,北京:中華書局,1997 年,第 239 頁。
② (清)永瑢等:《欽定四庫全書總目》卷 19,第 240 頁。
③ (清)永瑢等:《欽定四庫全書總目》卷 23,第 289 頁。
④ (清)永瑢等:《欽定四庫全書總目》卷 23,第 289 頁。
⑤ (清)永瑢等:《欽定四庫全書總目》卷 23,第 288 頁。
⑥ (清)永瑢等:《欽定四庫全書總目》卷 23,第 289 頁。
⑦ (清)永瑢等:《欽定四庫全書總目》卷 19,第 244 頁。

5. 清李光坡《周禮述注》:"取注疏之文,删繁舉要,以溯訓詁之源,又旁採諸家,參以己意,以闡製作之義。雖于鄭、賈名物度數之文,多所刊削,而析理明通、措詞簡要,頗足爲初學之津梁。"①清李鍾倫《周禮訓纂》:"其佺鍾倫亦有《周禮訓纂》,與光坡此書體例相近。"②清李大浚《周禮拾義》:"書中多載李光地説,蓋大浚爲光地之族云。"③(按李光地、李光坡、李鍾倫治《周禮》一脈相承,故《總目》稱"蓋其家學如是也"④。)

6. 清惠士奇《禮説》:"説《禮》則必以鄭氏爲宗,亦猶説《春秋》者必以《左傳》爲本。鄭氏之時,去周已遠,故所注《周禮》,必比擬漢制以明之。……士奇此書,于古音、古字皆爲之分別疏通,使無疑似,復援引諸史百家之文,或以證明周制,或以參考鄭氏所引之漢制,以遞求周制而各闡其製作之深意,在近時説禮之家,持論最有根柢。"⑤

7. 清沈彤《周官禄田考》:"不見于經者,或求諸注;不見于注者,則據經起例,推闡旁通,補經所無,乃適如經之所有。其説精密淹通,于鄭賈注疏以後,可云特出。"⑥

8. 清江永《周禮疑義舉要》:"是書融會鄭注,參以新説,于經義多所闡發。"⑦

(二)《周禮新義》及受其影響者

1. 宋王安石《周禮新義》:"王昭禹、林之奇、王與之、陳友仁等注《周禮》,頗據其説。《欽定周官義疏》亦不廢採用。"⑧

2. 宋王昭禹《周禮詳解》:"蓋當時三經新義列在學官,功令所懸,故昭禹因之不改。"⑨

3. 宋王與之《周禮訂義》:"故宋人釋周禮者,如王與之《訂義》、林之奇《講義》多

---

① (清)永瑢等:《欽定四庫全書總目》卷19,第245頁。
② (清)永瑢等:《欽定四庫全書總目》卷19,第245頁。
③ (清)永瑢等:《欽定四庫全書總目》卷23,第296頁。
④ (清)永瑢等:《欽定四庫全書總目》卷19,第245頁。
⑤ (清)永瑢等:《欽定四庫全書總目》卷19,第246頁。
⑥ (清)永瑢等:《欽定四庫全書總目》卷19,第247頁。
⑦ (清)永瑢等:《欽定四庫全書總目》卷19,第248頁。
⑧ (清)永瑢等:《欽定四庫全書總目》卷19,第236頁。
⑨ (清)永瑢等:《欽定四庫全書總目》卷19,第237頁。

引其(《周禮詳解》)説"①，"以當代諸儒爲主，古義特附存而已。蓋以義理爲本，典制爲末，故所取宋人獨多矣。"②清高愈《高注周禮》："書中採前人之説多本諸王昭禹《訂義》(筆者按：昭禹當作與之)，亦間有發明。"③清姜兆錫《周禮輯義》："此書多本《周禮訂義》，攻詰鄭注。"④

4. 元陳友仁編《周禮集説》："于王安石《新經義》採摘尤多。"⑤

5. 宋夏休《周禮井田譜》："一二迂儒乃竊竊然私議復之，是亂天下之術也。使果能行，又豈止王安石之新法哉？"⑥

6. 明魏校《周禮沿革傳》："校于數千年後乃欲舉陳迹以繩今，不亂天下不止。"⑦

7. 明王應電《周禮傳》："受業魏校之門，其書中稱師云者，即述校語。"⑧

(三)《周禮復古編》及受其影響者

1. 宋俞庭椿《周禮復古編》："復古之説，始于庭椿。厥後丘葵、吳澄皆襲其謬，説周禮者，遂有冬官不亡之一派，分門別户，輾轉蔓延，其弊至明末而未已。"⑨

2. 宋葉時《禮經會元》："謂《冬官》散見五官，亦俞庭椿之瑣説，時不咎其亂經，陰相襲用，反以讀鄭注者爲叛經，慎又甚矣。"⑩明唐樞《周禮因論》："蓋本葉時《禮經會元》之説。"⑪

3. 元丘葵《周禮補亡》："俞庭椿爲變亂古經之魁，而葵與王與之爲煽助異説之黨。"⑫

4. 明柯尚遷《周禮全經釋原》："尚遷宗俞庭椿之説，稍爲變易。"⑬

---

①　(清) 永瑢等：《欽定四庫全書總目》卷 19，第 237 頁。
②　(清) 永瑢等：《欽定四庫全書總目》卷 19，第 239 頁。
③　(清) 永瑢等：《欽定四庫全書總目》卷 23，第 290 頁。
④　(清) 永瑢等：《欽定四庫全書總目》卷 23，第 295 頁。
⑤　(清) 永瑢等：《欽定四庫全書總目》卷 19，第 241 頁。
⑥　(清) 永瑢等：《欽定四庫全書總目》卷 23，第 296 頁。
⑦　(清) 永瑢等：《欽定四庫全書總目》卷 23，第 297 頁。
⑧　(清) 永瑢等：《欽定四庫全書總目》卷 19，第 242 頁。
⑨　(清) 永瑢等：《欽定四庫全書總目》卷 19，第 237 頁。
⑩　(清) 永瑢等：《欽定四庫全書總目》卷 19，第 238 頁。
⑪　(清) 永瑢等：《欽定四庫全書總目》卷 23，第 287 頁。
⑫　(清) 永瑢等：《欽定四庫全書總目》卷 23，第 285 頁。
⑬　(清) 永瑢等：《欽定四庫全書總目》卷 19，第 243 頁。

5. 明何喬新《周禮集注》："大約沿俞庭椿、王與之、丘葵及晏璧僞托吳澄之説，臆爲竄亂。"①

6. 明舒芬《周禮定本》："大旨祖俞庭椿《冬官》不亡，雜出于五官之説，而參以僞本吳澄《考注》。"②

7. 明陳深《周禮訓雋》："是書割裂五官，沿俞庭椿之説。"③

8. 明沈瑶《周禮發明》："蓋用《三禮考注》之本。"④

9. 明金瑶《周禮述注》："大旨本元吳澄《三禮考注》、明何喬新《周禮集注》之説，而又以臆見更定之。"⑤

10. 明徐即登《周禮説》："蓋亦取俞庭椿之説，但尚未敢改經耳。"⑥

11. 明郝敬《周禮完解》："此書亦謂《冬官》散見于五官，而又變幻其詞。"⑦佚名《周禮説略》："書中多引郝敬之説，則在敬以後矣。"⑧

12. 明郭良翰《周禮古本訂注》："附葉時《冬官補亡》一篇于《考工記》之前，仍俞庭椿等《冬官》散在五官之説，又自相矛盾矣。"⑨

13. 清王芝藻《周禮訂釋古本》："大抵宗俞庭椿之説而小變之。"⑩

14. 清高宸《周禮三注粹抄》："所據之本爲俞庭椿《復古編》。"⑪

學術著作互有牽連是常見現象，所謂受影響也不能簡單地理解爲觀點與材料的複製，但在《總目》梳理的《周禮》學史中，比對相關文字，不難發現，鄭玄、王安石、俞庭椿各爲重要流派淵源所自，堪稱三大宗，其歷史意義自然高于同儕。⑫ 尤其是

---

① （清）永瑢等：《欽定四庫全書總目》卷 23，第 286 頁。
② （清）永瑢等：《欽定四庫全書總目》卷 23，第 286 頁。
③ （清）永瑢等：《欽定四庫全書總目》卷 23，第 287 頁。
④ （清）永瑢等：《欽定四庫全書總目》卷 23，第 287 頁。按，《四庫全書總目·禮類存目三》著録《三禮考注》，定其爲僞托吳澄之名。
⑤ （清）永瑢等：《欽定四庫全書總目》卷 23，第 287 頁。
⑥ （清）永瑢等：《欽定四庫全書總目》卷 23，第 288 頁。
⑦ （清）永瑢等：《欽定四庫全書總目》卷 23，第 288 頁。
⑧ （清）永瑢等：《欽定四庫全書總目》卷 23，第 290 頁。
⑨ （清）永瑢等：《欽定四庫全書總目》卷 23，第 288 頁。
⑩ （清）永瑢等：《欽定四庫全書總目》卷 23，第 290 頁。
⑪ （清）永瑢等：《欽定四庫全書總目》卷 23，第 296 頁。
⑫ 當然這並不能代表今日學界的觀點，如張學智稱王應電爲明代中期最大的周禮學家，而《總目》對其的評價不過是"姑備一朝之經術，所謂不得已而思其次也"。（張學智：《明代三禮學概述》，《中國哲學史》2007 年第 1 期）

俞庭椿,雖然被館臣斥爲"鑿空臆斷,其謬妄殆不足辨"①,但其學説影響之深遠,幾乎稱得上是注疏以後第一人,無怪乎《總目》要"特存其書,著竄亂聖經之始,爲學者之炯戒焉"②。治《周禮》以大宰八法爲關鍵,那麼要瞭解清中期以前的《周禮》學史,這三人也是值得特別注意的。

在《總目·周禮類》著録的舊籍中,還有一部分因提要無明文,不便列入上述以學説内容類聚的流派中,但根據其體例方法,亦可分爲三類。

(一) 以史證禮、通經致用者

1. 宋鄭伯謙《太平經國之書》:"多參證後代史事,以明古法之善。"③

2. 明季本《讀禮疑圖》:"大旨主于輕徭薄賦,其意未始不善,其説亦辨而可聽,然古今時勢各殊,制度亦異,有不得盡以後世情形推論前代者。"④

(二) 駁斥鄭注甚至疑經者

1. 宋林希逸《鬳齋考工記解》:"宋儒務攻漢儒,故其書多與鄭康成注相刺繆。"⑤

2. 清萬斯大《周官辨非》:"是編力攻《周禮》之僞,歷引諸經之相抵牾者以相詰難。"⑥

3. 清毛奇齡《周禮問》:"以爲戰國人作,則仍用何休六國陰謀之説,與指爲劉歆所作者亦相去無幾。陽雖翼之,陰實攻之矣。"⑦

4. 清方苞《周官析疑》:"于説有難通者,輒指爲後人增竄,因力詆鄭玄之注。"⑧《周官辨》:"大旨以竄亂歸之劉歆。"⑨

5. 清劉青芝《周禮質疑》:"頗與鄭、賈爲難,然臆斷多而考證少。"⑩

---

① （清）永瑢等:《欽定四庫全書總目》卷19,第237頁。
② （清）永瑢等:《欽定四庫全書總目》卷19,第237頁。
③ （清）永瑢等:《欽定四庫全書總目》卷19,第238頁。
④ （清）永瑢等:《欽定四庫全書總目》卷23,第287頁。
⑤ （清）永瑢等:《欽定四庫全書總目》卷19,第240頁。
⑥ （清）永瑢等:《欽定四庫全書總目》卷23,第292頁。
⑦ （清）永瑢等:《欽定四庫全書總目》卷23,第292頁。
⑧ （清）永瑢等:《欽定四庫全書總目》卷23,第293頁。
⑨ （清）永瑢等:《欽定四庫全書總目》卷23,第294頁。
⑩ （清）永瑢等:《欽定四庫全書總目》卷23,第295頁。

（三）無所發明近乎讀本者

1. 明程明哲《考工記纂注》："是書主于評點字句，于經義無所發明。"①

2. 明林兆珂《考工記述注》："蓋仿謝枋得批《檀弓》標出章法、句法、字法之例，使童蒙誦習，以當古文選本。"②

3. 明郭正域《批點考工記》："蓋爲論文而作，不爲詁經而作也。"③

4. 明張采《周禮注疏合解》："此書疏淺特甚，豈亦托名耶？"④

5. 佚名《周禮文物大全》："蓋鄉塾兔園册也。"⑤

6. 清徐世沐《周禮惜陰録》："是編于典制罕所考證，惟推求于文句之間，好以臆斷。"⑥

7. 清黃叔琳《周禮節訓》："蓋家塾私課之本。"⑦

8. 清李文照《周禮集傳》："今觀其書，不過隨文釋義，無所考證。多引先儒議論及後世事迹，曼衍牽合，亦非詁經之正體。"⑧

9. 清王文清《周禮會要》："但約括諸説，略疏字義，以便讀者。"⑨

由于分類標準邏輯層面上的差異，《總目》所收之書也有處于不同類別的交集的情況。如孫攀《古周禮釋評》，既可跟隨其據以成書的朱申《句解》列入遵循經注舊文之類，《總目》又指出其"蓋村塾讀本也"⑩，則亦可入讀本類；又如姜兆錫《周禮輯義》既本《周禮訂義》，可隨之入受《周禮新義》影響者之類，又因"攻詰鄭注"可入駁斥鄭注類。⑪ 互見問題在中國的古典目録中是普遍現象，因此不再刻意分割。⑫

類別淵源既明，然後可以討論《總目》的編撰意旨。《總目·禮類小叙》云："古稱議禮如聚訟。然《儀禮》難讀，儒者罕通，不能聚訟。《禮記》輯自漢儒，某增某減，

---

① （清）永瑢等：《欽定四庫全書總目》卷23，第289頁。
② （清）永瑢等：《欽定四庫全書總目》卷23，第287頁。
③ （清）永瑢等：《欽定四庫全書總目》卷23，第288頁。
④ （清）永瑢等：《欽定四庫全書總目》卷23，第289頁。
⑤ （清）永瑢等：《欽定四庫全書總目》卷23，第290頁。
⑥ （清）永瑢等：《欽定四庫全書總目》卷23，第291頁。
⑦ （清）永瑢等：《欽定四庫全書總目》卷23，第293頁。
⑧ （清）永瑢等：《欽定四庫全書總目》卷23，第294頁。
⑨ （清）永瑢等：《欽定四庫全書總目》卷23，第295頁。
⑩ （清）永瑢等：《欽定四庫全書總目》卷23，第289頁。
⑪ （清）永瑢等：《欽定四庫全書總目》卷23，第295頁。
⑫ 《總目·周禮類》著録之書還包括元毛應龍《周官集傳》、明朱朝瑛《讀周禮略記》、清方苞《周官集注》及沈淑《周官翼疏》四種，因其著述特點不夠鮮明，難以歸類，姑置勿論。

具有主名,亦無庸聚訟。所辨論求勝者,《周禮》一書而已。"①關于《周禮》學聚訟的介紹與評判是《總目·周禮類》提要的核心内容。聚訟的主題包括三個方面:一、《周禮》所記之周官制度是否可信,《周禮》是否係後來劉歆等人依托爲之?二、《周禮·冬官》是否亡佚,其他各篇是否確實存在嚴重的錯簡問題? 三、《周禮》學的漢宋兩派應如何平議? 當時四庫館臣于《周禮》研治究竟宣導何種學風?

　　關于第一個問題,《周禮注疏提要》論曰:"《周禮》作于周初,而周事之可考者,不過春秋以後。其東遷以前三百餘年,官制之沿革,政典之損益,除舊布新,不知凡幾。其初去成、康未遠,不過因其舊章,稍爲改易,而改易之人,不皆周公也。于是以後世之法竄入之,其書遂雜。其後去之愈遠,時移勢變,不可行者漸多,其書遂廢。此亦如後世律令條格,率數十年而一修,修則必有所附益,特世近者可考,年遠者無徵,其增删之迹,遂靡所稽,統以爲周公之舊耳。迨乎法制既更,簡編猶在,好古者留爲文獻,故其書閱久而仍存。……然則《周禮》一書,不盡原文而非出依托,可概睹矣。"②

　　而沈文倬先生《略論宗周王官之學》云:"《周禮》殘存三百四十五官(《考工》是記,當別議),基本上取諸于兩周實制(周初創建和晚周更制)。但'禮'的特徵,在于人們的實行而不在于文本的編撰。'周禮',無論'官經'還是'儀則'(今稱《儀禮》),都在周公攝政時的施政原則精神貫徹下試行。以後,幾經長時間的旋置旋廢、反復實踐,待主管機構研討更動以至相對穩定後才有所記録,初期固然不可能遽作定稿,到晚周亦無人敢于寫定,記録稿都藏于秘府。"③

　　沈先生的結論是迄今爲止關于《周禮》成書性質的最可靠的解釋,我們取之與《總目》所論相比較,不難發現兩者論述的主旨幾乎完全吻合,只是精確程度有所區别。兩百多年前的四庫館臣就能有此卓識,實在令人驚嘆。《總目·周禮類》各篇提要中對疑古亂經者的駁斥都是在此基礎上展開的。

　　《總目·禮類小叙》云:"《大司樂章》先見于魏文侯時,理不容僞,河間獻王但言闕《冬官》一篇,不言簡編失次,則竄亂移補者亦妄。三禮並立,一從古本,無可疑

① (清)永瑢等:《欽定四庫全書總目》卷19,第234頁。
② (清)永瑢等:《欽定四庫全書總目》卷19,第235頁。
③ 沈文倬:《菿闇文存》,北京:商務印書館,2006年,第499頁。

也。"①這是館臣的基本觀點,但從上文列舉的《周禮復古編》及受其影響者來看,首倡《冬官》未亡説的宋人俞庭椿實可謂《周禮》學史上的廣大教化主,其觀點影響之深遠不僅超過了同時諸人,甚至要勝過漢唐注疏,因此《總目·周禮類》提要的另一項重要任務就是與始于俞氏的竄亂古經之謬説作全方位的鬥爭。凡竄亂古經者,無論是直承俞氏學説(如丘葵《周禮補亡》)還是間接受其影響(如何喬新《周禮集注》),無論是獨立篇章存其觀點(如陳友仁編《周禮集説》)還是改文匿名陰相襲用(如葉時《禮經會元》),《總目》皆一一剖析分明,不容含糊略過,這也意味著至少在館臣看來,徹底地批判澄清俞説流毒,實爲對《周禮》經義獲得正確認識的基礎。

漢宋之争是《總目·經部》探討的核心問題,《周禮類》自然不能例外。《總目·禮類小叙》云:"鄭康成注,賈公彦、孔穎達疏,于名物度數特詳。宋儒攻擊,僅摭其好引讖緯一失,至其訓詁則弗能逾越。蓋得其節文,乃可推製作之精意,不比《孝經》、《論語》可推尋文句而談。本漢唐之注疏,而佐以宋儒之義理,亦無可疑也。"

"本漢唐之注疏,而佐以宋儒之義理"即所謂漢宋兼採的普通論調,不足爲奇,值得注意的是前面一句"得其節文,乃可推製作之精意,不比《孝經》、《論語》可推尋文句而談",言下之意,《孝經》、《論語》等經可以僅憑字義自主發揮,禮書却必須落在實處,確有證據,方可研究。故《總目》云:"禮制當有證據,禮意當有發明。"②又云:"《易》之理麗于象數,《書》之理麗于政事,《詩》之理麗于美刺,《春秋》之理麗于褒貶,《禮》之理麗于節文,皆不可以空言説,而《禮》爲尤甚。"③又云:"《周官》、《儀禮》皆言禮制,《禮記》則兼言禮意。禮制非考證不明,禮意則可推求以義理。"④

四庫館臣于《周禮》尊信漢學,在提要中屢次强調鄭注的意義與價值,如《周禮注疏提要》云:"玄于三禮之學,本爲專門,故所釋特精。……蓋宋儒惟朱子深于禮,故能知鄭、賈之善云。"⑤《禮經會元提要》云:"傳稱其(葉時)與紫陽朱文公相友善,然朱子于《詩》攻康成,于《禮》不攻康成,此足知朱子之得于《禮》者深。"⑥《禮説提要》云:"古聖王經世之道莫切于禮,然必悉其名物,而後可求其制度,得其制度,而

---

① （清）永瑢等:《欽定四庫全書總目》卷19,第234頁。
② （清）永瑢等:《欽定四庫全書總目》卷21,第267頁。
③ （清）永瑢等:《欽定四庫全書總目》卷21,第268頁。
④ （清）永瑢等:《欽定四庫全書總目》卷21,第270頁。
⑤ （清）永瑢等:《欽定四庫全書總目》卷19,第236頁。
⑥ （清）永瑢等:《欽定四庫全書總目》卷19,第238頁。

後可語其精微。……故説禮則必以鄭氏爲宗。"①《周官禄田考提要》云:"此不信鄭注所以疏也。"②但要如《禮類小叙》所言,將以鄭注爲核心的漢學與王安石以下的宋學結合起來,談何容易。個中緣由,《總目》有兩段專門論述:

> 《周禮》一書,得鄭注而訓詁明,得賈疏而名物制度考究大備。後有作者,弗能越也。周、張、程、朱諸儒,自度徵實之學必不能出漢唐上,故雖盛稱《周禮》而皆無箋注之專書。其傳于今者,王安石、王昭禹始推尋于文句之内;王與之始脱略舊文,多集新説;葉時、鄭伯謙始别立標題,借經以抒議。其餘經義更在離合之間。于是考證之學漸變爲論辨之學,而鄭、賈幾幾乎從祧矣。③

> 宋儒喜談三代,故講《周禮》者恒多,又鑒于熙寧之新法,故恒牽引末代弊政,支離詰駁,于注疏多所攻擊,議論盛而經義反淆。④

可見至少在館臣體認的《周禮》學史中,漢學與宋學並非一脉相承、自然發展的關係,而更多地表現爲焦點的游移與風格的變遷。研究的對象雖然同爲《周禮》,却幾乎可以視爲大相徑庭的兩類學問。《小叙》所提出的以漢爲本、以宋佐之,與其説是針對《周禮》學界的宏觀規劃,倒不如看作館臣心中未曾實現的學術理想。在《總目》的評價體系里,平心靜氣、杜絕門户之見是一條重要的公開原則,因此無論是面對《周禮》還是其他經書,都必須宣導漢宋兼採的態度(即使館臣心中未必以爲然),但就《周禮》而言,館臣對宋學的認可並不僅僅是順應整體原則的簡單敷衍,其或稱具有發明,或稱大旨醇正,或稱明白淺顯,或稱不失謹嚴,所持正面肯定的態度顯而易見。究其原因,鄭注所代表的漢學在自宋至明的漫長歷史階段並未得到較好的傳承發揚,能遵古本、戒臆説已是不易,宋人則于《周禮》用功甚勤,著述亦豐,故對于志在完整真實地記録學術史的四庫館臣來説,⑤有必要給予宋學公道的評價;另

---

① (清)永瑢等:《欽定四庫全書總目》卷 19,第 246 頁。
② (清)永瑢等:《欽定四庫全書總目》卷 19,第 248 頁。
③ (清)永瑢等:《欽定四庫全書總目》卷 19,第 244 頁。
④ (清)永瑢等:《欽定四庫全書總目》卷 19,第 245 頁。
⑤ 《總目》完整真實地記録《周禮》學史之志,在《周禮復古編》、《周禮訂義》、《周禮傳》等三篇提要中可見一斑。

一方面,乾隆《欽定周官義疏》採用了相當數量的宋人學説(如《周禮新義》),這實際上代表著官方的態度,忽視甚至否定宋學的價值,也與外界輿論環境不合。進一步説,《總目·周禮類》當然希望弘揚漢學訓詁考證之風,但當時可供其表彰的符合漢學風格的著作數量實尠,館臣們只能在稱道宋學著作的同時努力挖掘其中合乎徵實學術趣味的論述加以申明,于是形成一個饒有深意的矛盾現象:《總目·周禮類》宋學類著作種數多于漢學類著作,但各篇提要中迻録的原書文字大部分都是有關名物制度訓釋考證的内容,對于真正代表宋學精神的體國經野、通經致用方面的觀點反而鮮見徵引,如此庶幾兼顧《總目》保存信史、引導學風兩方面的需求,這也是處于樸學全盛時期前夕的四庫館臣們所能做出的最佳選擇。

(蔣鵬翔 湖南大學嶽麓書院)

《四庫全書總目・四書反身録》再辨證

　　近讀《清史研究》2016 年第 1 期所載張循先生文章《四庫全書總目〈四書反身録〉提要辯證》①，該文之要在于指出四庫館臣在撰寫《〈四書反身録〉提要》時，"明目張膽地篡改原文"，將李顒原著關于吕希哲（原明）墜水不動心故事中的"安坐轎上"改成了"安坐橋上"，"以達成矯誣之目的"，並批評有關研究者對四庫館臣的這一篡改"偶然失檢"。然而，筆者通過核查《四書反身録》早期版本，並對宋明以來關于吕原明故事的記叙及評論進行考索，發現張循亦有"偶然失檢"，以致曲解甚至"矯誣"四庫館臣，更爲重要的是，在南宋到清代關于"吕希哲墜水不動心"的歷史叙事中，掩埋著清代思想史的一條重要綫索，頗有必要再討論。

一、是誰將"安坐轎上"改成了"安坐橋上"？

　　張循對讀《四書反身録》與《四庫全書總目〈四書反身録〉提要》發現："《提要》對《反身録》原文做了關鍵性的修改，即將原文中'安坐轎上'改成了'安坐橋上'。此雖一字之差，但吕原明故事的整個情景將因此而變得面目全非。"他進而指出，按《提要》所言，當時情況是吕原明"安坐橋上"，眼見輿夫溺水却見死不救；但是，考李顒原文，應該是此時吕原明"隨轎子一起墜入了水中"。這兩種情形下的吕原明形象是截然不同的，"安坐轎上"溺水而不動心體現的是理學家的修養功夫與境界，"安坐橋上"目睹他人溺水而不動心則是一種冷酷。由此，張循認爲，《提要》故意改"轎"字爲"橋"是"典型的欲加之罪、何患無'詞'"。

　　其實，張循並非指出這一問題的第一人。楊武泉早在 2001 年出版的《四庫全

---

① 張循：《四庫全書總目〈四書反身録〉提要》，《清史研究》2016 年第 1 期。

書總目辨誤》中即已有議論:

> 吕原明即吕希哲,爲北宋宰輔吕公著之子,理學大儒程頤之弟子。其坐視
> 輿人(轎夫)溺死而無所作爲,且神色不變,確實不近人情。宋元明清道學家有
> 此通病。不過,《總目》所述,與歷史記載尚有出入。《宋元學案》卷二三《榮陽
> 學案》云:"(吕希哲)自歷陽赴單父,過山陽渡橋,橋壞,轎人俱墜,浮于水,而公
> 安坐轎上,神色不動,從者有溺死者。"可知是"安坐轎上",非"安坐橋上";溺死
> 者爲"從者",非"輿人"。

楊武泉對《提要》的兩處辨誤,被魏小虎注意到並吸收在其所編纂的《四庫全書總目彙訂》第 2 册中①。楊、魏二位的著作是近年四庫學研究的重要成就,也不難查找,張循之作對此前期成果隻字未提,似亦"偶然失檢"。

問題在于"安坐轎上"是如何變成"安坐橋上"的? 是誰把"轎上"改成了"橋上",是四庫館臣嗎? 爲此,就必須對《四庫全書總目》之前《四書反身録》的諸種版本進行核查,排除有"安坐橋上"之説,否則無法斷定四庫館臣係"有意爲之"。而核查之結果却是:在李顒《四書反身録》最早的刊本,即康熙二十五年(1686)的刻本中,原文是"安坐橋上"而非"安坐轎上"。

《四書反身録》係康熙二十四年(1685)年冬李顒與四方學者的問答,經由門人王心敬筆録而成。現存最早刻本係康熙二十五年由陝西學使許孫荃倡導、思硯齋刊刻,《四庫全書存目叢書》經部第 173 册收録有該刻本,注明爲《四書反身録》六卷續補一卷。查《四庫採進書目》,"浙江採進遺書總録"與"陝西省送呈書録"中的《四書反身録》均爲"六卷、續録一卷",與思硯齋所云卷數符合,當可斷定四庫館臣所見《四書反身録》爲思硯齋刻本。該版本中《大學》有文云:"吕原明晚年習静……自歷陽過山陽。渡橋橋壞,轎人俱墜,浮于水面,有溺死者,而原明安坐橋上,神色如常。"此處恰恰作"安坐橋上",而不是"安坐轎上"。以此爲據,可知斷言四庫館臣有意篡改李顒著述的説法未必妥當,而如張循所言"《提要》的作者把吕原明安排爲'安坐橋上',是找不到任何文字上的依據的"未免過于武斷。

---

① 魏小虎編撰:《四庫全書總目彙訂》第 2 册,上海:上海古籍出版社,2012 年,第 1156—1157 頁。

那麼，張循之説從何而來？筆者以爲，他所依據的或是"今本"《四書反身録》。所謂"今本"《四書反身録》，即中華書局 1965 年出版的《二曲集》。中華書局版《二曲集》所載《四書反身録》依據的版本，如整理者言，是"以光緒三年石泉彭懋謙合集本（簡稱石泉彭氏本）中的《四書反身録》爲底本，並以石泉彭氏本爲主要校本，同時參校了北京天華館石印本（簡稱静海聞氏本）、上海掃葉山房石印本、西京克興印書館石印本及光緒九年新鄭劉大來新編本（簡稱新鄭劉氏本）"。可知，石泉彭氏本既非《四書反身録》最早的刻本，也不是四庫館臣看到的版本。石泉本將《二曲集》與《四書反身録》合集重刊，其中，將《四書反身録》析爲十六卷。有研究者已指出，石泉彭氏本與静海聞氏本等"所收録的《四書反身録》不僅在卷次標注上異于較早的思硯齋刻本、三韓銘真本等，甚至在内容上有脱漏和前後顛倒的現象"①。

限于條件，我們尚無法準確判定思硯齋本中的"安坐橋上"是如何變爲石泉彭氏本中的"安坐轎上"的，但這並不妨礙我們得出四庫館臣"並非有意爲之"而加以篡改的結論。因此，張循忽略對李顒《四書反身録》版本的考索，斷言四庫館臣將吕原明墜水"安坐轎上"改成了"安坐橋上"，實是草率之論。

二、宋明儒對吕原明"墜水不動心"的叙事

關于吕原明"墜水不動心"一事，其實宋明儒多有議論，以致成爲理學中的一個經典話題。但是，在宋明儒的叙事中，其實有兩條綫索，一條是肯定和讚賞，另一條則是否定和批判。張循指出了第一條綫索，但是却忽略了第二條綫索。

張循的文章，回溯了吕原明"墜水不動心"的記載至朱熹《伊洛淵源録》中的兩段文字。其實，這兩段文字也是有出處的，並非朱熹原創，第一段文字出自吕氏《家傳略》，第二段文字則見于《遺事》，朱熹注明出自《吕氏雜志》。② 朱熹在《三朝名臣言行録》卷八之二也同樣引了這兩條材料，但在順序上有調整，即將《吕氏雜志》中的一段話前置。順便指出的是，劉宗周《人譜雜記·知幾篇》引述這兩段文字的順序與《三朝名臣言行録》一致，而張循認爲"劉宗周的文字當然也是以《伊洛淵源録》

---

① 張波：《李二曲著作考述》，《常熟理工學院學報》2014 年第 5 期。
② （宋）朱熹：《吕侍講》，《伊洛淵源録》卷 7，《朱子全書》第 12 册，上海：上海古籍出版社／合肥：安徽教育出版社，2010 年，第 1010、1011 頁。

爲據的",並認爲劉宗周改換順序"拼接一處",實際證據也是不足的。

其實,吕原明"墜水不動心"的故事還可以進一步溯源。北宋吕本中(1084—1145)所撰《童蒙訓》卷上有文云:

> 元符三年,滎陽公(名希哲,字原明)自和州謫居起知單州道,過山陽,因出過市橋,橋壞,墮水而不傷焉。仲車先生年幾七十矣,作《我敬》詩贈公云:"我敬吕公,以其德齒。敬之愛之,何時已已。美哉吕公,文在其中。見乎外者,古人之風。惟賢有德,神相其祉。何以祝公,勿藥有喜。"後批云:"前日之事,橋梁腐敗,人乘蹉跌,而公晏然無傷,固有神明陰相其德,願爲本朝自重,生民自重。"①

此段文字僅謂"橋壞,墮水而不傷"。文中所引"仲車先生"(即徐積,1028—1103)所作《我敬》詩也只是讚揚吕希哲因德高而"神明陰相其德",故未有傷害,兩人均未涉及"安坐轎上"與"安坐橋上"的話題。據《節孝先生文集》,徐積也曾與門人談起《童蒙訓》中的吕原明故事②,可見其崇重之心。

至朱熹時,出自《吕氏雜志》的吕原明故事廣爲流傳,如趙善璙《自警編》卷二"定力"有云:

> 吕滎陽公晚年習静。雖驚恐顛沛,未嘗少動。自歷陽赴單守,過山陽渡橋,橋壞,轎人俱墜,浮于水,而公安坐轎上,神色不動,從者有溺死者。

該段文字與朱熹所引文字基本一致,唯"墮水"與"墜水"表述有别。相較《童蒙訓》的説法,則多了"安坐轎上,神色不動"、"從者有溺死者"。值得注意的是,這個故事被放在"定力"類,以"習静"爲主題,正顯示理學大盛時對"養心"的强調。黄震在《古今紀要》卷十九論及吕希哲時有云:"晚年習静,驚恐顛沛未嘗少動,楚州橋壞墜水,猶覺心動,今次疾病全不動。"③其中,"心動"、"不動"也正體現的是理學家對

---

① (宋)吕本中:《童蒙訓》卷下,《景印文淵閣四庫全書》第698册,第520頁。
② (宋)徐積:《語録》,《節孝先生文集》卷31,《宋集珍本叢刊》,北京:綫裝書局,2004年,第719頁。
③ (宋)黄震:《古今紀要》卷19,《景印文淵閣四庫全書》第38册,第37頁。

涵養功夫的重視。正因爲被納入到"習静"與正心的視野中，宋代以降，呂原明"墮水不動心"的故事一直在理學家中廣爲傳播，劉宗周、李顒皆有對該故事的記述。

但是，對呂希哲的這種以嚴格自律體現出來的"習静"却一直以來也不乏批評之聲。朱熹雖也講理學，但更多强調借助格物致知功夫明瞭普遍性的"理"，故對呂希哲側重于"養心"的修養路徑頗爲不滿，他批評説：

> 《吕公家傳》深有警悟人處，前輩涵養深厚乃如此。但其論學殊有病，如云"不主一門，不私一説"，則博而雜矣。如云"直截勁捷，以造聖人"，則約而陋矣。舉此二端，可見其本末之皆病。此所以流于異學而不自知其非邪？而作此傳者，又自有不可曉者，如云："雖萬物之理，本末一致，而必欲有爲。"此類甚多，不知是何等語！又義例不明……豈其學無綱領，故文字亦象之而然邪！最後論佛學，尤可駭嘆。程門千言萬語，只要見儒者與釋氏不同處。而吕公學于程氏，意欲直造聖人，盡其平生之力，乃反見得佛與聖人合，豈不背戾之甚哉！夫以其資質之粹美，涵養之深厚如此，疑若不叛于道，而窮理不精，錯謬如此。流傳于世，使有志于道而未知所擇者坐爲所誤，蓋非特莠之亂苗、紫之亂朱而已也。①

朱熹在此不僅批評《家傳》的作者"論學殊有病"，其主要的意旨是斥責吕希哲本人"窮理不精"，染釋氏習氣而不自知，深恐吕氏學説流傳後有害于"道"。

如果説朱熹對吕希哲的批評主要體現的是理學内部"理學"與"心學"分歧，那麽，黄震的批評就帶有强烈的樸素人性論色彩。黄震的批評靶的是《吕氏雜志》中的"不動心"，他説：

> 公習静，至轎卒溺死，不爲動。夫子厩焚，傷人之問，恐不其然？②

在黄震看來，對"轎卒溺死"而無動于衷，實在是違背孔子"馬厩失火問人"的教

---

① 黄氏補語引，(清) 黄宗羲：《宋元學案》卷23《滎陽學案》，北京：中華書局，1986年，第908頁。
② (宋) 黄震：《讀史》"滎陽公"，《黄氏日鈔》卷50，《景印文淵閣四庫全書》第708册，第340頁。

誨,違背人之常情。明代張吉在所著《古城集》卷四《佛學論》中一方面批評吕希哲溺于佛學,更有一段與"客"的對話,與黄震相近。張吉説:

> 曰:原明溺于佛學如此,然其習静之功,雖驚恐顛沛未嘗少動。嘗過山陽渡橋,橋壞,輿人墜水,公安坐輿中,神色自若,此其恐懼不萌于心,所養不既深乎?曰:是則固守其中者,有以尸之所以爲佛學也。臨深登危,當謹于始,俾勿汔濟濡其尾可也。不幸驟丁其變,軀命隕越之可憂,僕隸顛隮之可憫,烏得無懼?有所養者特不至于亂耳,此而不懼,則七情乃無用之物,臨喪可以不哀,臨樂可以不樂,凡百應接,心如死灰槁木,寂然無事,豈人之所宜爲乎?①

"臨喪可以不哀,臨樂可以不樂,凡百應接,心如死灰槁木",這些都違背了人之常情,因此,張吉認爲是"非人所宜爲"。

顯然,在黄震、張吉的叙述脉絡中,吕希哲面對轎夫(輿人)溺水,"安坐橋上"還是"安坐轎上"並非關鍵問題,他們争鳴的焦點是"心動"是否具有合理性,而更深遠的意義在于以何種態度看待個體生命體驗與嚴格的道德自律間的關係。

三、四庫館臣批評"不動心"的思想意義

任何課題的歷史研究都必須在一定的歷史脉絡中展開,只有在一定的脉絡中才能看出源流,理解意義。宋明儒關于"吕希哲墜水不動心"的批評,就是《四庫全書總目〈四書反身録〉提要》的歷史脉絡。在這個脉絡中,我們再來看四庫館臣的批評,就會明白其中的思想史意義。《四庫全書總目〈四書反身録〉提要》原文如下:

> 書中所引吕原明渡橋,輿人墜水,有溺死者。原明安坐橋上,神色如常。原明自謂未嘗動心。容稱其臨生死而不動,世間何物可以動之?夫死生不變,固足徵學者之得力。然必如容説,則孔子之微服過宋,孟子之不立巖牆,皆爲動心矣。且厥焚必問傷人,乍見孺子入井必有怵惕惻隱之心,輿夫溺死而原明

---

① (明)張吉:《古城集》,《景印文淵閣四庫全書》第1257册,第674頁。

安坐不動,此正原明平時强制其心而流爲谿刻之過。容顧稱之爲不動,則與告子之不動心何異乎?是亦主持太過,而流于偏駁者矣。①

從文獻脉絡和思想源流上言,此段提要有兩點值得注意:

其一,輿人墜水而"原明安坐橋上,神色如常"的表述與康熙二十五年(1686)思硯齋刻本《四書反身錄》中的説法完全一致,並非館臣有意篡改李顒原著,而是有所本、有所依據;

其二,四庫館臣舉"厩焚必問傷人"、"乍見孺子入井必有怵惕惻隱之心"等説法,與"輿夫溺死而原明安坐不動"相對照,與黃震"夫子厩焚,傷人之問,恐不其然?"的反詰具有相同的思想淵源,都是對孔子以來儒家重視生命的一貫宗旨的繼承與發揚。

考諸清儒文獻,筆者發現對"不動心"的批評在有清一代一直不絕如縷。清初李光地即批評吕希哲:"一日馬行壞橋,墜水幾死,及起,却自咎曰:'墜橋便墜橋,何爲心動。'從此便在這上頭加工。這便異端,不是吾儒正道。"②張循先生認爲"這是理學家的歧見,我們可以不管",似未能充分注意到李光地此一説法的立説語境。李光地是在"聖人之心,喜怒哀懼都有,但中節耳"的大前提下來討論墜水"不動心"的,他認爲吕原明早年拜師伊川(程頤),但是後來却"學佛",才有墜水不動心之事,故他認爲"不是吾儒正道"。在學生追問"使孟子際此,亦動心否"時,李光地明確地説:"不動便是告子矣。"顯然,李光地的説法是著眼于儒學傳統來加以討論的,並非簡單的"理學家歧見"可以一言蔽之。

乾嘉時期的袁枚也曾多次就吕希哲"習静"與"不動心"的故事予以批評。在給程晋芳的信中,袁枚寫道:

> 黄氏《日抄》稱吕希哲習静,其僕夫溺死不知。張魏公自言有心學,符離之敗,殺人三十萬,而夜卧甚酣。宋學流弊,一至于此。恐周、孔有靈,必嘆息發憤于地下。③

---

① (清)永瑢等:《四庫全書總目》,北京:中華書局,1965年,第316頁。

② (清)李光地著,陳祖武點校:《榕村語錄·榕村續語錄》,北京:中華書局,1995年,第452—453頁。張循先生在文中提及"榕村語錄"時均作"容"。

③ (清)袁枚:《與程蕺園書》,《小倉山房文集》卷19,《袁枚全集》第2册,南京:江蘇古籍出版社,1993年,第332,333頁。

袁枚將張浚"殺三十萬人"①而"夜卧甚酣"與吕希哲睹僕夫溺死都視爲理學的流弊,認爲這樣的行爲與儒學宗旨根本有别。袁枚關注的是吕希哲"睹僕夫溺死不知",而不是吕本人是"安坐轎中"還是"安坐橋上"。在《答某學士》中,袁枚又批評説:

> 更可笑者,張魏公敗于符離,殺人三十萬,而其子南軒誇家父有心學,故能寂然不動,鼾聲若雷。吕希哲講主静之學,至于肩輿過溪,輿夫墜水死,而安然不問。此種惡僧入定光景,于彼法且爲下乘,而晋、唐士大夫宗釋氏者所未有也。②

袁枚形容張栻和吕希哲視人命如草芥,是"惡僧入定"光景,批評的重心仍然在于二人對周遭生命的漠視與冷酷,這與《總目》認爲李顒津津樂道所謂"習静"功夫而"流爲谿刻"的批評是相通的。在《詠史》中,袁氏再次論及吕希哲的故事:

> 東漢耻機權,君子多硜硜。悲哉陳與竇,謀疏功不成。其時涼州反,有人頌孝經。意欲口打賊,賊聞笑不勝。雖無補國家,尚未遠人情。一變至南宋,佛行而儒名。希哲學主静,人死不聞聲。魏公敗符離,自誇心學精。殺人三十萬,于心不曾驚。似此稱理學,何處托生靈。嗚呼孔與孟,九泉涕沾纓。③

對于袁枚的批評,今人蔡尚思先生認爲"批評得好",他在引述袁枚的批評後,評論"習静"的修養方法説:"這種修養方法,是愈'麻木不仁'愈'到家的',簡直等于飯桶、游民、死人、廢物"④,雖不無情緒在内,但對理學違背人性的主張厭惡之情溢于言表。

晚清樓藜然在《峨眉紀游》中也曾論及吕希哲事,其文云:

> 若張魏公敗于符離,殺人三十萬,其子南軒誇家父有心學,故能寂然不動,

---

① 張浚言"人主之學,以心爲本,一心合天,何事不濟",力主恢復,終至"符離之敗",可參閲何忠禮著《宋代政治史》(杭州:浙江大學出版社,2007年,第417—423頁)第十三章第一節之"張浚北伐與符離之敗"。所謂"殺三十萬人"乃誇張説法。

② (清)袁枚:《小倉山房尺牘》卷4《答某學士》,《袁枚全集》第5册,第86頁。

③ (清)袁枚:《小倉山房詩集》卷5《詠史》,《袁枚全集》第1册,第70頁。

④ 蔡尚思:《中國傳統思想之檢討》,新中華雜志社編《宋明理學相同的缺點》,1948年,第197頁。

鼾聲若雷。呂希哲講主靜之學,至于肩輿過溪,輿夫墜水死,而安然不問,直是惡僧入定光景。故論者謂宋儒先入釋教中,明心見性,深造有得,然後變貌改形,遁而之儒,言雖偏宕,亦未始非空穴有以來風也。①

文中關于呂希哲的批評焦點仍然是在"輿夫墜水死,而安然不問",其實還是在批評呂氏對他人生命的漠視。

可見,對呂希哲"墜水不動心"的批評在清代一直就存在。那麼,這種現象何以會發生?爲什麼官修的《提要》與民間學術界會持續對這一問題發生興趣?要回答這一問題,就必須從清初以來的社會背景中尋找答案。

明清以來,理學已内化爲一種倫理秩序,成爲一種説教之詞,"雖至愚之人,悖戾恣睢,其處斷一事,責詰一人,莫不輒曰理者"②。"尊者以理責卑,長者以理責幼,貴者以理責賤,雖失,謂之順;卑者、幼者、賤者以理爭之,雖得,謂之逆。于是下之人不能以天下之同情、天下所同欲達之于上;上以理責其下,而在下之罪,人人不勝指數。人死于法,猶有憐之者;死于理,其誰憐之!"③正是在這樣一種背景之下,戴震、袁枚、焦循、阮元諸人,主張從人之本性的角度來肯定"人欲",以救治理學意識形態化的弊端。戴震力主"遂情達欲",發出"理學殺人"的疾呼,焦循謂之"東原自得之義理,非講學家《西銘》、《太極》之義理"。④ 錢穆認爲戴震的立場"極平饒,還是同情弱者,爲被壓迫階層求解放,還是一種平民化的呼聲"。他進一步指出這種觀念"乃乾嘉諸儒之一般意見,而非東原個人的哲學理論也"。⑤ 這股興起于民間、肯定情欲、崇尚實證的社會思潮也影響了官方的文化立場。在《總目》這部官修目録中,存在大量從人性角度對理學展開的批評,而且不少與民間相呼應⑥。

---

　　① 樓藜然:《虞初近志》卷11《峨眉紀游》,柯愈春編《中國古代短篇小説集》(中),北京:人民日報出版社,2011年,第565頁。

　　② (清)戴震:《孟子字義疏證》卷上,北京:中華書局,1961年,第4頁。

　　③ (清)戴震:《孟子字義疏證》卷上,第10頁。

　　④ (清)焦循:《雕菰集》卷7《申戴》,《焦循詩文集》,揚州:廣陵書社,2009年,第125頁。

　　⑤ 錢穆:《中國學術思想史論叢》(八),合肥:安徽教育出版社,2004年,第7頁。

　　⑥ 兹舉一例。南宋胡銓在流放嶺南時戀上了一位名叫黎倩的女子,後來攜黎倩北歸,途中題壁詩云:"君恩許歸此一醉,傍有梨頰生微渦。"朱熹作《自警二絶》,批評胡銓"貪生莖豆不知羞,覥面重來躡俊游",又説"世上無如人欲險,幾人到此誤平生"。袁枚認爲胡銓是真性情、真丈夫,而朱熹對胡銓的責難,不過是"腐儒矜然安生而捉捌之"。四庫館臣也對朱熹的批評表達了與袁枚相近的看法:"銓孤忠勁節,照映千秋,乃以偶遇歌筵,不能作陳烈逾牆之遁,遂坐以自誤平生,其操之爲已蹙矣。平心而論,是固不足以爲銓病也。"(參見周積明《"莖豆"與"梨渦"》,《光明日報》2001年1月16日)

　　這種民間與官方相互呼應的文化現象，表明這一時期已經出現了一股新的思潮，且這股思潮有廣闊的社會背景，不是孤立地、突兀地出現的。張壽安、張麗珠及周積明敏銳地關注到這股新思潮，開創了乾嘉"新義理學"這一新的研究領域與路徑。① 所謂乾嘉"新義理學"，按照周積明的界定，主要是指乾嘉時期居于主流的學術文化思潮，它的主要内容包括：一，力主達情遂欲，反對存理滅欲，要求以新的合情之理取代宋明壓抑人情的"天理"；其二，通過"訓詁明而後知義理"的爲學程式，淡化傳統"義理學"的"道德化"强勢及"自由心證"的主觀語境，突出學術的意義、實證的意義、試驗或實測的意義；其三，從"言心言氣言理"的形上"義理學"走向溝口雄三所指出的"社會的相關之理的創出"。② 《總目》從多方面表現出與乾嘉"新義理學"的内在關聯，潛含著無限豐富的"意義世界"，尚待進一步發現和開掘。

　　自梁啓超斷言"《四庫》館就是漢學家大本營，《四庫提要》就是漢學思想的結晶體"以來，學界多循此思路，從漢、宋學對立的角度認知《總目》，從而忽視了對《總目》豐富思想世界的審視與發掘。乾嘉"新義理學"的研究正是要跳出漢宋兩分的立場，打破梁啓超以來關于清代"有考據而無思想"的習見，對清儒基于人性的考慮而肯定情欲的新見予以發掘和彰揚。誠如張循所言，"漢宋之爭"塵囂甚上的清代早已結束，今天我們在討論漢宋問題時要保持足夠的警醒，切不能無條件地接受漢宋雙方中任何一方的論述。然而，如果在未竟原委的情況下就一再斷言四庫館臣因不滿宋學而"故意"改字、"明目張膽地篡改原文"，實則既未走出"漢宋之爭"的窠臼，也未能充分關注到《四庫全書總目》的文化價值。

　　（雷　平　湖北大學中國思想文化史研究所　馬建强　湖北大學學報編輯部）

---

　　① "乾嘉新義理學"的探討相關成果可參閱筆者與周積明合著之《清代學術研究若干領域的新進展及其述評》（《清史研究》，2005 年第 3 期）。
　　② 周積明：《〈四庫全書總目〉與乾嘉"新義理學"》，《中國史研究》2002 年第 1 期；又載林慶彰、張壽安主編：《乾嘉學者的義理學》上册，臺北"中央研究院中國文哲研究所"，2003 年。

清代學術自省與《四庫全書》的編修 [*]

　　中國古代學術發展到清代，進入了它的總結期。這個總結體現出極强的自覺與自律特徵，且被政治牢牢鎖住，學術依違于政治之間。這在 18 世紀前後表現尤爲劇烈。也正是在這個時期，完成了中國學術文化史上的浩大工程——《四庫全書》的編纂。

　　有關《四庫全書》的研究，多關注《四庫全書》及其修書本身，著力于文獻學方面。相對而言，有關思想文化層面的研究則較少。而有關清代學術研究，雖然意識到《四庫全書》是不可繞過的研究對象，但把《四庫全書》放在整個清代學術背景下考察，可開拓的空間還是比較大的。

一、學術的自覺檢討

　　清代的學術總結，是從自覺檢討開始的。四庫開館前的學術狀況是，一方面學術在進行自我反省自我更新，一方面整個社會在進行著具體的學術文化總結工作。

　　清前期學術自覺檢討的直接原因是明清易代之痛。明朝遺民歸因明亡于學術，重新認識並檢討學術。同時，清朝在積極營建自己的新王國，構建新氣象，對學術提出了與自己統治相適應的要求。兩者互動産生的合力，令學術悄然變化。

　　明代陽明心學發展到明末，早已走向了空疏，明人刻書就是這浮泛世風的有力説明。明人刻書可謂歷代最糟糕的一朝，有記載言"蓋明季士風浮僞。喜以藏蓄異本爲名高，其不能真得古書者，往往贋作以炫俗，其不能自作者，則又往往竄亂舊

　　*　2016 年度北京市社科基金一般項目《清代〈隋書·經籍志〉研究史》(16LSB013)階段性成果。

本,被以新名,如是者指不勝屈"①,故明人刻書有"書亡"之稱。而明季士大夫又多爲陽明末流的追隨者,紛紛"束書不觀,游談無根"②,學問空疏,見解迂淺,却好名過分。③ 一時詭辯空想充斥社會,家國大事反而踐行不夠,所謂"昔之清談談老、莊,今之清談談孔、孟,未得其精而已遺其粗,未究其本而先辭其末。不習六藝之文,不考百王之典,不綜當代之務,舉夫子論學、論政之大端一切不問,而曰'一貫',曰'無言',以明心見性之空言,代修己治人之實學。股肱惰而萬事荒,爪牙亡而四國亂,神州蕩覆,宗社丘墟"④。

"在學術史上,每當一種學術形式走向極端而趨于没落的時候,它必然要向其相反的方向轉化。"⑤因此一些才智之士,在明亡後,躬行實踐。他們考察山川形勢,民物風情,宣導經世致用的實學,著于文寫于書,奮臂以振陽明心學的流弊。顧炎武認爲君子爲學,在于明道,在于救世。弄詩爲文,只不過是雕蟲篆刻而已,于國計民生並無多大益處。⑥ 黄宗羲要求經史並重,同時也並不完全抛棄思,學而不思則學問流于俗氣,以經史爲基礎的思既會讓學問精進,又使學問境界更高。對于先儒所爲經術本旨,李顒有更深刻的認識。他認爲聖賢立言的初心,爲國家期望的本意。在對儒家經典的理解和認識上,主張從小學入手,用訓詁名物的方法達其真義,以經學救濟理學之窮。當時才俊之士"痛矯時文之陋,薄今愛古,棄虚崇實,挽回風氣"⑦,學術爲之幡然一變。于是,清初出現了"諸儒,以實踐實用之學相倡率,一時風靡景從,明季詭辯空想之弊幾絕"⑧的良好學術局面。

不過,他們所宣導的實學,發展到後來,經世致用中的激進色彩蜕掉,考據躍而居上風,在乾嘉之際成爲當時的學術主流。而這個學術主流正好切合了清政府的

---

① (清)永瑢等:《四庫全書總目·搜採異聞集》,北京:中華書局,1965 年,第 1087 頁。
② (明)楊慎撰,王仲鏞箋證:《升庵詩話箋證·邵公批語》,上海:上海古籍出版社,1987 年,第 528 頁。
③ (清)袁枚:《隨園詩話》卷 16,王英志編《袁枚全集》(三),南京:江蘇古籍出版社,1993 年,第 519 頁。
④ (清)顧炎武:《夫子之言性與天道》,《日知錄集釋》卷 7,嘉定黄氏西溪草廬重刊定本,1834 年(清道光十四年),第 6 頁 b。
⑤ 陳祖武:《清初學術思辨錄》,北京:中國社會科學出版社,1992 年,第 17 頁。
⑥ (清)顧炎武:《初刻自序·又與人書》,《日知錄集釋》,第 1 頁 b。
⑦ (清)皮錫瑞:《經學歷史》,善化皮氏師伏堂刻本,清光緒年間,第 60 頁 a。
⑧ 黄鴻壽編:《清史紀事本末》卷 22《諸儒出處學問之概》,上海:上海文明書局石印本,1915 年,第 3 頁 a。

需要,所以得到了官方的認可和確定,成爲官學。因爲清代漢學佔據主流的過程,就是一部宋明理學揚棄史。而清政府基于宋明理學在朝爲黨在野爲學術流派的痼疾,在進入中原利用它收拾人心穩定了思想後,就漸漸對它不感興趣。到後來,他們決定繼續納用宋明理學中有利于思想統治的一面;對于其學術,則選擇了拋棄。漢學的自發興起,正符合了清政府的這種需要。于是使漢學成爲官學,成了清政府的任務。

從清初至《四庫全書》修纂以來,清代學術内部的自覺更新,西學也實與其任。清初至中期大凡有成就的漢學先驅,無不接觸過西學。黃宗羲在順治七年(1650)曾登絳雲樓閲錢謙益所藏西書,潛心研究西曆,盛贊湯若望對中國曆法發凡啟蒙的功勞,所著《割圜八綫解》、《西曆假如》等頗受西學影響。王錫闡中西會通,他所著《曉庵新法》、《圜解》均反映出他對西法的接受。當然,他接受的前提是堅持中法爲本。梅文鼎對中西曆算均深入研究,既有理論貢獻也有實踐成就。實踐方面,他借鑒西方天文儀器的原理製成璿璣尺、揆日器、測望儀、仰觀儀、月道儀等儀器。理論方面,《清史稿》稱:"萬曆中,利瑪竇入中國,始倡幾何之學,以點綫面體爲測量之資,製器作圖,頗爲精密。學者張皇過甚,未暇深考,輒薄古法爲不足觀;而株守舊法者,又斥西人爲異學:兩家之説,遂成隔礙。文鼎集其書而爲之説,用籌、用尺、用筆,稍稍變從我法。若三角、比例等,原非中法可賅,特爲表出。古法方程,亦非西法所有,則專著論,以明古人之精意不可湮没。"[1]大力表彰他令中西學優劣互補,推動兩者融合的融通中西學的功勞。戴震校對了幾乎所有四庫館西學曆算書籍並作了提要,他的《贏旋車記》、《自轉車記》、《勾股割圜記》均受西法影響而成。錢大昕精通《九章算術》、西洋測量弧三角諸法等知識。胡適就稱顧炎武《音韻五書》、閻若璩《古文尚書疏證》的考證方法,全係受利瑪竇來華影響。而徐宗澤則言,利瑪竇等帶來的西學,經徐光啟等推波助瀾,使中國知有歐洲科學,而科學在中國行奠基禮。二人所言雖有誇大之嫌,但可見清初以來學術由空虛浮泛的陽明心學走向考據之途,西學與中國傳統經世致用之學一樣,起了不可小視的作用。當時接觸過西學的清初有識士人,是能感觸到西學的求實治學精神並吸納它的。這精神在清初到清中期的學術自覺改革浪潮中,與中國傳統學術精神一脉相通,共同鑄就

---

① （清）趙爾巽等:《清史稿》卷 506,北京:中華書局,1998 年,第 3569—3570 頁。

了清初到清中期學術的自覺更新。不過,雖然西學對清代學術不無貢獻,但當時的傳教士却是借西學爲他們傳教服務的。在有著傳統夷夏之防的中國,在思想一統、國家穩定的需要面前,如何應對西學,到乾隆時期,是需要官方確立政策的時候了。

不唯學者們在自覺檢討學術,從清初到四庫修纂前,官方也在對學術進行自覺檢討,經歷了尊崇朱子學到復興經學的過程。

順治、康熙、雍正、乾隆均崇獎過朱子學。乾隆,他的臣子歌頌他萬機之暇,每天堅持讀經一編①,"八十天子猶尊師,崇賢坊、大成殿,二月上丁來釋奠。春渠如鑒波溶溶,前年天子臨辟雍,太平盛世皆稽古,鄉飲酒歌詩樂譜"②,"祖訓是尋,青旗央央,越歲來謁,前聖後聖,其揆則一"③,但一則朱子學成爲廟堂之學後自身缺乏生命力;一則朱子學者多虛僞好党争,朱子學在他們手中成爲他們獲取仕途名利的工具,本身學理難以在他們手中得到發展,加之康熙爲根治由學問而朋黨,解決困擾朝政的分門植黨,引導經學復興。他所引導的經學復興與學術界理學衰退漢學興起的學術自覺發展潮流異曲同工,兩者合流,到乾嘉的時候蔚爲大觀,經學復興于是一躍而爲學界主流。

在經學復興,理學衰退浪潮中,西學也起了推波助瀾的作用。清初理學家們如漢學先驅一樣,也深受西學的影響,自覺研究西學。如陸世儀出于個人志趣研究幾何學,對天文曆法主張廢除官方壟斷,效法徐光啟等求會通;如陸隴其係于因緣際會,與利類思(Ludovicus Buglio,1606—1682)、南懷仁交往甚深,對西學頗有濡染。而李光地,主動學習西方地理學時期,一是因工作需要與南懷仁接觸,一是因爲時風的需要;到他傾心西方曆算時期,自覺學習曆算並聚集一批通西方曆算之士編纂大型曆算書籍,擴大西學的影響,却是出于政治目的投康熙的喜好。在清初理學家活躍的時代,面對君主所好,以及西學客觀存在的事實,西學成爲理學家們不得不談的一個話題。而對西學,從他們的代表人物陸世儀"明體而適用"、陸隴其"求之虛不如求之實"等來看,雖然清初理學家們的西學,其本還是在講理學,但理學中明顯多了求實致用的成分。顯然,西學的求實精神已經影響到清初理學。當然,這也

① (清)洪亮吉:《卷施閣詩》卷9《開經筵第十五》,《洪北江詩文集》二,《四部叢刊初編》集部,上海涵芬樓影印《北江全書》本,上海:上海書店出版社,1989年,第5頁a。
② (清)洪亮吉:《卷施閣詩》卷9《親釋奠第十六》,《洪北江詩文集》二,第5頁b。
③ (清)洪亮吉:《卷施閣詩》卷9《謁闕里第十九》,《洪北江詩文集》二,第6頁a。

是清初理學家們敏鋭捕捉到學界中實學復興浪潮，在一定程度上順應學術潮流來救治理學弊病的舉措，但這終究治不了理學的病根。如李光地雖然在地球形體方面，面對康熙的西學喜好，承認地圓説，高衆多時人一籌，但却並未吸納西方科學的思維觀念，依然停留在理學“動静體性”中。並且他研究地理曆算，其本還是爲了趨時附勢。理學家們更顧及的是自己的利益，並非都能做到如二陸那樣順應學術實際，糾正自己的偏頗。

不過，無論是學界或官方對陽明心學，還是朱子理學的自覺檢討，我們從中均可以發現一個規律，除少數人外，時人一方面用西學修正自己不足，一方面却排斥西學精神。這就是自接觸西方以來，中國至今爭論没有結果的問題——如何對待西學的問題。因此，清初到中期的學術檢討，也是對西學的自覺揚棄。

西學自明末進入中國，無論在民間還是官方，無論是接納或排斥，均引起過軒然大波。然而，即便如此，在明末清初改朝换代的翻天覆地的巨變中它依然存活下來，一度還得到很大發展。當入關之初的順治與多爾衮以寬大的姿態許可了傳教士請求的庇護，也就接納了西學。至于接納的程度，以及如何規範，當江山還没有一統的時候，清統治者自己尚没有暇日去認真思考，做出相應的規劃。而傳教士依然如對明朝統治者一樣，用他們的器物迎取清統治者的歡心。他們曾用自己的利炮炮轟過清人，如今也同樣用它爲清人徹底擊敗明朝的殘餘勢力助一臂之力。故而，傳教事業在清初得以迅猛發展，但未免也令清人懷疑他們的赤誠。此外，傳教士的優勢與痼疾是共生的。接近上層統治者，可以超常規超速度獲得需要的利益，也必然因與天闕距離太近天威不定帶來破敗。不過，清初統治者均可謂明君，天威不測，必然也有傳教士自身的原因。

自沙勿略(Xavier)的適應性傳教策略創制伊始，就隱伏了傳教士接近上層統治者帶來的對中國政事的干預，以及由此而來的天威的必然震怒。一個政策最初制定的初衷往往積極而不乏良善，但都不可能達到至善至美。優秀的繼承者往往會揚長避短，遏制住缺陷，不斷發揚光大。然而，漸到後期，後繼者乏力，他們的錯誤理解或偏執等，終將導致弊病彰顯，勢必導致這個政策的改良或終結。

清初統治者對西學大體是熱愛的。不過，這個熱愛與明季一樣主要還是器物方面的。對于西學中的思想，他們堅執夷夏之防，他們不希望好不容易建立起來的一統思想被動摇，因此對傳教士的教理或西學中的學理並不重視，同時他們允許傳教士傳教是在傳教士遵守中國法律道德,執行適應中國國情的傳教條件下,並不完全信任這些傳教士。面對西方教皇集團不顧中國國情全面推行自己教義,以及在中國的某些西方傳教士的一些不理智的傳教行爲,清統治者一再警示,在引導並規範西方傳教士傳教的同時,也向臣民發出了西學中用,中學爲本的號召,並要求傳教士傳教遵守中國的法律道德秩序。中西互動走到這步,是需要思考和總結的。因此,對于到清初已存在百餘年的西學,如何對待,到 18 世紀,是到自覺檢討並總結以引導臣民認識西學,確立西學政策的時候了。

在以上諸種契機下,需要一種文化事業來完成這些任務,對學術文化進行全面總結,于是就有了四庫開館修書。借四庫修書,清政府宣導"庶讀者知致遠經方,務求爲有用之學"①,確立了漢學的官學地位,以及西學政策。至此,民間的學術潮流成爲官方獎納的主流學術。梁啟超說:"四庫館就是漢學家大本營,《四庫提要》就是漢學思想的結晶體。"②亦即,對宋明理學總其成的批判是在《四庫全書總目》中實現並完成的。至此,清政府對西學也確立了"節取其技能,而禁傳其學術"③的政策。

二、文獻學的總結

在清初以來的學術自覺檢討中,文獻學得以完成總結。不過,清初及中期,文獻及其整理研究並非靜止狀態。清初及中期憑藉政府的力量多次求書編書,促成了文獻的全面整理研究與文獻學各學科之間的互動共進,形成了文獻學及其研究的集成態勢。

(一) 清前期及中期對求書刻書的重視

野蠻的征服者與文明的被征服者之間的共同規律就是"野蠻的征服者總是被那些他們所征服的民族的較高文明所征服,這是一條永恆的歷史規律"④。清代自

---

① (清)永瑢等:《四庫全書總目》卷首《凡例》,北京:中華書局,1965 年,第 18 頁。
② 梁啟超:《清代學術變遷與政治的影響》,《中國近三百年學術史》,太原:山西古籍出版社,2001年,第 22 頁。
③ (清)永瑢等:《四庫全書總目》卷 125《寰有銓》,第 1081 頁。
④ 馬克思:《不列顛在印度統治的未來結果》,《馬克思恩格斯選集》第 2 卷,北京:人民出版社,1972 年,第 70 頁。

清太祖主動意識到漢化的重要並積極實踐,到一批自動效忠或籠絡來的士人服務于清廷,加速清人漢化,清廷一直堅持不懈地做著自覺漢化的工作。加以漢族激烈的民族情緒,清廷在武裝鎮壓的同時,更是意識到需要依靠典籍來籠絡民心與士心。因此,圖譜典籍對清廷的意義就非常重要。昭槤《嘯亭續錄》記載道:"崇德初,文皇帝患國人不識漢字,罔知治體。乃命達文成公海翻譯《國語》、《四書》及《三國志》各一部,頒賜耆舊,以爲臨政規範。"①及定鼎後,在太和門西廊下設翻書房,揀擇旗員中諳習清文者充之,没有定員。凡《資治通鑒》、《性理精義》、《古文淵鑒》等書,均翻譯成清文發行。② 深文奧義,不需煩勞注釋,自能明晰,成爲一時盛舉。有户曹郎中和素翻譯的《西廂記》、《金瓶梅》諸書,絶精。疏櫛文字,咸中肯綮,人人爭相誦讀。對于清統治者傾力崇儒重文,西方學者從民族主義出發,認爲清統治者或許因爲他們是異族血統,比明朝統治者更鼓勵儒學研究。③ 這有一定道理。但從落後于漢民族先進文化,到成爲漢民族主人,加强漢文化的學習,是多種因素互動的結果,並非血統這個單一因素可以解釋的。

清政府出于政治需要,需要編纂書籍籠絡士子文人;從文化角度考慮,需要順應大勢與潮流。故而,他們進入關内後,對典籍的接收管理從整體上而言是很積極的。如進入南京,清廷馬上敕諭"一切緊要圖籍,俱著收藏毋失"④、"南京各衙門圖書史册,太常司祭器及天文儀象地理户口版籍,應用典故文字,責令各該衙門官吏,用心收掌,不許乘機抽毁,致難稽考。其或散失在民間者,許赴官交納,酌量給賞"⑤。順治十四年(1657)三月甲寅:"詔直省學臣購求遺書。"⑥官員們從穩固統治出發,也紛紛上奏求書徵書。順治十四年(1657)正月,兵科給事中金漢鼎奏言:"再如海内古文秘録,所在多有,宜特遣詞臣分道購求。"⑦陳熀上請購遺書疏指出:"書宜廣搜也。曩臣衙門請實司經局,久已得旨,所在未見賫解,況今之購求,仰備睿

———————————

① （清）昭槤:《嘯亭續録》卷1,上海申報館仿聚珍本,第7頁。
② （清）昭槤:《嘯亭續録》卷1,第7頁。
③ Donald F. Lach Edwin J. Van Kley, Jesuit Letterbooks, Ethnohistories, and Travelogues. Chapter XX. China: The Late Ming Dynasty. *Asia in the Making of Europe*. Volume III A Century of Advance. Book Four: East Asia, The University of Chicago, 1993.
④ 《清實録》第三册《世祖章皇帝實録》,北京:中華書局,1985年,第152頁。
⑤ 《清實録》第三册《世祖章皇帝實録》,第155頁。
⑥ 《清實録》第三册《世祖章皇帝實録》,第848頁。
⑦ 《清實録》第三册《世祖章皇帝實録》,第833頁。

覽,又萬萬與經局不同,敢乞責成學臣,專董其事,即酌空廩空俸學田用給書值,按季解送。至若非聖之書,拒絕勿納。天下雖大,不出階序而運矣。"①

而學者、文人在國家干戈平息後,在豐富的圖書資源,安定富庶的生活條件下,在文士的閑情逸致與附風作雅,以及對文化的承先紹志與崇尚下,也紛紛參與編纂書籍的大業。此外,清統治者入關後,隨著政治統治的日益鞏固和社會經濟的不斷恢復和發展,文化事業也在以前各朝的基礎上有了更大的發展。當時,印刷、造紙等手工業不斷發展和改進,書坊,以及裝訂、糊裱書籍的作坊逐步增多,這種狀況對于圖書的出版、流傳和典藏都更爲有利,何炳棣道"至 1750 年爲止,中國印製出來的書可能要比世界上其它國家印製出來的書的總和還要多"②。這爲當時的學者提供了豐富的典藏機會。而當時的學者也多好典藏書籍,流連于書坊攤鋪藏書樓之間尋書購書,流傳下不少佳話。如王士禎,位居高位,輕易不得見,但却會固定每月某日出現在京城慈仁寺書肆中。當有人請教徐乾學如何才能見到王士禎時,與王士禎同好典藏、多互觀藏書並交流藏書心得的徐乾學的回答是:"此易耳,但值每月三五,于慈仁寺書攤候之,必相見矣。"③問詢徐乾學的人如徐乾學所言,按時依地尋訪,王士禎果然出現在其時其中。諸如此類的這一切,使本是静止的書籍活動起來。它們走出了藏書室,脱離了地域的限制,許多難得一見的珍本得以見之于世。

面對這有利于學術發展的大勢,學者無不歡呼雀躍,他們稱"國家統一車書,拓地萬億,山陬海澨,吉金貞石之出世,比之器車馬圖,表瑞清時,曠古所未聞,前哲所未紀矣"④。尤其是四庫修書之際,書籍更是從各地源源不斷地湧入京師。乾隆時著名的書坊有如錢景開"萃古齋"、陶正祥父子"五柳居"等,還有慈仁寺、隆福寺、護國寺等廟會書攤。據乾隆時李文藻統計,單是琉璃廠一帶書坊至少就有 32 家。

發達的文化市場,蓬勃發展的學術態勢,政治經濟的保障,遂出現了一種對古代學術文化進行全面清理和總結的自覺意識和行動,編纂了眾多的目錄書及大型

---

① (清)徐元燦、趙擢彤、宋緒等:《(嘉慶)孟津縣志》卷 10《藝文》,嘉慶二十一年刊本,第 12 頁 b—13 頁 b。

② PING-TI HO. *The Ladder of Success in Imperial China*, New York: 1962, p.214.

③ 葉昌熾:《藏書紀事詩》,(清)王士禎撰,陳乃乾校輯《重輯漁洋書跋·附錄》,上海:上海古籍出版社,2005 年,第 103—104 頁。

④ (清)孫星衍:《孫淵如外集》卷 3《〈寰宇訪碑錄〉序》,湖南思賢書局刊本,1894 年(清光緒二十年)。

書籍，融私家貢獻與官方獎納于一體。

在這樣大好形勢下編撰的目録書，著名者有如徐乾學《傳是樓書目》，朱彝尊《經義考》，季振宜《季滄葦書目》，錢曾《也是園藏書目》、《述古堂書目》、《讀書敏求記》，毛扆《汲古閣珍藏秘本書目》，黃丕烈《士禮居題跋》，顧廣圻《思適齋書跋》，均是清人私家目録中學術價值很高之作。

同時，官方修撰也興盛。官方編纂了《淵鑒類函》、《子史精華》、《佩文韻府》、《佩文韻府拾遺》、《康熙字典》、《古今圖書集成》等，並開館撰修《明史》。此外，還編纂有《全唐詩》、《全金詩》、《御纂七經》、《古香齋袖珍十種》、《律曆淵源》等叢書。私家叢書則門類更齊全，且種數、卷數也大大超過官修叢書，其中不乏高品質富盛譽的叢書。如汪士漢《秘書二十一種》、張潮《昭代叢書》、吳震方《説鈴》、盧見曾《雅雨堂叢書》，都有極高的價值。①

對宗教相容並包的清統治者自然也重視佛道二教書籍的整理編纂，如洪亮吉言《清字藏經》的整理盛況道："西華門中闢經館，大小乘經堆欲滿。法門先寫百二章，排比兩晋兼三唐。國書結體尤嚴重，舉筆如龍復如鳳。經成一藏功萬千，佛力祚皇萬萬年。"②清統治者從鞏固統治需要，爲各教都準備好了必備書目。而各教頗具好勝心，熱望借鑒統治策略遂很重視歷代帝王製作。爲此，他們編有《御製集》等。乾隆"《御製詩》、《御製文》，近自己西溯丙辰。文一千詩五萬，五十五年成百卷。九經廿史義蘊宣，四岳五瀆搜根源。遠紹《二典》、《三謨》傳，巍巍卷軸如山立。豈特帝王難冀及，十倍漢唐文士集"③。

（二）文獻的全面整理研究

學術的自覺批判，加以政治張力，勢必對文獻本身及其整理研究提出新的要求，遂鑄就了訓詁、箋釋、考證、輯佚、校勘、注釋、辨僞的興盛，最後在乾嘉時期形成了富有文獻學特色的乾嘉學術。

這個時期，文獻進入了重新認定時期，對它的研究也自成體系，風格獨特。正

---

① 參見拙著《"四庫總目學"史研究》，北京：商務印書館，2008 年，第 23 頁。
② （清）洪亮吉：《卷施閣詩》卷 9《清字藏經第二十三》，《洪北江詩文集》二，上海：上海書店出版社，1989 年，第 7 頁 a—b。
③ （清）洪亮吉：《卷施閣詩》卷 9《御製集第十三》，《洪北江詩文集》二，第 4 頁 b—5 頁 a。

如張舜徽所指出的:"清代樸學大興,以考證名家的學者,風起雲湧,研究經、史、諸子,各號專門。有的人窮畢生精力以治一書,從校勘文字,以至疏釋全書,投下了不少勞動,這對整理文獻來説,是有很大貢獻的。他們的治學範圍,有的人雖不那樣博大,但對某一種專門學問或某一部古代書籍,確有精深的研究,並有所發明或發現,也是應該肯定的。"他還説:"這樣的專家,歷代都有,而以近三百年間爲最多。"①

　　我國古代典籍可謂浩瀚無涯,但在流傳過程中錯失訛謬不少,加以時間地域之故,有的已經難以認讀了,迫切需要修補整理。清代學者自覺完成了這項工作。從康熙到乾隆,他們訓詁、箋釋和匯刻了幾乎所有的儒家經典。後來,《皇清經解》、《續皇清經解》得以編成,就是乾嘉漢學治經的功勞。

　　他們還搜補了史書,如惠棟《後漢書補注》、趙一清《三國志注補》、梁玉繩《史記志疑》、錢坫《補史記注》等。清代豐富的公私藏書爲史書補注提供了堅實的基礎,這些史書的補注爲清代學術互動共生大勢中的又一亮點。同時,由於古籍整理工作的需要,輯佚、校勘、注釋與辨僞工作均成爲當時學術界的重要工作,取得的成果也特別顯著。

　　輯佚非注疏、校勘、辨僞、考證、目録相互求證不可得,清以注疏、校勘、辨僞、考證、目録等爲特色的文獻學的發達,爲其準備好了條件,也相生相長。清前期到中期的輯佚,主要注意經説,始于惠棟治《易》,興盛則起于《四庫全書》開館對《永樂大典》的輯佚。他們鈎沉索隱,幾乎對所有文獻搜羅殆盡。當時,輯佚文獻數量之多,輯佚門類之廣,均是此前任何朝代所無法比擬的,並湧現出一大批著名的輯佚名家。

　　這一時期是注疏的高峰期,大批語言文字學家雲集,大量高品質的注疏作品相繼問世。這些注疏之作是以總結性面目出現的,幾乎集中了歷史上的所有疑難,既注釋古詞古音,又注釋典章史實,是對歷史上校勘問題的全面總結。清代的校勘,自顧炎武開其端,其後閻若璩、胡渭等人都以畢生之力一意治經,他們成績已接近乾嘉學者。再後,惠棟、戴震等,提倡考證的精神。在他們引導下,研究古籍蔚爲風氣。他們也建立了科學的校勘方法,校勘進入了全盛期。清代的校勘成就達到前無古人的地步,其中成就最大的是對子書的校勘。從《老子》到《水經注》,幾乎校勘

---

① 　張舜徽:《中國文獻學》,武漢:華中師範大學出版社,2004 年,第 216 頁。

子書殆遍，加之所校史書、地理方面的書等達三十多種。其薈萃成編最有價值者，乾隆時校勘名家盧文弨《群書拾補》、王念孫《讀書雜志》就爲其中之一。同時，這個總結也上升到了理論高度，如盧文弨、王念孫對校勘法則的總結。盧文弨校勘注重分析規律揭示原因，注重舊刻衆説但不盲從，多聞闕疑却不妄改，用小學定是非，用音韻勘正誤，盡力恢復古書原貌，正是學術互動帶來的學術融通的結果。王念孫在對《逸周書》、《戰國策》、《淮南子》、《史記》等校勘基礎上，博採前人今人之説，却不拘泥；反復推敲，不輕下結論，也不盲從，疑以闕疑，小心謹慎推尋致誤之由，總結出"因字不習見而誤者"、"因假借而誤者"等六十多種條例，並附實例。他們既總結了乾嘉校勘理論又開啟了乾嘉末學，也影響到了梁啟超等。

不唯如此，康、雍、乾時期的學者也對典籍做出了考證，對它們的真僞做出了思考，這些又是校注等的前提。這一時期對史書的考證，如杭世駿《諸史然疑》、全祖望《經史答問》、錢大昕《廿二史考異》、王鳴盛《十七史商榷》、趙翼《廿二史札記》、洪亮吉《四史發伏》等書，均不愧名著。至于史書真僞的考辨，通考群書真僞的著作則有萬斯同《群書疑辨》、姚際恒《古今僞書考》、崔述《考信錄》。專辨一書真僞的著作：辨《易》者，有胡渭《易圖明辨》、毛奇齡《河圖洛書原舛編》、黃宗羲《圖書辨惑》；辨《書》者，有閻若璩《尚書古文疏證》、姚際恒《古文尚書通論》、宋鑒《尚書考辨》、惠棟《古文尚書考》；辨《詩》者，有姚際恒《詩經通論》；辨《周禮》者，有姚際恒《周禮通論》、萬斯大《周官辨非》、方苞《周官辨》；辨《儀禮》者，有姚際恒《儀禮通論》；辨《禮記》者，有姚際恒《禮記通論》；辨《春秋》者，有姚際恒《春秋通論》。[①]

總之，他們遍注群經，其内容遠邁前代；校勘古書，即使尤其難讀、尤爲稀見的古書，也必尋善本，以還本來面目；並敢于疑經惑古，辨證了前人所不敢僞的經書。而圍繞古籍全面整理研究，文獻學各學科相吸相納，相生相長，遂形成了文獻學集成的態勢。

文獻學的全面總結，爲四庫修書準備了豐厚的文獻基礎，也鍛煉出優秀的文獻學家爲日後四庫修書效力，爲《四庫全書》纂修打下堅實的基礎，是四庫修書成功的必備條件之一。

---

① 崔述：《崔東壁遺書》，上海：上海古籍出版社，1983 年，第 57 頁。

三、學術規範與通則的自覺尋求

《四庫全書總目》評價漢宋學"漢儒説經以師傳，師所不言，則一字不敢更。宋儒説經以理斷，理有可據，則六經亦可改。然守師傳者，其弊不過失之拘。憑理斷者，其弊或至于横决而不可制"①的話語，看似批評二家，其實傾向漢學，以官方的態度向天下明示了清代漢學的官學地位。《四庫全書》纂修前後的學術正是自覺切合並表現出這些特徵，爲官方所需，被接納認定爲官學的。既然學界官方獎納的都是漢學學風，就必然要求清人的學術必須講究規範。兹就這個規範簡述如下。

他們由專門學問中的某一類規範，如校勘的規範，注釋的規範，考證的規範，到對整個學術以及西學的要求，均講究規範。同時，他們也追求通則，以界定、夯實、穩固規範。由此，他們追求的並不是純粹單一的規範，他們進而尋找的是整體的規範。這整體的規範即爲他們所追求的通則。

自戴震而下，如阮元、焦循、凌廷堪等一批士人已經試圖用普通的"禮"來規範與約束社會生活世界。同樣，也是自戴震而下，這些士人也在試圖把天文曆算中的"數"作爲"通例"，用來詮釋和理解所有的自然世界。這種對"通則"的追尋，實際是清初以來的知識階層整體把握世界的一種途徑，借助零星片段的考據成果日益豐富日益加強，到18世紀末19世紀初形成了思潮。② 也就是説"對于知識理解的整體性根本依據也就是'通則'的探求熱情，却在清代考據學家這裡一直存在，考據學家追求的，原本並不僅僅是支離瑣碎的技術性知識"③。這種"通則"不僅是對智力的自我考驗，而且包含有尋求"根柢"的意思。所以，從顧炎武、黄宗羲到江永，從戴震、錢大昕到阮元，都對這些知識相當關注，而一些在學術史上可能並没有特別赫赫名聲的人，也對這種知識很有興趣。④ 以上所言的"通則"就是自清初以來對"禮"、對"數"、對科學方法的規則與規範的探求。

今人這樣的看法，與當初清人的探索是相吻合的。清代漢學開山閻若璩就説

---

① （清）永瑢等：《四庫全書總目》卷32《孝經問》，第266頁。
② 葛兆光：《中國思想史》第二卷《七世紀至十九世紀中國的知識、思想與信仰》，上海：復旦大學出版社，2001年，第435頁。
③ 葛兆光：《中國思想史》第二卷《七世紀至十九世紀中國的知識、思想與信仰》，第434—435頁。
④ 葛兆光：《中國思想史》第二卷《七世紀至十九世紀中國的知識、思想與信仰》，第436頁。

過"天下事由根柢而之枝節也易，由枝節而返根柢也難，竊以考據之學亦爾"①。他的考據學就意在尋找確立這種"根柢"的方法，找到一條古書"通則"，這在他們中間早已是共識，"像戴震之校《水經注》，段玉裁之論漢代注釋，江藩之論'古書疑例'，似乎都是在沿枝葉而尋其根柢，沿支脉而上溯源流，尋找通例，就是要在紛紜的古典文獻中，'以各種假説或約定出來的原則，加以修改、詮釋、批判、糾正，以重構歷史'"②。

清代學術注重規範與通則的特徵，國外學者也有同見。他們認爲清代學術，把古音研究，經書注釋和考據相連，"這一考據學的展開，不僅是整合經書解釋的普遍妥當的方法，而且是對爲保證經書解釋的正確的方法論的强烈反省和批判意識的興起"。"考據學的本質不止是方法理念的完成和它的精密成果，而是從構成經典的古代漢語本身的徹底沉澱中，發現經書解釋中那些支援語言的古音分部之音韻結構的意義，以及它們所建構起來的儒學價值觀。"③

國外學者互相討論中，也涉及清代學術規範問題。如日本學者木下鐵矢批評濱口《清代攷據學の思想史的研究》由"文獻學到哲學"的理路，指出其先驗的預設，不同意清代考據學是"語言學轉向"而引起的"語言學的形而上化"的思路，認爲清代學術應當是"對經典語言的個性化體驗"④。但無論怎樣，二人實際上都承認了清代學術的自律與規範的特徵。

對清人治學科學之説持異議者，如侯外廬認爲："蔽于古而不知世（古指古籍，世指社會）；蔽于詞而不知人（詞指"由詞通道"之詞，人指個性）；有見于實，無見于行（實指其一部分認識方法，行指認識的證驗、準繩）；有見于闕，無見于信（闕指對于過去的疑問，信指對于將來的追求）。所以，乾嘉漢學，只有讀古書的一定的邏輯要素，但不能説代表科學方法，這是首先應加瞭解的。"⑤在懷疑乾嘉學科學方法的同時，其實也從另一角度承認了乾嘉學術對"通則"的追求。這種"通則"，即侯外廬所言的"讀古書的一定的邏輯要素"，即科學的一種表現。

————————

① （清）閻若璩：《尚書古文疏證》卷八，錢塘汪氏振綺堂本，1867 年（清同治六年），第 3 頁。
② 葛兆光：《中國思想史》第二卷《七世紀至十九世紀中國的知識、思想與信仰》，第 435 頁。
③ ［日］濱口富士雄：《清代攷據學の思想史的研究》之《序論》，國學刊行會，1994 年，第 27、34 頁。
④ ［日］木下鐵矢：《清朝攷據學とその時代——清代の思想》，創文社，1996 年，第 7、21 頁。
⑤ 侯外廬：《中國思想通史》第 5 卷《中國早期啟蒙思想史》，北京：人民出版社，1956 年，第 418 頁。

　　對學術規範和通則的追尋,其實就是清代學者實事求是精神的體現。清代學者精于考據,他們以實事求是的精神,糾正過去注釋中的空疏、妄説,努力用新的方法考證、注釋詞義,力求經史的解釋符合古代文獻的原貌原意。追溯他們這種“信古而闕疑可也”①的實事求是精神之源,可以發現,這既是對中國傳統治學精神的繼承,又是當時西方治學精神影響的結果。

　　清代有成就的歷史文獻研究者大都注重“實事求是”原則的實踐。凌廷堪曾經分析治學有“實事求是”和“虛理在前”兩種傾向,他指出前者能確定是非,後者不能確定是非。他説:“昔河間獻王實事求是。夫實事在前,吾所謂是者,人不能强辭而非之;吾所謂非者,人不能强辭而是之也。如六書、九數及典章制度之學是也。虛理在前,吾所謂是者,人既可别持一説以爲非;吾所謂非者,人亦可别持一説以爲是也。如理義之學是也。”②

　　阮元在《〈經義述聞〉序》中自言凡古儒所誤解者,無不旁證曲喻,而得其本義之所在。並自稱治學不敢立異,唯求實事求是。③汪中也自陳其治學宗旨:“爲考古之學,惟實事求是,不尚墨守。”④錢大昕對于自己的著作《廿二史考異》,有“桑榆景迫,學殖無成,惟有實事求是,護惜古人之苦心,可與海内共白”⑤的感嘆。梁啟超《清代學術概論》中也曾用這種精神歸因清代的學術成就:“綜觀二百餘年之學史,其影響及于全思想界者,一言蔽之,曰‘以復古爲解放’。第一步,復宋之古,對于王學而得解放。第二步,復漢唐之古,對于程朱而得解放。第三步,復西漢之古,對于許鄭而得解放。第四步,復先秦之古,對于一切傳注而得解放。夫既已復先秦之古,則非至對于孔孟而得解放焉不止矣。然其所以能著著奏解放之效者,則科學的研究精神實啟之。”⑥直至今天,學者們依然認爲乾嘉學術雖有派别的區分,但如實事求是、無徵不信等學術根本宗旨,以及採取歸納法論證,已頗具有的現代科學精神,卻是相同的,所不同的只是治學方法而已。⑦

---

　　①　(清)汪中:《述學·内篇》卷 2《周官徵文》,《粵雅堂叢書》續刻本,第 19 頁。
　　②　凌廷堪:《校禮堂文集》卷 35《戴東原先生事略狀》,刻本,1813 年(清嘉慶十八年),第 8 頁。
　　③　(清)阮元:《揅經室一集·〈揅經室集〉自序》,《文選樓叢書》,儀徵阮氏珠湖草堂刻本,清道光年間(1821—1850),第 1 頁。
　　④　(清)汪中:《述學·别録》卷 1《與巡撫畢侍郎書》,第 23 頁。
　　⑤　(清)錢大昕:《〈廿二史考異〉序》,集古書屋刻本,1898 年(清光緒二十四年),第 1 頁 b。
　　⑥　梁啟超:《清代學術概論》,北京:東方出版社,1996 年,第 7 頁。
　　⑦　邵台新等:《中國文化史》,臺北:大中國圖書公司,2000 年,第 142 頁。

　　不過，實事求是精神非唯繼承傳統而來，西方傳教士著述所體現及宣傳的科學精神，對清人影響也是存在的。因此，清人追尋的規範和通則也不無西人的影響。

　　乾嘉學術的這種精神，胡適曾以相當大的熱情表揚之，稱其爲最嚴格有效的方法，連最嚴屬的批評者也不能遮掩其光輝。啓發胡適提出"大膽假設，小心求證"的，也正是這種精神。不過，胡適最終把乾嘉精神歸功于西方治學精神的影響。拋開其過頭的一面，可見西學確實影響了乾嘉學術。

　　對天文曆算的關心，使得乾嘉學者錢大昕、凌廷堪、阮元等均對中法西法優劣及其規範作出了説明。錢大昕在乾隆六十年（1795）爲焦循所作的《釋弧序》中指出，天體弧圓之勢是相當重要的，這種算學是"儒家升堂入室之詣"，因爲它是"測天之學"，而"天"恰恰是儒家學説的根本依據。但是我們的古法粗疏，直到近世歐羅巴精算之士來才使我們對周天經緯瞭若指掌。而凌廷堪也在《復孫淵如觀察書》中，對孫星衍辟西人推步不可信的説法委婉地反駁，希望孫氏放棄偏見，不要"主中黜西"，並以事實證明之。如關于歲差的推算，西人是以恒星東移來闡明原因的，不得以漢儒所未言而排斥。選法與天文，西法不像中國古代有"占驗"、"推步"的分别，是相爲表裏的，不能分開的。他反復指出，"西人言天，皆得諸實測，猶之漢儒注經，必本諸目驗"，所以"西學淵微，不入其中則不知，故貴古賤今，不妨自成其學"①，在嘉慶四年（1799），作爲學界領袖的阮元在爲焦循寫的《里堂學算記序》中更強調説："通天地人之道曰儒，孰謂儒者而可以不知數乎！"②凌廷堪還講以禮代理。③

　　清人從中西學術比較中追尋規範和通則，西學無疑也如中學一樣影響到了他們所追尋的規範和通則，而西學所體現的規範與通則就是科學的精神，因此清人實事求是的精神確實在繼承傳統而來之外，還有西學這個源頭。然而，遺憾的是，在清官方禁傳西人思想的導向下，西方的科學精神，清人不用它來改良思想，不用它作爲追求科技進步的根本，而用它在學習技能上以便模製相關器物，而用它在治學上。治學倒是在已有傳統基礎上進一步培根固本，學人至今受惠。但就科技而言，却屬用之不正，當然也就失去了發展良機。

---

　　①　（清）凌廷堪：《校禮堂文集》卷24《復孫淵如觀察書》，第12頁。

　　②　（清）阮元：《揅經室三集》卷5《里堂學算記序》，《文選樓叢書》本，儀徵阮氏珠湖草堂刻本，清道光年間（1821—1850），第4頁。

　　③　凌廷堪：《校禮堂文集》卷24《復錢曉徵先生書癸亥冬》，第15頁。

四、學術與政治緊密相連

清政權入主中原,在與漢民族接觸與較量中,最後自覺地接受了漢民族先進的文化,"野蠻的征服者總是被那些他們所征服的民族的較高文明所征服,這是一條永恆的歷史規律"①。

對漢文化的接受,清政府也可謂歷代入主中原的少數民族中接受得最深刻者。因此,他們對學術和政治的關係理解甚透,對如何掌控學術也把握得非常到位。亦即清代的學術自省,符合了時代與政治的雙重需要。

順治、康熙兩代基本上確定了對整個中國的統治地位,但是明代遺民的反清復明的思想並沒有禁絕。有著根深蒂固儒家忠君思想,隱居出家,或參加抗清武裝鬥爭失敗後居家不仕的明遺民,依然抱有故國之念。同時,多民族國家存在著諸多文化差異,民族隔閡、民族矛盾,時或有之。如何使明遺民拋棄遺民心態,走向文化認同;如何調和民族矛盾,化解民族隔閡,是清朝統治者入關後最爲棘手,也最爲關心、最亟待解決的問題。

對這些問題,清廷採取了以漢人治漢人,極盡拉攏和強迫的能事,使這些遺民徘徊在學術與政治之間,除少數人之外,最終走向文化認同,向清廷統治者靠攏。

入關後,在浙江總督張存仁建議開科取士,使"讀書者有出仕之望,而從逆之念自息"②來消弭反清意識,以及范文程上疏"治天下在得民心,士爲秀民,士心得,則民心得矣。請再行鄉、會試,廣其登進"③等呼吁下,從順治三年(1646)開始,清朝恢復了科舉制度,並且成爲定制。一方面以儒家五經作爲科舉考試內容,鼓勵諳熟儒學的明朝文人參加考試;另一方面任用南人作爲鄉試主考官。如順治三年,十八名考官中只有一人是南人;而到了順治五年,二十名考官中已有六人;到順治八年,南人近一半;順治十一年,南人占到主考官的三分之二,這樣有利于鼓勵南人參加考試。如順治三年,一甲三人均來自北方;而順治七年則均出自江南,同時順治六年

---

① 馬克思:《不列顛在印度統治的未來結果》,《馬克思恩格斯選集》第 2 卷,第 70 頁。
② 《清實録》第 3 册《世祖章皇帝實録》卷 19,第 168 頁。
③ (清)趙爾巽等:《清史稿》卷 232,第 2412 頁。

殿試狀元是復社成員，另二十四名及第者也參加過復社。① 通過開科舉，雖然許多文人自己出于節氣考慮不出仕，但是他們的子孫、他們的弟子却踴躍參加了。

自開科舉，天下士子有所歸依與指望，爲進一步網羅天下士子，尤其是拒不仕清的遺民，清廷廣開終南快捷之路。"康熙九年，孝康皇后升祔禮成，頒詔天下，命有司舉才品優長、山林隱逸之士"②，有效地取得了漢族士大夫一定的文化認同。

不僅如此，清廷的籠絡很注意方式，也很虔誠。他們表彰忠義、寬容貳臣與遺民。順治朝就爲前朝死節之士進行了褒獎表彰。至于如錢謙益、吳偉業等，他們在出仕清朝後爲補救自己的失節，寫了許多紀念殉國忠臣的詩篇來證明自己的無奈，他們甚至還與反清復明的活動有著非常密切的聯繫，但清政府並不予以追究。而王夫之宣揚"天下之大防，首先就是'華夏'和'夷狄'之防"，這樣的言論是對清政府的公開宣戰，清廷也没有深究。當然，王夫之隱居深山，秘不見人，書籍的影響度本就很有限。加以退而求諸著述，發泄亡國之痛，本是中國特有的漢族士人文化情結，與漢文化互動中深諳漢族文化的清廷很清楚自己没有必要大開殺戒，刻意究責。他們知道，在清初殺一遺民精英，並不能儆百，反而會引起更多人的景仰，繼而追尋這些精英們的精神與足迹，掀起更大的反抗浪潮。這個時期，比任何時候都需要他們以寬廣的心胸、氣度示人。清初統治者在現實和實踐基礎上，在洪承疇、范文程等理學名臣引導下，確立了以朱熹學爲統治根基的治國方略。更在理學名臣引導下，勤奮鑽研漢族文化，並在深刻理解漢族文化的基礎上，以寬容之姿對待遺民，構建了文化認同的氛圍，終于建立起和諧。他們褒獎聲望很高而堅決拒仕清朝的逸士，不願參加科舉考試，有直接投誠效力當朝之嫌，就以山林隱逸或博學鴻儒相召。相召不來，就任之悠游天地之間。《清史稿》載："順、康間，海内大師宿儒，以名節相高，或廷臣交章論薦，疆吏備禮敦促，堅臥不起，如孫奇逢、李顒、黃宗羲輩，天子知不可致，爲嘆息不置，僅命督、撫抄録著書送京師。"③己亥詞科，被舉薦録用的近二百人④，有朱彝尊、徐嘉炎、陳維崧等。康熙十八年（1679）在三年一次的"科

① ［美］魏斐德著，陳蘇鎮、薄小瑩等譯，《洪業——清朝開國史》，南京：江蘇人民出版社，1995 年，第 676 頁。
② （清）趙爾巽等：《清史稿》卷 109，第 858 頁。
③ （清）趙爾巽等：《清史稿》卷 109，第 858 頁。
④ 邸永君：《清代翰林院制度》，北京：社會科學文獻出版社，2007 年，第 84 頁。

舉常科”之外，又開特科“博學鴻儒科”，以“詔修《明史》”爲旗號，以翰林之任爲誘餌。從翰林來源來看，主要是“明朝故臣子孫”（今可考者十五人）、“天下耆儒名家”（今可考者十一人）、“清朝新進員棣”（今可考者十八人）、“清貧自守書生”（今可考者六人）。① 這與後來乾隆朝的“博學鴻詞科”（丙辰詞科）只是爲了粉飾太平不同，達到了籠絡遺民士人之效。

李顒與孫奇逢、黄宗羲並稱爲“清初三大儒”，在學術上有著很高的建樹。李顒，清廷屢以“博學鴻儒”徵召，他以絶食堅拒得免。康熙四十二年（1703），康熙南巡時甚至親自召見並拜訪李顒，李顒均避而不見。康熙不但没有怪罪李顒，反而先後賜了“關中大儒”、“操志高潔”兩個匾額給他。對于一些逃禪躲避招降的文人們，清廷也給予尊重，使得他們安于林泉生活，不參與反清鬥爭。

然而，在“學成文武藝，貨與帝王家”②的儒家傳統教育熏陶下成長起來的士人，不仕等于平生所學付之東流水。他們終歸是不情願，而且也多少有所遺憾的。何況他們面對的是一個欣欣向榮的國度，守的是本没落、不堪救治的明朝的節。清廷非常瞭解漢族士大夫文化，也瞭解他們的心理，這些爲了氣節不願出仕當朝的明遺民，爲前朝修史，他們是樂意的，而且一生抱負也終有所托付了。明亡後，許多文人“不克見之行事”，就不得已“寄之于言”了。

果如清廷所預期的一樣，清廷的開館修史很見成效，徵召山林隱逸與博學鴻儒的遺憾被《明史》館彌補了。一些以前冒著生命危險私修《明史》的士人紛紛投入到清朝統治集團，即使礙于氣節而堅決不入《明史》館的如黄宗羲和顧炎武等也通過“以子代父”③等方法，將自己所學運用到清朝統治中。如黄宗羲將自己搜集的有關史料抄送京師，並且讓他的兒子黄百家入館，黄宗羲總結自己一生時也不隱諱此段關節，他稱自己“初錮之爲黨人，繼指之爲游俠，終厠之于儒林”；顧炎武，也曾在《明史》的修撰過程中，通過徐乾學兄弟或書信，給撰修《明史》提供資料和參考意見。那麼“己未詞科爲《明史》編纂準備了一個相當過硬的寫作班子，並借此向遺民伸出了橄欖枝……意義不只限于貢獻一部《二十四史》中品質較高的歷史著作，改

---

① 邸永君：《清代翰林院制度》，第 84 頁。
② （明）馮夢龍：《喻世明言》，西安：陝西人民出版社，1985 年，第 276 頁。
③ 邸永君：《清代翰林院制度》，第 86 頁。

善同遺民的關係,他對清初政治格局的轉變産生了深遠的影響"①。可以説,清廷以儒家思想爲統治根基,以科舉、開館修史等一系列文化政策,向天下宣佈了對孔孟之學程朱禮義的承續,明示了自己的正統。在成全明遺民希冀的堅貞的同時,用自己朝代的欣欣向榮與寬容大度包容他們,使明遺民中産生出了"亡國"、"亡天下"的理論——易姓改代爲"亡國",整個民族文化亡了爲"亡天下";使明遺民從堅拒到稱其爲"國朝"、"王師",稱當朝天子爲"聖天子"、"聖主",除少數人外,最終都走向了對清的文化認同。清廷與漢人及其明遺民在互動中去除了狹隘的民族主義的局囿,走向了中華民族的大和諧,中華民族的大融合。

　　當然,這總體和諧的互動中,也存在不和諧之音。作爲當朝的清統治者與歷代漢人建立的封建王朝一樣,需要絶對權威,需要思想的一統,他們非常清楚,所有的思想均源于文字。于是在拉攏士人,創建和諧之際,也交替使用了文網繁密的高壓政策,屢興文字獄,發出不和諧之聲。這不和諧之聲主要是針對下層士人和百姓發出的,意在斷絶那些上層反清志士的追隨者,令他們的言論成爲空谷絶響,穩固剛剛建立的政權。不過,在一系列的打擊之後,清廷並不完全清楚到底還有多少不利于國家統治的因素,他們希冀瞭解現狀。所以自康熙打擊朋黨、整頓學風開始,整治文化市場的趨勢就已顯現。甚而可以再往上追溯至清入關之初。其實,清人自入關以後,就開始朝這方面努力。表現之一,即有意于徵書。② 到乾隆時代,修書之勢幾于成熟。當時學者們在學術文化總結大勢下強烈呼吁,大臣們也不約而同上奏要求開館修書,加以乾隆好勝心的驅使,于是由徵書開端,輯佚《永樂大典》相承,四庫館遂開。不過,即或有如此長期的準備,四庫開館還是有提前之嫌。這提前開館在日後四庫徵書初期表現尤爲明顯。如宣傳動員工作因開館的匆匆而沒有到位,致使官民在徵書之初持觀望態度,徵書進度尤爲緩慢,以致停滯不前,經乾隆三令五申方陸續進呈。對于四庫開館,任松如從"關于本身"、"關于宮闈"、"關于宗室"、"關于種族"、"關于黨派"、"關于思潮"、"對于明朝者"、"對于清朝者"、"出于好勝心者"、"出于猜忌心者"③十個方面對此做出了總結。

---

① 趙剛:《康熙博學鴻詞科與清初政治變遷》,《故宮博物院院刊》1993 年第 1 期,第 96 頁。
② 陳登原:《古今典籍聚散考》政治卷第七章《四庫全書館與禁書運動》,上海:上海書店出版社,1983 年,第 88 頁。
③ 任松如:《四庫全書答問》,成都:巴蜀書社,1988 年,第 5—7 頁。

　　由上可見,時代發展到四庫修書之時,正是我國思想文化進入總結的時期,也是國家安定團結、統一繁榮的時期。洪亮吉曾熱烈歌頌江山一統,萬國來朝,萬民得所,文化相容並包的盛況,充滿激情極力美譽道:"皇上敬天法祖,勤民察吏,諸大政足以度越百王而垂則萬世者已不下數十事。"①"殊恩豈獨神州內,普錫還教外藩逮。遐哉上古迄漢唐,三千年來無此祥。"②"不歸佛法不歸僧,只願歸依大皇帝。"③"東西南北車書極,朝正國王三十一。三十一國分年來,春秋冬夏邸第開。普天同慶當斯日,五國遥遥適相值。神鶏五色魚八捎,貢及犀兕兼狕獠。史臣若舉《春秋》筆,五國來朝王正月。"④同時,這個時期也是中西文化互動出現困境,需要中西雙方各自思考的時期。正是在這樣的機遇下,四庫撰修應運而生,完成了時代賦予的使命,給中國留下了寶貴的文化遺產。

（陳曉華　首都師範大學歷史學院）

---

① （清）洪亮吉:《卷施閣詩》卷9《萬壽樂歌三十六章並序》,《洪北江詩文集》二,第1頁b。
② （清）洪亮吉:《卷施閣詩》卷9《元日詔第一》,《洪北江詩文集》二,第2頁a。
③ （清）洪亮吉:《卷施閣詩》卷9《坎扒窪經第四》,《洪北江詩文集》二,第2頁b。
④ （清）洪亮吉:《卷施閣詩》卷9《五國朝第十四》,《洪北江詩文集》二,第5頁a。

《四庫全書》史部提要著録之書名改易考

　　《四庫全書》在匯集、纂修過程中轉折多手,歷經多番更動改易。前輩學者致力于《四庫全書》提要文獻的比對情況,其中亦包括書名改動情況。羅琳的《〈四庫全書〉的"分纂提要"和"原本提要"》就曾指出分纂提要中提要著録的書名、卷數與《總目》不同。筆者擬從分纂提要、匯總提要兩類較早的《四庫全書》提要文獻入手,將之與庫本提要、總目提要進行比對,對提要書名不同的情況予以列舉並總結改易原因。①

一、書目版本不一導致書名不一

《禦侮録》(雜史類存目)

　　　　翁方綱分纂稿作"《中興禦侮録》上、下二卷";《初目》、《總目》作"《禦侮録》二卷"。

　　　　按:翁方綱分纂稿云:"《宋史·藝文志》:'《中興禦侮録》一卷,不知作者。'②"

---

　　① 本文所用分纂稿爲各分纂官所撰寫的提要,前多冠以分纂官名字;匯總提要所用爲《四庫全書初次進呈存目》;庫本提要所用爲《四庫全書薈要總目提要》、文淵閣、文溯閣、文津閣《四庫全書》書前提要;總目提要所用爲浙本、殿本《四庫全書總目》以及《四庫全書簡明目録》。文中所用提要名皆爲省稱,如《四庫全書初次進呈存目》簡稱《初目》,《四庫全書薈要總目提要》簡稱《薈要提要》,不贅舉;文中不特别標出版本者,如《總目》,指浙本、殿本《總目》;文中所列標題書名據《總目》名來。

　　② 吳格、樂怡整理:《四庫提要分纂稿》,上海:上海書店出版社,2006年,第95頁。

《總目》云："《宋史·藝文志》載此書,作一卷。而此本實二卷,疑後人所分析也。"①《宋史》卷二百三志第一百五十六藝文二云："《中興禦侮録》一卷。"②書名與翁稿所作合。清丁丙《善本書室藏書志》卷八(清光緒刻本)、清陸心源《皕宋樓藏書志》卷二十四史部(清光緒萬卷樓藏本)亦有相關記載。

又清周中孚《鄭堂讀書記》卷十九史部五云："《中興禦侮録》二卷(寫本)……四庫全書存目無'中興'二字,《宋志·傳記類》有此二字,作一卷,或所見本異也。"③

由此可見,《總目》少却"中興"二字,或爲版本不一所致,或爲省稱。

二、書名縮略、省稱導致書名不一

如《李忠定公奏議》與《李忠定奏議》、《西樵山志》與《西樵志》、《城南記》與《游城南記》等提要。舉例示下:

《回鑾事實》(雜史類存目一)

　　翁方綱分纂稿著録名爲"《皇太后回鑾事實》",提要云："《皇太后回鑾事實》一册,宋万俟卨撰,記高宗母顯仁韋太后歸自金之事也。"《初目》、《總目》云："《回鑾事實》一卷,宋万俟卨撰。"

按:宋徐夢莘《三朝北盟會編》卷二百二十三云："紹興二十六年十月十八日丙戌,尚書右僕射万俟卨上《皇太后回鑾事實》。"④《宋史》卷二百三志第一百五十六"藝文二"云："万俟卨《皇太后回鑾事實》十卷。"⑤皆與翁稿同。又《總目》在《碧溪叢書》一則提要中曾提及:"万俟卨《皇太后回鑾事實》,記韋太后南歸事。"⑥此與《總

① (清)紀昀等:《欽定四庫全書總目》,臺北:臺灣"商務印書館",1986年,第170頁。
② (元)脱脱等:《宋史》卷203,北京:中華書局,1977年,第5117頁。
③ (清)周中孚:《鄭堂讀書記》,上海:商務印書館,1937年,第416頁。
④ (宋)徐夢莘:《三朝北盟會編》,上海:上海古籍出版社,1987年,第1608頁。
⑤ (元)脱脱等:《宋史》卷203,第5104頁。
⑥ (清)紀昀等:《欽定四庫全書總目》卷52,第174頁。

目》作《回鑾事實》提要時少却"皇太后"三字不一。清徐松《宋會要輯稿》后妃二(稿本)、《中興禮書》卷二百十五嘉禮四十三(清蔣氏寶彝堂鈔本)亦有相關記載。故以翁方綱分纂稿作《皇太后回鑾事實》爲準,《總目》作《回鑾事實》當爲省稱。

三、"欽定"、"御製"、"御批"等字樣在分纂提要、閣本提要中時現時不現,《總目》趨于整齊統一

如《欽定大清會典》與《大清會典》、《欽定皇朝禮器圖式》與《皇朝禮器圖式》、《御製評鑑闡要》與《評鑑闡要》等提要。示例如下:

《欽定大清會典》

《薈要提要》、文溯閣、文津閣《四庫全書》書前提要著録名爲"《欽定大清會典》",書中名爲"《大清會典》",文淵閣《四庫全書》書前提要、《總目》、《簡明目録》爲"《欽定大清會典》"。

按:"欽定"二字爲冠語,僅僅書名取法不同,所指爲同一本書。

《御製評鑑闡要》

《薈要提要》、文淵閣、文溯閣、文津閣《四庫全書》書前提要作"《評鑑闡要》",《總目》、《簡明目録》作"《御製評鑑闡要》"。

按:"御製"爲書首冠語,此處僅書名寫法不一,所指爲同一本書。

四、清皇帝廟號、謚號或省或不省導致書名不一

如《欽定弘文定業高皇帝聖訓》與《太祖高皇帝聖訓》、《隆道顯功文皇帝聖訓》

與《太宗文皇帝聖訓》、《至仁純孝章皇帝聖訓》與《世祖章皇帝聖訓》等。示例如下：

《庭訓格言》

　　　《薈要提要》、文溯閣、文津閣《四庫全書》書前提要著録名"《聖祖仁皇帝庭訓格言》"，文淵閣《四庫全書》書前提要書前名爲"《聖祖仁皇帝庭訓格言》"，文中爲"《庭訓格言》"；《總目》、《簡明目録》爲"《庭訓格言》"。

　　按："聖祖仁皇帝"，是清聖祖康熙帝的廟號、謚號。《薈要提要》、文溯閣、文津閣《四庫全書》書前提要多出"聖祖仁皇帝"，當是表達對清朝統治者的敬重。

五、朝代更迭和感情色彩導致書名不一

　　四庫館臣纂修提要時，整體體現出一種正統的漢學學術風氣。對前朝的相關書籍進行編纂時，有時會帶有排他性質，這點特別體現在評價有關明朝的書籍提要上。如《皇明兩朝疏鈔》與《兩朝疏鈔》、《皇明寰宇通衢》與《寰宇通衢》、《皇朝名臣琬琰録》與《明名臣琬琰録》等提要。示例如下：

《大政記》(編年類存目)

　　　翁方綱分纂稿著録書名作"《皇明大訓記》"，分纂稿提要作"《明大訓記》"，《總目》作"《大政記》"。

　　按：此書今存明崇禎刻皇明史概本，書名頁、卷端題名等，均作《皇明大政記》。卷首《皇明大政記引》解釋書名之意云："國朝定曰《大政記》"，又曰"是之謂'大政'。"翁方綱作《皇明大訓記》，當是誤抄。《總目》删去"皇明"二字，則在顯示對明朝的貶抑。

《兩朝疏抄》(詔令奏議類存目)

　　姚鼐分纂稿作"《皇明兩朝疏鈔》十二卷"，浙本《總目》作"《兩朝疏鈔》十二卷"，殿本《總目》作"《兩朝疏抄》十二卷"。

　　按：《總目》删去"皇明"二字，是對明朝的輕視。

六、爲區別同名異書而加以一定的修飾語導致書名不一

　　如《周書》與《後周書》、《唐書》與《新唐書》、《征南録》與《孫威敏征南録》、《北平録》與《别本北平録》等提要。

《周書》

　　邵晋涵分纂稿、《薈要提要》、文津閣《四庫全書》書前提要、《總目》、《簡明目録》皆云："《周書》五十卷，唐令狐德棻等撰。"文淵閣、文溯閣《四庫全書》書前提要作"《後周書》"。

　　按：《尚書》一書分爲《虞書》、《夏書》、《商書》、《周書》，其中《周書》主記載西周史料。文淵閣、文溯閣《四庫全書》書前提要將"後"字冠于書前，當是將記載北周歷史的《周書》與記載西周史料的《周書》作區分，命爲《後周書》。

《征南録》

　　翁方綱分纂稿、文淵閣、文溯閣、文津閣《四庫全書》書前提要皆云："《征南録》一卷，宋滕甫撰。"《總目》云："《孫威敏征南録》一卷(浙江鄭大節家藏本)，宋滕元發撰。"《簡明目録》與《總目》表述同。

　　按：書名存在"《征南録》"與"《孫威敏征南録》"的區別。《征南録》一書乃記皇

祐四年(1052)孫沔平儂智高事，"孫沔"所指即"孫威敏"。《總目》冠"孫威敏"于書名前，當有點明人物以防同名異書之意。

七、命名方式不一導致書名不一

如《宋吕午諫草》與《左史諫草》、《宋中興通鑑》與《續宋編年資治通鑑》、《大元聖政典章》與《元典章》等提要。示例如下：

《左史諫草》

> 翁方綱分纂稿云："《宋吕午諫草》一卷。"文淵閣、文溯閣、文津閣《四庫全書》書前提要、《總目》、《簡明目録》作："《左史諫草》一卷。"

按：《四庫提要分纂稿》云："《宋吕午諫草》一卷，宋理宗時史院官起居郎吕午奏稿。"[①]《翁方綱纂四庫提要稿》云："標題云'宋左史吕午公諫草'。"[②]蓋爲翁方綱起名"《宋吕午諫草》"的原因。而文淵閣、文溯閣、文津閣《四庫全書》書前提要、《總目》、《簡明目録》命名"《左史諫草》"當是以吕午的官職命名，明程敏政編《唐氏三先生集》白雲文稿卷十八(明正德十三年張芹刻本)即作"吕左史諫草序"。[③]故兩者書名不一，然所指的爲同一本書。

《聖賢圖贊》

> 翁方綱分纂稿云："《聖賢遺像圖》一卷二册。"《總目》云："《聖賢圖贊》無卷數。"

① 吴格、樂怡整理：《四庫提要分纂稿》，第108頁。
② 吴格整理：《翁方綱纂四庫提要稿》，上海：上海科學技術出版社，2005年，第250頁。
③ 北京圖書館古籍出版編輯組：《北京圖書館古籍珍本叢刊》，北京：北京圖書館出版社，2000年，第646頁。

　　按：翁方綱分纂稿云：“前有明宣德二年巡按浙江監察御史海虞吳訥序。蓋宋時石刻孔子及七十二賢像爲李公麟所畫，于仁和縣學宮摹刻成帙者也。每幅後載封謚及贊。應存目。”①翁稿中提及孔子及七十二賢均爲史上聖賢之人，此圖又是北宋著名畫家李公麟所畫，筆者以爲，翁稿取名“聖賢遺像圖”蓋得于此。《總目》云：“此書摹仁和縣學石刻而不著刊書人姓名……海虞吳訥序謂‘像爲李龍眠筆’……首製《先聖贊》……二十四日乙亥御製御書《宣聖贊》……二十五年又製《七十二賢贊》……”②《總目》中提及此書不著刊書人姓名，提要中出現的“圖”與“贊”極可能爲《總目》取名“聖賢圖贊”的緣由。

　　又，《兩江第一次書目》題“聖賢遺像圖”二本，云：“不分卷，缺名。原作明吳訥輯。案：四庫存目所據即係此本，而作《聖賢圖贊》。”③《兩江第一次書目》明確指出此書缺名，且吳慰祖確認四庫存目所用本子與翁方綱所用本子同，加之提要所列內容傾向不同，以此推斷，翁稿與《總目》在此書命名上當是命名方式不一導致書名不一。

八、妄增書名導致不一

　　示例如下：

《漢官舊儀》

　　　翁方綱分纂稿云：“《漢舊儀》上、下二卷，漢議郎東海衛宏敬仲著。”陳昌圖分纂稿云：“《永樂大典》載《漢官舊儀》一卷，不著撰人姓氏。”文淵閣、文溯閣、文津閣《四庫全書》書前提要著録“《漢官舊儀》”，文中作：“漢議郎東海衛宏敬仲作《漢舊儀》四篇……釐爲上、下二卷。”《總目》、《簡明目録》云：“《漢官舊儀》一卷、《補遺》一卷。”書名存在“《漢舊儀》”與“《漢官舊儀》”的差別。

---

①　吳格、樂怡整理：《四庫提要分纂稿》，第 116 頁。
②　（清）紀昀等：《欽定四庫全書總目》卷 59，第 310 頁。
③　吳慰祖校訂：《四庫採進書目》，北京：商務印書館，1960 年，第 46 頁。

　　按：翁方綱分纂稿云："宏本傳'作《漢舊儀》四篇以載西京雜事'，不名'漢官'，今此惟三卷，而又有'漢官'之目，未知果當時本書否。《唐志》亦無'官'字，舊在儀注類，以其載官制爲多，故著于職官類云。"①陳昌圖分纂稿云："唯衛宏本傳云：'宏作《漢舊儀》四篇，以載西京雜事。'《隋志》、《唐志》並作四卷，《宋志》作三卷，唯馬端臨《通考》作《漢官舊儀》。陳振孫《書錄解題》指爲衛宏之書。今此卷雖以'漢官'標題，而其篇目自皇帝起居、皇后親蠶，以及璽綬之等、爵級之差，靡不條繫件舉，與衛傳所云'西京雜事'相合，則其爲衛氏本書無疑。'官'字或後人以其多載官制，故加之耳。"②文淵閣、文溯閣、文津閣《四庫全書》書前提要云："馬端臨《經籍考》卷目與《宋志》同，而別題作《漢官舊儀》。陳振孫《書錄解題》遂以其有'漢官'之目，疑非衛宏本書。或又以爲胡廣所作，後亦佚，不復傳世所見者，獨前、後《漢書》注及唐宋諸書所引而已。今《永樂大典》所載此本，亦題《漢官舊儀》，不著撰人名氏。其間述西京舊事典章儀式甚備，且與諸書所引《漢舊儀》之文參校，無弗同者。自屬衛宏本書，其稱《漢官舊儀》者，或後人因其所載官制爲多妄加之耳。"③《總目》與之同。《簡明目錄》云："本曰《漢舊儀》，後來輾轉傳寫，與應劭《漢官儀》混淆爲一，遂妄增'官'字于書名中，非其舊也。"④

　　由上述內容所見，以翁方綱分纂稿所作"《漢舊儀》"爲是，《兩江第一次書目》云"《漢舊儀》二卷，舊題漢衛宏撰。（抄本）一本"，可與之佐證。⑤ 陳昌圖分纂稿、閣本提要及《總目》作"《漢官舊儀》"不準確。此爲以原提要內容證明正誤。致誤原因：閣本提要、《總目》、《簡明目錄》于提要中已指出"妄增'官'字于書名中"，然仍題作"《漢官舊儀》"，當是根據《四庫全書》本原書中，存"《漢官舊儀》上、下卷，漢衛宏撰"及"《漢官補遺》一卷"而來。

　　① 吳格、樂怡整理：《四庫提要分纂稿》，第 155 頁。
　　② 吳格、樂怡整理：《四庫提要分纂稿》，第 495 頁。
　　③ 四庫全書出版工作委員會輯：《文津閣四庫全書提要匯編》(史部)，北京：商務印書館 2006 年，第 442 頁；金毓黻輯：《金毓黻手定本文溯閣四庫全書提要》(上)，北京：中華全國圖書館文獻縮微複製中心，1999 年，第 365 頁。
　　④ (清)紀昀等編：《景印文淵閣四庫全書簡明目錄附索引》，臺北：臺灣"商務印書館"，1986 年，第 137 頁。
　　⑤ 吳慰祖校訂：《四庫採進書目》，第 46 頁。

九、形近而訛導致書名不一

《四庫全書》提要稿繕寫、修改過程經多人之手,其中在某個環節由于抄手或纂修官的筆誤導致書名不一,如《拙存堂史拈》與《拙存堂史括》。

《拙存堂史拈》(史評類存目)

翁方綱分纂稿云:"《拙存堂史拈》上、中、下三卷,明冒起宗著。"《總目》云:"《拙存堂史括》三卷(兩江總督採進本)明冒起宗撰。"

按:書名有"《拙存堂史拈》"與"《拙存堂史括》"之別。《翁方綱纂四庫提要稿》摘録作者自序云:"崇禎壬午,余罷襄陽歸,間有所拈,呼孫禾書之。"①此即其書名之由來。所拈,即所得之意。冒氏謂自己有所得,即命孫子禾書記下來。《總目》作"所括",則于義無解,乃因形近而訛寫。《兩江第一次書目》:"《拙存堂史括》(三卷),如皋冒起宗著。'史括'原作'史拈'。"②清秵璜《續文獻通考》卷一百六十七《經籍考》、《續通志》卷一百五十八《藝文略》均寫作"《拙存堂史括》",當是因襲《總目》致誤。

綜上,因所選底本不一、書目版本不一而導致書名不一;或提要抄寫經歷多人之手,因書名標注位置不一(如卷端、版心、文中),會存在書名不一的情況,抄録者摘録書名無統一標準,從而導致不同書名的出現;或因書名形近而發生訛誤,導致書名的不一;或爲避免異書同名而對某些書加以修飾語以區別他書;或纂修過程不同,對書名的命名要求有所不同而導致書名不一;或纂修官揣摩聖意,在當時的大的社會背景和時代性的前提下,對某些提要書名進行褒贊,對某些提要書名進行貶損。有關書名不一的原因尚有不少,有待開掘。此處僅以《四庫全書》史部提要文獻爲分析對象,相信結合經、子、集部文獻一起分析,會有更多新的發現。

(王　婷　金陵科技學院人文學院)

---

① 吳格整理:《翁方綱纂四庫提要稿》,第460頁。
② 吳慰祖校訂:《四庫採進書目》,第47頁。

《四庫全書總目·史部》札記

近日,讀中華書局整理本《四庫全書總目》史部提要,所得甚多。與相關著述對讀後,將有感之處凡數則札記于下,或于《四庫全書總目》研究之深入,有所裨益。未及深考之處,以求諸師友賜教。

一、職官類提要辨正一則

《四庫全書總目》史部職官類"宋程俱撰《麟臺故事》"條,提要云:"《玉海》載元祐中宋匪躬作《館閣録》,紹興元年程俱上《麟臺故事》,淳熙四年陳騤續爲《館閣録》。蓋一代翰林故實,具是三書。"①又"周必大撰《玉堂雜記》"條,提要云:"洪遵《翰苑群書》所録,皆唐代及汴都故帙,程俱《麟臺故事》亦成于紹興間。其隆興以後翰林故實,惟稍見于《館閣續録》及洪邁《容齋隨筆》中。得必大此書互相稽考,南渡後玉堂舊典亦庶幾乎釐然具矣。"②據此,四庫館臣將宋匪躬《館閣録》、程俱《麟臺故事》、陳騤《南宋館閣録》俱視爲記"一代翰林"之舊典,且與周必大《玉堂雜記》互爲參稽,一體構成了有宋一代紀"翰林"掌故的重要文獻。

但事實上,有宋一代"館職"與"翰林"是兩個不同的職官體系,其各自的職掌亦有不同。宋匪躬、程俱、陳騤三書屬于紀"館職"典故之書,與周必大《玉堂雜記》專記"翰林"故實者性質迥別。對此,清儒錢大昕亦云:"宋時翰林與館職各有司存。……宋匪躬之《館閣録》、羅畸之《蓬山志》、程俱之《麟臺故事》、陳騤之《中興館

---

① 魏小虎編撰:《四庫全書總目彙訂》卷79《史部三十五·職官類》"麟臺故事"條,上海:上海古籍出版社,2012年,第2515頁。

② 魏小虎編撰:《四庫全書總目彙訂》卷79《史部三十五·職官類》"玉堂雜記"條,第2519頁。

閣録》,此館職故事也。……翰林掌制誥,館職典圖籍,班秩不同,職事亦異。"①而學術界目前有關《四庫提要》的考證著述中,如胡玉縉《四庫全書總目提要補正》、余嘉錫《四庫提要辨證》等書于此條均未有涉及。

宋代"館閣"之建置,始沿唐、五代之舊,設有昭文館、史館、集賢院,時稱"三館"。太宗時,"太平興國二年,始建崇文院。昭文館、史館、集賢院,皆總爲崇文院"②。端拱元年(988),又在崇文院中增置秘閣。故三館、秘閣之官均稱爲"館職"③。其中,昭文館設有學士、直學士、直館、判昭文館事,"掌經、史、子、集四庫圖籍修寫校讎之事"④。史館設有修撰、直館、檢討、編修、判史館,"掌修國史、日曆及典圖籍之事"⑤。集賢院設有學士、直學士、修撰、直院、校理、判集賢院事,"掌同昭文"⑥。秘閣設有直閣、校理、判秘閣事,"掌繕寫秘藏,供御典籍圖書之事"⑦。神宗元豐五年(1082),又改崇文院爲秘書省,設有秘書監、秘書少監。其下設秘書丞、著作郎、著作佐郎、秘書郎、校書郎、正字,"掌凡邦國經籍圖書,常祭祝板之事"⑧。至此,有宋一代"館閣"建置已初具。程俱《麟臺故事》之"麟臺",據《通典》載:唐龍朔二年(662),改秘書省爲蘭臺,"咸亨初復舊,天授初改秘書省爲麟臺,神龍初復舊。掌經籍圖書,監國史"⑨,則宋人所謂之"麟臺",即"館閣"之雅稱。《麟臺故事》與宋匪躬、陳騤所著兩書當同爲記宋代"館職"之典。

關于宋代翰林之制,宋初亦沿唐制,設翰林學士院。其職官設置有翰林學士承旨、翰林學士、知制誥、直學士院、翰林權直、學士院權直⑩,"掌制、誥、詔、令撰述之事。凡立后妃,封親王,拜宰相、樞密使、三公、三少,除開府儀同三司、節度使,加

① (清)錢大昕:《潛研堂文集》卷28《跋麟臺故事》,陳文和主編《嘉定錢大昕全集》第9册,南京:江蘇古籍出版社,1997年,第484頁。

② (清)徐松輯:《宋會要輯稿》職官十八之一,北京:中華書局,1987年,第2755頁。

③ (宋)洪邁:《容齋隨筆》卷16《館職名存》載:"國朝館閣之選,皆天下英俊,然必試而後命。一經此職,遂爲名流。其高者,曰集英殿修撰、史館修撰,直龍圖閣,直昭文館、史館、集賢院、秘閣。次曰集賢、秘閣校理。官卑者,曰館閣校勘、史館檢討。均謂之館職。"

④ (宋)程俱:《麟臺故事》卷1《官聯》,北京:中華書局,1991年,第1頁。

⑤ (宋)程俱:《麟臺故事》卷1《官聯》,第1頁。

⑥ (宋)程俱:《麟臺故事》卷1《官聯》,第2頁。

⑦ (宋)程俱:《麟臺故事》卷1《官聯》,第2頁。

⑧ (清)徐松輯:《宋會要輯稿》職官十八之一,第2755頁。

⑨ (唐)杜佑:《通典》卷26《職官》八"秘書監"條,杭州:浙江古籍出版社,2000年,第155頁。

⑩ 此外,又有翰林侍讀學士、翰林侍講學士,據《宋史》卷162《職官志二》載:"元豐官制,廢翰林侍讀、侍講學士不置,但以爲兼官。"

封,加檢校官,並用制;賜大臣太中大夫、觀察使以上,用批答及詔書;餘官用敕書;布大號令用御札;戒勵百官、曉諭軍民用敕榜;遣使勞問臣下,口宣。凡降大赦、曲赦、德音,則先進草;大詔命及外國書,則具本取旨,得畫亦如之①。可見,草詔命是宋代翰林的主要職掌。故宋代翰林之地位日隆,時人云:"國朝陪乘,皆差翰林學士。"②而周必大《玉堂雜記》之"玉堂"實乃"翰林"之別稱。據洪邁《容齋五筆》載:"國朝太宗淳化中,賜翰林'翰林玉堂'四字。其後以最下一字犯廟諱,故元符中只云'玉堂'。"③慶元五年(1199)九月,"詔學士院創蓋玉堂殿,止用玉堂名"④。周必大與宋匪躬、程俱、陳騤三書所記職官顯然有別,並非如《四庫全書總目》所言爲一脉相承的關係。

綜上,宋代"館職"與"翰林"分屬于不同的職官體系,不僅各自的建置不同,且其職掌亦迥別。"館職"主要掌圖書之典藏與編修,而"翰林"則主要負責制誥之草擬。"館職"的選拔甚嚴:"國朝館閣之選,皆天下英俊,然必試而後命。"⑤一經選爲館職,便有可能進階爲"翰林"⑥,再而拔擢爲宰輔。故宋代士人很看重館閣之選:"夫宋世重館閣之選,教授職清事簡,且可由是以躋禁近,故有薄縣令而希得之者。"⑦

"館職"與"翰林"雖然各有司職,但"館職"有時也由翰林官兼任。如太宗至道年間,"宋白以翰林學士承旨兼秘書監"⑧。翰林官也有參與館職修書校勘事務者。如扈蒙,"太宗即位,召拜中書舍人,旋復翰林學士。與李昉同修《太祖實錄》"⑨。宋綬"累遷户部郎中、權直學士院,同修《真宗實錄》"⑩。天聖二年(1024)六月,時官翰林學士院知制誥的宋綬還參與了《南北史》、《隋書》的校勘事宜。⑪ 天禧四年

---

① (元)脱脱等:《宋史》卷162《職官志二》,第3811頁。

② (宋)朱熹:《三朝名臣言行録》卷8,《四部叢刊》本。

③ (宋)洪邁:《容齋隨筆五筆》卷6《玉堂殿閣》,北京:中國世界語出版社,1992年,第572頁。

④ (宋)徐松輯:《宋會要輯稿》職官六之六三,第2528頁。

⑤ (宋)洪邁:《容齋隨筆》卷16《館職名存》,第131頁。

⑥ 據唐春生統計,兩宋由館職進階爲翰林者有264人,占翰林學士出身的70%。參見唐春生:《翰林學士與宋代士人文化》,北京:中國社會科學出版社,2011年,第22頁。

⑦ (清)錢大昕:《潛研堂文集》卷23《送俞楠園教授蘇州序》,陳文和主編《嘉定錢大昕全集》第9册,第359頁。

⑧ (宋)程俱:《麟臺故事》卷1《官聯》,第3頁。

⑨ (元)脱脱等:《宋史》卷269《扈蒙傳》,第9240頁。

⑩ (元)脱脱等:《宋史》卷291《宋綬傳》,第9733頁。

⑪ (宋)程俱:《麟臺故事》卷2《校讎》,第24頁。

（1020），翰林學士楊億、錢惟演、知制誥劉筠、晏殊等還參與了御集箋解、注釋的工作。①

宋人陳振孫《直齋書録解題》、晁公武《郡齋讀書志》史部職官類的"館職"、"翰林"兩類文獻，都没有將之混雜著録。然宋元間馬端臨撰《文獻通考・經籍考》，史部職官類中却將洪遵《翰林群書》、《翰林遺事》錯置于"館職"類文獻《麟臺故事》、《中興館閣録》之間，則已有所失。《四庫全書總目》沿馬氏之例，在李肇《翰林志》後依次編爲程俱《麟臺故事》、洪遵《翰苑群書》、陳騤《南宋館閣録》、周必大《玉堂雜記》四書，與"類目既分，學術自明"之旨顯然有違；而提要中竟將館閣類文獻認爲是紀"一代翰林故實"之書，實際上是疏于對宋代職官的考證，從而誤將"館職"等同于"翰林"之制。

二、目録類經籍之屬提要補正十則

第一則：目録類大序

> 《提要》：鄭玄有《三禮目録》一卷，此名所昉也。

按：余嘉錫《目録學發微》卷一《目録釋名》曰："目録之名，起于劉向、劉歆校書之時。《漢書・叙傳》云：'劉向司籍，九流以別，爰著目録，略序洪烈。'《文選》注引《别録・列子目録》，《七略》言'《尚書》有青絲編目録'，是其事也。"②劉紀澤《目録學概論》亦云："古無'目録'之名，'目録'二字，始于向、歆校書之時。《文選》王康琚《反招隱詩》李善注引《别録・列子目録》。又任昉《爲范始興求立太宰碑》注引《七略》云：'《尚書》有青絲編目録'，此劉向《别録》以前，固有'目録'二字。然所謂目録者，或指書中之篇目而言，非後世之所謂群籍之目録也。班固《漢書・叙傳》：'劉向司籍，九流以別，爰著目録，略序洪烈，述藝文第十。'班氏之所謂目録，厥義混涵，難以意定，然後世著録群籍，以'目録'名書者，蓋昉于此，此'目録'二字之見于載籍之

---

① （宋）程俱：《麟臺故事》卷 2《校讎》，第 19 頁。
② 余嘉錫：《目録學發微》，北京：中國人民大學出版社，2004 年，第 19 頁。

最早也。其後鄭玄注《禮》，遂仿其意作《三禮目録》一卷。並見《隋志》、《舊志》、《唐志》，梁有陶弘景注一卷，亡。"①則《總目》所言目録之名始于鄭玄，失考。

　　《提要》：其有解題，胡應麟《經義會通》謂始于唐之李肇。案，《漢書》録《七略》書名，不過一卷，而劉氏《七略》、《別録》至二十卷，此非解題而何？《隋志》曰……其文甚明，應麟誤也。

　　按：《隋書·經籍志》載："古者史官既司典籍，蓋有目録，以爲綱紀。體制埋滅，不可復知。孔子删書，別爲之序，各陳作者所由。韓、毛二《詩》，亦皆相類。漢時劉向《別録》、劉歆《七略》，剖析條流，各有其部，推尋事迹，疑則古之制也。"②則劉氏父子之"解題"或亦有所祖述，不可詳考。

　　再按：《漢書·藝文志》曰："漢興，張良、韓信序次兵法，凡百八十二家，删取要用，定著三十五家。"③姚名達以此爲專科目録之權輿："溯自漢初韓信、張良即已次序兵法，删一百八十二家爲三十五家，專科目録，莫之或先。"④而余嘉錫則推論張良、韓信有校讎之事："劉向所作叙録，皆言定著爲若干篇；而《志》叙張良、韓信之序次兵法，亦言定著，是亦當有校讎奏上之事，與劉向同。"⑤則其編寫叙録亦有可能。又《漢書·藝文志》曰："武帝時，軍政楊僕捃摭遺逸，紀奏兵録，猶未能備。"⑥余嘉錫亦云："劉向奏上群書，皆'條其篇目，撮其旨意'，謂之書録。而《漢志》云武帝時軍政楊僕紀奏兵録，兵録者兵書之録也，其體例當與劉向書録同。然則僕校兵書，已有奏上之叙録，亦以明矣。"⑦則解題亦非始于劉向父子。

　　又按：《漢書·淮南王傳》載："初，安入朝……使爲《離騷》傳，旦受詔，日食時上。"⑧《隋書·經籍志》亦載："始漢武帝命淮南王爲之章句，旦受詔，食時而奏上，其

----

① 劉紀澤：《目録學概論》，上海：中華書局，1931年，第2頁。
② （唐）魏徵等：《隋書·經籍志》史部簿録之屬小序，北京：中華書局，1997年，第992頁。
③ （漢）班固：《漢書·藝文志·兵書略序》，北京：中華書局，1962年，第1762頁。
④ 姚名達：《中國目録學史》，上海：上海古籍出版社，2002年，第268頁。
⑤ 余嘉錫：《目録學發微》，第85頁。
⑥ （漢）班固：《漢書·藝文志·兵書略序》，第1763頁。
⑦ 余嘉錫：《目録學發微》，第88頁。
⑧ （漢）班固：《漢書·淮南王傳》，第2145頁。

書今亡。"①周少川云："淮南王劉安奉詔所作的《離騷傳叙》,可看作是一種目録解題的雛形。"②

　　《提要》:金石之文,隋、唐《志》附"小學",《宋志》乃附"目録"。今用《宋志》之例,並列此門。

　　按:劉紀澤《目録學概論》曰:"金石之文,古不立類,隋唐《志》附小學,《宋志》乃附目録,各得一際,未可厚非。然金石所以考證史事,審定文字,非如目録之統計群書,甄别部類也。鄭樵《通志》于《藝文略》之外,别立《金石》一略,頑體殊行,違而得中,可稱卓識已。蓋金石之書,本末兼具,條理秩然,不宜割析分畔,强爲配隸也。而《宋志》而下,皆列目録類,至四庫而未改,未免習而未察,耳目易炫,此史志之兼著金石,不辨重輕"③,云云。所言甚是。

第二則:《崇文總目》十二卷,永樂大典本

　　《提要》:王應麟《玉海》稱,當時國史謂《總目》序録多所謬誤,黄伯思《東觀餘論》有校正《崇文總目》十七條,鄭樵《通志·校讎略》則全爲攻擊此書而作。

　　按:焦竑《國史經籍志》亦糾此書之謬二十二條。又按:《總目》言鄭樵《通志·校讎略》全爲攻擊《崇文總目》而作,則不盡然。鄭樵《通志·校讎略》卷七十二"崇文明于兩類論"條稱:《崇文總目》道書類"有九節,九節相屬而無雜糅"。雜史類"隋、唐二《志》皆不成條理,今觀《崇文》之作,賢于二《志》遠矣"。又贊《崇文總目》道書、雜史兩類"極有條理,古人不及,後來無以復加也。"④

————————

①　(唐)魏徵等:《隋書·經籍志》集部楚辭之屬小序,第1056頁。
②　周少川:《古籍目録學》,鄭州:中州古籍出版社,1996年,第20頁。
③　劉紀澤:《目録學概論》,第86頁。
④　(宋)鄭樵:《通志》卷72,杭州:浙江古籍出版社,2000年,第834頁。

第三則：《郡齋讀書志》四卷《後志》兩卷《考異》一卷《附志》一卷，兩江總督採進本

《提要》：《郡齋讀書志》四卷，宋晁公武撰。《後志》二卷，亦公武所撰，趙希弁重編。《附志》一卷，則希弁所續輯也。

按：《總目》言"《後志》二卷，亦公武所撰"則非。趙希弁于《後志序》曰："三衢游史君，蜀人也，亦以蜀本鋟諸梓，乃衍而爲二十卷，書加多焉，蓋先生門人姚君應績所編也。（案，原書四卷）……今考姚君所編……希弁摘取其所增入者凡四百三十五部，總八千二百四十五卷，往往皆晁氏之書，請于郡而並刊焉。然四卷既傳矣，不敢以《附志》次其先，自爲《讀書後志》二卷，然後井、晁二氏藏書之富，其目大備。"①黎安朝《郡齋讀書志・後跋》亦云："趙希弁君錫繼從郡員外司馬郘轄蔡廉父得三衢本參校，爲《後志》二卷，以補其缺，蓋晁氏舊藏之書也。"②據此，則《後志》二卷乃晁氏藏書而非其撰，當爲趙希弁依姚應績二十卷本重編而成。又據周中孚《鄭堂讀書記》載："今世行者，惟海寧陳氏所刊袁州本，較衢本幾缺其半。此蓋晁氏初稿，趙希弁取以付鋟，後復得衢本，因取其爲袁本所無者，別編《後志》二卷，以附其後。然仍有脫落，並論説多所刪削，非晁氏之本真矣。"③則《後志》兩卷亦非晁氏之舊。

又按：衢本二十卷《讀書志》晁氏序云：其得井氏書凡五十篋，合其家舊藏得二萬四千五百餘卷。而趙希弁檢衢本二十卷《讀書志》，得晁氏舊藏之書八千二百四十五卷，則晁氏于井氏所得之書大致一萬六千二百五十五卷。

第四則：《遂初堂書目》一卷，兩江總督採進本

《提要》：其書分經爲九門……分史爲十八門……分子爲十二門……分集爲五門……其例略與史志同。惟一書而兼載數本，以資互考，則與史志小異耳。

---

① 參見（宋）晁公武撰，孫猛校證：《郡齋讀書志校證》，上海：上海古籍出版社，1990 年，第 1349 頁。

② 參見（宋）晁公武撰，孫猛校證：《郡齋讀書志校證》，第 1350 頁。

③ 周中孚：《鄭堂讀書記》卷 32，第 480 頁。

按：昌彼得《中國目錄學》云：“此目雖以四部分類，但類目與自來的四部大相徑庭。經部新增經總一類，以收經書合刻；史部在正史、編年、雜史、雜傳、故事以外，又將宋朝的國史、雜史、故事、雜傳別出爲類；子部將法、名、墨、縱橫四家並入雜家，實在是淆亂體例，破壞學術系統的部次法，而影響及于後代。”①則《總目》所言“其例略與史志同”失考。

又按：此書或被稱爲版本目録之創始，而姚名達則不以爲然：“古録失傳，傳者惟南宋初年尤袤之《遂初堂書目》獨並注衆本于各書目下。説者乃以版本學之創始推之，竟不知其前尚有多數版本專家，(參見《善本目録》之章。)何其陋也？”②

《提要》：惟不載卷數及撰人，則疑傳寫者所删削，非其原書耳。

按：周中孚《鄭堂讀書記》言：此書“非特不著録解題，且並卷數及撰人而無之，惟别集、總集俱著撰人，其餘間有著者，不過百分之一二耳”③。則《總目》所言“不載卷數及撰人”不確。

又按：昌彼得《中國目録學》云：“此目編成于光宗時，是一部比較特殊的書目，書只一卷，無小序及叙録，僅著録書名，偶冠上著者姓名，且不載卷數，極爲簡略，故《四庫提要》疑爲傳寫者所删削，非其原書。然今世傳本乃元末陶宗儀《説郛》所録，陶氏注云：‘一卷全抄’，知原目本就草簡如此，並非後人删削。”④

《提要》：然宋人目録存于今者，《崇文總目》已無完書，惟此與晁公武《志》爲最古，固考證家之所必稽矣。

按：張之洞《書目答問》譜録類書目之屬小序中，以爲尤氏此書與明《文淵閣》、焦弘《經籍志》等書目，“或略或誤，或别有取義，乃藏書家所貴，非讀書家所亟，皆非切要”⑤。

---

① 昌彼得、潘美月：《中國目録學》，臺北：文史哲出版社，1986 年，第 160 頁。
② 姚名達：《中國目録學史》，第 335 頁。
③ 周中孚：《鄭堂讀書記》卷 32，第 481 頁。
④ 昌彼得、潘美月：《中國目録學》，第 159—160 頁。
⑤ 張之洞撰，范希曾補正：《書目答問補正》，上海：上海古籍出版社，2001 年，第 123 頁。

第五則:《直齋書録解題》二十二卷,永樂大典本

　　《提要》: 此書久佚,僅《永樂大典》尚載其完帙。惟當時編輯潦草,訛脱宏多,又卷帙割裂,全失其舊。

　　按: 據《增訂四庫簡明目録標注》載,此書除從《永樂大典》録出本外,尚有"抱經堂盧氏有新訂此書五十六卷,次序與聚珍版不同,係從不全元刊本重爲校訂"、"昭文張氏有舊鈔殘本"、"李氏木犀軒有傳抄繆小山藏宋蘭揮舊藏殘本,次第與今異",等等。① 又王欣夫言: "今本係四庫館臣從《永樂大典》等輯出的,分爲二十二卷,已不是完書了。相傳毛晉有宋刻半部,張金吾《愛日精廬藏書志》有舊鈔殘本,存《楚詞》類一卷,别集類三卷,云是陳氏原本。盧文弨又得子部數卷于鮑廷博家。那末,此書世間尚有原本全書存在,也未可知。"②

第六則:《漢書藝文志考證》十卷,通行本

　　《提要》: 其間如《子夏易傳》、《鬼谷子》皆依托顯然,而一概泛載,不能割愛。

　　按:《子夏易傳》、《鬼谷子》僞書顯然,但其亦有價值。皮錫瑞《經學歷史》曰: "諸儒學皆不傳,無從考其家法;可考者,惟卜氏子夏。洪邁《容齋隨筆》云:'孔子弟子,惟子夏于諸經獨有書。雖傳記雜言未可盡信,然要爲與他人不同矣。'"③ 則捨《子夏易傳》易學源流無從辨考。《鬼谷子》據蔣伯潛《諸子通考》載:《隋志》有《鬼谷子》三卷,《新唐志》有二卷,題蘇秦撰。鬼谷子實無其人,蘇秦欲神其説,托名鬼谷子。然今傳《鬼谷子》之《揣摩》、《抵戲》諸篇,見于《史記·蘇秦傳》、《史記索隱》所引之古注。④ 則此篇雖僞,其所載思想亦可考先秦縱橫家之學術源流。故近人

---

① 邵懿辰撰,邵章續録:《增訂四庫簡明目録標注》,第 350 頁。
② 王欣夫:《王欣夫説文獻學》,上海: 上海古籍出版社,2000 年,第 56 頁。
③ 皮錫瑞:《經學歷史》,北京: 中華書局,2004 年,第 24 頁。
④ 蔣伯潛:《諸子通考》,杭州: 浙江古籍出版社,1985 年,第 543 頁。

梁啟超云："自唐以前或自漢以前的僞書却很可寶貴……其故因爲書斷不能憑空造出,必須參考無數書籍。假中常有真寶貝,我們可以把它當作類書看待。"①則《總目》所評或未曉伯厚之匠心。

　　《提要》：然論其該洽,究非他家之所及也。

　　按：周中孚《鄭堂讀書記》曰："是書不載全文,惟摘書名爲綱,而考證于其下,所採掇亦甚博雅。但此志以經爲要,考得漢人傳經源流、説經家法明晰,且分別其是非美惡,方爲能事,而厚齋未能也。……其于本原之地,未曾究通,則博雅乃皮毛耳。蓋南宋道學方熾,無人能讀古書,厚齋亦限于時風衆勢,一齊衆咻,遂至茫無定見,然能意求切實,于宋季朋輩中,究爲碩果僅存,不謂之能讀《漢藝文志》不可也。"②

第七則：《文淵閣書目》四卷,内府藏本

　　《提要》：此書以千字文排次,自"天"字至"往"字,凡得二十號,五十櫥。今以《永樂大典》對勘,其所收之書,世無傳本者,往往見于此目,亦可知其儲庋之富。

　　按：此目以千字文分類,學者評論不一。昌彼得云："自晋以來,歷代秘閣的書目都以四部分類,相沿成習。自此目出,打破了往例,故明代的私家藏書編纂書目,頗多引爲護身符,任意創新部類,不再遵守四部的成規,在中國圖書分類史上,實爲一大解放,故論者以爲《文淵閣書目》有衝鋒陷陣之功。"③評價甚高。而姚名達則曰："蓋楊士奇等之《文淵閣書目》既已廢棄'四部'法,而其新法又不足爲永制,故除葉盛之《籙竹堂書目》以外,未有謹遵之者。"④

　　① 梁啟超：《古書真僞及其年代》,北京：中華書局,1955 年,第 66 頁。
　　② 周中孚：《鄭堂讀書記》卷 32,第 482 頁。
　　③ 昌彼得、潘美月：《中國目録學》,第 177 頁。
　　④ 姚名達：《中國目録學史》,第 104 頁。

又按：此目雖儲庋甚富，但"皇史宬所藏之《永樂大典》及列朝寶訓實錄二三萬卷尚不與焉"①。

《提要》：士奇等承詔編録，不能考訂撰次，勒爲成書，而徒草率以塞責，較劉向之編《七略》、荀勗之叙《中經》誠爲有愧。

按：錢大昕《潛研堂文集》卷二十九《跋文淵閣書目》曰："此目不過内閣之簿帳，初非勒爲一書如《中經簿》、《崇文總目》之比，必以撰述之體責之，未免失之苛矣。"②

《提要》：舊本不分卷數，黄虞稷《千頃堂書目》作十四卷，不知所據何本，殆傳寫者以意分析？

按：周中孚《鄭堂讀書記》云："焦氏《經籍志》、《千頃堂書目》俱作十四卷，疑'十'字誤衍。"③則黄氏《千頃堂書目》所據當爲焦竑《國史經籍志》。

第八則：《授經圖》二十卷，兩江總督采進本

《提要》：朱睦㮮撰。……舊無刊版，惟黄虞稷家有寫本，康熙中，虞稷乃同錢塘龔翔麟校而刻之。

按：莫友芝《宋元舊本書經眼録》載有明萬曆二年(1574)朱氏原刊本《授圖經》二十卷。④　又據邵懿辰《增訂四庫簡明目録標注》載："許氏有影原刻本"，《續録》載："明朱氏原刻本"⑤，則《總目》所言舊無刊版，失考。

---

① 姚名達：《中國目録學史》，第 161 頁。
② 錢大昕：《潛研堂文集》卷 29，第 503 頁。
③ 周中孚：《鄭堂讀書記》卷 32，第 482 頁。
④ 莫友芝：《宋元舊本書經眼録》附録第一《書衣筆識》，上海：上海古籍出版社，2009 年，第 100 頁。
⑤ 邵懿辰撰，邵章續録：《增訂四庫簡明目録標注》，第 352 頁。

又按：朱睦㮮尚有《經序録》五卷，《四庫全書存目》載。周中孚言："西亭既著《授經圖》二十卷，其于歷代經解名目卷數，已綦詳矣，又復遍採諸家五經序文，各爲一卷"①，云云。姚名達則以朱氏兩書"雖非純粹目録體裁，而實開通考古今經書，移録原序之創例。清初朱彝尊遂仿其遺意，爲目録學辟一新大陸焉"②。

第九則：《千頃堂書目》三十二卷，浙江巡撫採進本

《提要》：《樂經》雖亡，而不置此門，則律吕諸書無所附，其删除亦未允也。

按：昌彼得曰："今通行的《適園叢書》本于《千頃堂目》，三禮類後有禮樂一門，以收律吕諸書，殆《四庫提要》作者偶爾失檢，或據別本而立論，故有此誤。"③又據《書目答問補正》載："此書舊但有傳鈔本，民國五年吴興張鈞衡刻入《適園叢書》。"④可知此書舊無刊本，則《總目》所失在于漏檢。

《提要》：子部分十二門，其墨家、名家、法家、縱橫家並爲一類，總名雜家，雖亦簡括，然名家、墨家、縱橫家傳述者稀，遺編無幾，併之可也，併法家删之，不太簡乎？

按：昌彼得云："其實無論名、墨、縱橫、法家，皆是言之成理，持之有故的一家之學，與兼儒墨、合名法的雜學不同，不應同科。《千頃目》以法入雜，固然不當，四庫以名、墨、縱橫入雜，又豈能説是。"⑤又余嘉錫對《四庫全書總目》合名墨縱橫于雜家亦頗有微詞："最誤者莫如合名、墨、縱橫于雜家，使《漢志》諸子九流十家頓亡其三，不獨不能辨章學術，且舉古人家法而淆之矣。"⑥

又按：是書不僅類目合並有待商榷，一些書籍歸類亦有欠妥，如將姜璉《喪禮

① 周中孚：《鄭堂讀書記》卷 32，第 483 頁。
② 姚名達：《中國目録學史》，第 269—270 頁。
③ 昌彼得、潘美月：《中國目録學》，第 200 頁。
④ 張之洞撰，范希曾補正：《書目答問補正》，第 122 頁。
⑤ 昌彼得、潘美月：《中國目録學》，第 200 頁。
⑥ 余嘉錫：《目録學發微》，第 73 頁。

書》、倪復《禘祫議》入禮類,而應入三禮類;何景明《古樂府》、梅鼎祚《古樂苑》入禮類,而應入總集類;楊朝英《太平樂府》、梁辰魚《江東白薴》入禮樂類,而應入詞曲類,"這些大概是黃氏見其名而未睹其書,所發生的錯誤"①。

《提要》:集部分八門……特爲清晰,體例可云最善。惟制舉一門可以不立。

按:嚴佐之引此書制舉類小序認爲:"在記録有明一代著述的專門目録中,替明代盛行的制舉文章保留一席之地,似乎並非没有道理。"②

第十則:《經義考》三百卷,通行本

《提要》:又《隋志》著録,凡于全經之内專説一篇者……通叙先後,彝尊是書,乃以專説一篇者附録全經之末,遂令時代參錯,于例亦爲未善。

按:《經義考》尚有義例未善之處,《總目》不言。如周中孚曰:"小學僅載《爾雅》一類,而不及遍考小學全部。元明以下,或僅據書目甄録,並序跋亦多未載,且所闕佚各書,至今日或存。全賴後人爲之續補,庶臻美善。"③又如汪汝瑮云:"卷首冠以我朝世祖《御注孝經》、聖祖《日講解義》,自屬體制應爾,若臣工著述,則當按時代先後,彝尊于編次時,亦未及詳訂,即如本朝成德所著之《大易集義粹言合訂》,列于前,而朱子《元亨利貞説》,立于後,殊爲參錯"④,云云。

《提要》:至所注佚、闕、未見,今以四庫所録校之,往往其書具存,彝尊所言不盡可據。

按:《總目》僅言朱氏所注佚、闕、未見之書,然其注所存之書亦有異議。如羅振

---

① 昌彼得、潘美月:《中國目録學》,第 201 頁。
② 嚴佐之:《近三百年古籍目録舉要》,上海:華東師範大學出版社,1994 年,第 11 頁。
③ 周中孚:《鄭堂讀書記》卷 32,第 494 頁。
④ 汪汝瑮:《恭録敬鐫御題朱彝尊經義考注》,轉引莊清輝:《四庫全書總目經部研究》,臺灣政治大學中文所 1977 年碩士論文,第 167 頁。

玉曰："惟今存之書往往但載史志及前人目録所載卷數，而不載今本卷數，又書名或與今傳本不同，卷數與今傳本或異，或尚存之書失記卷數，或不分卷之書多至數百葉而誤作一卷，或誤以篇爲卷，或撰人名字仕履有誤，此則當時未及詳核，致有遺憾。"①

又按：《總目》未言是書取材，今考周中孚《鄭堂讀書記》曰："其書大都取材于馬氏書（即馬端臨《文獻通考・經籍考》），及朱西亭《授經圖》、《經序録》、國朝孫退谷《五經翼》四書，而增補以各書之説，元元本本，殫見洽聞，實二千年來經部之總匯也。"②又據邵懿辰載鴻綏言："余家有鈔本《古今經傳序略》，明張儁撰，有竹垞圖記，蓋《經義考》之嚆矢也。"③則又有張氏《古今經傳序略》或爲竹垞所參考。

三、餘論

《四庫全書總目》向以不著録版本而成學界憾事。晚清以來，有學者相繼加以彌補，如邵懿辰《增訂四庫簡明目録標注》，其子邵章又編《四庫簡明目録標注續録》，而王先謙《天禄琳琅書目續編》不僅增補了四庫書籍版本，還對其進行了考校。此外，還有一書則多爲學術界所忽視，即盧靖、盧弼兄弟所輯録的《四庫湖北先正遺書提要》。

是編乃盧氏兄弟于《四庫全書總目》中輯録有關湖北先賢之作而成，凡四卷。《四庫湖北先正遺書提要》經部收鄉賢著作十二種，史部十五種，子部三十八種，集部二十六種。《四庫湖北先正遺書存目》經部收四十六部，史部四十二部，子部四十九部，集部六十四部。然其並非僅僅鈔録書名而已，還能于每書下羅列衆多版本，是以可補《四庫全書總目》未及版本之憾。④ 盧氏兄弟能在邵氏、王氏兩書基礎上有所增補。可見，《四庫湖北先正遺書提要》雖僅爲記載湖北一地之書，但其對《四庫全書總目》亦多有辯證，其價值亦不容忽視。

（李立民　中國社會科學院歷史研究所助理研究員）

①　羅振玉：《經義考目録校記序》，轉引自莊清輝：《四庫全書總目經部研究》，第 167 頁。
②　周中孚：《鄭堂讀書記》卷 32，第 483 頁。
③　邵懿辰撰，邵章續録：《增訂四庫簡明目録標注》，第 357 頁。
④　詳見拙文《四庫湖北先正遺書提要〉的編纂及其學術價值》，《武漢科技大學學報》（社會科學版）2010 年第 1 期。

武英殿本《漢書》"考證"編纂研究

　　《四庫全書》史部《漢書》所採用版本爲"内府刊本"①，即武英殿本《漢書》。乾隆四年至十二年(1739—1747)，設經史館，對"二十一史"進行校勘，《漢書》即其中之一，在組織方法上，導《四庫全書》編纂之先路。其校勘成果集結爲"考證"，附于每篇之後，未單行成書。武英殿本《漢書》被收入《四庫全書》時，又對武英殿本中的疏漏進一步予以刊正，其成果即王太岳等所輯《四庫全書考證》《漢書》部分。武英殿本《漢書》"考證"與《四庫全書》《漢書》"考證"雖然不是出自一手，但兩者前後相續，且編纂方法一致，後者爲前者的補充，因此可視爲一體。

　　我們往往將王先謙《漢書補注》視爲古代《漢書》研究的集大成之作，其此前的研究也因而被湮没。這兩次對《漢書》的校勘，其主要目的在于刊正訛誤，塑造善本，同時也廣泛吸收前人成果，作爲"考證"。武英殿本《漢書》爲我們展現的是校勘的成果，而所作"考證"爲我們展現的則是其校勘過程，同時也爲我們瞭解當時《漢書》研究情況，提供最爲直接的材料。《四庫全書總目提要》中常感嘆"創始難工"，從此後的《漢書》研究情況來看，可謂開一代風氣，因此其學術史的意義終究不可磨滅。

　　當前，關于武英殿本《漢書》"考證"的研究成果主要有謝海林《齊召南〈漢書考證〉綜論》②。該文包括齊召南生平及著述，《漢書考證》成書時地、作者及著録情況，《漢書考證》的内容，《漢書考證》的學術意義及不足四個部分，對相關問題予以了充分論述。在武英殿本《漢書》卷末有齊召南所作自序，其中簡述了《漢書》校勘本末，包括校勘次第、體例，以及所用版本、參考文獻等，《齊召南〈漢書考證〉綜論》一文因

---

　　①　(清)永瑢等：《四庫全書總目》卷45，北京：中華書局，1965年，第400頁。
　　②　謝海林：《齊召南〈漢書考證〉綜論》，《古典文獻研究》2009年。

範圍所限,雖有所涉及,但未有詳細論述,現就以上問題略作考述,以就正于專家。

一、武英殿本《漢書》校勘人員及"考證"編纂體例

經史館對"二十一史"的校勘刊刻,由張廷玉等在乾隆三年(1738)提議,後實由方苞具體籌劃,並獲得乾隆認可。[①] 在人員組成上,方苞《奏重刻十三經廿一史事宜札子》云:

> 乾隆三年十二月十五日,大學士兼管翰林院事張廷玉、福敏奏稱重刊經史,必須參稽善本,博考群書,庶免舛訛……今擬于編檢内選派六員,咨送到殿,俾校勘刊刻……奉旨依議。編檢六員,恐不敷用,著添派庶吉士六員,欽此。……其餘校勘事宜,具列于後……翰林院送到編檢六人,奉旨添派庶吉士六人,臣等擬擇原在殿編校翰林十二人,合同分派……在殿翰林内有詹事府正詹事陳浩、左庶子周學健、翰林院侍讀學士吕熾、編修朱良裘,行走年久,向來一切編校之事,承辦居多,今擬將諸翰林所對經史,仍派令此四人分領,以專其責,合併聲明。[②]

據武英殿本《漢書》"校刻二十一史諸臣職名",其職能分類有監理、總閱、總裁、提調、編校、校録、監造。自總裁以下,編校以上共三十八人,總裁六人,提調四人,編校二十八人,可見編校人員後又有所增加。通過對"考證"整體的考察,"考證"中的按語,多繫以作者名字。有總裁張照,署原任經筵講官刑部尚書銜;勵宗萬,署原任刑部右侍郎銜。提調陳浩,署原任日講官起居注詹事府詹事兼翰林院侍讀學士銜。編校齊召南,署日講官起居注翰林院侍讀銜;杭世駿,署原任翰林院編修銜;張永祚,署欽天監博士銜,共計六人。

張照,字得天,清江蘇華亭縣人。《清史稿》、《清史列傳》、《國朝先正事略》等有傳。《國朝先正事略》:張照,康熙四十八年(1709)進士,選庶吉士,授檢討。乾隆

---

① 張學謙:《武英殿本〈二十四史〉校勘始末考》,《文史》2014年第1輯。
② (清)方苞:《方望溪全集》,北京:中國書店,1991年,第279頁。

元年(1736)命直武英殿修書，二年授内閣學士，充經筵講官，再直南書房。四年夏，請終養，上慰留之。五年，授刑部左侍郎。七年，擢刑部尚書，管理樂部。①

勵宗萬，字衣園，清直隸静海人。《清史稿》、《清史列傳》、《國朝先正事略》、光緒《天津府志》等有傳。光緒《天津府志》：勵宗萬康熙六十年(1721)進士，選庶吉士，授編修，入直南書房，前後三次，坐事落職，均奉特旨起用。命南書房行走者一，武英殿行走者二，懋勤殿行走者一。累官至刑部侍郎。②

陳浩，字紫瀾，清順天昌平人。《國朝書人輯略》、《國朝畿輔詩傳》、光緒《順天府志》等有傳。光緒《順天府志》：陳浩，雍正二年(1724)成進士，改庶吉士，授編修。乾隆二年(1737)充日講起居注官，陞詹事府少詹事，七年被議落職，次年命提調經史館事，至十五年八月，與降革諸臣引見，補授侍讀，充武英殿總裁。浩侍直武英殿書局最久，所交皆當代賢士大夫，與桐城方苞交尤深。③

齊召南，字次風，清浙江天臺人。《清史稿》、《清史列傳》、《國朝先正事略》、《文獻徵存録》等有傳。錢儀吉《碑傳集》中又有袁枚、秦瀛所作墓志、墓表，然而以杭世駿《資政大夫禮部右侍郎齊公墓志銘》最爲詳贍，中云：齊召南于乾隆四年(1739)六月，充武英殿校勘經史官，八年十一月，以原銜署日講起居注官，旋晋翰林院侍讀，以原銜充日講起居注官。九年，丁父省齋公艱，戴星而奔，前曾承辦《禮記》、《漢書》考證。十年，諭旨仍令在籍編輯，陸續交武英殿。服闋，入都，奉上諭仍著在武英殿校勘經史。武英殿分撰經史考證，而召南獨多，經則《尚書》、《禮記》、《春秋》三傳，史則《史記·功臣侯表》五卷，《漢書》百卷，《後漢書·郡國志》五卷，《隋書·律曆》、《天文》五卷，《舊唐書·律曆》、《天文》二卷。十二年三月，經史館告成，議叙加一級。④

杭世駿，字大宗，清浙江仁和人。《清史列傳》、《國朝先正事略》、《文獻徵存録》等有傳。《國朝先正事略》：乾隆元年(1735)，杭世駿召試鴻詞，授編修，校勘武英殿十三經、二十四史，纂修《三禮義疏》。博聞强記，口如懸河。時方望溪負重名，杭

---

① 李元度：《國朝先正事略》，長沙：嶽麓書社，2008 年，第 466 頁。

② 光緒《重修天津府志》卷 44《傳六·人物四》，《中國地方志集成》(《天津縣府志輯》第 2 册)，上海：上海書店出版社，2004 年，第 357 頁。

③ 光緒《順天府志》卷 101《人物志十一》，《續修四庫全書》第 686 册，上海：上海古籍出版社，2001 年影印本，第 56 頁。

④ 杭世駿：《道古堂文集》卷 41，《清代詩文集彙編》第 282 册，上海：上海古籍出版社，2010 年影印本，第 410 頁。

世駿獨侃侃與辯，望溪亦遜避之。①

張永祚，字景韶，浙江錢塘人。《清史稿》有傳。另杭世駿《道古堂全集》有《欽天監博士張君墓碣》：張永祚年近而立猶困童子試，交河王蘭生來典浙學，旋被知遇。無錫嵇曾筠以大學士總制浙閩，求能通知星象者，以應乾隆二年二月明詔，試君策，立成數千言，大器之。薦于朝，授欽天監博士，始棄諸生服。一再引見，占候悉驗。會詔刊經史，華亭張司寇照薦君校勘二十二史《天文》、《律曆》兩志，用其所長也。②

以上六人中，張照作考證十七條，勵宗萬作考證七條，陳浩作考證十九條，杭世駿作考證四條，張永祚作考證四條，齊召南作考證五百九十二條。在校勘過程中，各有分任，齊召南任此書，故所作獨多。

《漢書》"考證"，不出一手，因此不由體例，則不能整齊。關于《漢書》"考證"的編纂體例，雖然未有明文，但在其中也可尋其一二。《漢書》的校勘以明監本爲基礎，相關體例的設置，也多就監本而發，相關體例皆置于問題的首見之處。

如《高帝紀》"考證"中有五條：

"高帝紀第一上"○監本刊此六字于第一行下，非也，今從古本提行，顏注：紀，理也云云，即解此目。後凡某紀某傳，俱傲此。③

"引入坐上坐。注：坐才卧反，次如字"○監本脱"如字"二字，從宋本添。又，監本于顏注本文十删四五，全非古人之舊，今並從宋本添補。④

"因哺之"○宋祁曰：哺當作必故反。○監本脱宋祁一段，今從宋本。凡三劉《刊誤》、宋祁、朱子文諸説，別以一圈，脱者俱補。⑤

---

① 李元度：《國朝先正事略》，第 1198 頁。
② 杭世駿：《道古堂文集》卷 47，《清代詩文集彙編》第 282 册，第 464 頁。
③ 武英殿本《漢書》卷 1 上"考證"，光緒癸卯冬十月五洲同文書局石印本，第 1 頁 a。
④ 武英殿本《漢書》卷 1 上"考證"，光緒癸卯冬十月五洲同文書局石印本，第 1 頁 b。
⑤ 武英殿本《漢書》卷 1 上"考證"，光緒癸卯冬十月五洲同文書局石印本，第 1 頁 b。

"沛公攻胡陵方與"〇臣召南按：《史記·本紀》此事在上年之末，此從《月表》，在二年十月。凡《漢書》月日與《史記·本紀》不同者，皆據《月表》也。①

"割鴻溝以西爲漢注"〇監本注後有《索隱》引張華及《北征記》一段，按：此宋本所無，而監本自增者也，凡《索隱》説已見《史記》，不當附麗于此，今從宋本删之。②

《王子侯表》"考證"一條：

"德哀侯廣以兄子封，七年八月薨"〇監本作十年薨。凡數目字，監本多舛，今並以宋本是正。③

《天文志》"考證"一條：

"凡候歲美惡"〇臣永祚按：凡望雲氣，凡候歲美惡，皆自爲一段，不相連接，監本誤也。今于每段俱另提行。④

齊召南在自序中説："夫古人撰述既博，不無失檢，紀、表、志、傳或彼此乖違，郡國、官名或後先錯出……此皆本書自誤，非關後人。至如《地理》、《溝洫》成文，酈元注《水經》特多援引，賈、馬、淵、雲辭賦，蕭統輯《文選》，時有異同……孔穎達、賈公彦並師古同時人，而所據書本各別，斯則傳寫失真之明驗也。"可見，當時《漢書》版本中的錯訛，一方面緣于作者本人，另一方面則是由歷代的傳寫所致。因此，齊召南在校勘時，凡倒衍竄誤，勘正之外，無不尋其原委。

另外，自《漢書》出，"班馬異同"之比較，漸爲專門之學，從史法到剪裁，"考證"中此類問題的研究也很多。

---

① 武英殿本《漢書》卷1上"考證"，光緒癸卯冬十月五洲同文書局石印本，第2頁a。
② 武英殿本《漢書》卷1上"考證"，光緒癸卯冬十月五洲同文書局石印本，第4頁b。
③ 武英殿本《漢書》卷15上"考證"，光緒癸卯冬十月五洲同文書局石印本，第1頁a。
④ 武英殿本《漢書》卷26"考證"，光緒癸卯冬十月五洲同文書局石印本，第2頁b。

二、武英殿本《漢書》校勘次第

武英殿本《漢書》"考證"共計一千二百二十八條[①]，共有三類，其一是對監本《漢書》中倒衍竄訛之處的校勘，而不作具體辯證，此類未署作者姓名；其二爲對前代學者研究成果的繼承，此類署有作者姓名或書名，作"某某曰"；其三是經史館館臣所作考證，此類署有作者姓名，作"某某按"。

齊召南在自序中説：

> 乾隆四年，奉敕校刊經史，于是書尤加詳慎，臣等既與諸臣遍蒐館閣所藏數十種，及本朝李光地、何焯所校，再三讎對，積歲彌時。凡監本脱漏，並據慶元舊本補缺訂訛，正其舛謬，以付開雕，稍還古人之舊。臣召南復奉敕編爲"考證"，謹採儒先論議，關于是書，足以暢顔注所發明，刊三劉所未及者，條録以附于每卷云。[②]

據其所述，可知《漢書》經張照等嚴密校勘之後，即予以刊刻。然而就其內容來看，"考證"中的第一類應在張照等作考證之前。如《漢書》卷十一《哀帝紀》考證"二年"一條，卷二十七中之下《五行志》中之下考證"正南方噣爲鳥星"一條，前有校勘，後則分別係有張照、陳浩所作考證。以"二年"一條爲例：

> "二年"〇監本作"元壽二年"。臣照按："帝紀從無此例，凡年號于元年特書，二年以後即蒙前文，未有再書者，'元壽'二字明係衍文，今刪去。"[③]

張照的按語顯爲對前者的刊正。方苞在《望溪集·奏重刻十三經廿一史事宜札子》中提出，校勘經史，首先應刊正文字：

---

① 此以所考證《漢書》內容計算，多人共考證一處者，未單獨計目。
② 齊召南：《寶綸堂文鈔》卷 3，《清代詩文集彙編》第 300 册，第 208 頁。
③ 武英殿本《漢書》卷 11"考證"，光緒癸卯冬十月五洲同文書局石印本，第 1 頁 b。

校勘經史，與見修之書不同。見修之書，即有遺落，可增删上下文，以就合之。經史行世已千數百年，遺落一句、數字，即需重刻數十板，勞費甚大，必更番校對，一字無訛，始可寫樣，必樣本對清，始可登板，若限期催促，一部未成，又發一部，必多錯誤……先對十三經互稽經傳，以考舛誤，限八月内將底本對完，臣等細加斟酌，繕摺進呈，然後次及《史記》《前漢書》《後漢書》《三國志》，四史皆有注解，亦宜詳勘，以下諸史，則參伍舊本，增改落字、錯字，加功較易矣。

此可互爲印證。然後即由齊召南作進一步校勘，並吸收宋以來學者的相關研究成果，編撰"考證"。如《漢書》卷二十一上《律曆志》上考證"名察發斂"、"乃以前曆上元泰初四千六百一十七歲"二條，卷二十二《禮樂志》考證"安世房中歌十七章"一條，卷二十五上《郊祀志》上考證"而刻勒始皇所立石書旁"一條，分别有杭世駿、張永祚、陳浩、張照所作考證，其後又繫以齊召南所作考證，予以進一步説明。以"名察發斂"條爲例：

名察發斂。注：應劭曰：名節會察寒暑，致啟分發斂至。○臣世駿按："致啟分發斂至"六字費解，以《史記》注正之，作"致啟閉分至"五字，較爲明白，或疑當作"察寒暑啟閉分至"，理或然也。臣召南按：曆家因此有發斂，率謂盈縮也。見《唐志》。①

以此可證其校勘之次第。

當時，齊召南正在家服喪，《漢書》刊出後，郵至其家，詔其完成《漢書》"考證"的編纂。② 但《漢書》在本書刊刻後，又作進一步的考證，並非特例，如陳浩在《後漢書》考證自序中説："刊刻既竣，臣浩復與同事諸臣，詳審校勘，録爲《後漢書》考證若干條。"以此可見校勘過程中，組織之嚴密。

另外，方苞《奏重刻十三經廿一史事宜札子》：

---

① 武英殿本《漢書》卷 21 上"考證"，第 4 頁 b。
② 謝海林：《齊召南〈漢書考證〉綜論》，《古籍研究》第 2008 卷（下），2009 年 8 月 31 日。

　　前明所刊經史,每卷之首止列校刊職官姓名,而漢唐先儒轉附第一行每卷之下,且或止稱某氏,或具姓名、鄉里,或並詳官階、封邑,諸經諸史,款式各殊,聞彼時書出,即衆議譁然,其後馮夢禎爲國子監祭酒,重刻《史記》,始變其例,衆以爲是。今擬倣其例,王大臣、監修、校勘列于目錄之前,漢唐先儒列于每卷之前,分校諸臣列于每卷之末,卷内若有遺訛,則分任其責者,無可推諉,庶幾各竭心力。

　　可見,凡館臣所作考證及徵引文獻都須注明作者,目的在于明晰責任。而且在此後的實際操作中又進一步細化,將作者逐條注明。那麽《漢書》考證中的第一類未注明作者,可謂自破體例。現通過對相關材料的梳理,對此類作者略作考辨,以知其大概。

　　首先,根據方苞以及齊召南所叙述,此類"考證"的作者或爲何焯。方苞《奏重刻十三經廿一史事宜劄子》:"前翰林院侍讀學士何焯曾博訪宋板,校正《前漢書》、《後漢書》、《三國志》遺訛,臣曾見其書,並求下江蘇巡撫,向其家索取原書,照式改注別本送館。"齊召南《漢書》"考證"自序:"臣照等既與諸臣遍搜館閣所藏數十種,及本朝李光地、何焯所校,再三讎對。"據此,《漢書》"考證"當引用何焯的研究成果,但"考證"諸條未有繫以何焯姓名者。然而《後漢書》及《三國志》"考證"凡引自何焯者,俱未隱没其姓名,《四庫全書考證》《漢書》部分,則採入何焯《義門讀書記·漢書讀書記》二十六條,可見《漢書》"考證"編纂時綜合參考了何焯的成果而未予直接採用,因此《漢書》"考證"中的第一類不得爲何焯所作。

　　而據《三國志》考證李龍官自序:"臣龍官謹同臣浩、臣良裘、臣明楷等將監本、別本,與凡漢、晋之書,參互考訂,悉心校勘,並取前學士臣何焯所校本,擇其引據精確者,概行摘出,逐卷分注,釐爲考證,計千有餘條。"這裏説此"千有餘條"皆爲李龍官、陳浩、朱良裘、盧明楷等經史館館臣編纂完成,未經他手。而這"千有餘條"中也有多條未繫以作者名字。由此可見,它們雖未注明作者,但確繫經史館館臣所作。因此,齊召南在自序中所説"諸臣",即《漢書》考證中第一類的作者。

三、武英殿本《漢書》校勘使用版本及對前代成果的繼承

　　武英殿本《漢書》的校勘以明監本爲底本,而明監本即自宋慶元本而來,①然而

---

　　①　周晨:《宋刻〈漢書〉版本考》,《襄樊學院學報》第23卷第1期,2002年1月。

對其刊落臆改甚多,因此以宋慶元本《漢書》爲校本,"考證"中又稱其爲宋本、南宋本、舊本。關于監本,齊召南《漢書》"考證"自序言:"若國子監所存明人舊板,于顔注所引二十三家之説,十删其五,于慶元所附三劉、宋祁諸家之説,十存其一,即本書正文字句,亦多訛脱,則尤板本中至陋者已。"方苞在《奏重刻十三經廿一史事宜札子》中也説:"竊思經史,惟宋板字鮮遺訛,目今不惟宋板難得,即明初刻本亦少。臣生平所見,惟嘉靖以後之板,已屢經改補,無三五頁無遺訛者,而現今監板,更剥蝕無一完善,可憑以校對。"然而仍然以明監本爲底本者,一方面以善本難得,更重要的原因,應在于明監本自入清以後,迭經補刻,①對清廷而言,已化之爲己物,由此而因陋就簡。

關于宋慶元本,張元濟《校史隨筆》有"殿本從劉之問刊本出"一條:

> 建安劉之問慶元初刊《漢書》,其自跋稱得宋景文公所校善本凡十五家,即:一古本,二唐本,三江南本,四舍人院本,五淳化本,六景德監本,七景祐刊誤本,八我公本,九燕國本,十曹大家本,十一陽夏公本,十二晏本,十三郭本,十四姚本,十五浙本,十六閩本。又有名儒議論,凡景文所附者,悉從附入,以圈間之。又自景文校本之外,復得十四家善本,即:一熙寧本,二卷子古本,三史館本,四國子監本,五陳和叔本,六邵文伯本,七謝克念本,八楊伯時本,九李彦中本,十張集賢本,十一王性之本,十二趙德莊本,十三沈公雅本,十四王宣子本。逐一讎對,亦可以謂之不苟矣。②

其他參考版本主要有古本、汲古閣本、凌稚隆《漢書評林》本、何焯校本,文中稱其爲別本。關于何焯校本,汪由敦《松泉文集·校後漢書書後》云:"雍正十年壬子夏,吴郡沈君穎谷來京師應京兆試,篋中携班、范二書,是前輩何義門先生閲本……何校皆汲古閣本。"③即何焯所校是以汲古閣本爲底本。

以上爲武英殿本《漢書》的校勘過程中所參考版本,在編纂"考證"時,徵引也十分廣博。其中:

---

① 張學謙:《武英殿本〈二十四史〉校勘始末考》,《文史》2014 年第 1 輯。
② 張元濟:《校史隨筆》,上海:上海古籍出版社,1998 年,第 13 頁。
③ (清)汪由敦:《松泉文集》卷 15,《清代詩文集彙編》第 272 册,第 359 頁。

經部文獻有《易大傳》、《孔傳尚書》，孔穎達《左傳注疏》、《周禮注疏》、《毛詩注疏》，朱熹《孟子集注》。

史部文獻有《史記》、《史記正義》、《史記索隱》、王應麟《漢書藝文志考證》、《後漢書》、《後漢書》李賢注、《漢紀》、《三國志》、《宋書》、《隋書》、《晋書》、《北史》、《唐書》、《三國志》、《元史》、王禕《大事記續編》、劉知幾《史通》、《國語》注疏、司馬光《通鑒考異》、《資治通鑒》胡三省注、王應麟《通鑒答問》、《通典》、《漢官儀》、《唐六典》、《文獻通考》、《通志》、《山海經》、《水經注》、《三輔黃圖》、《華陽國志》、《括地志》、程大昌《雍録》、宋敏求《長安志》、洪適《隷釋》。

子部文獻有應劭《風俗通義》、王充《論衡》、崔豹《古今注》、王應麟《玉海》、洪邁《容齋隨筆》、項安世《項氏家説》、王楙《野客叢書》、林駧《古今源流至論》、楊慎《丹鉛餘録》、黃震《黃氏日抄》、顧炎武《日知録》。

集部文獻有《文選》、李觀《李元賓文編》、蘇轍《欒城集》、周必大《文忠集》、曾鞏《元豐類稿》、真德秀《文章正宗》、朱熹《晦庵集》、楊慎《升庵集》、黃宗羲《南雷文定》。

另外，虞喜《志林》一條當轉引自他書，葉少藴、馬廷鸞各一條轉引自《文獻通考》，郭守敬一條當轉引自《元史·曆志》。田藝蘅一條，見其《留青日札》卷十七《四皓》，而"考證"誤歸于田汝成，田藝蘅爲田汝成之子，當以此而誤。而宋白、茅坤、許應元諸條轉引自《漢書評林》。在各書中，于顧炎武《日知録》徵引獨多，達八十五條。

四、結論

通過對以上問題的考察，從校勘人員的組成上來看，武英殿本《漢書》在校勘時，延續任用專家的傳統，[①]其中以張永祚最爲突出。張永祚以知星象而專任校勘諸史中"天文"、"律曆"兩志。

關于武英殿本《漢書》"考證"的編纂體例，從所舉各條來看，主要包括針對監本

---

① 據《漢書·藝文志》：漢成帝時校書，以"光禄大夫劉向校經傳諸子詩賦，步兵校尉任宏校兵書，太史令尹咸校數術，侍醫李柱國校方技"（《漢書》卷30《藝文志》，北京：中華書局，1964年，第1701頁），各任專家。

的文本格式調整和内容上的增補校勘,齊召南在自序中説:"凡監本脱漏,並據慶元舊本補缺訂訛,正其舛謬,以付開雕,稍還古人之舊。"可見彌補監本刊改舊本所造成的缺憾,"還古人之舊",再造善本,是此次校勘的主要目的。至于一些存疑的問題,校勘者則存其説于"考證"中,對原文不以臆更改。至于"割鴻溝以西爲漢注"一條,云:"凡《索隱》説已見《史記》,不當附麗于此,今從宋本删之。"一方面在于復原舊本,另一方面也是因爲當時是對"二十一史"的整體校勘,體現出校勘工作的整體性,在涉及其他史書時,也依此例。

武英殿本《漢書》的校勘次第,首先是就文本中的倒衍竄訛,予以刊正;其次是由張照等增入前人的研究成果,並做考證;最後由齊召南作進一步考證,以總其成。在這一過程中,所有校勘人員各有專任,以各任其責,體現出組織的嚴密性。

最後,在此次校勘中,充分吸收了前代成果。齊召南在自序中以善本難得爲恨,又言:"衍文脱字,離句辨音,三劉①于師古注銖較寸量,未嘗少假借焉,校古人書義當如是爾。"齊召南通過對"三劉"的表彰,以明心志,在編纂"考證"時,又萃聚歷代相得之説,由此可見,其亦未嘗不以集大成者自視。

(董恩林　湯　軍　華中師範大學歷史文獻學研究所)

---

① "三劉"即劉敞、劉攽、劉奉世,其中劉攽著有《漢書刊誤》。

讀《元史》校《元典章》兩則

　　《元典章》全稱《大元聖政國朝典章》，是元代的一部政書，流傳至今，保存了大量元代前中期的詔令、格例、案牘等法律公文原件。其重要性早已爲學界所公認，被視爲研究元代法律、政治、經濟、文化、社會等多方面的重要資料。[1] 由于《元史》編纂疏謬，《元典章》也被利用來校勘《元史》。業師張帆教授曾在《文史》2003 年第 3 輯上撰文《讀〈元典章〉校〈元史〉》，通過對讀二書，分門別類，校正了《元史》中的 17 條錯誤。[2]

　　存世的元刻本《元典章》也因爲編纂粗糙，謬誤頗多。[3]《元典章》可以用來校勘《元史》，《元史》同樣也可以用來校理《元典章》。張帆教授在前引撰文中曾云："元刻本《元典章》錯誤極多，《元史》紀、志可以校正它的地方同樣不少。"[4]學術界現行通用的《元典章》，是 2011 年出版，由陳高華、張帆、劉曉、党寶海等點校的版本。[5]在點校的過程中，陳高華等人也是充分利用《元史》校理《元典章》。然而誠如前人所言，校書如掃落葉。《元典章》卷帙浩繁，内容龐雜，錯訛極多。點校本雖出衆名家之手，欲畢其功于一役，本非易事，偶有不及，也是在所難免。對《元典章》的校理，應該持續進行。本文利用《元史》本紀中的相關記載，校正點校本《元典章》中有誤的兩條文書。如有不當，敬請方家指正。

---

　　① 　陳高華、張帆等點校：《元典章·前言》，北京：中華書局/天津：天津古籍出版社，2011 年，第 1—2 頁。

　　② 　張帆：《讀〈元典章〉校〈元史〉》，《文史》2003 年第 3 輯，第 154—169 頁。

　　③ 　《元典章》現存最早的版本是收藏在臺灣"故宮博物院"的元刻本。1976 年，該本影印出版，惠及學界。由于該書出自吏胥、坊間商賈之手，目的在于販賣牟利，抄録、編纂、刊刻都很粗糙，因此書中錯訛頗多，不便利用。參見《元典章·前言》，第 2—3 頁。

　　④ 　張帆：《讀〈元典章〉校〈元史〉》，第 154 頁。

　　⑤ 　點校本以元刻本爲底本，參考中外學者的研究成果，"嘗試對《元典章》進行一次全面和系統的整理"（《元典章·前言》，第 3 頁）。點校本的出版，代表了目前學術界研究、整理《元典章》的最新成就。

一

《元典章》卷三《聖政二・復租賦三》："至元三十一年□月,欽奉詔書内一款:諸色户計秋糧已減三分,其江淮以南至元三十一年夏税,特免一年。已納官者,准充下年數目。"①

點校本對其中缺字某月作《校勘記》,云:"按此詔書當即至元三十一年四月成宗即位詔。參下文'減私租'門第三條,及《元史》卷十八《成宗紀一》。"

事實上,《校勘記》有誤。此詔應爲至元三十一年(1294)六月詔書。另,條文中"其江淮以南至元三十一年夏税,特免一年","一年"當爲"一半"之誤。

校理《元典章》的主要方法,是看在同一書其他地方有否彼此轉引、前後重見,以及在其他史料中有否記載、引用的情況,即本校與他校。② 上引《校勘記》採用的就是這兩種方法。我們先來看它使用的兩條材料。《校勘記》參考的"減私租"門第三條,是至元三十一年十月初五日的一條文書。這條文書是一段硬譯公牘文體式的聖旨條文。③ 與上引條文相關的文字是:

> 皇帝登寶位時分行詔書呵,"漢兒、蠻子百姓每的今年納的税糧,十分中免三分者"。説來。④

"皇帝登寶位時分行詔書",即成宗即位詔。《校勘記》的另一個依據,《元史》卷十八《成宗紀一》至元三十一年四月甲午(十四日)條有以下記載:

> 即皇帝位。……詔除大都、上都兩路差税一年,其餘減丁地税糧十分之三。⑤

① 陳高華、張帆等點校:《元典章》,第78頁。
② 陳高華、張帆等點校:《元典章・前言》,第5—7頁。
③ 參看亦鄰真:《元代硬譯公牘文體》,《元史論叢》第一輯,北京:中華書局,1982年,第164—178頁。
④ 陳高華、張帆等點校:《元典章》卷3《聖政二・減私租三》,第86頁。
⑤ (明)宋濂等:《元史》卷18《成宗紀一》,北京:中華書局,1976年,第382頁。

　　點校者應是依據以上兩條材料中稅糧減十分之三的內容與《復租賦三》中"秋糧已減三分"的記載一致，判定這份詔書就是至元三十一年四月的即位詔。①

　　然而這個判定是有疑問的。首先，內容相符，並不意味著一定就出于同一詔書。並不能僅憑"秋糧已減三分"的記載與即位詔內容相符②，就斷定它也出自即位詔。它也可能只是引用了即位詔書原文。後出詔令引用前頒詔書，這樣的例子在《元典章》裏屢見不鮮，《校勘記》參考的《減私租三》即是一例。"秋糧已減三分"，意思是秋糧已經減去百分之三十，使用的是現在完成時態。這樣的措辭，更可能出現在至元三十一年四月即位詔之後的詔書中。其次，僅是部分內容相符，並不能斷定兩者就是同一份詔書。《復租賦三》詔書中關于蠲免江淮以南至元三十一年夏稅的內容，在現存至元三十一年四月成宗即位詔各項詔畫中，不見有任何記載。這固然可以詔書全文未能保留下來，現存詔條取捨、裁剪不一來解釋，但還是會讓人懷疑，這份詔書有可能並非成宗即位詔。《校勘記》給出的理由並不充分，還不足以令人完全信服。

　　對讀《元史》，我們發現如下綫索。《元史》卷十八《成宗紀一》至元三十一年六月乙未（十六日）條載：

　　　　以世祖、皇后、裕宗諡號播告天下。免所在本年包銀，俸鈔，及內郡地稅、江淮以南夏稅之半。③

　　這段文字中包含有蠲免江淮以南夏稅的內容。"免所在本年包銀，俸鈔，及內郡地稅、江淮以南夏稅之半"，應是六月乙未日發布詔書中的原文或內容總結。值得注意的是，在夏稅蠲免多少這個細節上，這份詔書與《復租賦三》中詔令略有不同。此處記免"夏稅之半"，《復租賦三》中則記爲"特免一年"。如果這段文字不誤，至元三十一年（1294）六月乙未日確有一份這樣的詔書，《復租賦三》中詔書又確如《校勘記》判定的是至元三十一年四月的即位詔，那就意味著在至元三十一年四月到六月兩個月間，元廷先後頒布了兩條針對江淮以南本年夏稅蠲免的詔令。這無

----

　　① 需要指出的是，點校本的這一判定，應是沿襲了日本學者植松正的見解。參見植松正：《元代條畫考（五）》，《香川大學教育學部研究報告》第一部第49號（1980年3月），第197頁。

　　② 事實上，也僅是基本相符。詳見下文討論。

　　③ （明）宋濂等：《元史》卷18《成宗紀一》，第385頁。

疑是很罕見的,有悖情理。且蠲免的數額前後不同,四月宣布"特免一年",六月又稱免除一半。這在邏輯上顯然是説不通的。元廷不可能在成宗即位後短短兩月裏,在没有任何特殊原因的情況下,專門就江淮夏税先後頒行兩條詔書,而且是前後矛盾、衝突的兩條詔書。這只能説明,兩條詔書中,至元三十一年四月和六月,必有一個時間是錯誤的。"一年"與"一半"之間,其中也必有一個有誤。

他校《元典章》,除了《元史》這部重要史料外,還有其他史料可資利用。元人張鉉撰《至正金陵新志》卷三《金陵世年表》中,有如下記載:

> (至元三十一年甲午)六月,詔江淮以南至元三十一年夏税,特免一半。已納到官者,准充下年數目。①

這條資料中詔旨的發布時間與主要内容,與上引《元史·成宗紀一》至元三十一年六月乙未條所載完全相符。這應該可以證明,至元三十一年六月乙未條詔書是可靠的、無誤的。同時,將這條資料與《復租賦三》中詔書相比對,關于蠲免江淮以南至元三十一年夏税的内容,除"年"、"半"一字之差外,其餘完全一致。討論至此,相信大家都會同意,《復租賦三》中"至元三十一年□月,欽奉詔書内一款",月份缺字,應據此補爲"六"。"特免一年"的"年"字,應校正爲"半"。《復租賦三》中的詔書,實爲至元三十一年六月發布的,而非至元三十一年四月的即位詔。

關于這份詔書的名稱及撰寫人,我們還可略作討論。翻檢《元典章》,對讀《元史·成宗紀一》至元三十一年六月乙未條載當日"以世祖、皇后、裕宗謚號播告天下",這份詔書應名爲《册世祖裕宗皇帝謚號詔》②。元佚名編《聖元名賢播芳續集》也收錄有這份詔書,題爲《太室謚號詔》③。兩者名稱大略相同,應爲編纂者各自所擬。兩書未載詔書的撰寫人。元人張伯淳個人文集中也收錄有這篇詔書,題爲《免差税詔》④。張伯淳應就是詔文的撰寫人。只是名稱與前兩書迥異,這當係張伯淳

---

① (元)張鉉:《至正金陵新志》卷3《金陵世年表下》,臺北:臺灣成文出版社有限公司,1983年影印,第1717頁上。

② 陳高華、張帆等:《元典章》卷1《詔令·成宗欽明廣孝皇帝·册世祖裕宗皇帝謚號詔》,第14頁。

③ 元佚名編:《聖元名賢播芳續集》卷6《太室謚號詔》,東京:日本宫内廳書陵部藏高麗刻本,1373年,5葉b。

④ (元)張伯淳:《養蒙先生文集》卷1《免差税詔》,《元代珍本文集彙刊》影印抄本,臺北:臺灣"國立中央"圖書館,1970年,第42—43頁。

事後整理手稿時所擬。"免差稅"的内容並不見于現存詔書正文,應是附于正文後略而不録的條畫中。這部分内容同時也是詔文的重要主題,給張伯淳留下了深刻印象,故而他以此命名所撰詔書。詔書中載:

> 朕初政所欲行之事,姑以數條申畫于後(云云)。①

《復租賦三》中"欽奉詔書内一款",應該就是《謚號詔》(或《免差稅詔》)中省略未録"申畫于後"的"數條"之一。

二

《元典章》卷六《臺綱二·按治·廉訪司巡按月日》:大德三年五月,御史臺咨:大德三年五月廿八日奏過事内一件:"江南行臺各道廉訪司與將文書來:'在前廉訪司巡按刷卷行呵,五月裏出司,五月裏還司有來。有理問的事呵,農忙的時月礙着有。'麽道,説將來有。他每説的有體例有。俺商量來,九月初頭出司,四月初間還司呵,怎生?"麽道,奏呵,"是有體例有。那般者"。麽道,聖旨了也。欽此。②

按,"在前廉訪司巡按刷卷行呵,五月裏出司,五月裏還司有來"一句中,後一個"五月"當爲"正月"之誤。③

這條文書是大德三年(1299)五月的一道聖旨原文,採用的也是硬譯公牘文體格式。我們主要分析的是"在前廉訪司巡按刷卷行呵,五月裏出司,五月裏還司有來"這一段文字。"五月裏出司,五月裏還司有來"這一句,讀來頗令人費解。首先,邏輯不通。監察官員巡按刷卷,五月裏出司,五月裏還司,無論是指當月出去當月回,還是指出司後一年再還司,都是不現實的,没有可行性。其次,不符合元代按察制度的一般規定。元代監察機構肅政廉訪司的主要職能之一是巡按地方,照刷文

---

①　陳高華、張帆等:《元典章》卷1《詔令·成宗欽明廣孝皇帝·册世祖裕宗皇帝謚號詔》,第14頁。

②　陳高華、張帆等:《元典章》卷6《臺綱二·按治·分巡須要遍歷》,第175頁。

③　又按,2002年,臺灣學者洪金富在《元代監察官吏的出巡日期問題》一文中,曾論及此問題,認爲"有可能作二月、三月或四月。不過,作'正月'的可能性最大"(洪金富:《元代監察官吏的出巡日期問題》,《新史學》十三卷二期,2002年6月,第164—166頁)。點校本或因慎重起見,未採納洪氏的意見。故而本文仍有討論之必要。

卷。時間一般爲半年到八個月左右。元成宗大德之前的世祖時期即是如此,如至元二十三年(1286)三月的一道聖旨:

> 在先按察司官半年一出巡按,凡百姓疾苦,官吏情弊,時暫經過,不能遍知。今後各道除使二員守司,餘擬每年八月爲始,分行各道,按治勾當,至次年四月還司。①

又如至元二十八年(1291)五月一份詔書中載:

> 外頭有的提刑按察司官人每,在先半年裏一遍刷卷,體察勾當出去有來。②

成宗之後也是如此。如仁宗延祐四年(1317)四月一份詔書中載:

> 各道廉訪司分司,每年八月中分巡,次年四月中還司,須要遍歷。③

即便是成宗大德三年(1299)左右的制度,依《廉訪司巡按月日》中所載,也是"九月初頭出司,四月初間還司",不過七月左右。像本條文書中大德三年五月前曾規定"五月裏出司,五月裏還司"的情況,可謂絕無僅有。④

邏輯不通,不符合按察制度的一般規定,這只有一種可能,即文字有訛誤。誠如點校者所言,《元典章》的主要問題,"就是成書于吏胥和坊賈之手,抄録、編纂、刊刻幾個環節都做得比較粗糙,文字脱、衍、乙、誤俯拾可見"⑤。本條文書應該就是月份文字有"乙、誤"。顯然,應是"五月"之"五"字有誤。那麽,究竟是前一個,還是後一個"五月"有誤呢?

《元史》卷十八《成宗紀一》至元三十一年(1296)六月辛巳(初二日)條載:

---

① 陳高華、張帆等:《元典章》卷6《臺綱二·按治·察司巡按事理》,第174頁。
② 陳高華、張帆等:《元典章》卷6《臺綱二·體察·改立廉訪司》,第162頁。
③ 陳高華、張帆等:《元典章》卷6《臺綱二·按治·分巡須要遍歷》,第175頁。
④ 據文書中"在前"一語,可知"五月裏出司,五月裏還司有來"的制度實行在大德三年五月以前。
⑤ 陳高華、張帆等:《元典章·前言》,第3頁。

御史臺臣言：“名分之重，無逾宰相，惟事業顯著者可以當之，不可輕授。廉訪司官歲以五月分按所屬，次年正月還司。職官犯贓，敕授者聽總司議，宣授者上聞。其本司聲迹不佳者代之，受賂者依舊例比諸人加重。”帝曰：“其與中書同議。”①

這是一段御史臺臣御前奏聞的記錄。文字應經過《實錄》或《元史》編纂者的改譯、删削，但基本内容還是可以完整理解的。大略是御史臺臣就政事、制度，向即位不久的成宗建言。材料並未記載“同議”的結果，但既如此鄭重地記入《實錄》，被修史者採用，其中建議應該是得到了批准與實行。引起我們注意和重視的，是“廉訪司官歲以五月分按所屬，次年正月還司”一句。將這條記錄與《元典章》中《廉訪司巡按月日》相對讀，所謂“在前廉訪司巡按刷卷行呵”，應就是自至元三十一年六月實行的巡按制度，也即“歲以五月分按所屬，次年正月還司”。這條制度實行五年之後，被認爲有礙農忙季節②，于是又經御史臺商議，改爲“九月初頭出司，四月初間還司”。至此，我們應該可以判定，《元典章》卷六《臺綱二·按治·廉訪司巡按月日》中“在前廉訪司巡按刷卷行呵，五月裏出司，五月裏還司有來”一句，後一個“五月”當釐正爲“正月”，“五”應爲“正”字形誤。

（毛海明　湖南大學嶽麓書院）

---

① （明）宋濂等：《元史》卷18，第384頁。
② 按：應是七月左右的秋收季節。

論出土道家文獻與老莊道、氣和合生物思想的一致性

　　莊子繼承了老子思想，在極力推崇"道"至高無上的同時，對"氣"的作用也給予了極大重視，提出了"道"與"氣"和合生物的思想。關于這一點，筆者在《莊子道、氣含義新論》①一文中有詳細論述。實際上，無論是老子，還是莊子，他們在"道"與"氣"的關係問題上似乎著墨不多，劉笑敢就説："氣和道的關係，莊子没明確講過。"②因此，道家關于"道"與"氣"的關係是一個需要進一步深入探索的問題。

　　在老莊原文中，除了一些"道生一"③、"有生于無"④、"通天下一氣耳"⑤等極爲抽象的言詞給後人留下無限的想象空間之外，很少正面闡述"道"、"氣"兩者之間到底屬于一種什麽關係，這或者是因爲，他們都認爲這不是一個值得花費筆墨詳加論述的問題，就好像"真理共識論"説的那樣，認爲這一命題已經成爲人人皆知的常識。既然"道"、"氣"關係在先秦時期已經達成一種共識，那麽自然就没有再去探討的必要了。老莊的這一"省略"，就爲我們留下了理解上的困惑，因此，我們這裏嘗試通過對其他出土的先秦道家典籍(如《恒先》、《太一生水》、《黄帝四經》等)中有關"道"、"氣"關係思想的分析，來進一步印證老莊萬物生成的本源思想。

---

① 該文收入《第二屆全真道與老莊學國際學術研討會論文集》，華中師範大學出版社，2013 年。
② 劉笑敢：《莊子哲學及其演變》，北京：中國社會科學出版社，1988 年，第 136 頁。
③ (魏) 王弼：《老子道德經注》下篇上册，《王弼集校釋》，北京：中華書局，1980 年，第 117 頁。
④ (魏) 王弼：《老子道德經注》下篇上册，第 110 頁。
⑤ 郭慶藩：《莊子集釋》中册，北京：中華書局，1961 年，第 733 頁。

一、關于《恒先》中"氣是自生，恒莫生氣"、恒氣相輔相成思想

　　《恒先》是 1994 年發現的一篇首尾完整的戰國道家古佚書，共 13 簡，以第三簡簡背寫有的"恒先"標題爲名。李學勤在他的《孔孟之間與老莊之間》一文中認爲《恒先》是《老子》到莊學之間的聯絡橋梁。因此，我們可以把《恒先》當作是印證老莊萬物生成觀念的有力證據之一。在這篇道家佚書中，對"道"與"氣"的關係有較爲直接的説明：

> 恒先無有，樸、静、虚。樸，大樸。静，大静。虚，大虚。自厭不自忍，或作。有或焉有氣，有氣焉有有，有有焉有始，有始焉有往者。未有天地，未有作、行、出、生。虚静爲一，若寂寂夢夢，静同而未或明，未或滋生。氣是自生，恒莫生氣。氣是自生、自作。恒、氣之生，不獨，有與也。或，恒焉，生或者同焉。①

　　本段大意爲："道（恒）"先于空間（無）與事物（有）而存在，其表現形態是"大樸、大静、大虚"。"道"安然自足（自厭）而不自我壓抑（不自忍），自然而然地形成了"空域（'或'通'域'）"。有了"空域"就産生了"氣"，有"氣"就會産生"有（事物）"，有"有"就會有開始，有開始就會有往復。在天地未生之前，不存在"作"、"行"、"出"、"生"等萬物的生成運動，虚静爲一體，混沌爲一片，萬物之間既没有明確區别，也不會滋生。"氣"是自生、自作，並不是"道"所生、所爲。"氣"與"道"兩者互相依賴、相輔相成而生成萬物。"空域"屬于"道"，"道"、"氣"生出"空域"②。
　　總的來看，這段話所要表達的思想與老莊的萬物生成論十分相似，其最大的不同點，也是最爲醒目的地方就在于《恒先》正面指出了氣非道生（"氣是自生，恒莫生氣"），這在已經普遍接受"氣由道生、道爲萬物宗主"思想的當今學術界被視爲"獨

---

① 這段原文依據龐樸的《〈恒先〉試讀》，見"簡帛研究"網站 2004 年 4 月 26 日。
② 對後兩句"或，恒焉，生或者同焉"，我們採用的是龐樸、李零等人的解釋，還有一種斷句爲"或、恒焉生？ 或者同焉"，意思是"空間和道是哪里生出來的？ 它們大概是同時出現的"。

特的宇宙論"①,被指爲是"一種新的萬物生成動力模式"②。關于這一點,不能苟同,筆者認爲,"氣非道生"應該屬于先秦時期人們的共識。這裏需要説明的一點是,根據道家思想,雖然"氣"不是由"道"所直接生出,但"氣"的演化(如氣化爲萬物)過程却是遵循著道進行的。

中國古代哲學本源論的發展是從"天人關係"向"道氣關係"的過渡,而在先秦時期,這兩種理論應該説是互相夾雜、齊頭並進的。直到董仲舒,仍然是以人格神之"天"與自然之"道"的結合來解釋世界的構成,這一點至關重要,因爲相比于"道"來説,"天"才是中國哲學中最早出現的本源觀念。古人把"天"視爲有人格的神,而世界萬物則是由人格神創造的。孟子説:"《書》曰:'天降下民,作之君,作之師。惟曰其助上帝,寵之四方。有罪無罪,惟我在,天下曷敢有越厥志?'"③據朱熹《四書章句集注》説,孟子引用的這段話出自《尚書·周書·大誓》,《大誓》即《太誓》,又作《泰誓》,是武王伐紂時的誓師辭。在周初時代,人們不僅認爲人是上帝所造,就連人間的社會秩序也是由上帝安排的。除此,還有盤古開天地、女媧造人等傳説。總之,在早期,人們往往把萬物的本源歸之于上帝和神靈。

隨著人們對世界萬物認識的進步,理性思維的活躍使人們對上帝鬼神的存在開始産生懷疑,于是莊子提出了"六合之外,聖人存而不論"④的主張。人格神的概念在人們對萬物本源的思考中慢慢被淡化了,而對神鬼信仰的滑落則需要一個新的概念來支撐萬物本源的問題,這就促使了"道"的出現。應該説,這是人類認識史上的一次巨大進步。

由于中國哲學强調的是"道",事實上我們在考察"物"的時候,主要也是考察"物之道",也即事物的規律,所以無論是在討論實際内容時,還是在文字表達上,"道"逐漸"淩駕"于"氣"之上,這就使本來並不具有可比性的兩個概念出現了上下、先後的統屬關係。事實上,對于産生萬物來説,"道"和"氣(物)"是同等重要的。這就是《恒先》宇宙生成論的主要内容。學者普遍認爲這些思想與老莊的觀點有很大的不同。而本文以爲,《恒先》中的思想與老莊的觀點並不存在本質上的矛盾,甚至

① 李鋭:《氣是自生:〈恒先〉獨特的宇宙論》,《中國哲學史》2004 年第 3 期。
② 曹峰:《〈恒先〉的氣論——一種新的萬物生成動力模式》,《哲學研究》2012 年第 5 期。
③ (宋)朱熹:《四書章句集注》,北京:中華書局,1983 年,第 215—216 頁。
④ 郭慶藩:《莊子集釋》上册,第 83 頁。

可以説是極爲一致的,因爲老莊同樣持"道"、"氣"和合生物的觀點。

二、關于《太一生水》中"太一生水。水反輔太一,是以成天"的思想

《太一生水》是 1993 年在湖北郭店楚墓發掘出的戰國道家古佚書,共 14 簡,以文首四字"太一生水"爲名。"太一"歷來有"道"和"元氣"兩種解釋,而這兩種解釋在這裏似乎都説得通。如果結合老莊原文,我們認爲此處的"太一"指的是"道"(若將"太一"解釋爲"元氣",則本篇講的主要是"氣化萬物"的思想,與我們的觀點並不矛盾)。

"太一"的概念在《莊子》中出現過兩次,一次是在《列禦寇》篇:"而欲兼濟道物,太一形虚。"成玄英對最後一句解釋説:"合太一之玄道者。"①一次是在《天下》篇:"建之以常無有,主之以太一。"成玄英疏:"太者廣大之名,一以不二爲稱。言大道曠蕩,無不制圍,括囊萬有,通而爲一,故謂之太一也。"②成玄英把這兩處的"太一"都解釋爲"道"。現代學者對于"太一"的解釋也是如此,曹礎基《莊子淺注》説:"太一即是道。"③陳鼓應《莊子今注今譯》説:"太一,指絶對唯一的大道。"④因而,我們對"太一生水"中的"太一"的含義也傾向于是"道"的理解。而"生"字,則主要是指特定條件下的輔助生成,而非直接生出,對"生"的這一含義,筆者在《莊子道、氣含義新論》《論莊子的雙重生存世界》中已經花了大量篇幅來解釋,這裏不再贅述。

"太一生水"中的"水"與《恒先》中的"氣"皆屬于形而下的範疇,相比于其他萬物,這兩者具有更多相同的屬性,如無色、無形、自然流動、化生萬物等。《説文》解釋説:"水……中有微陽之氣也。"⑤《太一生水》用"水"代替"氣"作爲萬物的物質性本源,既有可能是因爲這兩者的相近特徵,也有可能是受到老子對水推崇的影響,《老子》第八章説:

---

① 郭慶藩:《莊子集釋》下册,第 1047—1048 頁。
② 郭慶藩:《莊子集釋》下册,第 1093—1094 頁。
③ 曹礎基:《莊子淺注》,北京:中華書局,1982 年,第 396 頁。
④ 陳鼓應:《莊子今注今譯》,北京:中華書局,1983 年,第 882 頁。
⑤ (漢)許慎:《説文解字》卷 11 上,北京:中華書局,1963 年,第 224 頁。

> 上善若水。水善利萬物而不爭，處衆人之所惡，故幾于道。居善地，心善
> 淵，與善仁，言善信，正善治，事善能，動善時。夫唯不爭，故無尤。①

在老莊思想中，水的意蘊是特殊的，它不僅是形而下的物質實體，還具備形而上的
"道"的一些特殊屬性。《淮南子·原道訓》曰："天下之物，莫柔弱于水，然而大不可
極，深不可測，修極于無窮，遠渝于無涯……萬物弗得不生，百事不得不成。"②"水"
與"道"有著許多的共性：柔弱、深邃、無邊無際、無窮無盡，而且還是萬物生成、百
事成功的前提。《淮南子·原道訓》還說：

> 夫無形者，物之大祖也；無音者，聲之大宗也。其子爲光，其孫爲水，皆生
> 于無形乎！夫光可見而不可握，水可循而不可毀，故有像之類，莫尊于水。③

古人通過一種直面的感性認識，把光、水視爲低于大道、又高于萬物、處于"道"與萬
物之間的中間層次的事物。按照《淮南子》的形象説法就是，光與水是"道"的子、孫
輩，而其他有形的萬物則是"道"的曾孫輩了。這種歸納雖然顯得有些膚淺和幼稚，
但也可以從中看出，在古人的意識裏，"水"比其他有形萬物更接近大道一些，所以
道家往往以水喻道，老子是其中最爲著名者。

"道"無法感觸，水却可以觸摸得到，用水來比喻道可以幫助人們對"道"的特性
有更爲清楚深入的認識，水則成爲介于"道"與"萬物"的一個中間實體，即老子所説
的"（水）幾于道"與《太一生水》中所説的"（道）藏于水"。《太一生水》把"水"視爲其
他萬物的物質性本源也並非一家之見，如《管子·水地》也認爲："水者何也？萬物
之本原也，諸生之宗室也。"④

如《恒先》一樣，若是按照人們對老莊本源論的傳統觀念（即道直接生出萬
物）來理解，那麼"'太一生水'和《老子》'道生一'的宇宙生成論，也大異其
趣"⑤。而我們認爲，與老莊一樣，《太一生水》所表現出的本源觀念也是"道"、

---

① （魏）王弼：《老子道德經注》上篇，《王弼集校釋》上册，第 20 頁。
② （漢）劉安：《淮南子·原道訓》，《百子全書》第 3 册，長沙：嶽麓書社，1993 年，第 2814 頁。
③ （漢）劉安：《淮南子·原道訓》，《百子全書》第 3 册，第 2814 頁。
④ （春秋）管仲：《管子·水地》，《百子全書》第 2 册，第 1358、1359 頁。
⑤ 龐樸：《郭店簡與儒學研究》，《中國哲學》第 20 輯，瀋陽：遼寧教育出版社，2000 年，第 191 頁。

“物”二元本源論,文章開篇有一段描寫了“道”、“水(物)”相輔相成而生成天地萬物的過程:

> 太一生水。水反輔太一,是以成天。天反輔太一,是以成地。天地(復相輔)也,是以成神明。神明復相輔也,是以成陰陽。陰陽復相輔也,是以成四時。四時復(相)輔也,是以成滄熱。滄熱復相輔也,是以成濕燥。濕燥復相輔也,成歲而止。……陰陽者,神明之所生也。神明者,天地之所生也。天地者,太一之所生也。[①]

在“道”的作用下,首先出現了水;水反過來輔助“道”,然後生出天;天反過來輔助“道”,然後生出地;天地互相輔助,生出神明;神明互相輔助,生出陰陽。……陰陽是由神明互相輔助所生,神明是由天地互相輔助所生,天地是由(水輔助)“道”所生。

這裏有一點值得注意的是,《太一生水》最後把“太一生水。水反輔太一,是以成天。天反輔太一,是以成地”的整個複雜過程簡略地概括爲“天地者,太一之所生也”,其最爲關鍵之處就是省略掉了“反輔……”的一系列過程,而“反輔……”的過程在理解整個萬物生成思想時,起著至關重要的作用。許抗生説:

> 太一(“道”)生天地必須有輔助者的存在,水輔助太一以生天,天輔助太一以成地。可見道(太一)並不是無條件地生天地。這一思想是大不同于老子的,要比老子講得複雜得多。[②]

也就是講,若是没有“反輔……”的表述,那麼《太一生水》最後説的“天地者,太一之所生也”即可等同于老子説的“道生萬物”了。同理,我們可以判斷出,老子的“道生萬物”思想也是一種省略後的表達。我們把兩者的思想做一對比:

---

① 荆門市博物館:《郭店楚墓竹簡》,北京:文物出版社,1998年,第125頁。
② 許抗生:《初讀〈太一生水〉》,《道家文化研究》第17輯,北京:生活·讀書·新知三聯書店,1999年,第314頁。

《老子》	《太一生水》
道生一	太一生水
一生二	水反輔太一,是以成天。天反輔太一,是以成地。
二生三	天地復相輔也,是以成神明。神明復相輔也,是以成陰陽。
三生萬物	陰陽復相輔也,是以成四時。四時復相輔也,是以成滄熱。滄熱復相輔也,是以成濕燥。濕燥復相輔也,成歲而止。

很明顯,《太一生水》與《老子》所表述的萬物生成體系,基本是出自同一個模式,即道→水→天、地→神明、陰、陽→萬物。而兩者不同之處在于,老子所闡述的萬物生成理論極爲簡略、抽象,表面看來基本就是數字的依次增加,留給後人極大的想象空間,從而對此產生的解釋也是見仁見智,莫衷一是。當然這也是老子的智慧所在,因爲大道不可言說,話說得越簡潔,就越接近真理。

應該説,《太一生水》的"'道'、'物'相輔生天地"的理論給我們指明了一條思路,即天、地、萬物最初是由"道"與"物"("水"或"氣")互相輔助而產生的,這種思想早見於《老子》。《老子》第五十一章即把"道"、"德"、"物"、"勢"四個概念共同視爲產生萬物的基本要素:

　　道生之,德畜之,物形之,勢成之。①

本段話的意思是,"道"使萬物得以產生,"德"使萬物得以畜養,"物"使萬物得以成形,"勢"使萬物得以成熟。

老子認爲"道"、"德"、"物"、"勢"是生成萬物的基本要素或條件,這類似于亞里士多德把一切事物的生滅變化都歸因于質料因、形式因、動力因和目的因四種因素:"道"、"德"也就是亞里士多德所説的動力因、目的因、形式因,即萬物生成、演變的第一推動力,以及萬物生長發展的必定軌跡;"物"(即莊子説的"氣",《太一生水》説的"水")是質料因,是構成事物的物質因素。亞里士多德明確指出形式、動力和目的這"三因"可以合而爲一,稱之爲"形式因",因爲事物形成的原因(形式因)和事物所追求的目的是一致的,而生物運動的最初動力也和它們相同。這樣一來就更

---

① (魏)王弼:《老子道德經注》下篇,《王弼集校釋》上册,第136頁。

爲簡潔,亞里士多德説的"形式"和"質料"就相當于道家説的"道(包括'德')"和"物(氣、水)",這兩者是構成個體事物不可或缺的兩個本源。

　　兩家的不同之處在于,亞里士多德把神當作世界萬物的終極依托,認爲上帝是萬物運行的第一推動者,因此萬物的運行都是有目的的,即"目的因"。道家則否定了神的最高權威,用"道"代替上帝,成爲萬物生成、演變的第一推動力,而萬物的運行必須依從規律。相較而言,道家的"道"、"氣"二元本源論比亞里士多德的"四因説"更爲正確,更爲科學。

　　最後順便要講的是,總觀《太一生水》全文,應當是由上篇《太一生水》與下篇《天道貴弱》兩個獨立的章節組成,因爲在上篇中只出現過"太一"而没有"道"的名稱,相反,在下篇中只出現過"道"而不曾看到"太一"這一概念。曹峰在《〈太一生水〉下半部分是一個獨立完整的篇章》一文中指出:"《太一生水》上半部分和下半部分是完全獨立的兩篇文章,將兩者合在一起討論是很多誤解的源頭。"①曹峰的見解值得重視,因爲《天道貴弱》篇不是講萬物生成的問題,不屬于本文所要討論的範圍,故此處略過不談。

三、關于《黄帝四經》中"道"與"天氣"、"地氣"和合生物的觀點

　　1973 年 12 月,在長沙馬王堆 3 號漢墓出土了四篇古佚書,分别爲《經法》、《十大經》、《稱》、《道原》。四篇多言黄帝,主張刑名之學,强調刑德兼施,依法治國。經唐蘭等學者考證,認定四篇古佚書就是《漢書·藝文志》裏所説的《黄帝四經》。

　　關于《黄帝四經》的成書時間,唐蘭根據史書的記載,以及今存《申子》受到《黄帝四經》影響的情況,認爲《四經》成書的下限應在申不害到韓國爲相時,即前 351年之前。陳鼓應也從《四經》的内容所反映出的社會局勢、《四經》中語言詞匯的使用情況(由單音詞到複合詞的使用),以及通過把《四經》與《莊》、《孟》等書中的個别思想概念進行對比,推斷出《黄帝四經》的成書年代應爲戰國中前期,其作者可能是齊國稷下學宫的學者。

---

　　① 曹峰:《〈太一生水〉下半部分是一個獨立完整的篇章》,《清華大學學報(哲學社會科學版)》2014年第 2 期。曹峰在《〈太一生水〉"天道貴弱"篇的思想結構》一文中再次重申了這一觀點,見《清華大學學報(哲學社會科學版)》2015 年第 3 期。

《黄帝四經》中的《道原》是專門探討"道"爲萬物本源的篇章,《道原》開篇爲:

> 恒無之初,迵同太虚。虚同爲一,恒一而止。①

此處的"恒無之初"又被解讀爲"恒先之初"。"恒無之初,迵同太虚"所描寫的是一種虚無的混沌狀態,這與《恒先》開篇所描寫的天地未生之前的一片混沌狀態十分相近,兩者可以看作是出自同一種宇宙觀。區别在于,表面看來《道原》中並没有出現"氣非恒生"一類的直接表述,實際上在本段話中即已暗含了這種思想。我們看陳鼓應對這段話的翻譯:

> 在最初一切皆無的原始洪荒時代,宇宙天地還處于混同渾沌的狀態,空虚混同成爲先天一氣,除此恒定的一氣(道)之外,別無他物。②

譯文中,"恒"不是"道",而是把"恒無"連讀,指天地形成以前的混沌虚無的狀態。此處所説的"空虚混同成爲先天一氣"即《恒先》所説的"有或焉有氣",陳鼓應先生把"一"解釋爲"一氣"後,又在括弧注明"一氣"指"道",其本意是將"氣"與"道"看作同一種事物,這也是持道家一元本源論者在無法解決"道"、"氣"之間的衝突時所採用的一種慣用手法,即刻意消除"道"、"氣"兩者之間的差別。

如果説《道原》中的這段話講得還不夠明白的話,我們再看《黄帝四經·經法·道法》和《十大經·觀》中的説法:

> (道)虚無刑(形),其(叔衣)冥冥,萬物之所從生。③

> 得天之微,時若□□□□□□□□□□寺(恃)地氣之發也,乃夢(萌)者夢(萌)而茲(孳)者茲(孳),天因而成之。④

---

① 陳鼓應:《黄帝四經今注今譯》,北京:商務印書館,2007 年,第 399 頁。
② 陳鼓應:《黄帝四經今注今譯》,第 401 頁。
③ 陳鼓應:《黄帝四經今注今譯》,第 5 頁。
④ 陳鼓應:《黄帝四經今注今譯》,第 210 頁。

《黄帝四經》一邊説萬物由道所生：“（道）虚無刑（形）……萬物之所從生。”一邊又説萬物“得天之微，……寺（恃）地氣之發”才能生出，關于後面兩句，陳鼓應翻譯爲：“因爲得到了天氣的精微……依賴于地氣的發動，于是該萌生的便萌生了，該孳長的便孳長了，萬物因此得到了上天的成就。”[①]這就説明，《黄帝四經》的作者依然認爲，萬物的出生與成長既離不開“道”，也離不開“氣（天氣和地氣的交融）”，是道、氣相互配合才生出萬物的。

“道”、“氣”關係是研究老莊思想的一個難題，也是對老莊哲學思想産生各種誤會的關鍵所在，我們希望本文對解決這一難題能夠提供一些有益的新思路。

（張　景　江蘇師範大學　張松輝　湖南大學嶽麓書院）

———————

① 陳鼓應：《黄帝四經今注今譯》，第 216 頁。

論《四庫全書總目》對西學的誤讀及成因[*]

——以耶穌會士譯亞里士多德著作爲例

引論：乾隆認識亞里士多德麼？

　　乾隆朝主持出版了令人嘆爲觀止的《四庫全書》收録書籍 3 461 種,79 309 卷;存目書籍 6 793 種,93 551 卷,總計 10 254 種,172 860 卷,①據陳垣對文津閣《四庫全書》統計爲 36 277 册,2 291 100 頁②;值得留意的是在這龐大的書庫中,收録了數十種傳教士著作,涉及了音樂、歷史、地理、幾何、天文、宗教、自然哲學、道德哲學、形而上學、邏輯學等内容,有些存目,有些收録原著。爲了探討乾隆朝的西學觀,作爲全書的編選説明與提要,《四庫全書總目》備受關注,成爲重要文獻依據。

　　在《四庫全書總目》卷一百二十五子部三十五雜家類存目二:薄汎際《寰有銓》(按,今通譯作傅汎際、《寰有詮》)六卷(浙江汪啟淑家藏本),對《寰有詮》提要説明後有案語:"歐羅巴人天文推算之密,工匠製作之巧,實逾前古;其議論誇詐迂怪,亦爲異端之尤。國朝節取其技能,而禁傳其學術,具存深意。其書本不足登《册府》之編,然如《寰有詮》之類,《明史·藝文志》中已列其名,削而不論,轉慮惑誣,故著于録而辟斥之。又《明史》載其書于道家,今考所言兼剽三教之理,而又舉三教全排之,變幻支離,莫可究詰,真雜學也,故存其目于雜家焉。"③其中"國朝節取其技能,而禁傳其學術,具存深意"一句頗令人注目,固然提要本爲集體成果,很難説是具體某人所寫;但是,作爲官方叢書,審核認可並出版,我們有理由認爲這句話代表了乾

---

　　* 本論文爲國家社科基金青年項目(14CZX028)《中國哲學現代轉型中的知識論問題研究》階段性成果。
　　① （清）永瑢等:《四庫全書總目》,北京:中華書局,1965 年,《出版説明》,第 3 頁。
　　② 陳垣著,陳智超編:《陳垣四庫學論著》,北京:商務印書館,2012 年,第 23 頁。
　　③ （清）永瑢等:《四庫全書總目》卷 125,第 1081 頁。

隆朝正統的西學觀。

　　但是，問題在于，乾隆朝對于歐羅巴人的"學"是如何理解的？乾隆朝"禁傳其學術"所禁的又是何種內容？這是有待于我們進一步去分析的。本文基于學界對于16—18世紀西學東漸的研究，試圖理清當時乾隆朝前後有機會看到的西學文本；尤其是以亞里士多德著作爲例，試圖分析爲何《四庫全書》對于亞里士多德著作不予收錄，存目部分也多是以批判排斥的態度保留下來；爲何會這樣？作爲西學的奠基性內容，爲何中國人對亞里士多德如此冷漠？有機會相遇却無緣認識？在對西學的誤解中，本文試圖探究其深層原因。

一、乾隆朝及以前所遭遇的西學（16—18世紀）

（一）西書7 000部及西學漢籍427部

　　在《方豪六十自定稿》中，我們看到在明清時期，中西文化之交流已經經歷了較爲豐富的歷程，而且這一時期我們知道基本是在和平的國際環境下進行的，没有太多暴力、强權和不平等條約的因素，而且，更多的交流集中在"文化"層面：書籍翻譯、晋接交流、學生派遣。基于方豪的考證，關于本主題涉及的篇章主要有《拉丁文傳入中國考》、《明季西書七千部流入中國考》、《明清間譯著底本的發現和研究》、《伽利略與科學輸入我國之關係》、《清代禁抑天主教所受日本之影響》、《十七八世紀來華西人對我國經籍之研究》、《明末清初天主教適應儒家學説之研究》、《明末清初旅華西人與士大夫之晋接》、《徐霞客與西洋教士關係之探索》、《明清間西洋機械工程學物理學與火器入華考略》、《王徵之事迹及其輸入西洋學術之貢獻》、《同治前歐洲留學史略》、《從〈紅樓夢〉所記西洋物品考故事的背景》、《清初宦游滇閩鄂之猶太人》、《浙江之回教》（上册）；《中國文化對外的傳佈》、《中國文化對西方的影響》、《從中國典籍見明清間中國與西班牙的文化關係》、《明萬曆間馬尼拉刊行之漢文書籍》、《中法文化關係史略》、《英國漢學的回顧與前瞻》、《"西藏學"的開拓者》、《〈天主實義〉之改竄》、《〈明清間耶穌會士譯著提要〉正誤》、《故義大利漢學家德禮賢著作正誤》、《流落于西葡的中國文獻》、《北堂圖書館藏書志》、《利瑪竇〈交友論〉新研》、《〈名理探〉譯刻卷數考》、《十七八世紀中國學術西被之第二時期》（下册）。

由此目録我們可以看出明清時期中西文化交流的繁盛局面,既有廣泛的譯述又有大規模的西書來華,而且涉及的種類基本具備一個小型圖書館規模,側重上不僅僅是教會書籍,更多涉及科學、哲學、邏輯學、幾何學、地理學、天文學、物理學等;而且在明末清初既有中國子弟赴羅馬求學,在器物層面更有對西洋火炮之購買、仿造與大規模使用。具體分述如下:

1. 譯爲漢文之拉丁名著及西書 7 000 部

據方豪考證,較早翻譯拉丁文入漢文的爲元大德九年(1305)教廷駐中國使節,大都總主教若望孟高未諾(Monte-Corvino)致書歐洲曰:"聖詠 Psalmi 一百五十首,聖詩 Hymni 三十篇,及大日課經二部,餘皆已譯爲方言。"惜譯本不傳,不知其爲蒙文還是漢文也。另崇禎二年(1629)湯若望(Johann Adam Schall von Bell)譯《主制群徵》印行。崇禎九年(1636)陽瑪諾(Emmanuel Diaz,Junior)翻譯《聖經直解》印行。利類思(P. Ludovicus Buglio)于康熙九年(1670)譯《彌撒經典》(*Missale Romanum*);十四年(1675)譯《七聖事禮典》(*Rituale Romanum*)及《司鐸典要》(*Theologia Moralis*)。順治十一年(1654)始利類思等譯《超性學要》(《神學大全》節譯)。順治十七年(1660),衛匡國(P. Martino Martini)譯《靈性理證》。乾隆間内廷畫家賀清泰(Ludovicus de Poirot)譯有《古新聖經》(全部聖經所缺無幾);另有魏繼晋《聖詠續解》、殷弘緒《訓慰神編》等。

天主教之外的經典也多有翻譯。比如説萬曆三十五年(1607),利瑪竇與徐光啟合譯《幾何原本》前六卷。崇禎元年(1628),李之藻與傅汎際合譯亞里士多德《寰有詮》、《名理探》。天啟四年(1624),畢方濟與徐光啟合譯經院哲學之心理學名著《靈言蠡勺》(亞里士多德《靈魂論》翻譯)。崇禎三年(1630),高一志翻譯倫理學著作《西學修身》。天啟五年(1625),金尼閣翻譯《況義》(今譯《伊索寓言》)。順治十七年(1660),衛匡國譯作《述友論》(翻譯西塞羅、塞内卡等著作)[1],另有羅雅谷翻譯伽利略著作《比例規解》、鄧玉函與王徵合譯之《奇器圖説》等。[2]

另有金尼閣在海外籌集涵蓋神學、哲學、數學、物理學等爲在北京建立譯圖書

---

[1] 方豪:《拉丁文傳入中國考》,《方豪六十自定稿》上册,臺北:臺灣學生書局,1969 年,第 27—28 頁。

[2] 方豪:《明清間譯著底本的發現和研究》,《方豪六十自定稿》上册,第 59—61 頁。

館之總計約七千部圖書更是蔚爲壯觀。①　只可惜這些書反而沒有受到應有的重視，方豪對此評論道："近人論中國之宗教，每盛稱浮屠經藏，而于基督典籍之不可多得，則深致其嘆惜之意。孰知三百年前，以四五十載之短時期，入華天學圖書，竟有萬部之富耶？（以金尼閣與他人攜入者合計之）使其時果能一一迻譯，則影響于我國文化，豈易言哉？我國天佛盛衰之故，雖非一端，歷史之短長，困厄之多寡，皆其大者，然譯事之成敗，實一重要關鍵。七千部之湮沒不彰，又不僅教會蒙受損失而已，我國科學之進步，亦爲之延遲二三百年，此語或非過當。鑒往查來，國人當知所勉矣！"②這裏我們可以看到機遇與冷漠並存，熱情與誤解相伴。

2. 西學漢籍：翻譯或寫成的漢語西學 427 部

關于西學譯著數量是個難以完成的統計任務，這涉及西學的判斷和理解，翻譯的版本或有遺失不可覓得；另外，明清之際已有用中文撰寫的能力，那麼他們用漢語寫的西學文本是否也應算在漢語西學範圍內呢？進一步而言，當時士大夫階層部分人士對西學頗感興趣，逐漸也有自己的著作，這是否也應算在內呢？基于如上理由，我們看到關于明清傳教士譯著目錄的統計便顯得眾說紛紜，是可以理解的。

據陳占山的梳理：梁啟超《中國近三百年學術史》所附《明清之際耶穌會士在中國及其著述》一表，列三百餘種。陳垣《明末清初教士譯著現存目錄》，只列現存 150 種宗教書籍，且其中有 20 餘部爲中國教徒著作。徐宗澤《明清間耶穌會士譯著提要》，可稱得上是這方面的專書，列 200 餘種。但一方面漏列十分嚴重，另一方面也雜入不少中國教徒的著述；相比之下，錢存訓《近世譯書對中國現代化的影響》一文中，對 1584—約 1790 年入華耶穌會士譯述的統計顯示：耶穌會士譯述共 437 種。其中，天主教方面的著作 251 種，占總數的 57％；人文科學（含哲學、心理學、倫理學、教育、語言、地理等）爲 55 種，占 13％；科學書籍（數學、天文學、物理、地質、醫學和軍事科學等）131 種，占 34％。錢氏的統計，大大超出了梁啟超和徐宗澤兩人著述中所收載的數目。然稍感缺憾的是錢文只有統計數字，而未列出相關書目，故無法據此作進一步的考求取信。③

可貴的是，我們看到張西平教授的研究生胡文婷以《梵蒂岡圖書館所藏漢籍目

①　方豪：《明季西書七千部流入中國考》，《方豪六十自定稿》上冊，第 49 頁。
②　方豪：《明季西書七千部流入中國考》，《方豪六十自定稿》上冊，第 51—52 頁。
③　陳占山：《〈四庫全書〉載錄傳教士撰譯著作述論》，《文獻》1998 年第 2 期，第 249 頁。

錄》爲基礎,結合其他國内外西學漢籍書目,撰寫了《明清之際西學漢籍書目研究初探》,並整理出了《西學漢籍書目初編》附錄,有證可查的書目總計 427 本。這是目前較爲可信的資料,作爲碩士生能下這樣的功夫、做出這樣的研究,是令人敬重的。固然,繼續此種研究,還有很多工作要做,比如說具體書目的内容需要研讀分類,這些僅僅通過書名或者統計數字是無法理解的;需要考證譯著與原著的異同,也需要研究漢語西學的具體内容。但是,無論如何,我們對用漢語寫出的西學著作,目前可以根據梵蒂岡圖書館的收藏,得出比較可靠的統計,至少有 427 種在明清之際陸續出現,實際上產生過的西學漢籍會更多;梵蒂岡圖書館收錄最全,但是,遺漏在所難免。

基于上述考證,我們可以這樣説,當時傳教士帶入中國的西學著作在 7 000 部以上,實際翻譯或寫成的西學著作在 427 部以上。問題在于,在乾隆朝編書時,又有多少編入這套史無前例後無來者的龐大叢書呢? 答案是 56 種。

3.《四庫全書總目》收錄(著作或存目)西學文獻 56 種

對于《四庫》中西學文獻的統計數字由于採用的標準不同,所以,我們根據同一個書目(其實《四庫》七閣本也並非完全相同)往往得出不同的統計結果,比如王永華認爲是 24 種(著錄 13 種、存目 11 種)[1];而張蘭英的統計則是 27 種(著錄 14 種、存目 13 種)[2];霍有光則統計爲 29 種,涉及 17 個傳教士[3];周仕敏的統計也是 27 種(著錄 14 種、存目 13 種)[4];陳占山的統計是 32 種(著錄 18 部、存目 14 部)[5];蘭州大學研究生郝君媛的學位論文《〈四庫全書〉之西學文獻著錄研究》則列表統計曰:"由上表可以看出,《四庫全書》共收西學文獻 62 部,其中著錄書 38 部,存目書 24 部,較之前人總結的三十多部書,又有新的收穫。著錄書中,經部樂類 1 部,史部地理類 2 部,子部農家類 2 部,天文演算法類 31 部,譜錄類 2 部;存目書中,經部樂類 1 部,小學類 1 部,史部地理類 2 部,子部儒家類 1 部,天文演算法類 7 部,雜家類 12 部。西學書籍在經、史、子三大部類中都有分佈,其中子部最多,其下又有天文演算

---

① 王永華:《"西學"在〈四庫全書〉中的反映》,《圖書館工作與研究》2002 年第 1 期。

② 張蘭英、楊燕、李海:《從〈四庫全書總目〉看編纂者對西學的態度》,《晉圖學刊》1993 年第 3 期。

③ 霍有光:《從〈四庫全書總目提要〉看乾隆時期官方對西方科學技術的態度》,《自然辯證法通訊》1997 年第 5 期。

④ 周仕敏:《〈四庫全書總目提要〉與乾隆朝西學觀》,《廣東技術師範學院學報》2012 年第 2 期。

⑤ 陳占山:《〈四庫全書〉載錄傳教士撰譯著作述論》,《文獻》1998 年第 2 期。

法類最多,雜家類次之。"①

　　這裏面涉及統計參數問題,是以傳教士爲單位,還是以"西學"爲單位。郝君媛的統計之所以幾乎多出一倍,在于她盡可能擴大了統計參數,以西學爲單位,而且《四庫全書總目提要》的分類,提要作爲一種,但涉及兩種書,她統計爲兩本;其他研究者則多是以《四庫》的分類統計。但是,郝君媛的方法,改進之處在于,她不以傳教士爲單位,而以"西學"爲單位,比如其他中國人的作品,若是基于西法,或者發揮西法,或者撮述西法的,她也視同西學文獻,這是有意義的。本文根據她的此種參數統計,結合其他學者的統計方法,加以改進,基于《四庫》原書條目,總共統計爲 56 種。愚以爲我的統計方法,與其他研究者相比,更精確。

(二) 其他西學交流: 同治前歐洲留學情況與明清時期火器引入

　　據方豪考證,同治前歐洲留學總計 114 人,最早爲鄭瑪諾,生于 1633 年之澳門,1650 年出國赴羅馬求學,1671 年回國,1673 年于北平去世。② 這些資料本很難收集,方豪秉其史學特長以及孜孜不倦的功夫,竟然有百數十人之搜集。但是,同樣我們也可以問,竟然有這樣的史實,爲何這些人變得湮没無聞? 羅光對此評論道:"寫中國思想史的人,常注意佛教人士留學印度的事迹,對于天主教人士留學歐洲的事,則略而不説。這或者因爲佛教留學印度的玄奘等人,對于譯經有極大的貢獻;天主教的留學生則默默無聞。"③關于留學我們知道在清末又有數百名留美幼童的派遣,而到民初前後則有庚款留學生赴美。但是,令人深思的是,有如此長的留學淵源,爲何中西文化之真正理解與交流則仍然隔膜依舊、誤解重重?

　　對西洋火器之引入、仿製更是不遺餘力。在明末清兵入關的戰爭中,徐光啟等更是極力主張用西洋火炮應戰,更有赴澳門招募葡兵、購買葡炮之經歷。湯若望神父更是在崇禎九年(1636)設立鑄炮廠,又和焦勖合譯《則克録》(《火攻挈要》)。④ 羅光對此評論道:"如果當時崇禎皇帝完全採用這種計畫,流寇不能入京,清兵也不能

　　① 郝君媛:《〈四庫全書〉之西學文獻著録研究》,蘭州大學研究生學位論文,2014 年 5 月,第 14 頁。
　　② 方豪:《同治前歐洲留學史略》,《方豪六十自定稿》上册,第 380 頁。
　　③ 羅光:《方豪六十自定稿的中西交通史論著》,《方豪六十自定稿》補編,第 2867 頁。
　　④ 方豪:《明清間西洋機械工程學物理學與火器入華考略》,《方豪六十自定稿》上册,第 304—317 頁。

入關。"①殆至清初,南懷仁神父更是廣造神威大炮二百四十餘位,配布陝西、湖南、江西等省。然而到了清末反而變得一敗塗地,羅光評論道:"在康熙時,皇帝知道西洋火炮的利害,到了兩百年後的光緒朝竟有慈禧太后和大臣深信義和團的符咒可以避炮。西洋科學繼續進步,明末清初的一點科學知識反而被扼殺了,中國的國運怎能不墮落!"②這些更是令人不可思議之事,明末即知道火炮的厲害,而且也多有運用,最後則被清兵摧毀;而清朝康熙時就廣造火炮,殆至清季,則反而變得懵懂愚昧。

　　總結上述,基于學界對明清之際中西交流的研究,尤其是方豪以其史家之特長爲我們做了豐富的文化史考證,許多湮没無聞的史實逐漸爲我們所看到;無論是近萬部西書來華還是明清時期的廣造神威大炮,無論是西學經典的較早翻譯還是華人子弟的赴外留學;明末清初的西學觀念可謂大規模引進,遍及哲學、宗教、神學、幾何、物理、邏輯學等方面,據沈清松考證,第一個系統被介紹到中國的哲學家是亞里士多德③,然而我們却發現,儘管有著如此系統的引進與介紹,有著廣泛的西學觀念傳入,但是,對于明清學問並没有實質上的革新。

　　我們想追問爲什麽?尤其是對于亞里士多德著作,作爲西學的奠基性人物,爲何乾隆朝士大夫對其視而不見? 如此冷漠?

二、《四庫全書總目》涉及的亞里士多德著作

(一) 耶穌會士翻譯的亞里士多德著作

　　沈清松講,明清之際第一個系統被介紹到中國的哲學家是亞里士多德④,這是令人欣慰和激動的,但是明清之際中國人對亞里士多德的態度或許會告訴我們欣慰和激動得太早了。就學界對西學漢籍的書目研究,結合亞里士多德全集,我們大致可以得出如下判斷,在明清之際涉及亞里士多德著作翻譯(或改譯)的有:

　　邏輯學著作:《論範疇》,中譯本作《名理探》⑤;物理學著作:《論天體》,中譯本

① 羅光:《方豪六十自定稿的中西交通史論著》,《方豪六十自定稿》補編,第 2867 頁。
② 羅光:《方豪六十自定稿的中西交通史論著》,《方豪六十自定稿》補編,第 2866 頁。
③ 沈清松:《從利瑪竇到海德格:跨文化脉絡下的中西哲學互動》,臺北:臺灣"商務印書館",2014 年,第 48 頁。
④ 沈清松:《從利瑪竇到海德格:跨文化脉絡下的中西哲學互動》,第 48 頁。
⑤ 沈清松:《從利瑪竇到海德格:跨文化脉絡下的中西哲學互動》,第 52 頁。

作《寰有詮》、《空際格致》；自然哲學著作：《論靈魂》，中譯本作《靈言蠡勺》、《性學觕述》[①]；心理學、生理學著作：《論睡眠》，中譯改寫本《睡答》；道德哲學著作：《尼各馬可倫理學》，中譯改寫本《修身西學》[②]；形而上學著作，我們沒有看到明確的翻譯本或改寫本，沈清松教授講"或許太難了，要不然就是當時的修士還用不到，所以沒有譯出"[③]。但是，我們在《天主實義》中看到關于"天主"的論述，在《靈言蠡勺》、《性學觕述》中關于"自立實體"的論述，可以説是對亞里士多德"實體"理論的運用與發揮。值得留意的是當時的親王德沛撰寫有《實踐録》也採用了亞里士多德關于靈魂的論述，同時採用了亞里士多德的四因説，其稱之爲"凡物有質有模有爲有造"；而《天主實義》則稱之爲"有作者，有模者，有質者，有爲者"，其意義相當。

　　固然與亞里士多德全集相比，上述的翻譯不算太多，還有許多的改寫在裏面；但是，就思想内容來看，據學界對亞里士多德著作分類[④]，當時的翻譯涉及了亞里士多德邏輯學、自然哲學、倫理學和形而上學部分，換句話説除了美學著作，當時中國人有機會見到亞里士多德著作的核心門類及其思想。那麽，當時傳教士爲何要選擇亞里士多德著作予以翻譯呢？

　　這與當時耶穌會士的教育規程有關，當時耶穌會極其重視亞里士多德著作，而且他們認爲亞里士多德提供了一個從自然到人，到天主，從理論到實踐，到創作的系統學問，沈清松提到，他見到的 1586 年耶穌會教育規程明確規定："對于亞里斯多德的教學必須按照以下順序：邏輯學、自然哲學、道德哲學、形上學。"[⑤]事實上，當時耶穌會士也正是遵循其教育規程所要求，這樣來翻譯亞里士多德著作，並以此順序介紹亞里士多德思想給中國士大夫階層的。但是，問題在于，作爲接受者一方則採取了完全相反的理解方式，既不明白選擇亞里士多德的原因，也不明白其學術淵源，坐在夷夏之防的井裏看到了狹隘臆測的天空，誤解就這樣開始了。

---

　　① 需要留意的是《靈言蠡勺》和《性學觕述》不是嚴格的翻譯，屬于改譯或改寫，但是都以闡釋亞里士多德論靈魂：生魂、覺魂、靈魂之區分爲要旨。
　　② 這是高一志根據聖多瑪斯詮釋亞里士多德《尼克馬古倫理學》的一部分，參見沈清松：《從利瑪竇到海德格：跨文化脉絡下的中西哲學互動》，第 52 頁。
　　③ 沈清松：《從利瑪竇到海德格：跨文化脉絡下的中西哲學互動》，第 53 頁。
　　④ 主要參考逍遥派代表人物 Andronicus 的分類，詳見趙敦華：《西方哲學簡史》，北京：北京大學出版社，2001 年，第 59 頁。
　　⑤ 轉引自沈清松：《從利瑪竇到海德格：跨文化脉絡下的中西哲學互動》，第 52 頁。

（二）《四庫全書總目》對亞里士多德著作的評價與誤解

　　首先是邏輯學著作《名理探》。此書根據《亞里斯多德辯證法大全》（全名爲《耶穌會立科英布拉大學亞里斯多德辯證法大全注釋集》）翻譯，是葡萄牙的科英布拉以及艾維拉這兩所大學的教科書。李之藻與葡萄牙籍耶穌會士傅泛際有感于中國人缺乏邏輯思維訓練，于是翻譯該書，並取名爲《名理探》。李之藻之子李天經（1579—1659）在序《名理探》中曾説：“蓋《寰有詮》詳論四行天體諸義，皆有形聲可晰，其于中西文字，稍易融會，故特先之以暢其所以欲吐；而此則推論名理，迪人開通明悟，洞澈是非虚實；然後因性以達夫超性，凡人從事諸學諸藝，必梯是爲嚆矢，以啟其倪，斯名之曰《名理探》云。”包遵信先生評論道：從李天經這篇序可以看出，《名理探》的翻譯是受了西方科學傳入的刺激，他們對邏輯的功用也有一定的認識，李之藻稱之爲“愛知學”，説它是“窮理諸學之總名”，可以“引人開通明悟，辨是與非，辟諸迷謬，以歸一真之路，名曰絡日伽”。[①] 但是，《名理探》翻譯之後，却無人問津，甚而連已刊的十卷也很快杳無蹤迹，以致三百年後國内公私藏書中都找不到一部。直到 20 世紀初，陳垣根據徐家匯藏書樓的抄本影印了前五卷，30 年代商務印書館《萬有文庫》又根據北京西什庫天主堂藏的抄本排印。[②] 難怪陳垣曾經感慨：“此學在中國今日，尚未有一正名，豈知三百年前，已譯有此巨帙。”[③]包遵信稱：我們從這三百多年的學術思想中，幾乎找不到《名理探》影響的痕迹。康熙年間，南懷仁翻譯《窮理探》（1683），算是唯一的反響了。它是那樣的微弱，連邏輯史上也難聽到它的餘音！邏輯學在中國傳統文化上，還沒找到它立腳的基點，中國還沒有感到需要它！[④] 我們回到《四庫全書》這個龐大的叢書中來，這裏面没有《名理探》的影子，無論是著録還是存目，我們都看不到《名理探》的影子。Joachim Kurtzz 在 *The Discovery of Chinese Logic* 一書提到《名理探》時説：

　　　　Nonetheless，the *Mingli tan*'s main sections deserve more detailed analysis. For our purpose, however, such an analysis promises little reward

---

① 包遵信：《"墨辯"的沉淪和"名理探"的翻譯》，《讀書》1986 年第 1 期，第 69 頁。
② 傅汎際譯義，李之藻達辭：《名理探》，北京：生活・讀書・新知三聯書店，1959 年，第 380 頁。
③ 陳垣：《浙西李之藻傳》，《陳垣學術論文集》第一集，第 78 頁。
④ 包遵信：《"墨辯"的沉淪和"名理探"的翻譯》，《讀書》1986 年第 1 期，第 70 頁。

since the text as a whole clearly failed to inspire any logical interest among Chinese readers. In fact，there is little evidence that the *Mingli tan* was read by anyone ant all apart from the authors of the two prefaces，four Jesuit confreres who helped to prepare the draft for printing，and one Chinese convert said to have consulted the work during his studies in Lisbon.[①]

　　根據 Joachim Kurtzz 在本段的注釋 172 他引用了方豪《名理探的翻譯》一文，根據這些考證，我們更加可以確定固然《名理探》翻譯技術上有些本土化處理[②]，但是基本忠實于亞里士多德邏輯學要義，不得不承認，這是西學翻譯過程中最辛苦，同時也最受冷落的一部書，幾乎沒有人去讀，除了翻譯者及其助理之外，我們看不到其他人閱讀《名理探》的記錄。寫的這裏，我們不得不佩服李之藻、傅汎際的眼光以及他們艱苦卓絕的翻譯努力；而乾隆朝士大夫階層，對如此重要的西學竟毫無反應，足以看出他們對西學的見識與李之藻輩比起來相差甚遠；或者，甚至我們可以説，他們根本不懂西學，既不明白當時傳教士來自哪里，學理淵源何在，也不明白他們所傳何教，從他們根據《大秦景教流行中國碑》信誓旦旦判斷説"天主教是祅教"、"天主是祅神"並且將"佛耶混同"得出這樣的結論也許並不爲過。[③]

　　其次，自然哲學著作《寰有詮》、《空際格致》。對《空際格致》的提要爲："明西洋人高一志撰。西法以火、氣、水、土爲四大元行，而以中國五行兼用金、木爲非，一志因作此書以暢其説。然其窺測天文，不能廢五星也。天地自然之氣，而欲以強詞奪之，烏可得乎？適成其妄而已矣。"[④]對《寰有詮》的提要爲："明西洋人溥汎際撰。書亦成于天啟中。其論皆宗天主。又有圓滿純體不壞等十五篇，總以闡明彼法。"後加以案語："歐羅巴人天文推算之密，工匠製作之巧，實逾前古；其議論誇詐迂怪，亦

---

　　① 　Joachim Kurtzz. *The Discovery of Chinese Logic*. (*Modern Chinese Philosophy*，ISSN1875 - 9386；v.1). ISBN9789004173385. Koninklijke Brill NV，Leiden，The Netherlands. 2011. p64.

　　② 　關于譯著與原本之比較詳見王建魯《〈名理探〉比較研究——中西邏輯思想的首次大碰撞》(西南大學博士學位論文，2010 年)。

　　③ 　或許不應苛責明清士大夫階層，天主教無論是早期聶斯托利派傳入還是利瑪竇著僧服入中國，天主教與祅教、佛教自始至終就有扯不斷理還亂的關係；只是，遭遇二百年，乾隆朝士大夫還誤把他們作爲波斯人，誤認天主爲祅神，依然令人驚詫；從這個角度看，利瑪竇以來本來是學術傳教，但是傳教效果很差，他們没能解釋清楚他們的身份與使命；權宜之計固然好，但還是捨本逐末了。筆者以爲，乾隆朝西學觀"捨本逐末"與利瑪竇規矩傳教策略有某種對應關係。

　　④ 　(清)永瑢等：《四庫全書總目》卷 125，第 1081 頁。

爲異端之尤。國朝節取其技能,而禁傳其學術,具存深意。其書本不足登《册府》之編,然如《寰有詮》之類,《明史·藝文志》中已列其名,削而不論,轉慮惑誣,故著于録而辟斥之。又《明史》載其書于道家,今考所言兼剿三教之理,而又舉三教全排之,變幻支離,莫可究詰,真雜學也,故存其目于雜家焉。"①

這裏面的誤解有二:一,將古希臘的"水、火、土、氣"與中國的"五行"説混同,而且還與印度的四大混同"以水、火、土、氣爲四大元行,則與佛經同。(佛經所稱地水風火,地即土,風即氣也。)"②二,僅看到了歐羅巴人"推算"和"製作"之精密工巧,換句話説,只看到了他們的"算術"和"技藝"並没有看到他們的"學理"與"邏輯"。對比亞里士多德《論天體》關于宇宙論和論述天體的部分,可以看到"推算"與"製作"並不是其論學重點。《四庫全書》只選擇了他們樂意看到的部分和能力所及看到的部分。因此當他們自信的提出"國朝節取其技能,而禁傳其學術,具存深意"。我們可以看出,他們採用了"捨本逐末"的西學觀,即便如此,也是建立在對"西學"誤解的基礎上,甚至我們可以根據《四庫全書總目》得出這樣的結論:他們根本没有能力理解西學,他們也没有弄懂西學爲何物。

第三,自然哲學著作:《論靈魂》,中譯本作《靈言蠡勺》、《性學觕述》;心理學、生理學著作:《論睡眠》,中譯改寫本《睡答》。《四庫全書總目》只提到《靈言蠡勺》是作爲存目留下的,提要稱:"明西洋人畢方濟撰,而徐光啟編録之。書成于天啟甲子,皆論亞尼瑪之學。亞尼瑪者,華言靈性也,凡四篇。一論亞尼瑪之體,二論亞尼瑪之能,三論亞尼瑪之尊,四論亞尼瑪所同美好之情,而總歸于敬事天主以求福。其實即釋氏覺性之説,而巧爲敷衍耳。明之季年,心學盛行,西士慧黠,因摭佛經而變幻之,以投時好。其説驟行,蓋由于此。所謂物必先腐而後蟲生,非盡持論之巧也。"③

這個提要優點在于忠實記録了《靈言蠡勺》的目録,關于靈魂的四主題論述,而且看到"總歸敬事天主以求福";需要插一句,《論靈魂》在亞里士多德那裏是作爲自然哲學著作出現的,主要探討了"生魂、覺魂和靈魂",而人在自然中最高;後來經過湯瑪斯的評注《論靈魂》作爲"人學"的一部分。耶穌會士畢方濟的《靈言蠡勺》固然對于亞里士多德"靈魂論"的主要觀點有所堅持,但是他凸顯了"靈魂"與敬愛天主

① (清)永瑢等:《四庫全書總目》卷125,第1081頁。
② (清)永瑢等:《四庫全書總目》卷106,第894頁。
③ (清)永瑢等:《四庫全書總目》卷125,第1081頁。

的關係,這可以從研讀《靈言蠡勺》内容中看出,所以本提要在綜述上是忠實的。但是,評價部分,毋寧說是一種錯誤,提要說"其實即釋氏覺性之説,而巧爲敷衍耳。明之季年,心學盛行,西士慧黠,因摭佛經而變幻之,以投時好。其説驟行,蓋由于此。所謂物必先腐而後蟲生,非盡持論之巧也"。這裏的誤解有二:一,將亞里士多德的"靈魂説"與佛教的"覺性之説"混同;二,將"靈魂論"與"心學"混同(輒拾佛經變幻之)。傳教士論"靈魂"與佛教"神不滅"或有類似處而實不同,"靈魂"更不同于心學所談"心";但是,根據提要的理解,是完全混同在一起了。

第四,道德哲學著作:《尼各馬可倫理學》,中譯改寫本《修身西學》。《四庫全書》中没有著録,也没有存目。總結上述,我們可以看出當時翻譯的亞里士多德著作:邏輯學著作:《論範疇》,中譯本作《名理探》;物理學著作:《論天體》,中譯本作《寰有詮》、《空際格致》;自然哲學著作:《論靈魂》,中譯本作《靈言蠡勺》、《性學觕述》;心理學、生理學著作:《論睡眠》,中譯改寫本《睡答》;道德哲學著作:《尼各馬可倫理學》,中譯改寫本《修身西學》,總計 7 種,在《四庫全書總目》中出現的只有《寰有詮》、《空際格致》、《靈言蠡勺》3 種,也就是三種都是自然哲學著作,而且只是作爲存目出現,而且是爲了作爲"反面典型"用來批評的,同樣重要的邏輯學、道德哲學著作甚至没有被納入"批評者範圍"。原因何在?

三、《四庫全書總目》對西學的誤解及其原因

(一)《四庫全書總目》對西學的誤解

兩種文化相遇很容易,但是,彼此認識理解很難;無論你多麼重要,多麼好,我們完全可以視而不見;與此同時,便是深深的誤解、揣測:你本意是什麼並不重要,關鍵在于,我們怎麼理解你,你就是什麼;其他都是遁詞和藉口。基于《四庫全書總目》我們可以看到乾隆時期士大夫階層(尤其是提要作者所代表的官方)對西學的誤解表現在三個方面:

第一,學術不分:以術爲學,捨本逐末。

他們稱"西學所長在于測算,其短則在于崇奉天主以炫惑人心"[①]。又稱"西洋

---

① (清)永瑢等:《四庫全書總目》卷 134,第 1136 頁。

之學,以測量步算爲第一,而奇器次之"①。這裏我們可以看出,提要作者只看到實用層面"測量"、"計算"、"器械"層面,而且認爲這就是西學所長;但是,我們知道這只是"西學"之用,西學之本在于"學理";具體表現爲亞里士多德所奠基的邏輯學、自然哲學、道德哲學、形而上學;對《寰有詮》的提要後加以按語:"歐羅巴人天文推算之密,工匠製作之巧,實逾前古;其議論誇詐迂怪,亦爲異端之尤。國朝節取其技能,而禁傳其學術,具存深意。"②從這裏可以看出,他們認爲其"學"之議論是詭譎迂怪的,而且"崇奉天主炫惑人心"。康乾號稱盛世,但是,在人心深處從來沒看到他們有任何面對他者的慷慨與自信。當時號稱一流的士林代表却以"捨本逐末"的方式選取西學尚自以爲高明("具存深意");我們只能説:以誤解的方式對待遠方來客,我們也只好自己承受誤解帶來的痛苦。換句話説,這是中國思想界的失職和恥辱,當思想領域狹隘愚昧無法理解他種文明的時候,我們只好拿千百萬民衆的屈辱、鮮血、生命來交學費。中國知識人在和平環境下遭遇西學,兩百年的交往竟然沒弄清對方的底細,這實在是一種罪孽;與李之藻諸公相比,實在是一種倒退,不可原諒的倒退;代價太大,沒有人能够負責得起,但是,我們却還要鼓起反思的勇氣,爲何會這樣? 爲何誤解會這樣多?

第二,宗教迷霧:佛耶混同,誤把天主等同祅神。

值得留意的一個現象是,耶穌會士重點批評的對象之一便是佛學,當時士林也知道佛耶彼此攻訐的傳統,但是在提要作者看來,那是"五十步笑百步",他們大致一樣,沒必要彼此攻訐,他們認爲:"利瑪竇力排釋氏,故學佛者起而相争,利瑪竇又反唇相詰,各持一悠謬荒唐之説,以較勝負于不可究詰之地,不知佛教可辟,非天主教所可辟;天主教可辟,又非佛教所可辟。均所謂同浴而譏裸裎耳。"③而且認爲,傳教士不敢攻擊儒教,所以只能拿佛教説事,其實兩者本原則一:"知儒教之不可攻,則附會六經中上帝之説以合于天主,而特攻釋氏以求勝。然天堂、地獄之説與輪回之説相去無幾,特小變釋氏之説,而本原則一耳。"④這種現象不止一見:"明利瑪竇撰。西洋人之入中國自利瑪竇始,西洋教法傳中國亦自此二十五條始。大旨多剽

---

① (清)永瑢等:《四庫全書總目》卷 102,第 853 頁。
② (清)永瑢等:《四庫全書總目》卷 125,第 1081 頁。
③ (清)永瑢等:《四庫全書總目》卷 125,第 1080 頁。
④ (清)永瑢等:《四庫全書總目》卷 125,第 1080 頁。

竊釋氏，而文詞尤拙。蓋西方之教惟有佛書，歐羅巴人取其意而變幻之，猶未能甚離其本。厥後既入中國，習見儒書，則因緣假借以文其説，乃漸至蔓衍支離，不可究詰，自以爲超出三教上矣。附存其目，庶可知彼教之初，所見不過如是也。"①

而且更荒唐的是，他們認爲西洋人就是波斯人，天主教就是祆教，天主就是祆神："據此數説，則西洋人即所謂波斯，天主即所謂祆神。"②世間最遠的距離在兩顆心之間，兩種文化的交流更是何等遥遠渺茫，我們再回想一下明末清初傳教士接踵而至帶來西書七千部，譯著四百餘種，信徒、留學生數百千人，但是在乾隆朝時期，他們竟然還認爲西洋人就是波斯人，他們傳的天主教就是祆教。這是令人無語的鏡像，對中國人來講，這是一個醜聞，一個恥辱：有朋自遠方來，近二百年的交流，最終我們都没認識清楚他到底是誰，來自哪里，又往哪里去。我甚至懷疑只是寫作《西學凡》的作者持此看法，畢竟《四庫全書》有數百名以上的編作者。但是，若細查《四庫全書總目》所收録的 56 條關于西學文獻記録，我們可能無法得出樂觀的結論，因爲誤解更多。

第三，愚昧自封：誤以西學源自中國。

對于西方地理學著作則以《神異經》證之，並且認爲其説竊自中國"疑其東來以後，得見中國古書，因依仿而變幻其説，不必皆有實迹。然核以諸書所記，賈舶之所傳聞，亦有歷歷不誣者。蓋雖有所粉飾，而不盡虛構。存廣異聞，固亦無不可也"③。算學著作則用《周髀》《九章》證之，並且認爲是《周髀》流入西方他們才有算學："竊疑爲《周髀》遺術，流入西方。"④在《周髀算經》提要中明確説："西法出于《周髀》，此皆顯證。特後來測驗增修，愈推愈密耳。《明史·曆志》，謂堯時宅西居昧谷，疇人子弟散入遐方，因而傳爲西學者，固有由矣。"⑤而且據説康熙皇帝明確説西曆源自中國："論者以古法今法之不同，深不知曆原，原出自中國，傳及于極西。西人守之不失，測量不已，歲歲增修，所以得其差分之疏密，非有他術也。"⑥

---

① （清）永瑢等：《四庫全書總目》卷 125，第 1080 頁。
② （清）永瑢等：《四庫全書總目》卷 125，第 1080 頁。
③ （清）永瑢等：《四庫全書總目》卷 71，第 1081 頁。
④ （清）永瑢等：《四庫全書總目》卷 106，第 896 頁。
⑤ （清）永瑢等：《四庫全書總目》卷 106，第 892 頁。
⑥ （清）章楹：《康熙政要》卷 18，北京：中共中央黨校出版社，1994 年，第 359 頁。

　　綜上所述，我們可以看出乾隆朝的西學觀，他們首先認爲西人之長在于測算、曆法，而且其算學和曆法源自中土；對于其學，論述靈魂部分，則認爲竊自佛教；對于其信仰，認爲他們就是波斯人，天主就是祆神，天主教就是祆教。就這三點來看，若上述分析可以接受，那麼我們可以斷定，乾隆朝根本没有理解西學；面對傳教士，他們認爲自己是波斯人；面對天主教視同于祆教；面對亞里士多德靈魂論，他們認爲竊自佛經。這是一個天大的誤會，而且與明末天主教三柱石所理解的西學是個徹底的不可思議的退步。①

（二）誤解産生的深層原因

　　值得留意的是此種誤解一直延續到了清末，甚至“捨本逐末”的西學觀到現在還潛存著，我們重視實用、重視技術，而忽略了科學學理、基礎學科研究。此種深層次原因，筆者以爲在于思維方式的差異。② 我們可以借用吕實强在《晚清中國知識分子對基督教義理的辟斥（1860—1898）》一文中提到晚清知識分子對天主、耶穌、聖母瑪利亞等等説法根本不能接受，認爲“荒謬之極，數語中便自相矛盾”③。這是很值得注意的現象，孫尚揚在分析明末士大夫對天主教的排斥態度時提到：“明末一部分士大夫對天主教的排斥不能簡單地以仇外心理予以解釋。對人生的不同體驗和哲學思辨，對宇宙、世界和人事進行哲學思考時採用的不同思維路向，都是士大夫們反對天主教的重要原因。”④

　　謝和耐也提到：“基督教的所有組成部分，即在永恆的靈魂和注定要消失的軀體、上帝的王國與下界、永久和不變的真諦、上帝的觀念與化身的教理之間的對立，所有這一切都更容易被希臘思想的繼承人而不是被遵守完全不同的傳統的中國人所接受。很自然，中國人覺得這些觀念都非常陌生或不可思議。”⑤龍華民

---

　　① 另一個事實也需要留意上述誤解的西學觀並不否認梅文鼎等一流學者在算學、天文曆法、音樂等方面基于西學做出的發揮和拓展，有些甚至是原創性的；但是，即便是原創性的，他們的誤解依然十分嚴重，不可忽視。

　　② 另可參見拙文《中國知識論傳統缺乏之原因》，《哲學研究》2012 年 2 期；《中國知識論傳統是“歷史缺乏”而非“現實忽略”》，《學術月刊》2013 年第 5 期。

　　③ 吕實强：《近代中國知識分子反基督教問題論文集》，桂林：廣西師範大學出版社，2011 年，第 47 頁。

　　④ 孫尚揚：《基督教與明末儒學》，北京：東方出版社，1994 年，第 252 頁。

　　⑤ ［法］謝和耐著，耿升譯：《中國和基督教——中國和歐洲文化之比較》，上海：上海古籍出版社，1991 年，第 4 頁。

提到："中國人從不知道與物體有別的精神物，而僅僅在不同程度上知道物質實體。"1607 年熊三拔提到："中國人根據他們的哲學原則而從來不知道與物質不同的精神物……因而，他們既不知道上帝、也不懂天使和靈魂。"① 後來來自英國倫敦會的傳教士也提到："中國人似乎是我所見到和瞭解到的最漠不關心、最冷淡、最無情、最不要宗教的民族。他們全神貫注于這樣的問題：我們將吃什麼？我們將喝什麼？或是我們拿什麼來蔽體？他們留心聽道，聽了以後説，很好。但只到此爲止。"②

謝和耐提到："歸根結蒂，中國人對基督教觀念的批評所涉及到的是自希臘人以來就在西方人思想中起過根本性作用的思想範疇和對立類別：存在和變化、理性和感性、精神和實體……如果這不是面對另外一類思想，那又是什麼呢？而這種思想又有它獨特的表達方式和徹底的新穎特點。對語言和思想之間關係的研究也可能提供了回答的開端。"③ 他在提到利瑪竇的傳教策略時提到："他理解到了首先應該讓中國人學習他們應如何推理思辨的方法，這就是説要學習他們區別本性和偶然、精神的靈魂和物質的身體、創造者和創造物、精神財富和物質財富……除此之外，又怎能使人理解基督教的真詮呢？邏輯與教理是不可分割的，而中國人則'似乎是缺乏邏輯'。傳教士們可能沒有想到，他們所認爲的'中國人的無能'不僅僅是另外一種文化傳統的標志，而且也是不同的思想類型和思維方法的標志。他們從來也沒有想到語言的差異可能會于其中起某種作用。"④

同樣我們留意到，牟宗三説："因此你要學西方文化，要學科學、學民主政治，這就不只是聰明的問題，也不只是學的問題，而是你在這個 mentality 上要根本改變一下。因爲中國以前幾千年那個 mentality，它重點都放在内容真理這個地方。而成功科學、成功民主政治的那個基本頭腦、那個基本 mentality 是個 extensional mentality。這不只是個聰明夠不夠的問題，也不只是你學不學的問題，這是 mentality 不同的問題。這個不同是文化的影響。所以一旦我們知道光是内容真理

① ［法］謝和耐著，耿升譯：《中國和基督教——中國和歐洲文化之比較》，第 296—297 頁。
② 楊格非語，參見顧長聲：《從馬禮遜到司徒雷登——來華新教傳教士評傳》，上海：上海人民出版社，1985 年，第 188—189 頁。
③ ［法］謝和耐著，耿升譯：《中國和基督教——中國和歐洲文化之比較》，第 303 頁。
④ ［法］謝和耐著，耿升譯：《中國和基督教——中國和歐洲文化之比較》，第 5 頁。

是不夠的,而要開這個外延真理,那我們必須徹底反省外延真理背後那個基本精神,這個就要慢慢來。"①

結語：思維方式重建之可能

總結上述,誤解的深層原因在于中西思維方式的歧異,李澤厚稱西方爲兩個世界中國爲"一個人生"。在二分世界與一個人生的文化世界裏,我們可以看到兩者形成了不同的看待事物的方式,不同的思維模式。在仁愛爲代表的儒家思想裏,即體即用,道器不離;不做感性與理性的明顯區分,更强調直覺和體悟,不重視語言、邏輯和論證,注重力行,得意忘言;在聖愛觀所影響建構下的思維模式則是二分的思維,注重分別,注重分科治學,注重懷疑、探究、推理、論證,也佔有很重要的地位;注重對問題的分析,認爲塵世是變幻莫測的,因此也是短暫偶然的,靈性世界則是永恆的、至善的,因此追求對一、對永恆的理性探求和追尋。② 我們認爲,不瞭解西方則已,若有理解西方文明的必要,那麼古希臘以來的哲學,古希伯來宗教而來的基督教,這些都是必須有個深切痛徹的瞭解不可;甚至可以説不瞭解西方的基督教就無法理解西方文明。此種誤解模式延續到現代以至于今日,比如新文化運動時期諸君高舉科學民主的旗幟而對基督教大聲撻伐,實在宣佈了民國思想界認知西方的限度,同時也預示了民國知識階層學習西方的破産。他們看到了西方文明的可貴與强大,認爲不在堅船利炮、不在政治制度,而在文化,這是一種進步,但是對于西方文化只注重口號、只注重主義、只注重新名詞的看法則恰恰是對晚清學習西方的重蹈覆轍,中西文明之異本質在于思維方式,而他們的宗教、科學、邏輯是整個的,是同一思維模式上生長出的不同花果。若認爲學習西方是必要的,那麼瞭解他們的宗教、科學、邏輯便是入手處,甚至可以説基督教是重中之重,瞭解西方社會演進史、科學發展史的似乎都會明白這種説法的分量。對西方基督教的探究並不是一定要做皈依和接受洗禮,而是要理解他們的運思模式,這是基于人性能力的建

① 牟宗三：《中國哲學十九講》,長春：吉林出版集團,2010 年,第 37 頁。
② 張世英將此兩種思維方式稱爲"主客二分"與"天人合一",參見張世英《天人之際：中西哲學的困惑與選擇》(北京：人民出版社,1995 年);另可參考利瑪竇當年對中西思維方式差異的認識,參見[法]謝和耐《中國和基督教——中國和歐洲文化之比較》。

構。因此基于理性思維方式的塑造，不是中國的某種教派化，也不是中國的全盤西化，只是對于人性能力的完善與自覺。①

（張永超　鄭州大學公共管理學院）

---

① 關于深層原因分析參見拙文：An Exploration of the Predicaments in and Possibilities of the Integration of Chinese and Western Philosophies —Discerning Creation from Evolution in the Origin of Human Beings Based on "the Book of Genesis", UNIVERSITAS-MONTHLY REVIEW OF PHILOSOPHY AND CULTURE;《創生與化生：從起源角度探究中西文明融合的困境及其可能》,《哲學與文化月刊》,2016 年 3 期(四十三卷三期)。

· 集部研究

《四庫全書》本《文敏集》考略[*]

楊榮,字勉仁,建安人。當明全盛之日,歷事四朝,恩禮始終無間。儒生遭遇,可謂至榮。故發爲文章,具有富貴福澤之氣,爲一代臺閣體之代表作家。其詩文創作有《兩京類藁》、《玉堂遺藁》、《楊文敏公集》等,本文專門考察《四庫全書》本《文敏集》之狀況。

一、各四庫閣本與中科院底本之比較

楊榮《文敏集》被《四庫全書》著録,現可見四庫本有文淵閣《四庫全書》本①(以下簡稱"文淵閣本")、文津閣《四庫全書》本②(以下簡稱"文津閣本")、文溯閣《四庫全書》本、文瀾閣《四庫全書》本四種抄本。中科院藏有一部《楊文敏公集》二十五卷,《附録》一卷,明正德十年(1515)建安楊氏重刻本。該本上有"翰林院印"進呈章,内有館臣簽、注及勾改文字,該本被學界認定爲底本,並被《四庫提要著録叢書》③所收録,我們稱之爲"中科院底本"。但該本爲《中國古籍總目》④所漏載。學

───────────────

* 本文爲河北省社會科學基金 2016 年度項目"四庫明人別集底本研究"的階段性成果,課題立項號HB16WX008。

① (清)紀昀等:《景印文淵閣四庫全書》,臺北:臺灣"商務印書館",1982—1986 年,影印本。
② 《四庫全書》出版工作委員會編:《文津閣四庫全書》,北京:商務印書館,2007 年影印本。
③ 《四庫提要著録叢書》編纂委員會編纂:《四庫提要著録叢書》集 350,北京:北京出版社,2012年,第 1 頁。
④ 中國古籍總目編纂委員會編:《中國古籍總目(集部)》,北京:中華書局;上海:上海古籍出版社,2012 年,第 566 頁。

界常言《四庫全書》本對底本改動很大，尤其是明人別集。[1] 我們以《文敏集》爲例，探討各四庫閣本對底本的改動情況。今將文淵閣本、文津閣本與中科院底本逐字對比，發現其不同處頗多。試舉若干例列表如下：

	文 淵 閣 本	文 津 閣 本	中 科 院 底 本
序言	共三篇序言：正統十一年王直序；周叙序；錢習禮序	無	共五篇序言：正德十年王瓚《重刻楊文敏公集序》；正統五年胡儼《楊文敏公〈兩京類藁〉序》；正統十一年王直序；周叙序；錢習禮序
附錄	共六篇：《行實》，正統五年江鋌撰；《墓志銘》，正統五年楊士奇撰；《神道碑》，楊溥撰；《少師楊公傳》，王直撰；《少師楊公哀辭》，胡濙撰；《少師楊公誄文》，陳循撰	共五篇：《行實》，正統五年江鋌撰；《墓志銘》，正統五年楊士奇撰；《神道碑》，楊溥撰；《少師楊公傳》，王直撰；《少師楊公哀辭》，胡濙撰	共六篇：《行實》，正統五年江鋌撰；《墓志銘》，正統五年楊士奇撰；《神道碑》，楊溥撰；《少師楊公傳》，王直撰；《少師楊公哀辭》，胡濙撰；《少師楊公誄文》，陳循撰
第十二卷篇目	《送浦城陳大尹考滿復任序》（完整）	《送浦城陳大尹考滿復任序》（完整）	《送浦城陳大尹考滿復任序》（殘缺）
	《屏山先壠圖序》	《屏山先壠圖序》	無
	無	無	《送龍推官還鄉序》（僅一版）
	無	無	《送江西僉憲黄汝申歸省序》（僅一版）
第十三卷篇目	《送古春坊大學士兼翰林侍講學士王時彦詩序》	《送右春坊大學士兼翰林侍講學士王時彦詩序》	《送右春坊大學士兼翰林侍講學士王時彦詩序》
	《送周職方遷文江序》	《送周職方遷文江序》	《送周職方遷文江序》
	《送龍推官還鄉序》	《送龍推官還鄉序》	《送龍推官還鄉序》
	《送江西僉憲黄汝申歸省序》	《送江西僉憲黄汝申歸省序》	《送江西僉憲黄汝申歸省序》

據以上表格，我們發現了以下幾個問題：1. 中科院底本與文淵閣本所收録序

---

① 劉小琴：《八十二種四庫底本刪改淺析兼論四庫本價值》，碩士學位論文，北京大學，1982 年，第35 頁。

言不同,文淵閣本缺少正德十年(1515)王瓚《重刻楊文敏公集序》與正統五年(1440)胡儼《楊文敏公〈兩京類藁〉序》;2. 就對《送浦城陳大尹考滿復任序》一篇的收録情況看,中科院底本殘缺,而且上有館臣注曰“缺二頁,删去不寫”。文淵閣本、文津閣本均收録全篇,未依據中科院底本。3. 文淵閣本、文津閣本均有《屏山先壠圖序》一篇,而中科院底本無。似乎文淵閣本非依據現存中科院底本謄録,或者另有所據? 4. 中科院底本中,《送龍推官還鄉序》與《送江西僉憲黄汝申歸省序》兩篇均同時入收卷十二、卷十三,讓人費解。而在文淵閣本、文津閣本中,此二篇文僅入收卷十三。莫非中科院底本本身有誤?

二、中科院底本内容錯亂及其原因探討

爲查清以上問題,我們試考察《送浦城陳大尹考滿復任序》、《送龍推官還鄉序》、《送江西僉憲黄汝申歸省序》這三篇的情況。

先看中科院底本第十二卷 12 頁(圖一)、13 頁(圖二)、14 頁(圖三)、15 頁(圖四)連續四版的面貌:

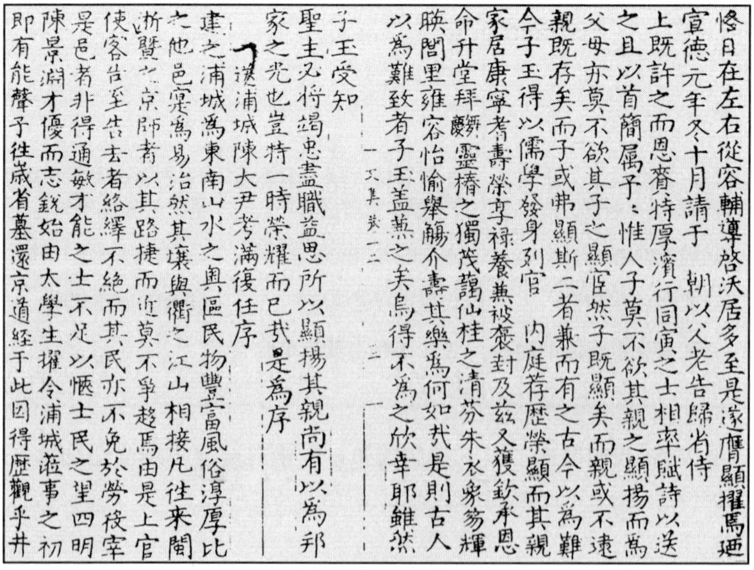
惓日在左右從容輔導啓沃居多至是遂膺顯擢焉迺
宣德元年冬十月請于 朝以父老告歸省侍
上既許之而恩賚特厚濱行同寅之士相率賦詩以送
之且以首簡屬予々惟人子莫不欲其親之顯揚而爲
父母亦莫不欲其子之顯宦然子既顯矣而親或不逮
親既存矣而子或弗顯斯二者兼而有之古今以爲難
今子玉得以儒學發身列官 内庭荐歷榮顯而其親
家居康寧耆壽榮享祿養兼被褒封及茲又獲欽承恩
命升堂拜觴靈椿之獨茂藹仙桂之清芬朱衣象笏輝
暎閭里雍容怡愉舉觴介壽其樂爲何如哉是則古人
以爲難致者子玉蓋兼之矣烏得不爲之欣幸耶雖然
子玉受知
聖主必將竭忠盡職益思所以顯揚其親尚有以爲邦
家之光也豈特一時榮耀而已哉是爲序
送浦城陳大尹考滿復任序
建之浦城爲東南山水之奥區民物豐富風俗淳厚比
之他邑寔爲易治然其壤與衢之江山相接凡往來閩
浙暨之京師者以其路捷而近莫不爭趍焉由是上官
使客告至告去者絡繹不絶而其民亦不免於勞役宰
是邑者非得通敏才能之士不足以慊士民之望四明
陳景淵才優而志鋭始由太學生擢令浦城蒞事之初
即有能聲予往歲省墓還京道經于此因得歷觀乎井

圖一

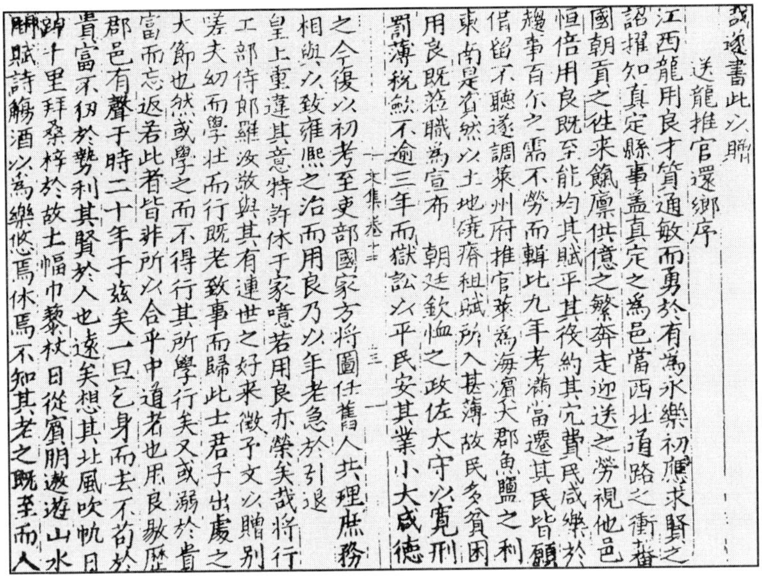
哉遂書此以贈
送龍推官還鄉序
江西龍用良才質通敏而勇於有為永樂初應求賢之
詔擢知真定縣事蓋真定之為邑當西北道路之衝每
國朝貢之往来餽廩供億之繁奔走迎送之勞視他邑
恒倍用良既至能均其賦平其役約其冗費民咸樂於
趨事百尒之需不勞而輯比九年考滿當遷其民皆願
借留不聽遂調萊州府推官萊為海濱大郡魚鹽之利
東南是賴然以土地磽瘠租賦所入甚薄故民多貧困
用良既蒞職為宣布　朝廷欽恤之政佐太守以寬刑
罰薄稅歛不逾三年而獄訟以平民安其業小大咸德
文集卷十二　十三
之今復以初考至吏部國家方將圖任舊人共理庶務
相與以致雍熙之治而用良乃以年老急於引退
皇上重違其意特許休于家噫若用良亦榮矣哉將行
工部侍郎羅汝敬與其有連世之好来徵予文以贈別
嗟夫幼而學壯而行既老致事而歸此士君子出處之
大節也然或學之而不得行其所學行矣又或溺於貴
富而忘返若此者皆非所以合乎中道者也用良歷
郡邑有聲于時二十年于兹矣一旦乞身而去不苟於
貴富不狃於勢利其賢於人也遠矣想其北風吹帆日
踔千里拜桑梓於故土幅巾藜杖日從賓朋遨遊山水
聯賦詩觴酒以為樂悠焉休焉不知其老之既至而人

圖二

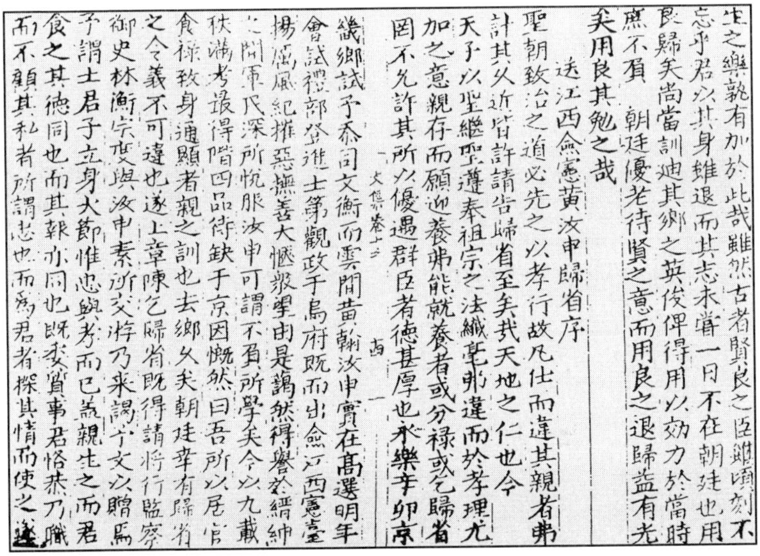
生之樂孰有加於此哉雖然古者賢良之臣雖頃刻不
忘乎君以其身雖退而其志未嘗一日不在朝廷也用
良歸矣尚當訓迪其鄉之英俊俾得用以効力於當時
庶不負　朝廷優老待賢之意而用良之退歸益有光
矣用良其勉之哉
送江西僉憲黃汝申歸省序
聖朝致治之道必先之以孝行故凡仕而違其親者弗
計其久近皆許請告歸省至矣哉天地之仁也今
天子以聖繼聖遵奉祖宗之法纖悉弗違而於孝理尤
加之意親存而願迎養弗能就養者或分祿或乞歸省
罔不允許其所以優遇群臣者德甚厚也永樂辛卯京
文集卷十六　十四
畿鄉試予忝司文衡而雲間黃翰汝申實在高選明年
會試禮部登進士第觀政于烏府既而出僉江西憲臺
揚歷風紀摧惡撫善大愜衆望由是藹然得譽於縉紳
之間軍民深所悅服汝申可謂不負所學矣今以九載
秩滿考最得階四品待缺于京因慨然曰吾所以居官
食祿致身通顯者親之訓也去鄉久矣朝廷幸有歸省
之令義不可違也遂上章陳乞歸省既得請將行監察
御史林衡宗度與汝申素所交游乃来謁予文以贈焉
予謂士君子立身大節惟忠與孝而已蓋親生之而君
食之其德同也而其報亦同也既委質事君恪恭乃職
而不顧其私者所謂忠也而為君者探其情而使之遂

圖三

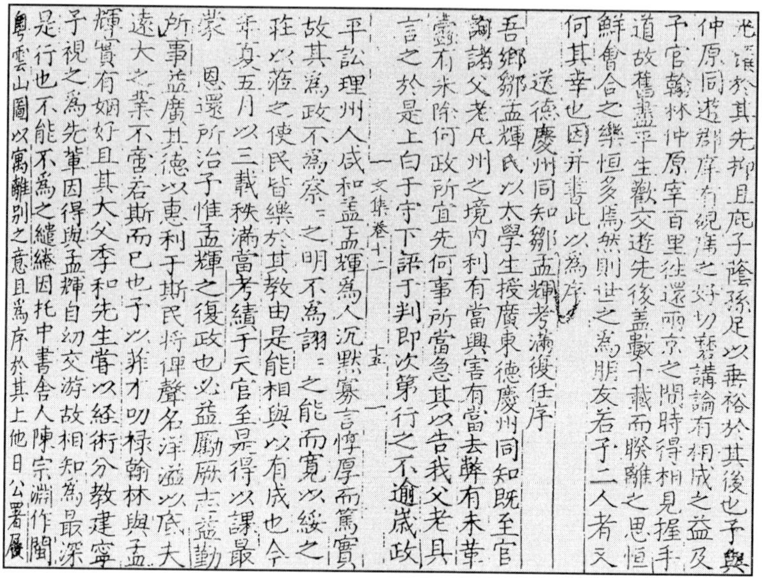

圖四

中科院底本第十三卷 13 頁（圖五）、14 頁（圖六）：

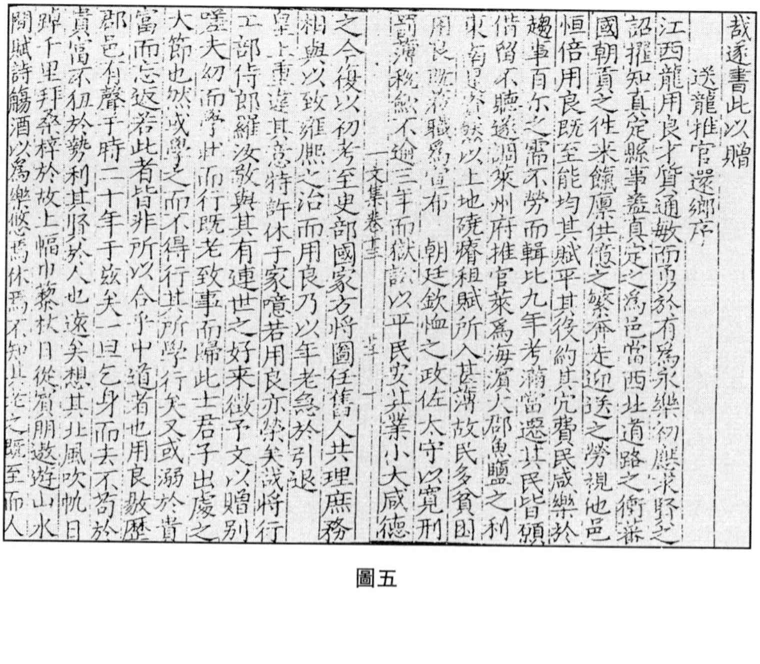

圖五

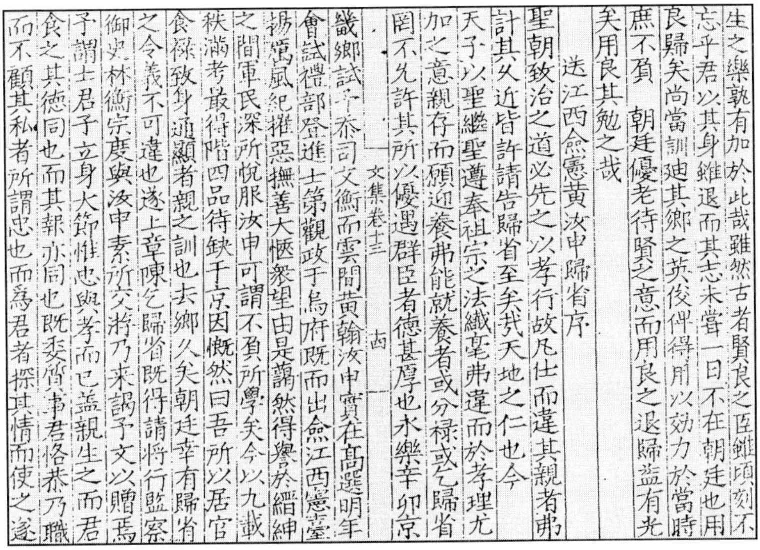

生之樂孰有加於此哉雖然古者賢良之臣雖頃刻不
忘乎君以其身雖退而其志未嘗一日不在朝廷也用
良歸矣尚當訓廸其鄉之英俊俾得用以効力於當時
庶不負 朝廷優老待賢之意而用良之退歸益有光
矣用良其勉之哉
送江西僉憲黃汝申歸省序
聖朝致治之道必先之以孝行故凡仕而違其親者弗
計其父近皆許請告歸省至矣哉天地之仁也今
天子以聖繼聖遵奉祖宗之法纖毫弗違而於孝理尤
加之意親存而願迎養弗能就養者或分禄或乞歸省
罔不允許其所以優遇群臣者德甚厚也永樂辛卯京
文集卷十三　十四
闈鄉試予忝司文衡而雲間黃翰汝申實在高選明年
會試禮部登進士第觀政于烏府既而出僉江西憲臺
揚厲風紀摧惡撫善大愜衆望由是藹然得譽於縉紳
之間軍民深所悅服汝申可謂不負所學矣今以九載
秩滿考最得階四品待鈌于京因慨然曰吾所以居官
食祿致身通顯者親之訓也去鄉久矣朝廷幸有歸省
之令義不可違也遂上章陳乞歸省既得請將行監察
御史林衡宗度與汝申素所交游乃来謁予文以贈焉
予謂士君子立身大節惟忠與孝而已蓋親生之而君
食之其德同也而其報亦同也既委質事君恪恭乃職
而不顧其私者所謂忠也而為君者探其情而使之遂

圖六

中科院底本第十三卷 13 頁(圖五)與第十二卷 13 頁(圖二)文字内容與行款特徵完全一致,均爲《送龍推官還鄉序》篇,半葉 11 行,行 21 字。但从以上兩版刻本字體風格、版刻風格與墨色判斷,兩者非同一版。可以肯定,兩版一爲原刻本,一爲修補版。在修補版時不慎將原刻本該版片混入修補版中,造成現存中科院底本同一内容誤同時入收兩卷的錯誤。

同樣道理,中科院底本第十三卷 14 頁(圖六)與第十二卷 14 頁(圖三)文字内容與行款特徵完全一致,均爲《送江西僉憲黃汝申歸省序》篇,但非同一版,也是由于原刻本殘版版片誤混入重刻本板片中的緣故。

从中科院底本十二卷《送浦城陳大尹考滿復任序》篇(圖一)内容考察,缺失了《送浦城陳大尹考滿復任序》後半部分及《屏山先壠圖序》前半部分,共兩整版内容!而重刻本在此處混入了十三卷《送龍推官還鄉序》及後面的兩版版片,且而从現存底本版心頁數的連續性判斷,該刊刻錯誤爲該底本刊刻時已犯,而非後人裝訂混亂所致。

故中科院底本同樣篇目《送龍推官還鄉序》、《送江西僉憲黃汝申歸省序》同時入收十二、十三兩卷的錯誤是這樣造成的:該兩頁爲兩整版,本當爲十三卷的内容,重刻本重刻時誤入第十二卷;而第十三卷此兩版板片,則用原版兩版片補之。

爲了證實以上的判斷，我們找到了北京大學圖書館藏《文敏集》一套進行對比。該版原鑒定爲"明正德十年刻本"，多處文字漫漶不清。細審二本，尤其是以上《送浦城陳大尹考滿復任序》《送龍推官還鄉序》《送江西僉憲黃汝申歸省序》這三篇的情況，發現北京大學圖書館所藏與中科院底本犯有同樣的刊刻錯誤，與中科院底本係同一版本，該本當爲明正德十年（1515）重刻本而非原刻本。

那麼原刻本是指哪個版本？重刻本又是指哪個版本？我們從序言中尋找答案。中科院底本所收正德十年王瓚《重刻楊文敏公集序》①曰：

> ……曰士儆，天順己卯貢士，拜中書舍人；曰士倧，天順丁丑進士，拜無爲知州；曰士偉，成化乙未進士，拜兵部主事，公諸孫也。曰昂，爲順德知縣；曰晜，鴻臚序班；曰亘，成化丁酉貢士，今爲南京戶部郎中；曰旦，弘治庚戌進士，今爲禮部右侍郎；曰昉，弘治戊午貢士，今爲宣平知縣；曰易，正德戊辰進士，今爲戶部主事；曰是、曰昕，俱爲訓導，公之曾孫也。曰崇，與昉同舉，今爲刑部司務；曰邁，弘治辛酉貢士，公之玄孫也。……瓚游京師，屢欲求前輩文獻，以爲私淑之地多有不及見者，而辱交郎中、侍郎兩君，迺獲公集讀之……公集曰《兩京類藁》、曰《玉堂遺藁》者，公冢子允寬，符卿梓行已久，板藏書坊，毀于回祿。今兩君偕諸昆季圖翻刻以傳，總名曰《楊文敏公集》，共二十五卷，屬瓚爲序。瓚生也晚，雖能讀公文而略窺製作之意，奚敢以蕪言冒冠其端？然兩君懇懇速之，弗容堅辭。嗚呼！是集之復行于世，豈特楊氏之幸哉？

據上序，我們可知：（1）王瓚作序乃因"郎中、侍郎兩君"之所請，此兩君爲楊亘、楊旦。遍查楊榮後人，在其孫楊士儆、楊士倧、楊士偉，其曾孫楊昂、楊晜、楊亘、楊旦、楊昉、楊易、楊是、楊昕，其玄孫楊崇、楊邁諸人中，惟楊亘、楊旦做過郎中、侍郎，故王瓚所言"兩君"乃爲此二人。（2）楊榮詩文集最初有《兩京類藁》、《玉堂遺藁》等單行本，爲其子楊恭等人所刊刻，惜其書板已毀。序言中"冢子"指長子，"允寬"指楊榮長子楊恭。嘉靖《建寧府志》載："楊恭，字允寬，以父榮蔭補官。恭自幼

① （明）楊榮：《楊文敏公集》序，明正德十年（1515）重刻本，第2頁a。

博學、慷慨，以父當國，引嫌不仕。父歿，歷尚寶司丞，陞少卿，建安人。"①（3）王瓚所言"重刻本"乃楊亘、楊旦等人所翻刻，總名《楊文敏公集》，共二十五卷，時間爲正德十年。

正統五年（1440）胡儼《楊文敏公〈兩京類藁〉序》②曰："子弟得公平生所爲詩文，匯以成編，以書來屬爲之序"；正統十一年（1446）王直序③載："子恭類次遺文若干篇，將鋟梓以傳，又屬直爲之序"；周叙撰序④曰："公歿之後，其子尚寶司丞恭集公平生所作以類分之，托叙校正，且屬序其後。"錢習禮⑤亦云："凡稿總若干卷藏于家，公子尚寶司丞恭屬爲之序。"正統五年江鎔所撰《楊公行實》⑥載："閩浙之間有見其書者，莫不爭相傳寫而寶藏之。所著詩文有《兩京類藁》、《玉堂遺藁》、《訓子篇》、《北征記》若干卷藏于家。人皆謂公有文才武略，詩文特其餘事。"

綜上，我們可得出結論：楊榮詩文集至少刊刻過三次：（1）正統五年（1440）《兩京類藁》本，此爲單行本，有胡儼序；另有《玉堂遺藁》單行本，此事在《重刻楊文敏公集》序中有交待。（2）正統十一年（1446）楊榮長子楊恭刻本，有王直、周叙、錢習禮序，由周叙校正。（3）正德十年（1515）楊亘、楊旦等人重刻本，有王瓚序，此次刊刻命名爲《楊文敏公集》。中科院底本與北大所藏均爲此版，其中有兩版錯版乃混入正統十一年刻本殘板所致。而這一版本情況與丁丙在《善本書室藏書志》⑦所載完全吻合。

三、文淵閣本、文津閣本《文敏集》謄録底本是否爲中科院底本

現存《四庫》底本情況複雜，有些底本爲七閣本之底本，有相當部分底本僅爲其中某一或几閣而非全部七閣本之底本。各閣本是否依據了同一底本，需就某個對象單獨討論而不能籠統對待。故搞清現存底本爲七閣本中何種閣本之底本，這是

---

①　嘉靖《建寧府志》卷16，明嘉靖刻本，第51頁b。

②　（明）楊榮：《楊文敏公集》序，明正德十年（1515）重刻本，第4頁b。

③　（明）楊榮：《楊文敏公集》序，明正德十年（1515）重刻本，第7頁a。文淵閣本《文敏集》亦載此序。

④　（明）楊榮：《楊文敏公集》序，明正德十年（1515）重刻本，第8頁a。文淵閣本《文敏集》亦載此序。

⑤　（明）楊榮：《楊文敏公集》序，明正德十年（1515）重刻本，第9頁b。文淵閣本《文敏集》亦載此序。

⑥　（明）楊榮：《楊文敏公集》附録，明正德十年（1515）重刻本，第32頁b。文淵閣本、文津閣本《文敏集》亦載之。

⑦　（清）丁丙：《善本書室藏書志》卷36，清光緒辛丑（1901）錢塘丁氏刻本，第4頁b。

使用該底本的前提。關于各四庫閣本所據可能並非同一底本這一結論,詳見拙文《〈四庫全書〉閣本所據底本考》①。而楊榮詩文集又爲我們這一結論能夠成立提供了一個新鮮而有力的例證。我們認爲:文淵閣本、文津閣本《文敏集》之底本絶非現存中科院底本《楊文敏公集》,而是另有所據。理由如下:

1. 從中科院底本與文淵閣本、文津閣本所收録序言看

將中科院底本序言與文淵閣本所收録"原序"比較,兩者均有正統十一年(1446)王直、周叙、錢習禮三序,但文淵閣本缺少正德十年(1515)王瓚《重刻楊文敏公集序》與正統五年(1440)胡儼《楊文敏公〈兩京類藁〉序》。這説明,文淵閣本所據底本當爲正統十一年王直序原刻本,而中科院底本爲正德十年王瓚序重刻本,文淵閣本所據底本非中科院底本,而是另有所據。

2. 從中科院底本與文淵閣本、文津閣本内容的細緻比較看

如上所述,從内容上看,中科院底本有錯誤,但文淵閣本、文津閣本並未沿襲其錯誤。這説明,中科院底本並非文淵閣本、文津閣本謄録之底本。

舉例如下:(1)《送浦城陳大尹考滿復任序》一篇,文淵閣本、文津閣本均完整無缺;中科院底本殘缺,且館臣注曰"缺二頁,删去不寫";(2)《屏山先壠圖序》一篇,文淵閣本、文津閣本均有全篇,中科院底本殘缺;(3)中科院底本卷十二《送龍推官還鄉序》一版,文淵閣本、文津閣本均無;(4)中科院底本卷十二《送江西僉憲黃汝申歸省序》一版,文淵閣本、文津閣本均無。(5)中科院底本卷八館臣于《三峯書舍賦有序》一篇注曰:"缺頁,删去不寫。"查文津閣本與文淵閣本同,均並未删去,仍照底本原樣抄寫。(6)中科院底本卷廿二《故翰林檢討致仕陳君墓志銘》館臣注:"以下兩頁不必寫",查文淵閣本、文津閣本均完整無缺。

3.《四庫全書》進呈本著録了《文敏集》的多種版本,爲諸閣本謄抄提供了多種底本

《四庫採進書目》與《各省進呈存目》都著録了《文敏集》的多種版本,爲諸閣本謄抄提供了多種底本。具體看《文敏集》有五種進呈本:(1)"浙江省第四次汪汝瑮家呈送書目"中有:"《文敏公集》二十五卷,明楊榮著,六本";②(2)"浙江省第五次

---

① 張春國:《〈四庫全書〉閣本所據底本考》,《圖書館工作與研究》2015 年第 5 期。

② 吳慰祖校訂:《四庫採進書目》,北京:商務印書館,1960 年,第 105 頁。

曝書亭呈送書目"中有："《楊文敏公集》二十五卷,《附録》一卷,明楊榮著,八本";①
(3)"工部候補員外郎馮交出書目"中有："《楊文敏集》,八本";②(4)"福建省呈送第
二次書目"中有："《楊文敏集》,十本";③(5)"浙江採集遺書總録簡目"中有："《楊文
敏公集》二十五卷,明大學士建安楊榮撰。"④

　　从進呈的楊榮詩文集諸種版本形態上看,有六本、八本、十本,从對該書的命名
上看,有《文敏集》、《楊文敏集》、《楊文敏公集》諸多名稱,可以肯定,這些版本均係
楊榮集的不同版本,爲諸閣本利用不同底本謄抄提供了前提和條件。

　　而福建省呈送的《楊文敏集》,係《四庫全書總目》所據之底本,這有《總目》提要
著録"福建巡撫採進本"⑤爲證,這爲《總目》與各閣本所據可能非同一底本也提供
了佐證。

　　以上證據充分證明,現存中科院底本非文淵閣本、文津閣本底本,而文淵閣本、
文津閣本另有所據。文淵閣本、文津閣本之底本如果尚存世,或者即爲南京圖書館
藏明正德十年(1515)建安楊氏刻本,《中國古籍總目》著録爲底本,有丁丙跋。這點
有待繼續證明。

四、文淵閣本、文津閣本可補現存四庫底本之闕文、佚篇

　　通過以上研究,我們發現中科院底本及北大藏本均脱《送浦城陳大尹考滿復任
序》部分及《屏山先壠圖序》,脱文整整兩版,字數達 1 027 字! 而文淵閣本、文津閣
本恰可以補其缺,這也正是各四庫閣本的獨特價值。下録文淵閣、文津閣本補現存
四庫底本《送浦城陳大尹考滿復任序》與《屏山先壠圖序》全文:

送浦城陳大尹考滿復任序

　　建之浦城爲東南山水之奥區,民物豐富,風俗淳厚,比之他邑實爲易治。

① 吴慰祖校訂:《四庫採進書目》,第 116 頁。
② 吴慰祖校訂:《四庫採進書目》,第 179 頁。
③ 吴慰祖校訂:《四庫採進書目》,第 168 頁。
④ 吴慰祖校訂:《四庫採進書目》,第 288 頁。
⑤ (清)永瑢等:《四庫全書總目》,北京:中華書局,1965 年,第 1484 頁上欄。

然其壤與衢之江山相接，凡往來閩浙暨之京師者，以其路捷而近，莫不爭趨焉。由是上官使客告至告去者，絡繹不絕，而其民亦不免于勞役。宰是邑者，非得通敏才能之士，不足以愜士民之望。四明陳景淵才優而志銳，始由太學生擢令浦城。莅事之初，即有能聲。予往歲省墓還京，道經于此，因得歷觀乎邑墟里之間，桑麻蔚然，烟火相望，弦歌機杼之聲遠邇相聞。而其民咸得相安相樂于無事，于此足以識景淵之爲政矣。今已歷兩考，赴天官，以其績最，蒙恩得復職，將行其邑中，士大夫之官于朝者，咸出餞于都門外。以予嘗識景淵，來請文以贈之。予惟守令之職，有父母斯民之道，父母之于子，其愛養之深，撫摩之至，惟恐一毫之未盡，一息之不安，而閔閔焉、兢兢焉，惟求其得所而後已。守令之于民亦猶是也。稽之于古，能盡是職、卓然見稱于史傳者，不過龔、黃、卓、魯數人，豈不以其能盡是職者之爲難哉？雖然，士君子有民牧之寄者，當不以其施政爲難，而惟以吾之心恐有所弗盡焉耳。蓋能立心以愛乎民，故凡民政之巨細無所往而不致其意焉。是雖供億之廣、賦役之繁，而民亦樂于趨事，不以爲勞矣。苟無愛恤之心而莅之以嚴，臨之以察，則其施設舉措之間不能無所偏倚。若是，則輕重失宜，公私繁擾，斯民何以受其惠哉？今景淵之歸也，尚當益謹其所施，益勵其所操，益勤其所事，則上不負朝廷任官之意，下無愧父母斯民之心，將見名譽日增、功業日著，循而至于爲州、爲守、爲方岳不難矣，復何患乎爵祿之不至哉？景淵尚勉之。是爲序。

屏山先壠圖序

屏山先壠圖者，予友吳仲原氏之所作，以寓其孝思者也。山在建城之西，磅礴奇秀，拱挹而迴抱，形勢綿密，風氣深厚，聳若玉屏，而仲原之先人窀穸實在焉。仲原以進士爲婺源令，能以其所學施于政，疏通明敏足以剸繁劇，慈祥豈弟足以敷教化，于是煜然有聲于畿甸之間，人皆知其爲賢令也。然而仲原自宦游以來，去家既遠，獨念先人塋域遥在玉屏之山，松楸菶然，霜露繁積，思欲一致展掃之誠而縻于官守，有弗能得，迺托繪事者爲《屏山先壠之圖》。政事之暇，得以覽觀于此，以寄其思親之意焉。間來北京，出以示予，且請爲之序。夫古之人于墳墓最重，故去其國者，必祭于墓而後行。或既久而弗返，則必有子孫以世守之。後世有棄墳墓樂處異鄉而終其身不形于念慮者，往往見譏于君

子。此獨何心哉？仲原違鄉未久，乃能惓惓焉于其先人之宅，兆睨山河之邈
悠，嘅九京之永隔，既弗得躬臨其地以蕫其榛翳，撫其封域，則又托之于圖。若
是，其思之切而孝之至爲何如耶？想其批閱之際，雲山綢繆，黯然群萬之情觸
乎目也。烟林莽蒼，凄然風木之聲接乎耳也。至于元堂深固、夜臺冥漠，非吾
親之體魄安妥于兹乎？霜烏啼殘、風猿嘯罷，非吾親之精靈往來于兹乎？然則
仲原誠可謂純孝之士矣。仲原自其祖父積善行義，至仲原而遂顯。今仲原益
自修飭，其葬親也，得山水靈秀之區；其居官也，有仁愛慈惠之政，非惟行將大
用，足以顯揚（光耀于其先，抑且庇子蔭孫，足以垂裕于其後也。予與仲原同游
郡庠，有硯席之好，切磨講論，有相成之益。及予官翰林，仲原宰百里，往還兩
京之間，時得相見，握手道故舊，盡平生歡，交游先後蓋數十載。而暌離之思恒
鮮，會合之樂恒多焉。然則世之爲朋友若予二人者，又何其幸也！因並書此以
爲序。①

　　綜上，我們得出結論：（1）現存四庫底本中科院底本非文淵閣本、文津閣本之
底本，而文淵閣本、文津閣本另有所據。（2）從現存四庫底本看，館臣所據底本並
非均爲善本、優本，有些爲俗本、劣本，有諸多刊刻、謄抄錯誤，使用時要細加辨別。
四庫館臣在使用時並未做仔細校勘，只爲應一時急需。（3）文淵閣、文津閣等《四
庫全書》各閣本具有獨特的價值，可補現存四庫底本之闕文、佚篇。

（張春國　湖南大學嶽麓書院）

---

　　①　引文中括號内文字爲中科院底本原有文字，括號外文字爲中科院底本所脱内容，據文淵閣本、
文津閣本補。

《四庫全書總目》明人別集提要徵引文獻考論*

——以《静志居詩話》爲中心

在《總目》著録的 238 篇明人別集提要中,有 31 篇明確提到《静志居詩話》;存目的 877 篇提要中,有 38 篇引用《静志居詩話》中的文字。① 從所占的比例來看,《四庫全書總目》(以下簡稱《總目》)對《静志居詩話》的引用率並不高。然而,將《總目》之中所用文獻進行一番梳理,不難發現,除了《列朝詩集小傳》、《明史》就是《静志居詩話》了。② 其餘文獻的引用多半是對評論明人別集的文字進行的隨機引用,而且一旦《列朝詩集小傳》或《静志居詩話》中對明人別集有所評論,《總目》則多半會加以援引。通過對明人別集提要的考查發現,館臣徵引《静志居詩話》存在一系列的問題。第一,删改《静志居詩話》中的用詞,或是避重就輕,或是斷章取義;又《静志居詩話》原本所論内容範圍較爲清晰且邏輯性較强,而《總目》則無端擴大或縮小所論内容範圍的界限,這樣做必然會有所偏頗,然其真正目的爲何? 第二,將《静志居詩話》雜糅其他文獻,胡亂嫁接者有之,刻意遺漏者有之,最終導致文獻混亂,這種"混淆視聽"的做法是無意爲之還是別有用心? 第三,部分提要徵引《静志居詩話》不是爲了支持自己的論斷,而是通過駁斥朱彝尊之論建立己説,這種針鋒相對的背後隱藏著什麼? 帶著這三個問題,對《總目》徵引《静志居詩話》中的内容

* 本文系重慶市社會科學規劃博士項目"《四庫全書總目》稿本、閣本、定本系統中的明代文學觀研究"(2015BS099);重慶市教委高校人文社會科學規劃項目"《四庫全書總目》明代文學批評史觀的建構及反思研究"(16SKGH110);四川外國語大學學術專著後期資助重點項目"《四庫全書總目》明人別集提要研究"(SISU201549)的階段性成果。

① 據史小軍、潘林統計,《總目》所借鑒的朱彝尊著述中,《明詩綜》被引證 57 次,《静志居詩話》被引證 66 次,《曝書亭集》被引證 3 次。本文資料與二人略有差異。見史小軍、潘林《〈四庫全書總目〉別集類對朱彝尊學術成果的借鑒——以明代詩文集的考訂問題爲例》,《圖書館工作與研究》2013 年第 10 期,第 79 頁。

② 《總目》著録的 238 篇明人別集提要中徵引《明史》者有 162 篇(其中引用《列朝詩集小傳》者有 130 餘篇),引用《静志居詩話》者有 34 篇,引用《藝苑巵言》者有 7 篇。

進行剖析，目的有二：一是指出《總目》中的文獻缺失所在，清理文獻背後的積垢；二是還原歷史真相，對所涉明人別集的定位給予部分文獻支撐。

一、文字差異的背後

《總目》徵引《静志居詩話》一般會注明文獻出處，這是館臣明確史源的一個方面。事實上，館臣徵引史料是有所改易的，如汪廣洋《鳳池吟稿》提要云："今觀是集，大都清剛典重，一洗元人纖媚之習。朱彝尊《静志居詩話》嘗摘其五言之'平沙誰戲馬，落日自登臺'、'湖水當門落，松雲傍枕浮'、'懷人當永夜，看月上疏桐'、'對客開春酒，當門掃落花'、'天垂芳草地，漁唱夕陽村'等句數十聯，以爲可入唐人《主客圖》，静居、北郭猶當遜之，毋論孟載。其論頗爲允愜。"①此段文字中"今觀是集，大都清剛典重，一洗元人纖媚之習"一語非館臣所言，《静志居詩話》有"忠勤詩饒清剛之氣，一洗元人纖媚之態"②之説。館臣只是將"清剛之氣"易爲"清剛典重"，如此便將朱氏之言據爲己有。汪廣洋之詩"典重"與否是《總目》與《静志居詩話》相争之處，館臣改易朱氏之言無非是説汪廣洋詩歌還有莊重典雅的一面。其實，汪廣洋詩歌創作分爲前後兩個階段，前一階段爲金戈鐵馬與朱元璋攻打江山之時所作，後一階段則是居廟堂之高時所作。宋濂在其所作《鳳池吟稿序》中説："當皇上龍飛之時，仗劍相從，東征西伐，多以戎行，故其詩震盪超越，如鐵騎馳突而旗纛翩翩與之後先。及其治定功成，海宇粹寧，公則出持節鉞，鎮安藩方，入坐朝堂，弼宣政化，故其詩典雅尊嚴，類喬岳雄峙而群峰左右。"③如此一來，館臣所説的"清剛典重"便是對汪廣洋詩歌風格的總體概括。而朱彝尊的"清剛之氣"是汪廣洋第一階段詩歌創作的很好總結，也是針對"元人纖媚之習"而發。這樣一來問題似乎解決了，但實際上遠没有那麼簡單，問題却複雜起來。第一，《静志居詩話》明言汪廣洋詩歌可入《詩人主客圖》，《主客圖》中以白居易、孟雲卿、李益、孟郊、鮑溶、武元衡爲代表的中

---

① （清）紀昀等：《欽定四庫全書總目》卷 169，北京：中華書局，1997 年，第 2263 頁。
② （清）朱彝尊：《静志居詩話》（上），北京：人民文學出版社，2006 年，第 31 頁。
③ （明）汪廣洋：《鳳池吟稿序》，《景印文淵閣四庫全書》第 1225 册，臺北：臺灣"商務印書館"，1986 年，第 494—495 頁。

晚唐詩人各領一派①，館臣一方面獨自拈出"典重"一詞，另一方面却贊同朱彝尊所言，前後矛盾如何解釋？第二，提要最後説"觀其遺作，究不愧一代開國之音"，開國之音是否是"清剛典重"之風，此又該如何理解？要解決這兩個問題，需從"典重"一詞入手。在四庫館臣對明人别集的評介視野中，"典重"或"典雅"佔據重要地位。邵寶《容春堂前集》提要云："其文典重和雅，以李東陽爲宗。"②黎民表《瑶石山人稿》提要云："雖錯采鏤金，而風骨典重，無綺靡塗飾之習。"③在黄仲昭《未軒文集》提要中引林瀚《仲昭墓志》"渾厚典重"一詞代爲己言。而"典雅"更是屢見于各篇提要，見下表：

序號	作者	别　集	提　要　摘　録	説　　明
1	劉崧	《槎翁詩集》	北地信陽乃乘其弊而力排之，遂分正、嘉之門户。然崧詩平正典雅，實不失爲正聲。固不能以末流放失，併咎創始之人矣。	館臣以明初文學爲明代文學正宗，因有以"典雅"爲正聲論。
2	孫作	《滄螺集》	其詩力追黄庭堅，在元季自爲别調。……然才力不及庭堅之富，鎔鑄陶冶亦不及庭堅之深，雖頗拔俗而未能造古。……至于文則磊落奇偉，而隱有程度，卓然足以自傳。……《明史·文苑傳》亦稱其文"醇正典雅"云。	館臣引《明史》所評支撐明初文學爲正統的文學觀。
3	張羽	《静居集》	何喬遠《名山藏》亦稱其文詞典雅，紀載行事，詳而有體。……以之接迹青邱，先驅北郭，盧前王後之間，亦未必遽作蜂腰矣。	引何喬遠《名山藏》之評支持己説。
4	袁華	《可傳集》	今觀其詩，大都典雅有法，一掃元季纖穠之習，而開明初春容之派。	"典雅"與"春容"是館臣文學批評的常用語，後成爲評論詩文的標準。
5	吴伯宗	《榮進集》	詩文皆雍容典雅，有開國之規模。明一代臺閣之體，胚胎于此。	臺閣體的雍容、典雅是明代開國重要文風。參見何宗美《臺閣體審美範疇釋論：以〈四庫全書總目〉爲中心》。

---

① 《詩人主客圖》論述中晚唐詩人流派，以白居易爲"廣德大化教主"、孟雲卿爲"高古奧逸主"、李益爲"清奇雅正主"、孟郊爲"清奇僻苦主"、鮑溶爲"博解宏拔主"、武元衡爲"瓌奇美麗主"。
② （清）紀昀等：《欽定四庫全書總目》卷171，第2306頁。
③ （清）紀昀等：《欽定四庫全書總目》卷172，第2322頁。

續　表

序號	作者	別集	提 要 摘 録	説　明
6	程本立	《巽隱集》	本立文章典雅,詩亦深穩樸健,頗近唐音。不但節義爲足重,即以詞采而論,位置于明初作者之間,亦無愧色矣。	《總目》對其評價是與明初作者進行比較的。
7	王　直	《抑菴集》	詩文典雅純正,有宋元之遺風。……蓋明自中葉以後,文士始好以矯激取名。直當宣德、正統間,去開國之初未遠,淳樸之習,猶未全漓。文章不務勝人,惟求當理。故所作貌似平易,而温厚和平,實非後來所及。雖不能追古作者,亦可謂尚有典型者矣。	《總目》評其"有宋元之遺風",而且從"開國之初"的角度尋求王直詩風的"典雅純正"。
8	李東陽	《懷麓堂集》	蓋明洪、永以後,文以平正典雅爲宗,其究漸流于庸膚。庸膚之極,不得不變而求新。正、嘉以後,文以沈博偉麗爲宗,其究漸流于虚憍。	此則提要是《總目》對明代文學的發展進程綜合概括,明代文學是一部文學"衰變史"。
9	黄仲昭	《未軒文集》	林瀚作《仲昭墓志》,稱其作爲文章,渾厚典重,無艱深聱磈之語。鄭岳《莆陽文獻傳》亦稱其有《未軒集》若干卷,文詞典雅。	所引文獻,傾向于"典重"、"典雅"的一面。
10	王　鏊	《震澤集》	其古文亦湛深經術,典雅遒潔,有唐宋遺風。蓋有明盛時,雖爲時文者亦必研索六籍,汎覽百氏,以培其根柢,而窮其波瀾。	"典雅"以及"唐宋遺風"是一種溯源。
11	羅欽順	《整菴存稿》	然集中所作,雖意境稍涉平衍,而典雅醇正,猶未失成化以來舊格。	"成化以來舊格"指的是"典雅"的明初文風。
12	陸　深	《儼山集》	今觀其集,雖篇章繁富,而大抵根柢學問,切近事理,非徒鬪靡誇多。當正、嘉之間,七子之派盛行。而獨以和平典雅爲宗,毅然不失其故步,抑亦可謂有守者矣。	"典雅"中的"古格"與"復古派"的"復古"不同。
13	于慎行	《穀城山館詩集》	其詩典雅和平,自饒清韻。又不似竟陵、公安之學,務反前規,横開旁徑,逞聰明而偭古法。其矯枉不過直,抑尤難也。	于慎行的"古法"造就其詩的"典雅"。

續　表

序號	作者	別集	提　要　摘　録	説　　明
14	楊寅秋	《臨皋文集》	所作大抵和平典雅,有明初前輩之風,奏議尤委曲盡致。	依然强調明初"典雅"文風。
15	倪元璐	《倪文貞集》	元璐官翰林時,掌外制之詞,文章典雅,爲館閣所宗。……	館閣一派是"典雅"文風的代表。
16	周　旋	《畏菴集》	樂清章綸爲之序,稱其典雅閑淡。然在當時,猶馳驅于流輩之中,未能自闢蹊徑。	存目。
17	鄭　環	《栗菴遺稿》	楊守陳作環墓碑,稱其文章典雅贍密。今此本所存無多,體亦不備,不足以見其全。守陳所論,難遽定其確否也。	存目。
18	柴　奇	《黼菴遺稿》	鄒守益《序》,稱其詩文典雅雄健,不落卼硬,不矜刻峭。友朋推挹之詞耳。	存目。

　　從四庫館臣所論明人别集可以看出,"典重"或"典雅"一詞被頻繁使用,而且傾向性十分明顯。劉崧《槎翁詩集》提要云:"崧詩平正典雅,實不失爲正聲"①,袁華《可傳集》提要云:"今觀其詩,大都典雅有法,一掃元季纖穠之習,而開明初春容之派"②,吳伯宗《榮進集》提要云:"詩文皆雍容典雅,有開國之規模。明一代臺閣之體,胚胎于此"③,程本立《巽隱集》提要云:"本立文章典雅……位置于明初作者之間,亦無愧色矣"④,而對于明初孫作、張羽二人著作,則以贊同其他文獻(《明史·文苑傳》、何喬遠《名山藏》)所論的"典雅"這一間接方式,表述自己的觀點。由此觀之,館臣認爲明初爲明代文學之盛世,故其詩文以"典雅"爲宗,明代中後期文學則不斷走向衰落。這一點在李東陽《懷麓堂集》提要中説得已很直白:"蓋明洪、永以後,文以平正典雅爲宗,其究漸流于庸膚。庸膚之極,不得不變而求新。正、嘉以後,文以沈博偉麗爲宗,其究漸流于虚憍。"⑤館臣對待明代文學的這一觀念還可在

---

① (清)紀昀等:《欽定四庫全書總目》卷169,第2266頁。
② (清)紀昀等:《欽定四庫全書總目》卷169,第2278頁。
③ (清)紀昀等:《欽定四庫全書總目》卷169,第2281頁。
④ (清)紀昀等:《欽定四庫全書總目》卷170,第2286頁。
⑤ (清)紀昀等:《欽定四庫全書總目》卷170,第2299頁。

其所論中晚明文人别集提要中得到印證,如楊寅秋《臨皋文集》提要中説"所作大抵和平典雅,有明初前輩之風"①。館臣如此重視明初文風,作爲明初文人代表之一的汪廣洋,其後期創作所體現出的"典雅尊嚴"的詩風,館臣進行著重强調就不足爲奇了。而且,汪廣洋身份顯貴,洪武三年(1370)召爲中書省左丞,洪武四年(1371)升爲右丞相,洪武六年(1373)雖被貶爲廣東參政,洪武十年(1377)又拜右丞相,至洪武十二年(1379)被殺,汪廣洋後半生大都身居要職。作爲開國文臣之一,他與宋濂、劉基等人在創作上皆有典雅莊重的一面,這與其身份不無關係。如此,"典重"就成爲"開國之音"最具代表性的音調,《總目》在建立宏觀明代文學批評的同時,對于支撐宏觀架構的微觀因子會給予足夠的重視。

《總目》改易《静志居詩話》中的相關用詞,並非只有《鳳池吟稿》一例。再看王廷陳《夢澤集》提要:"王世貞《藝苑卮言》稱其如良馬走坂,美女舞竿,五言尤是長城。又稱王稚欽、吳明卿之五言律各集,妙境專至而有餘。朱彝尊《静志居詩話》亦謂其音高秋竹,色艷春蘭,樂府古詩,殊多精詣。蓋在正、嘉之間,何景明最爲俊逸。廷陳之天骨雄秀,抑亦驂乘矣。若雜文則藻采太多,華掩其實,等諸自鄶無譏,無庸深論也。"②從表面看,這段文字似乎没有任何問題,但若比對文獻,則不難發現其中存在的端倪。《總目》這裡没有全部徵引《静志居詩話》中的評價,在"音高秋竹,色艷春蘭,樂府古詩,既多精詣"之前有"逸藻波騰,雕文霞蔚"一語。館臣對此言進行删削,並不意味著該句可有可無。細究之下,發現這並不是館臣疏忽遺漏,而是刻意爲之。"逸藻波騰,雕文霞蔚"八字是朱彝尊論王廷陳文章之語,館臣不加引用,原因何在? 問題出在"雜文則藻采太多,華掩其實"一句,這句話是館臣評王廷陳雜文之語,與朱彝尊所論頗有不同,而且兩者存在較大出入。詩話中的褒義色彩更濃,而《總目》却偏向貶義。孰對孰錯,需要我們給出更準確的答案。要還原事實真相,《夢澤集》是首要關注的文獻,而當時人對王廷陳及其詩文的評價則又是必要的參考。基于這兩點,我們就能清楚地辨析誰之所言更接近真相。然後探討,"説謊"的一方,緣何不尋求真相? 先看文集本身。王廷陳《夢澤集》中的古文逾一百二十篇③,其文章以雜體文爲主,《仕始》、《力難》、《闇來》、《致辭》、《倅全》、《歸省》、《疾

---

① (清)紀昀等:《欽定四庫全書總目》卷172,第2331頁。
② (清)紀昀等:《欽定四庫全書總目》卷172,第2318頁。
③ 按,卷1有賦3篇,卷12至卷17共有文117篇(不含附録)。

瘲》、《躄歸》、《申贈》、《即卑》、《先禮》、《遐致》、《良振》、《仁理》、《居謫》、《仁撫》、《慈慕》、《贊恒》、《達生》等,常于文中闡釋一定道理,篇幅簡短,語言古奧,這類文章自然没有華麗的辭藻。對于王廷陳的書信體文,《寄余子》、《答汪先生》、《寄舒子》、《答劉氏》、《答劉松石》、《答翟子》、《答顧東橋》等,情感真摯,同樣没有過多詞藻,王世貞曾説"王稚欽書牘如麗人訴情"①,"麗人訴情"蓋是後世認定王廷陳文章華美的緣由之一,事實上並非如此。隨意拈出其一篇書信即可説明問題,《答胡百泉》云:"僕見古今士人,凡揚聲藝苑,其人即不長者;即其人長者,復疏闊不適用。此流俗所爲,疵病于斯文者也。近睹門下操攬絶藝,負行醇質,辭不詭道,表裏粹精而又諧達成事,投用輒效,可謂聲中其實,志氣悉稱者矣。豈惟今人,雖在古人,亦罕倫儷幸門下,自信不以爲佞耳⋯⋯"②而對于僅有的一篇哀祭文就更不是辭藻華美了。如果説館臣所言"藻采太多,華掩其實"一語成立的話,那不應該是"雜文",而是他的三篇騷體賦和一篇七體文,限于文體特點,這四篇文章寫得恢宏大氣,但辭藻也並非過多,實際上是華不掩實。如此看來,《總目》所言不實。再看評論者之評價。《夢澤集》附録《諸公評語》中顧璘評其詩的同時兼及其文:"詩八卷皆五言,上苞建安,下獵天寶,務絶近代之軌轍。神解天成,藻繢自足,詭妙所臻,其殆與王楊之駕相後先乎? 文尚奇古,此方舉其詩未遑叙也。"③也就是説這裏評論的是王廷陳的詩歌,没有閑暇來論其文,但顧氏提到的"文尚奇古"却在另一位評論者那裏得到了闡發。吳明卿説:"稚欽在德、靖間以詞才擅名史館,海内士争誦説之,近體奄有四傑,古詩凌厲三曹,而文則刻畫左氏内外傳(《左氏春秋内外傳》),楚諸先輩鮮有能方駕者。(《王行甫集序》)"④吳氏以王廷陳文與《左傳》筆法相提,評價不可謂不高。在《明奉訓大夫河南南陽府裕州知州以吏科給事中致仕前翰林院庶吉士先伯祖考行十府君行狀》中,對其文則有更詳實的評論:"世多稱府君尺牘,淳(王追淳)獨謂穎精在文,逼真左、國、兩司馬,而下心師焉,漱取精華,盡除蹊徑,難諧衆目,宜然矣⋯⋯當時楚諸先輩,文焰甚熾,府君以失位少遜。及異世超乘,獨府君齊

① (明)王世貞:《國朝文評》,《文章辨體匯選》卷四百三十八,《景印文淵閣四庫全書》第 1407 册,第 458 頁。
② (明)王廷陳:《夢澤集》卷 17,《景印文淵閣四庫全書》第 1272 册,第 679 頁。
③ (明)王廷陳:《夢澤集》卷 21 附録三《諸公評語》,《景印文淵閣四庫全書》第 1272 册,第 706 頁。
④ (明)王廷陳:《夢澤集》卷 21 附録三《諸公評語》,《景印文淵閣四庫全書》第 1272 册,第 708 頁。

名何、李，稱'海内三才'。"①綜合比較三家評論，王廷陳之文淵源甚古，有《左傳》、《國語》、司馬遷、司馬相如之文法，其用心揣摩，取其精華，獨闢蹊徑，終與李夢陽、何景明並稱"海内三才"。《總目》這裏徵引《静志居詩話》採取的是"掐頭"的方法，可謂别有用心，提要云"廷陳少年高第，以恃才傲物，致放廢終身，其器量殊爲淺狹"，在"人品即文品"的官方思想下，對王廷陳要給予一定的批判，這樣才能符合統治者的思維模式。

　　《静志居詩話》中的評論之語皆有明確之物件，即就詩體論詩體，就詩法論詩法，就風格論風格。倘若將其中語詞進行改换，表面看來似乎並無大礙，但細節一旦出錯就會失之毫釐謬以千里。皇甫汸《皇甫司勳集》提要曰："朱彝尊《静志居詩話》稱，汸集六十卷，即此本也。《集原》自述其詩，始爲關、洛之音，一變爲楚音，又一變爲江左之音，又一變爲燕、趙之音，又一變爲蜀音，縷舉其師友淵源甚詳。今統觀所作，古體源出三謝，近體源出中唐。"②所謂"今統觀所作，古體源出三謝，近體源出中唐"，其實並非館臣所創，《静志居詩話》有"百泉清音藻思，五言整于小謝，五律雋于中唐，惟七言蒽弱"一語。館臣只是將"五言"與"五律"用"古體"與"近體"替代，"小謝"用"三謝"替代而已。可以毫不客氣地説，《總目》之言是借鑒《静志居詩話》進行改頭换面的結果，因襲的痕迹十分明顯。既然是改换，那必定會存在概念的内涵和外延的區别問題。將"五言"與"五律"用"古體"與"近體"替代明顯將評價對象大大擴展了。如此一來，《四庫全書總目》對皇甫汸詩風的評價和溯源就出現了很大的問題。先來看"古體源出三謝"一句。古體詩是依據古詩之法而作，形式和韻律都較爲自由，其包括四言、五言、七言、樂府諸體。而《皇甫司勳集》中就收有皇甫汸四言、騷體、樂府、五言和七言古詩數卷，館臣在一句之内對各體詩歌進行概括，難免出現捉襟見肘的情況。從四言古詩來看，其淵源就不是"三謝"，而是《詩經》。如《相彼古泉（贈吴公也）》一詩的第一章云："相彼古泉，湜湜其清。君子吸之，顯允王明。曰既受福，群小是愠。蕭蕭嘉征，彌邵彌瀋。峨山兩峙，泉侯深矣。懿彼泉源，胡自今矣。之子有懷，嘅其臨矣。"③後之二章與第一章詩風相近，有明顯

---

① （明）王廷陳：《夢澤集》卷 23 附録五《十府君行狀》，《景印文淵閣四庫全書》第 1272 册，第 716—717 頁。
② （清）紀昀等：《欽定四庫全書總目》卷 172，第 2321 頁。
③ （明）皇甫汸：《皇甫司勳集》卷 2，《景印文淵閣四庫全書》第 1275 册，第 530 頁。

的"宗《詩》"傾向。皇氏詩歌中還有騷體之作,如《歷田歌題張兵憲卷》云:"我所思兮在歷山,山闃寂兮水潺湲。徂畊學稼慕有鰥,希世謝茲桑者閑。龍翔鳳舉鵷鷺班,深山鹿豕安可攀。承麾東邁齊魯間,側身西望阻蒲關,欲往從之虞坂艱。悵隔歲兮草空綠,渺佳期兮桂屢丹。美人貽我明月環,思公子兮何時還。大隱在朝不在野,田園何爲懷憂摧心顏。"①此詩便是摹擬屈原所創騷體之法而作,頗有古韻。若據館臣所言"古體源出三謝",不但依據全無,更是讓人無從信服。而對于皇甫汸的五、七言古詩,則也並非源自"三謝"。"三謝"中的謝靈運和謝朓並稱"大小謝",二人對中國山水詩歌的形成有重要影響。謝朓的山水詩較謝靈運更爲成熟,做到了對自然山水的"專門性"描繪,從而脫離玄學哲理的層面。據《皇甫司勳集》考查,發現皇氏五言古體中山水詩只占很少的比例。從卷三至卷八,共有五言古詩一百二十二首②,除了《秋日詠懷》、《春日游西山作》、《夏日來鳳亭小集各賦》等詩屬山水詩範疇,其他《過武城謁言子祠作》、《經始浩歌亭》、《登掛劍臺》、《胥江泛月旋舸登城歸詠》、《得月亭》、《游仙都同樊侍御》、《二郎回溪詞(事載《青田邑志》)》、《樂清登簫臺訪洛簫泉》、《送陸宜甫歸洞庭》等詩則既有山水之氣,又有詠懷之風,其餘古詩皆是因事感發,有"二謝"之影,却無"二謝"之實。他的《議獄詩》二十六篇,詩題後注"臣汸始第覵政,廷尉右署日取古刑書繹之,以究夫君子盡心焉者,繹而有所感,輒發爲詩,爰得二十六篇紀之,名曰《議獄》云"③,明顯是因事而作。《送楊子祐知興國》、《送袁永之戍越》、《自中山別陳子良會之無極作》、《送尚醫陳通政南還》、《長沙行送胡子》、《長安行贈陳子克修》等則是送(贈)別之詩,于人、于情、于景皆有所關涉。而對于"古體"中所包含的樂府詩,《皇甫司勳集》則有兩卷之多。由此可見,《四庫全書總目》評價之語與皇甫汸詩風其實不相符合。而《静志居詩話》所說的"五言整于小謝",則只是從形式上來說的,這樣就具體得多了。從皇甫汸五言古詩來看,其形式確實齊整,有謝朓之詩的影子。

從改易文字注入己見,到删削語句斷章取義,再到改換面貌無理擴展評價對象,館臣這一系列的做法似乎不僅僅是想創新那麼簡單,也並不是朱彝尊的評價不夠中肯需要補正,問題出在思想觀念上。《四庫全書》的修纂是官方行爲,而《總目》

---

① (明)皇甫汸:《皇甫司勳集》卷2,《景印文淵閣四庫全書》第1275册,第530頁。
② 按,122首五言古詩中,卷三26首,卷四18首,卷五20首,卷六19首,卷七16首,卷八23首。
③ (明)皇甫汸:《皇甫司勳集》卷3,《景印文淵閣四庫全書》第1275册,第533頁。

作爲體現官方思想的主要載體之一,官學方面的約束不可避免。官學中最重要的就是思想意識形態,改易文字是爲了能夠表達自己的觀點,建立起官學觀念。① 史源清晰依舊敢斷章取義、改頭換面,館臣必須有足夠的障人耳目的能力,事實上他們做到了,憑藉的是遠超常人的才學和才識,這樣就不難理解爲何《總目》在徵引文獻之時不忠實于文獻本身而是有意删改。然從根本上説,官方思想的無形約束是文獻缺失和主觀誤判的主要原因。

二、文獻雜糅的清理

在對《總目》徵引《静志居詩話》這一文獻進行清理時發現,《總目》提要中轉引的語句常與《静志居詩話》相互齟齬,細究之下發現《總目》所言乃是雜糅兩種甚至更多文獻而成,這種情形在《總目》的明人別集提要中尤爲突出。作爲一部欽定之書,此種錯誤本不該有,而且《總目》的完成是當時清王朝網羅的高級文人的集體行爲,他們的考據之功嚴謹扎實,奈何會出現這種低級錯誤? 這是館臣一時疏忽所致,還是出于其他方面的考慮故意爲之? 要弄清這個問題,需要將《總目》中雜糅的文獻進行一番清理,這裏擇取具有代表性的實例進行説明。

其一,《總目》王恭《草澤狂歌》提要云:“《静志居詩話》嘗摘舉其集中佳句數聯。然如‘渭水寒流秦塞晚,灞陵殘雨漢原秋’、‘樱欄葉上驚新雨,砧杵聲中憶故園’、‘幾處移家驚落葉,一年歸夢在孤舟’諸句,皆詩家常語。至‘雲歸獨樹天邊小,雪罷孤峰鳥外青’句,則‘小’字形容頗拙,‘罷’字節次未明。又‘鳥外明河秋一葉,天涯涼月夜千峰’句,尤爲疵累。夫畫見飛鳥,不見明河;夜見明河,不見飛鳥,上四字自不相貫。一葉落而知秋,不係乎明河;天河夏月已明,不係乎落葉,下三字亦不相屬。蓋興之所到,偶然拈及,不足以盡其所長,讀恭詩者毋執是以刻舟求劍可矣。”② 這段話與其他提要有明顯的不同,那就是過分糾結細節。且不説館臣的論述是否合理,單就這段文字來説就存在很多問題。第一,《總目》言“《静志居詩話》嘗摘舉

其集中佳句數聯",此屬無中生有,所謂的"佳句數聯"只是一聯而已,即"夜雨蘆花看不定,夕陽楓樹見初飛"一語。《静志居詩話》卷三:"袁景文以《白燕詩》得名,然如'月明湘水初無影,雪滿梁園尚未歸',翻不若琴川時大本之'珠簾十二中間捲,玉剪一雙高下飛'也。顧光遠以《白雁》詩得名,然如'錦瑟夜調冰作柱,玉關曉度雪侵衣',亦不若王安中之'夜雨蘆花看不定,夕陽楓樹見初飛'也。"①由此可見,朱彝尊意在評論王恭的《白燕》詩(《賦得白雁送人之金陵》一詩),本旨是將各種《白燕》詩進行比較,凸顯王恭詩歌的"飄渺之音"。館臣所言與《静志居詩話》並不相符,然原因爲何? 我們不能簡單地認爲是館臣疏忽所致,而應該探求更深層的原因,這就涉及第二個問題。《總目》引王恭詩歌數句加以評論,是否出自館臣原創? 被"肢解"的王恭詩歌,是否是館臣閱讀王恭集親自摘録而出的? 答案是否定的。《總目》提到的幾聯詩歌均來源于另一位評論家林衡者之言:"皆山(王恭自稱皆山樵者)善得中唐之韻,如'渭水寒流秦塞晚,灞陵殘雨漢原秋'、'他鄉見月長爲客,別路逢霜半在船'、'鳥外明河秋一葉,天涯涼月夜千峰'、'雲歸獨樹天邊小,雪罷孤峰鳥外青'、'驛館夜殘明候火,市樓霜曉度寒砧'、'樆櫚葉上驚新雨,砧杵聲中憶故園'、'幾處移家驚落葉,十年歸夢在孤舟'、'家臨故苑長洲樹,鐘度寒山半夜船'、'帆飛楚水舟中飯,夢繞淮樹山裏行',均有大歷十子遺音。"②綜合起來看,《總目》是將《静志居詩話》與林衡者之言進行了雜糅,並且加入了己見。《草澤狂歌》提要用一半以上的篇幅對王恭詩歌的用字進行批評,但最後却説"蓋興之所到,偶然拈及,不足以盡其所長,讀恭詩者毋執是以刻舟求劍可矣"。這種評論方式看似合理,但其批評之語却缺少嚴謹性。不僅如此,《總目》所云"不足以盡其所長",並未將王恭詩歌的長處點明,這是因爲朱彝尊和林衡者早已對王恭詩歌做出了準確的評價。朱氏云"安中整練不及子羽,而風華跌宕,多飄渺之音,固似勝之"③;林氏云"皆山善得中唐之

---

① (清)朱彝尊:《静志居詩話》(上),第 79 頁。袁凱《白燕》詩:"故國飄零事已非,舊時王謝見應稀。月明湘水初無影,雪滿梁園尚未歸。柳絮池塘香入夢,梨花庭院冷侵衣。趙家姊妹多相妒,莫向昭陽殿裏飛。"時大本《白燕》詩:"春社年年帶雪歸,海棠庭院月爭輝。珠簾十二中間捲,玉剪一雙高下飛。天下公侯誇紫頷,國中儔侶尚烏衣。江湖多少閑鷗鷺,宜與同盟伴釣磯。"顧光遠,即顧文昱,其《白雁》詩云:"萬里西風吹羽儀,獨傳霜翰向南飛。蘆花映月迷清影,江水涵秋點素輝。錦瑟夜調冰作柱,玉關曉度雪沾衣。天涯兄弟離群久,皓首江湖猶未歸。"王恭《賦得白雁送人之金陵》:"燕山榆葉望秋稀,雪羽瀟瀟向楚微。夜雨蘆花看不定,夕陽楓樹見初飛。影隨漢騎營邊落,夢繞胡兒笛裏歸。君到石城霜漸冷,莫云聲斷欲沾衣。"
② (清)朱彝尊:《静志居詩話》(上),第 79 頁。
③ (清)朱彝尊:《静志居詩話》(上),第 79 頁。

韻……有大歷十子遺音"，參以王恭《草澤狂歌》觀之，二人所評皆十分平允。文獻雜糅不是館臣本意，其本意在于創新，然終因難出朱、林二人之右，陷入彀中。

其二，鄭文康《平橋稿》提要："文康登正統戊辰進士。以父母繼亡，遂絕意仕進，居家枕藉經史，操觚頃刻千言。稿成輒爲人持去。其存者有《平橋稿》十八卷，即此本也。……其詩意主勸懲，詞旨質直，頗近《擊壤集》體，而溫柔敦厚，藹然可挹，要不失爲風人之遺。文章亦不屑以修詞爲工，而質樸之中，自中繩墨，較其詩爲尤勝。《江南通志》稱所作'多記載時事，有益勸懲，文尤簡質有法度'，殆非虛美。《静志居詩話》以文康比石介、尹洙，雖所造深淺不同，而意度波瀾，亦庶幾近之矣。"①按《平橋稿》提要不足三百字，而援引《江南通志》近百字。換言之，《江南通志》中關于鄭文康事迹的記載、詩文的評價，館臣幾乎全部因襲。其中"文章……較其詩爲尤勝"源自《静志居詩話》"平橋集文勝于詩"②一語，《總目》不進行説明，而是改換語句，充當己説。細閱開頭所引的這段提要，總覺有"似曾相識"之感，其文獻來源爲何？ 所用"溫柔敦厚"、"風人之遺"等語，依據又是什麽？ 退一步講，此則提要無論是館臣"自創"還是"雜糅"其他文獻而成，其對鄭文康詩文風格的評價又是否準確？ 帶著這些問題，我們不妨"分解"這段文字。"其詩意主勸懲"出自《江南通志》"多記載時事，有益勸懲"一語。"詞旨質直"是館臣所評，與《江南通志》、《静志居詩話》所指皆有不同。《江南通志》云其"文尤簡質有法度"③，而《總目》取其"簡質"與"法度"二詞化爲"質直"，却用來評價鄭氏之詩，這一點又與《静志居詩話》所言"詩亦蘊藉"恰恰相反。鄭氏詩文風格到底如何且容後文再説，接著看下面的評論，"頗近《擊壤集》體，而溫柔敦厚，藹然可挹，要不失爲風人之遺"。"《擊壤集》體"説的是邵雍《擊壤集》"以論理爲本，以修詞爲末"的詩歌風格，是配合"詞旨質直"一語進行的擴展。轉而又言鄭詩有"溫柔敦厚"、"藹然可挹"、"風人之遺"的一面，是對鄭氏詩風的進一步補充。"溫柔敦厚"出自《禮記·經解》④，是論《詩經》教化功用之言。"藹然可挹"見于宋王應麟《通鑒答問》卷一《魏文侯以卜子夏、田子方爲師，過段干木之廬必式》一文，"三子言'論風旨，藹然可挹'"⑤，説的也是詩歌風格。而

① （清）紀昀等：《欽定四庫全書總目》卷170，第 2296—2297 頁。
② （清）朱彝尊：《静志居詩話》（上），第 183 頁。
③ （清）趙弘恩等：《江南通志》卷 165，《景印文淵閣四庫全書》第 511 册，第 737 頁。
④ （清）孫希旦著，沈嘯寰、王星賢點校：《禮記集解》（下），北京：中華書局，1989 年，第 1254 頁。
⑤ （宋）王應麟：《通鑒答問》卷 1，《景印文淵閣四庫全書》第 686 册，第 625 頁。

《總目》論其文章"亦不屑以修詞爲工,而質樸之中,自中繩墨,較其詩爲尤勝",則是與詩歌風格一致,並截取《靜志居詩話》"文勝于詩"的評論而成。這樣看來,《總目》中的評論之語是拼湊嫁接而成,並不能反映鄭氏詩文之風的本來面目。這種"亂評"從"詞旨質直"一詞開始,而此詞是誤讀《江南通志》而來,之後的數言則變相拷貝于《擊壤集》提要:"(邵子)文章亦以平實坦易爲主。故一時作者,往往衍長慶餘風。……邵子之詩,其源亦出白居易。而晚年絶意世事,不復以文字爲長。意所欲言,自抒胸臆,原脫然于詩法之外。……譽之者以爲風雅正傳。"①如此一來,通過解決"似曾相識"的文獻問題,將館臣所云鄭氏詩風"温柔敦厚,藹然可挹"的錯誤評價找到了根源。"雜糅"過後的提要也就不可能對鄭氏詩文風格給予準確的評價了。細讀《平橋稿》,其詩蘊藉有度,與《擊壤集》並不出于同一路數;其文勝于其詩,簡約自然,頗守古文之矩。綜合上述文獻以及所作分析可知,此則提要不過是將《江南通志》、《靜志居詩話》和邵雍《擊壤集》提要中的記載或評論進行引用、擴展和"過度闡發"而成的,只要將這三篇文獻與《總目》進行比對,不難發現這一結論。

其三,文徵明《甫田集》提要在文獻雜糅方面更能説明問題。提要云:"朱彝尊《靜志居詩話》記其《告何良俊之言》曰:'吾少年學詩,從陸放翁入,故格調卑弱,不若諸君皆唐音也。'此所謂如魚飲水,冷暖自知,皎然不誣其本志。然周(沈周)天懷坦易,其畫雄深而蒼莽,詩格如之。徵明秉志雅潔,其畫細潤而蕭灑,詩格亦如之。要亦各肖其性情,不盡由于所倣效也。朱彝尊《明詩綜》録徵明詩十五首。其《池上》一詩,得諸墨迹,爲本集所不載。且稱其集外流傳者甚多,惜無廣搜爲續集者。然縑素流傳,半真半贋。與其如吳鎮、倪瓚諸集多收僞本,固不如據其家集,猶不失本來面目矣。"②這段話至少存在四個問題。第一,從表面來看,《總目》這段話僅徵引《靜志居詩話》"語何元朗曰'吾少年學詩,從陸放翁入,故格調卑弱,不若諸君皆唐音也'"一句,實際情況又是如何呢? 第二,《池上》一詩四庫本《甫田集》是否録存? 既然收存,館臣緣何説"爲本集所不載"? 第三,"朱彝尊《明詩綜》……稱其集外流傳者甚多,惜無廣搜爲續集者",所稱之言果真是《明詩綜》嗎? 第四,"縑素流傳,半真半贋","吳鎮、倪瓚諸集多收僞本",館臣所言依據爲何?

---

① (清)紀昀等:《欽定四庫全書總目》卷153,第2057頁。
② (清)紀昀等:《欽定四庫全書總目》卷172,第2318頁。

　　要解決這四個問題首先來看《静志居詩話》卷十一"文徵明"條的記載："先生嘗語何孔目元朗云：'我少年學詩，從陸放翁入，故格調卑弱。不若諸君，皆唐音也。'然則文之佳惡，先生得失自知。豈與左虚子（蔡羽）輩，妄自誇詡者比哉！今《甫田集》詩十五卷，集外流傳者尚多。蓋先生作書最勤，兼畫必留題，予嘗見所寫朱竹，即以朱書題詩其上。惜無好事者，廣搜爲續集也。曩從父維木公治別業于碧漪坊北，池荷岸柳，有軒三楹，懸先生手書于壁，即《池上》一詩，云：'楊柳陰陰十畝塘，昔人曾此詠滄浪。春風依舊吹芳杜，陳迹無多半夕陽。積雨經時荒渚斷，跳魚一聚晚波涼。渺然詩思江湖近，便欲相攜上野航。'少時諷誦，至今猶未遺忘，因附録之，視集中所載，尤出塵埃之表。拾遺珠于滄海，天下之寶，當與天下共之矣。"①參照上述文字，《總目》所云"此所謂如魚飲水，冷暖自知，皎然不誣其本志"，其實是《静志居詩話》中"然則文之佳惡，先生得失自知。豈與左虚子（蔡羽）輩，妄自誇詡者比哉"的變相搬用。這樣，第一個問題不辨自明。第三個問題，《總目》稱"其集外流傳者甚多，惜無廣搜爲續集者"出自《明詩綜》，而《静志居詩話》的這段文字亦有"集外流傳者甚多"，"惜無（好事者），廣搜爲續集也"的語句。查閲《明詩綜》，發現《明詩綜》是在撰寫作者小傳之後徵引了《静志居詩話》中的文獻，館臣出于疏忽致使張冠李戴。當然，疏忽只可能是一方面的原因，另一方面則是因爲此則提要援引的文獻僅限于《明詩綜》和《静志居詩話》兩種，兩書皆爲朱彝尊所編著，館臣撰寫提要時雜糅二種文獻，以致謬誤。第二個問題，《池上》一詩四庫本《甫田集》第五卷中是有收録的，題爲《滄浪池上》，内容與《静志居詩話》所載相同。館臣説"爲本集所不載"，是在自造"烏龍"。原因大略有三：其一，係館臣不細查《甫田集》所收詩歌，换句話説，館臣是否閲讀過《甫田集》已很難説；其二，對《静志居詩話》進行了斷章取義，詩話中説"曩從父維木公治別業于碧漪坊北，池荷岸柳，有軒三楹，懸先生手書于壁……少時諷誦，至今猶未遺忘，因附録之"，館臣僅僅依據"附録"二字查閲《甫田集》附録一卷，發現無此詩而誤下結論；其三，《四庫全書》所著録的本子與朱彝尊所見版本不同，這也可能是館臣致誤的一個原因。這涉及版本問題，當另文詳論。這個問題看似與文獻雜糅無關，其實亦是館臣没有吃透史料的緣故，在雜亂的史料之中對史實的取捨以及有意無意的處理皆可能會導致謬誤，這是一種"客觀雜糅"。

①　（清）朱彝尊：《静志居詩話》（上），第 304—305 頁。

與"主觀雜糅"相比,這種錯誤主要表現在"技術層面",也就是所謂的"硬傷"。

第四個問題是較爲複雜的,《總目》稱文徵明縑素半真半贋,因而"據其家集"著錄。實際上文徵明以書畫著稱,世傳其書畫多有贋品是事實。然而,其詩文集却並非如此。文徵明仲子嘉所作《先君行略》云:"時石田先生沈公周爲公前輩,雅重公文,行見公所作小幅,亦極加嘆賞,詩兼法唐宋而以温厚和平爲主,或有以格律氣骨爲論者,公不爲動。爲文醇雅典則,其謹嚴處一字不苟,故一時文章多以屬公而獨持文柄者垂六十年。或有得其書畫,不翅拱璧,雖尺牘亦輒藏弄爲榮,海外若日本諸夷亦知寶公之迹。然公才名頗爲書畫所掩,人知其書畫而不知其詩文,知其詩文而不知其經濟之學也。"①這段話説得很清楚,文徵明首要的才能是治國之才,其次是詩文,最後是書畫,前兩者均被書畫之名所掩。文嘉借沈周之言稱文徵明"詩兼法唐宋而以温厚和平爲主","爲文醇雅典則",頗有撥亂反正、剥離迷霧之感。這一點在王世貞所作《文(徵明)先生傳》中得到了印證,《傳》云:"先生好爲詩傳情而發,娟秀妍雅,出入柳柳州(柳宗元)、白香山(白居易)、蘇端明(蘇軾)諸公。文取達意,時沿歐陽廬陵(歐陽修)。書法無所不規,倣歐陽率更(歐陽詢)、眉山(蘇軾)、豫章(黄庭堅)、海岳(米芾),抵掌睥睨,而小楷尤精絶,在山陰父子(王羲之、王獻之)間,八分入鍾太傅(鍾繇)室,韓、李而下所不論也……"②對其詩、文、書法都給予了很高的評價。《傳》末王世貞評曰:"吴中人于詩述徐禎卿,書述祝允明,畫則唐寅伯虎,彼自以專技精詣哉,則皆文先生友也。而皆用前死,故不能當文先生。人不可以無年,信乎! 文先生蓋兼之也。"③由此看來,文徵明詩、文、書、畫皆有很高的造詣,詩文並不亞于書畫。王世貞並未談及文徵明書畫真贋一事,蓋後世以文徵明書畫爲寶,才漸有贋品而出之事。《四庫全書》著録的詩文集與書畫不可同日而語,所謂家集"猶不失本來面目"與"縑素流傳,半真半贋"並無必要的聯繫。在《四庫全書》著録的《文氏五家詩》提要中,也有文徵明《甫田集》詩四卷,而三十五卷本《甫田集》有詩十五卷,前者不足後者的三分之一。如果按照館臣邏輯,《文氏五家詩》中的《甫田集》詩四卷似乎更是"本來面目"。至于吴鎮集中的僞作是因爲"鎮畫深自矜重,

---

① (明)文徵明:《甫田集》卷 36 附録《先君行略》,《景印文淵閣四庫全書》第 1273 册,第 296 頁。

② (明)王世貞:《弇州四部稿》卷 83 文部《文(徵明)先生傳》,《景印文淵閣四庫全書》第 1280 册,第 370 頁。

③ (明)王世貞:《弇州四部稿》卷 83 文部《文(徵明)先生傳》,《景印文淵閣四庫全書》第 1280 册,第 371 頁。

不肯輕爲人作”，導致“後來假名求售，贋迹頗多，亦往往有庸俗畫賈僞爲題識”①，與文徵明之僞頗有不同之處。館臣的最後臆測之言，實際上也是前面對文獻進行“客觀雜糅”的必然結果。

通過以上實例推斷《總目》中文獻雜糅是館臣有目的的一種行爲。無論是出于創新的本意，還是對已有文獻進行過度闡發，其目的皆有官方意識形態的影響。文獻雜糅是清理《總目》首要進行的一項工作，只有對文獻來源有一個完整的認知，才能以此爲基點探討《總目》所提出的理論是否可靠，進而分析帶有濃厚官方色彩的處理文獻的思維方式的偏頗之處。

三、駁朱氏之言與重建己説

貝瓊《清江詩集》提要摘引朱彝尊《静志居詩話》中語有兩處，其一，謂“瓊學詩于楊維楨，然其論文稱，立言不在嶄絕刻峭，而平衍爲可觀；不在荒唐險怪，而豐腴爲可樂。蓋雖出于維楨之門，而學其所長，不學其所短，宗旨頗不相襲”②，此句並未點明出處，實際上是變相抄襲《静志居詩話》。③　其二，《總目》引朱彝尊評價貝瓊詩歌之語云，其詩“爽豁類汪廣洋，整麗似劉基，圓秀勝林鴻，清空近袁凱，風華亞高啟，朗净過張羽，繁縟愈孫蕡，足以領袖一時”④，做出“鄉曲之言，未免過實”的評論。而朱彝尊却辯稱“此非鄉曲之私，天下之公言也”⑤。孰是孰非其實並不難判斷，從“領袖一時”的角度來看，朱彝尊所言未免過大，但其認爲貝瓊詩歌爽豁與汪廣洋相類，整麗與劉基相似，圓秀較林鴻爲勝，清空與袁凱相近，風華亞于高啟，朗净過于張羽，繁縟過于孫蕡，均是從某一方面兩兩比較，眼光獨特，評述也較爲平允，雖有鄉曲之私之嫌，然並非妄下論斷。《總目》單單從朱彝尊之言的反面進行論説，無非出于兩種考慮，一是想將朱彝尊的“鄉曲之私”坐實，二是通過駁斥朱彝尊之言創意己説。然而館臣將兩者置于同一語境之下却出現了矛盾，《總目》云貝瓊詩“温厚之

① （清）紀昀等：《欽定四庫全書總目》卷168，第2243頁。
② （清）紀昀等：《欽定四庫全書總目》卷169，第2268頁。
③ 按，《静志居詩話》云：“廷琚從學于楊廉夫，其言曰：‘立言不在嶄絕刻峭，而平衍爲可觀；不在荒唐險怪，而豐腴爲可樂。’蓋學于楊而不阿所好者也。”〔（清）朱彝尊：《静志居詩話》（上），第56頁〕
④ （清）紀昀等：《欽定四庫全書總目》卷169，第2243頁。
⑤ （清）朱彝尊：《静志居詩話》（上），第56頁。

中自然高秀,雖不能兼有諸人之勝,而馳驟于諸人之間,實固無所多讓。其文亦沖融和雅,有一唱三嘆之音",再加之先前所論貝瓊"出于維楨之門,而學其所長,不學其所短,宗旨頗不相襲"①諸語,發現《總目》對貝瓊的評價與朱彝尊所評無異。如此一來,《總目》就無法坐實朱彝尊"鄉曲之私"之論。而另一方面館臣的創意己說是否達到了目的呢?答案顯然是否定的。按館臣所建立的明代文學"衰變史"②來看,貝瓊作爲明代開國文人之一,其詩文之風較後代應該是純正典雅的,因而《總目》用"温厚"、"高秀"以及"沖融和雅"對其進行評價。館臣表面上逆朱彝尊之論,究其實不過是對朱彝尊之言的變相重複。

對于《總目》專逆《静志居詩話》之調,還有《斗南老人集》提要一則,《四庫全書總目》云:

> 是集前有寧王權《序》,稱其"晚年泊舟鄱陽望湖亭,見石刻東坡《黑雲堆墨未遮山詩》,次韻和之。俄見一叟來,誦其詩曰:子非斗南老人耶?因以自號"。其事頗怪,疑好事者附會之,莫由詰其真妄也。朱彝尊《静志居詩話》稱:"吾鄉雲東逸史曾手録其稿,舊藏項氏天籟閣,繼歸高氏稽古堂,後爲華山馬思贊所藏。"案,今世所傳奎集皆出天籟閣抄本,止有四卷。前有項元汴題識,而無寧王原《序》。此本爲明初寧王府文英館所刊,見于《寧藩書目》。昆山徐氏傳是樓又從原刻影抄,實分六卷。凡詩一千九百餘首,與項氏所藏互校,乃知彼多所脱佚,不爲足本。觀《寧王序》中,又載:"宗哲徐將軍居西山,有道士過訪,食蕨。道士吟一絶句云:'一拳打得地皮穿,握住東風不放拳。只待杜鵑啼血後,展開鳳尾始朝天。'問其所作,以著書'斗南一人'四字。時先生未有是稱,後得先生稿,方知先生詩也。"與望湖亭和詩一事,文相連屬,而朱彝尊《静志居詩話》獨未採録。知彝尊所見惟天籟閣殘本。其記望湖亭事亦從都穆《南濠詩話》撏入耳。奎詩不事雕飾,往往有自然之致。彝尊謂其功力既深,格調未免太熟,誦之若古人集中所已有者。其言誠不爲過。然春雍和雅,其長處亦不可掩。視後來之捃拾摹擬者,固有間矣。③

---

① (清) 紀昀等:《欽定四庫全書總目》卷169,第2268頁。
② 按,《總目》的明代文學發展史是一部"衰變史",這與明代文學的實際發展是背道而馳的。
③ (清) 紀昀等:《欽定四庫全書總目》卷169,第2282頁。

而《静志居詩話》評曰：

　　虚白泊舟鄱陽望湖亭，見石刻東坡“黑雲推雨未遮山”絶句，次韻和之，書之于壁。俄見一叟來，誦其詩曰：“子非、斗南老人邪？”乃爲長揖，回顧不知所之，因以‘斗南老人’自號。高青丘《贈胡校書》詩所云：“簸弄明月琵琶洲”者是已。其詩功力既深，格調未免太熟，誦之若古人集中所已有者。吾鄉雲東逸史曾手書其稿，舊藏項氏天籟閣，繼歸高氏稽古堂，今爲華山馬思贊所藏，余借觀録其六首。①

　　《總目》對朱彝尊所記各條進行逐一辨證。其一，考證“望湖亭和詩一事”真僞，所據史料爲寧王朱權《序》，《静志居詩話》亦有同源史事，館臣所得結論淺顯直白，而詩話則引高啟之詩含蓄表達虚妄之見。② 又，館臣將“兩淮鹽政採進本”也就是明寧藩刻本與天籟閣抄本進行比較，後又引寧王《序》中“道士吟斗南一人絶句”一事，斷言“彝尊所見惟天籟閣殘本，其記望湖亭事亦從都穆《南濠詩話》攦入耳”。這個結論是否經得起推敲？ 館臣言之鑿鑿，其理由又是否充分？ 其二，館臣論胡奎詩“不事雕飾，往往有自然之致”，與朱彝尊所論有較大出入。館臣雖徵引朱彝尊之言，但却不盡認可，而是認爲胡奎詩“春雍和雅”，與後來的“捃拾摹擬者”相比有一定的區别。細品館臣所言，不免存在矛盾之處，同是論述奎詩品格，一説“自然之致”，又説“春雍和雅”，前者强調的是自然風格，後者則主張人爲修飾與人格修養占主要地位。換言之，館臣所述胡奎詩歌的總體風格相互齟齬，其間的深層原因爲何？ 胡奎詩歌創作是摹擬還是創新？ 與後來的摹擬派有何區别？ 這個問題涉及館臣對明代摹擬之風的看法，從更宏觀的角度來看，是對明初和明中後期文學地位的評價問題。

　　下面對上述兩個問題進行考辨。

　　第一個問題，《斗南老人集》現存明代本子有兩種，一爲刻本，一爲抄本。刻本

---

① 　（清）朱彝尊：《静志居詩話》（上），第113—114頁。
② 　按，高青丘《贈胡校書》詩云：“簸弄明月琵琶洲”，典出《搜神記》卷二十：“隋縣溠水側，有斷蛇丘。隋侯出行，見大蛇被傷，中斷，疑其靈異，使人以藥封之，蛇乃能走，因號其處斷蛇丘。歲餘，蛇銜明珠以報之。珠盈徑寸，純白，而夜有光，明如月之照，可以燭室。故謂之‘隋侯珠’，亦曰‘靈蛇珠’，又曰‘明月珠’。”韓愈《别趙子》詩有“婆娑海水南，簸弄明月珠”之語。

是明永樂寧藩（寧國文英館）所刻，十二行二十二字，黑口，四周雙邊，六卷，藏上海圖書館①，此本即是《四庫全書》據以抄録的本子。抄本有兩種，一爲六卷本，卷三至卷六配清抄本②；另爲四卷本，明姚綬所抄，後有項元汴跋，藏天津市人民圖書館（今天津圖書館）③。據朱彝尊所言，"吾鄉雲東逸史（姚綬）曾手書其稿，舊藏項氏天籟閣，繼歸高氏稽古堂，今爲華山馬思贊所藏"，知館臣所言"今世所傳奎集皆出天籟閣抄本"不虛。但是館臣將寧藩刻本與項氏天籟閣本互校後發現，項氏藏本"多所脱佚，不爲足本"。又據朱彝尊未採用寧王《序》中"道士吟斗南一人絶句"一事，斷言"彝尊所見惟天籟閣殘本，其記望湖亭事亦從都穆《南濠詩話》摭入耳"，則過于草率。原因是什麽呢？這就需要回答如下幾個問題。姚綬抄、項元汴跋的天籟閣藏本是否確定爲殘本呢？朱氏到底是否真的未見寧王《序》？天籟閣本前有無寧王《序》與朱彝尊採用"斗南老人"別號逸事是否有必然的聯繫？其實天籟閣藏本並非殘本，且此本前有寧王《序》，所以朱彝尊是見過此序的，退一步講，朱彝尊不採"道士吟斗南一人絶句"蓋並非因爲此本前無寧王《序》，抑或因"斗南一人"與"斗南老人"文字有異，又故事與望湖亭事皆爲虛妄多采無益，亦未可知。

第二個問題，按館臣邏輯，明初文學爲明代文學正宗，胡奎生活于元末明初，在《總目》之中被列入明代。明初詩文之風以雍容典雅爲主，館臣在評判明初文人風格時時強調這一點，這在宋濂《宋學士全集》提要、汪廣洋《鳳池吟稿》提要、陶安《西隱集》提要、唐桂芳《白雲集》提要以及貝瓊《清江詩集文集》提要中皆可窺測。在對待胡奎詩風上，朱彝尊只言"其詩功力既深，格調未免太熟，誦之若古人集中所已有者"④，而《總目》則首贊奎詩有"自然之致"，後又強調"春雍和雅"一面。館臣認爲胡奎詩歌"古格"與明後期的摹擬之風有所不同，按《總目》所持明代文學的發展是"衰變史"的觀點來看，胡奎詩歌雖有摹擬，亦不乏創新。這一問題在王璲《青城山人集》提要中亦有涉及。

再來看王璲《青城山人集》提要，此則提要亦徵引《靜志居詩話》中的文字，但却

---

① 翁連溪：《中國古籍善本總目》第肆册集部（上），北京：綫裝書局，2005 年，第 1370 頁。又見《中國古籍總目·集部》第 2 册，北京：中華書局，2012 年，第 545 頁。
② 翁連溪：《中國古籍善本總目》第肆册集部（上），第 1370 頁。又見《中國古籍總目·集部》第 2 册，北京：中華書局，2012 年，第 545 頁。
③ 翁連溪：《中國古籍善本總目》第肆册集部（上），第 1370 頁。
④ （清）朱彝尊：《靜志居詩話》（上），第 114 頁。

補充了諸多評論。提要云："《静志居詩話》稱'其詩不費冥索,斤斤唐人之調。吴人徐用理集永樂後詩家三百三十人,以瓊壓卷。'今觀其詩,音節色澤,皆合古格,誠有擬議而不能變化者。然當元季詩格靡麗之餘,能毅然以六代、三唐爲楷模,亦卓然特立之士,又不得以王、李流弊預繩明初人矣。"①這些補充是將王瓊詩歌放入了文學動態發展的歷史進程中來看的,而這種歷史眼光代表了館臣對明代文學發展史的一種關注。細繹這則提要發現,《静志居詩話》謂王瓊詩歌"斤斤唐人之調",《總目》評論則枝節頗多,指出王瓊詩歌"擬議而不能變化",説的是王瓊詩歌重在摹擬而無創新;然其指出元末詩風綺靡,瓊詩能以"六代"、"三唐"爲楷模,乃有特立獨行之風。館臣將王瓊詩風上溯至六代,這是《静志居詩話》所没有論及的,而"三唐"則將朱彝尊所論"唐人之調"更加具體化。② 值得注意的是,館臣在《青城山人集》提要中對王瓊的擬古給出的是"卓然特立"的評價,却對王、李復古詩風進行了批判,這種對明初王瓊的摹擬之法另立準繩的做法明顯是區别對待的,其中衡量標準的變化説明了什麽,值得深思。其實,這個問題與《總目》的明代文學觀念有關。對明代文學而言,四庫館臣明顯是重前期,輕中後期的,因而即使王瓊詩歌重在"擬議",由于其明初文人的身份,所以館臣對其"另眼相待"。换句話説,因爲《總目》批評視野下的明代文學史發展史呈現倒退而非發展的趨勢"③,所以明初文人的地位高于中後期作家。《總目》以"先入爲主"的明代文學"衰變史"爲衡量標準,于是出現了極力批判王、李摹擬之風,却對王瓊的擬議"網開一面"的情形。以上所論是宏觀視閾下的外因分析,當然也存在微觀視野下的内因作用,即王瓊詩風的内在特點。按文學發展規律來看,持續了相當長時間的詩文之風要發生轉變並不是此種風格的戛然而止,立即轉而换作其他風格,而是由于文學發展"慣性"的存在,之前的風格對後來的文學發展依然會産生影響,自身的風格也會在很長的一段時間記憶體在。

①　(清)紀昀等:《欽定四庫全書總目》卷170,第2290頁。

②　按,詩家論唐人詩作,多以初、盛、中、晚分期,或以中唐分屬盛、晚,謂之"三唐"。明趙振元《爲袁氏祭袁石寓(袁可立子)惠副》曰:"以故《九丘》、《八索》,淹爲精華。即兩晋三唐,亦執其俎豆。"清顧有孝《江左三大家詩鈔叙》云:"迨至今日風雅大興,虞山、婁東,合肥三先生其魁然者也……雖體要不同,莫不源流六義,含咀三唐,成一家之言,擅千秋之目。"(《四庫禁毁書叢刊》集部第39册,北京:北京出版社,2000年,第3頁)姚華《論文後編目録下》説:"明清遞嬗五百年間,殆遍神州蔚爲大國,幾于户披其文,人習其事……尤可謂六代儷語之佚文,三唐近體之摘句也。"(《弗堂類稿》第七册論著甲《論文後編目録下》,北京:中華書局,1930年鉛印本)

③　何宗美、劉敬:《明代文學還原研究——以〈四庫總目〉明人别集提要爲中心》,北京:人民出版社,2014年,第292頁。

因此,明初詩文之風受元末靡麗之風的影響是很正常的,而王璲抵制元末文風,以"六代"、"三唐"詩歌爲標準,是一種"非自覺行爲"。王璲爲明初重臣,《列朝詩集小傳》記載:"洪武末,以薦攝郡學教授,擢翰林五經博士。永樂初,進檢討春坊贊善,預修大典。仁廟在東宮,特深眷注,嘗與群臣應制,撰《神龜賦》,汝玉居第一……"①他的詩歌有典雅厚重的臺閣之風,也有唐人之調,《春坊贊善王公汝玉傳》就説:"汝玉文兼古今體,賦尤瞻麗,詩語雋永,得唐人風格。"②這種評價是針對王璲詩風的個體而言的,與明中後期復古派無涉,而館臣的"上綱上綫"實無必要。

無論是宏觀還是微觀視角,館臣其終極目的還是爲了將明代文學發展趨向衰落這一事實貫穿于提要之中,這是《總目》對王璲詩風的評價與朱彝尊《静志居詩話》不同的本質原因。另者,明代中後期摹擬剽竊之風愈濃,在這一點上,如何評判中後期作家及作品是各方關注的焦點。以《宗子相集》爲例,《静志居詩話》和《總目》對其評價也有很大的分歧。《宗子相集》提要云:"其詩跌宕俊逸,頗能取法青蓮,而意境未深,間傷淺俗。《静志居詩話》謂'使其不遇王、李,充之不難與昌穀、蘇門伯仲。自入七子之社,漸染習氣,日以窘弱,最可惋惜'。所言誠切中其病。然天才婉秀,吐屬風流,究無剽剟填砌之習,本質猶未盡漓也。"③"其詩跌宕俊逸"至"間傷淺俗"一語間接抄襲《静志居詩話》。《静志居詩話》云"子相詩才娟秀,本以太白爲師,跌宕自喜"④,館臣所言"其詩跌宕俊逸,頗能取法青蓮"實源于此。觀《静志居詩話》,朱彝尊對其評價之語唯此句最高,其餘皆有貶無褒。館臣間接採用朱彝尊之言,却以"意境未深,間傷淺俗"作爲補充性評價,明顯帶有否定前者之意。那麽宗臣詩風到底怎樣?詩法是否來自李白?朱彝尊爲何會給予宗臣如此評價?館臣爲何因襲朱彝尊之言而又有所保留?要弄清這些問題,就不能不對宗臣詩歌進行詳細考察。

《宗子相集》十五卷中有十卷詩歌,從全集來看所占比例很大,雖然整體數量無法與王世貞、李攀龍等人相比,但宗臣詩歌以體裁多樣出勝。卷中古體詩有古調歌、古樂府、五言古詩、七言古詩,近體詩有五言律詩、七言律詩、五言排律、五言絶

---

① (明)錢謙益:《列朝詩集小傳》(上),上海:上海古籍出版社,2008年,第166頁。
② (明)焦竑:《獻徵録》卷19,《明代傳記叢刊》第109册,臺北:明文書局,1991年,第789頁。
③ (清)紀昀等:《欽定四庫全書總目》卷172,第2328頁。
④ (清)朱彝尊:《静志居詩話》(下),第388頁。

句、七言絶句等。不僅如此，其詩歌題材也極爲豐富，有詠懷詠史之作，有游記觀覽之作，有山水田園之作，有宴集應酬之作，還有抒情達意之作，包括友情、親情、鄉情等。然而，綜合來看，宗臣詩歌品格其實並不高，其所創古調歌，平易過之而韻味不足，徒具形式而致内容平淡，雖無過分艱澀之言，但與"跌宕俊逸"實有一段距離。如《池上歌二首寄諸子》其一："芙蕖搖落兮驚素秋，簫鼓殷殷兮泛中流，瞻彼滄洲兮狎白鷗，美人不見兮使我愁，安得與美人相逢兮，採萱草以忘憂"①；《昔君别》："昔君别我兮春草萋萋，今我思君兮秋雨霏霏。春秋既已改序兮，君胡爲兮不歸。昔君别我兮江月陰陰，今我思君兮海日深深。日月忽其不停兮，君胡爲兮無音"②；《今夕歌》其一："今夕何夕兮星稀月明，今夕何夕兮得與美人同行。蟋蟀在床兮凄凄則鳴，江水浩蕩兮泠泠其聲。何接美人之愨愨兮，乃使我惆悵而愴情"③，皆有古人之形而無古人之神。其他諸如《昔思君》、《送將歸》、《白頭吟》、《萱草詞四章爲伊母夫人賦》等詩，也盡入形式之窠臼，難以神似古人。古樂府較之古調歌有很大不同，發乎自然，漸入新聲，然終隔一層，蓋如王世貞所言"宗子相天才奇秀，其詩以氣爲主，務于勝人，間有小瑕及遠本色者，弗恤也"④。其中《留别京洛諸游好三首》其三："天風西北來，蕭蕭動高樓。搖落愴中懷，何以慰離憂。念我平生親，涕淚不能收。豈不懷往路，爲君暫淹留。執手對長河，情思良悠悠。願言俱努力，千載崇良謀"⑤，寫得情深意長，頗有古樂府之風，但王世貞所謂的"天才奇秀"乃誇讚之詞，倒是"有小瑕及遠本色"一語實切中本質。

　　現在我們回到上面提到的問題，宗臣詩風到底怎樣？其實要回答這個問題需要將宗臣各體詩歌分類研究，因爲各體詩歌風格有很大差異，古調與古樂府不同，五七言古體詩與五七言近體詩有異。那麽《静志居詩話》爲何會有"本以太白爲師"之説呢？原因之一，宗臣其人性格率直，加之二十六歲進士及第，可謂少年得志，有"結髮事明主，忠義諒獨持"⑥之抱負。原因之二，宗臣近體詩歌確實具有娟秀之美，有李白遺風。如《寄懷鄉園游好五首》其一"浮雲日萬里，空復滯燕臺"，其二"最憶

---

① （明）宗臣：《宗子相集》卷2，《景印文淵閣四庫全書》第1287册，第4頁。
② （明）宗臣：《宗子相集》卷2，《景印文淵閣四庫全書》第1287册，第4頁。
③ （明）宗臣：《宗子相集》卷2，《景印文淵閣四庫全書》第1287册，第4—5頁。
④ （明）王世貞：《弇州四部稿》卷150説部《藝苑卮言七》，《景印文淵閣四庫全書》第1281册，第423頁。
⑤ （明）宗臣：《宗子相集》卷4，《景印文淵閣四庫全書》第1287册，第16頁。
⑥ （明）宗臣：《宗子相集》卷4，《景印文淵閣四庫全書》第1287册，第14頁。

論心者,乾坤一草廬",其三"那堪千日别,直使寸心違"①;《羈恨然有感》中"年華過燕雀,春色尚蘼蕪。赤水心頻切,紅塵爾自拘。茲游且不得,何更問江湖"②;《送張簿之上饒》:"送君燕市北,作客楚江西。日月千山闊,星辰一劍低"③;《春日》:"帝里頻看柳色新,那能金馬坐沈淪。誰家羌笛吹明月,無數梅花落早春。群盗烽烟時更急,五陵冠蓋日相親。故園歲事滄江上,腸斷孤舟起釣綸"④;《送施明府之蕭山》云:"馬上秋風吹客纓,送君千里越中行。芙蓉落日憑誰語,楊柳寒江非世情。群盗羽書仍北向,頻年將相議南征。白雲茂宰今看女,莫問飛鳬向帝京"⑤;《望蜀》中則更是有李白"華髮蕭然寄一官,于今蜀道更艱難。北來戎馬應看劍,南去蓴鱸好掛冠。楊柳豈堪巫峽暮,薜蘿空對錦江寒。東山舊日饒書札,夜夜燈前拭淚看"⑥,等等。這些詩歌氣概頗大,高遠跌宕,有李白風骨。而王世貞《藝苑卮言》早已言明:"子相自閩中手一編遺余,乃五七言近體,了摘其佳句,書之屏間,雖沈侯採王筠之華,皮生推浩然之秀,不是過也。"⑦所以,王世貞也認爲宗臣詩歌寫得好的是他的近體詩而非其他詩體。事實上,"以李白爲師"淵源有自,非朱彝尊獨創。王世貞《祭宗子相文》説:"擲筆之章,精光煜然。君實騎龍,游崑崙巔。我叙君詩,比于青蓮。其以君傳,億千萬年……"⑧王氏將宗臣詩"比于青蓮",本是一種誇飾之詞,從祭文這一文體就可以看出。這樣一來,問題就清楚了,先是王世貞稱頌宗臣之詩有李白之風,之後朱彝尊借王世貞之言説得更爲詳細,宗臣"詩才娟秀,本以太白爲師,跌宕自喜。使其不遇王、李,充之不難與昌穀、蘇門伯仲。自入七子之社,習氣日深,取材日窄,撰體日弱,薜荔芙蓉,蘼蕪楊柳,百篇一律,訖未成家而夭,最可惋惜"⑨,最後四庫館臣在撰寫提要時因襲《静志居詩話》,並進行了"保留式"評價,認爲宗臣詩歌"意境未深,間傷淺俗"。其實,館臣所言也只是看到了宗臣詩歌的表面。王世貞

---

① (明)宗臣:《宗子相集》卷6,《景印文淵閣四庫全書》第1287册,第38頁。
② (明)宗臣:《宗子相集》卷6,《景印文淵閣四庫全書》第1287册,第39頁。
③ (明)宗臣:《宗子相集》卷6,《景印文淵閣四庫全書》第1287册,第40頁。
④ (明)宗臣:《宗子相集》卷7,《景印文淵閣四庫全書》第1287册,第54頁。
⑤ (明)宗臣:《宗子相集》卷7,《景印文淵閣四庫全書》第1287册,第54頁。
⑥ (明)宗臣:《宗子相集》卷7,《景印文淵閣四庫全書》第1287册,第56頁。
⑦ (明)王世貞:《弇州四部稿》卷150説部《藝苑卮言七》,《景印文淵閣四庫全書》第1281册,第423頁。
⑧ (明)王世貞:《弇州四部稿》卷105文部《祭宗子相文》,《景印文淵閣四庫全書》第1280册,第662頁。
⑨ (清)朱彝尊:《静志居詩話》(下),第388頁。

《宗子相集序》就説："諸善子相者,謂子相超津筏而上之。少年間是非子相者,謂子相欲逾津而棄其筏。然雅非子相指也,充吾結撰之思,際吾才之界以與物境會。境合則吾收其全瑜,不合則吾姑取其瑜,而任瑕字不得累句,句不得累篇。吾時時上駟以次馳天下之中,下者有一不勝,而無再不勝,如是耳。今其篇章具在,即使公幹、太沖、必簡、龍標小自貶損,而附于諸賢之驥,子相甘之哉。子相于文筆尤奇,第其力足以破冗腐成一家言,奪今之耳觀者,而大趣乃在北地。李先生以子相之詩足無憾于法,乃往往屈法而伸其才;其文足盡于才,乃往往屈才而就法……"①實事求是地説,王氏之評較爲公允。

　　從《總目》刪改《静志居詩話》用詞,到雜糅其他文獻,再到駁朱彝尊之論以立己説,這一系列的文獻缺失造成的不僅僅是《總目》自身學術價值的降低,更重要的是《總目》以其官方思想確立的文學思想、文學觀念對後世的浸染是龐雜的,譽之者毫無保留地徵引,斥之者則矯枉過正,這是因爲,一方面前人"對該書編纂的實際難度缺乏理性的思考而有此誤判"②,另一方面則是對"官學"二字缺乏深刻的思考。研究者只有將《總目》中的文獻進行廓清,才能對其有正確的認識和評價,而如果要還原事實真相,則必須深入到官學之作的内在,探索"權力的毛細血管作用"③。

(張曉芝　四川外國語大學)

---

①　(明)王世貞:《弇州四部稿》卷 65 文部《宗子相集序》,《景印文淵閣四庫全書》第 1280 册,第 134—135 頁。
②　何宗美:《〈四庫全書總目〉王士禎批駁舛誤辨證——兼析館臣提要撰寫體例及主觀缺失》,《文學遺産》2015 年第 6 期,第 179 頁。
③　按,王汎森語。其著有《權力的毛細血管作用:清代的思想、學術與心態》(臺北:聯經出版事業公司,2013 年)一書。

解讀與反思：《四庫全書總目》的明代文學批評

——以復古派作家的別集提要爲例

　　依托乾嘉實學的影響，《四庫全書總目》(以下簡稱《總目》)的明代文學批評，以議論具有根柢、避免鑿空之談而取信于世人。爲展示賅博而公允的權威形象，鼓吹崇實黜虚的學風士風，四庫館臣在撰寫提要過程中大量植入前人成論再繼之以定論性評價，以體現"定千載之是非，決百家之疑似"①的自我定位。這種實踐，在方法論層面增强了傳統書目解題的文學批評功能，也取得了可觀的實績。然毋庸諱言，由于官方學術的預設立場，這種基于前人成論和文獻考據的"客觀"批評方法，並未在其明代文學批評中真正"掃除畛域，一準至公"②。正面、理性地探討這些瑕疵，爲解析《總目》文學批評的理論意圖以及館臣"明文學史觀"的形成，提供了有利的研究切口。以下即以館臣用力最深的明代復古派作家的別集提要爲例，對《總目》的文獻援引、文學批評以及理論意圖之間的關係進行解讀與反思。

一、文獻失誤中的文學批評指向

　　作爲一部大型叢書的解題目録，《總目》存在一定量的文獻錯誤在所難免。然在無心之失外，仍有不少問題有待剖辨。這些情況在明代復古文學批評中尤爲突出，也爲解讀其理論建構提供了樣本與綫索。

　　首先，一些"移花接木"、"斷章取義"式的文獻援引和解讀，與館臣爲立論需要而降低文獻的準確性，乃至對文獻的主動誤讀難脱干繫。這些成論植入提要，使文

---

①　(清)紀昀等：《欽定四庫全書總目》卷首三《凡例》，北京：中華書局，1997 年，第 31 頁。
②　(清)紀昀等：《欽定四庫全書總目》卷 148《集部總序》，第 1971 頁。

學批評與文獻依據之間看似契合,實則存在諸多失實、偏頗之處。具體而言,"移花接木"是指《總目》所援引文獻以及文獻與文學批評之間,存在人移甲就乙問題。例如,《總目》爲其著録的《華泉集》所撰提要,即明顯存在此類問題。《華泉集》作者爲"前七子"之一的邊貢。提要有云:"胡應麟《詩藪》曰:'世人獨推李、何爲當代第一。余以爲空同關中人,氣稍過勁,未免失之怒,張大復之亮節俊語出于天性,亦自難到,但工于文句而乏意外之趣。獨邊華泉興象飄逸,而語尤清圓,故當共推此人。'陳子龍《明詩選》則曰:'尚書才情甚富,能于沈穩處見其流麗。聲價在昌穀之下、君采之上。'今考其詩,才力雄健,不及李夢陽、何景明善于用長;意境清遠,不及徐禎卿、薛蕙善于用短。而夷猶于諸人之間,以不戰爲勝。無憑陵一世之名,而時過事移,日久論定,亦不甚受後人之排擊。三人所論,當以子龍爲持平矣。"①經考證,提要所謂胡應麟《詩藪》云者,實出何良俊《四友齋叢説》,引文與原文同。② 胡應麟《詩藪》的真實評價則爲:"弘正並推邊、何、徐、李,每怪邊品第懸遠,胡得此稱!"③又,提要所引《明詩選》確有此論,但並非出于陳子龍而是出自宋徵輿。《皇明詩選》卷三,選録諸家五言古詩,邊貢名下雙行小字評曰:"臥子曰:'廷實粗率未除,然時見精詣。五言尤稱長城。'轅文曰:'尚書才情甚富,能于沈穩處見其流麗。聲價在昌穀之下、君采之上。'"④且不論館臣因何將何良俊對邊貢的推崇安插到胡應麟身上,復將宋徵輿的評價移到陳子龍名下,僅從批評效果上看,何良俊與宋徵輿的觀點可以很好地配合館臣對邊貢"夷猶于諸人之間,以不戰爲勝"的定位,而真正的胡應麟與陳子龍的觀點却與之並不十分合榫。與之相應,提要所謂"以子龍爲持平"已然淪爲"以館臣爲持平"的烟幕。同時,經過館臣的"移花接木",提要的論據作者換成了復古派中地位更高、文學影響更大的胡應麟與陳子龍。在舛誤不被發覺的條件下,反倒有助于"《華泉集》提要"可信性和權威性的樹立。遺憾的是,這種批評效果建立在嚴重的文獻錯誤基礎上。而且,這種改動文獻爲己所用的問題,在《天目山堂集》提要、《對山集》提要等處亦較爲突出。

　　其次,出現如"《華泉集》提要"等處那麽明顯的文獻錯誤,或單純利用文獻錯誤

---

① （清）紀昀等:《欽定四庫全書總目》卷 171《華泉集》提要,第 2310 頁。
② 何良俊:《四友齋叢説》卷 26,北京:中華書局,1959 年,第 234 頁。
③ 胡應麟:《詩藪·續編》卷 1,上海:上海古籍出版社,1958 年,第 347 頁。
④ 陳子龍:《皇明詩選》卷 3,上海:華東師範大學出版社,1991 年,第 168 頁。

自堅其説,在《總目》中並不是普遍現象。更爲常見的問題,是在出處準確、作者無誤、文字内容與原文相符或基本相符的前提下,進行"斷章取義"式的引用和批評。《總目》對原始文獻進行壓縮或剪裁本無可厚非,但文獻的取捨態度則客觀上透出其理論意圖與批評指向。

由館臣爲明代復古派作家所撰别集提要來看,他們在剪裁文獻時捨棄了很多對原作及原作者的積極評價。例如,《天目山齋歲編》提要曰:"朱彝尊《静志居詩話》謂'峻伯如鉛刀土花,不堪灑削'。雖詆之太過,然覆核斯集,其論亦非無因也。"①然而,核對《静志居詩話》原文,引文後面實際上還有"然其五律,頗具岑嘉州、張司業風格"②一句。可見,朱彝尊的評價很難稱得上"詆之太過",只是館臣自導自演的"誤會"。《渼陂集》提要曰:"是集前有自序,稱'始爲翰林時,詩學靡麗,文體萎弱。其後德涵、獻吉導予易其習。獻吉改正予詩稿今尚在;而文由德涵改正者尤多'云云。是其平生相砥礪者,在李夢陽、康海二人,故其詩體文格與二人相似,而詩之富健不及夢陽,文之粗率尤甚于海。"③然在原集序文中,館臣所引文字後面還有王九思進一步的闡述:"然亦非獨予也,惟仲默諸君子亦二先生有以發之。"④顯然,復古派同氣相求的切瑳琢磨,康、李二人的首創之功,尤其是李、何之間友好和諧的關係,均在引文去取間被回避了。

儘管任何人在援引文獻時都會面臨取捨問題,文獻取捨也無非要通過壓縮文字和裁剪篇幅兩種方式實現,這個過程中造成信息遺漏也不足爲奇。但是,當對同一文學流派的作家出現一以貫之的"揚短避長",便不能不對這種評價的客觀性和理論意圖有所質疑。而且,經過進一步的分析,這種信息遺漏的傾向性便更爲明顯:首先,遺漏的文字並不長,添加在引文中不會給提要的篇幅造成影響。其次,遺漏文字與引文關係密切,放棄這部分文字會嚴重影響信息的完整性。復次,提要中遺漏的信息均包涵著對復古派有利的正面信息。最後,這種有目的信息遺漏並非僅有上述兩例。當原始文獻的篇幅較大時,這種問題會更具隱蔽性和複雜性。例如,《對山集》提要對王世懋及朱孟震的序文均進行了此類處理,而且朱孟震的序

---

① (清)紀昀等:《欽定四庫全書總目》卷177《天目山齋歲編》提要,第2451頁。
② 朱彝尊:《静志居詩話》卷14"吴維岳"條,北京:人民文學出版社,1990年,第395頁。
③ (清)紀昀等:《欽定四庫全書總目》卷176《渼陂集》提要,第2410頁。
④ 王九思:《渼陂集》,《續修四庫全書》第1334册,上海:上海古籍出版社,2002年影印本,卷首自序,第2頁。

文並沒有在庫本《對山集》中保存下來。欲將原文與提要對校，還要費些文獻搜集的周折。經核對，一方面，提要引用的王序忽略了王世懋對康海的讚賞與理解；另一方面，提要對朱序的引用，也存在前述"移花接木"的問題，將朱孟震評價《對山集》選本的不足，說成對康海創作的批評。易言之，"移花接木""斷章取義"的文獻援引與解讀，包含著壓低明代復古文學評價的意圖。

二、文學批評背後的理論意圖

《總目》由分校到總纂，定稿之前屢經修改。即便定稿刊刻，不同刊本之間亦有出入。這些差異不僅在目錄、文獻、纂修等層面具有開闊的研究空間，也保留了《總目》文學批評在定論過程中的某些細節，折射出館臣的理論意圖。對比通行刊本與"四庫總目之雛形"①的《四庫全書初次進呈存目》（簡稱"初次進呈本"），相關提要內容的變動也成爲有益的研究綫索。

復古派作家的別集提要在定稿過程中呈現一定的特點。其一，定稿中削除初稿的積極評價並增加消極評價。例如《對山集》提要，初次進呈本首先陳述康海"進士第一"及"與李夢陽共倡復古學，而海尤有志于經濟"②。作爲定稿的刊本則首先敘述版本刊刻，删去"進士第一"、"有志于經濟"的內容，進而對康海因救李夢陽而交劉瑾的消極後果進行了更多渲染。初次進呈本僅曰"瑾敗坐廢，放浪于聲伎之間，以度曲擅名"③，而定稿則云"瑾敗坐廢，遂放浪自恣，徵歌選妓，于文章不復精思，詩尤頹縱"④，進而對其詩文進行消極評價。又如《空同集》提要，儘管兩種提要均指出李夢陽創作中的摹擬缺陷，但定稿的抨擊更爲激烈，並將李夢陽作爲"門户紛競之始"⑤。同時，爲批評李夢陽樹立門户，定稿補充內容中轉引了《因樹屋書影》並加以渲染曰："其'黃河水繞漢官牆'一詩，以落句有'郭汾陽'字，涉用唐事，恐貽口實，遂删除其稿，不入集中。其堅立門户至于如此。"⑥事實上，這首詩見于四庫著

---

① 曾淑賢：《四庫全書初次進呈存目》序，《四庫全書初次進呈存目》，臺北：臺灣"商務印書館"，2012 年，總第 1 册，第 3 頁。
② 《四庫全書初次進呈存目》集部《對山集》提要，總第 7 册，第 329 頁。
③ 《四庫全書初次進呈存目》集部《對山集》提要，總第 7 册，第 329 頁。
④ （清）紀昀等：《欽定四庫全書總目》卷 171《對山集》提要，第 2312 頁。
⑤ （清）紀昀等：《欽定四庫全書總目》卷 171《空同集》提要，第 2309 頁。
⑥ （清）紀昀等：《欽定四庫全書總目》卷 171《空同集》提要，第 2309 頁。

録的《空同集》第三十二卷,而《書影》也僅將此事當作傳聞。定稿的增補内容並不可靠,但却成爲李夢陽樹立門户的證據。其他如《宗子相集》提要,定稿將《静志居詩話》的内容進行剪輯,指責其"自入七子之社,漸染習氣,日以窘弱,最可惋惜"①。其二,定稿中誇大作家之間的風格差異,利用揚此抑彼的手法,間接對復古派旗手及復古派形成消極評價。如《迪功集》提要,定稿將初次呈進稿"與李夢陽、何景明齊名"②,换做"當時不能與夢陽争先,日久論定,亦不與夢陽俱廢,蓋以此也"③。《考功集》提要,定稿亦以薛蕙風格"清削婉約"而謂其"非生吞漢魏、活剥盛唐者比",將矛頭指李夢陽。透過以上比對可見,無論直接還是間接,定稿的修改,整體上壓低了對明代復古文學的定位。此外,初次呈進稿中,如康海之"經濟"、吴中行之"鯁直"、宗臣之"忤嚴嵩"及抗倭等體現人格魅力的事迹,也在定稿中被删除或淡化,而對成員矛盾、門户紛競則大加渲染。

爲何要壓低明代復古文學的地位和影響? 造成《總目》明代復古文學批評偏離客觀實際的原因又有哪些? 我們首先通過《總目》中一些具有綱領性的論述來切入這個問題。集部總序曰:"大抵門户構争之見,莫甚于講學,而論文次之。"④凡例曰:"自南宋至明,凡説經、講學、論文,皆各立門户。……人心世道之害,莫甚于斯。……至詩社之標榜聲名,地志之矜誇人物,浮辭塗飾,不可盡憑,亦併詳爲考訂,務核其真。庶幾公道大彰,俾尚論者知所勸戒。"⑤由這些文字傳達出的信息看,作爲清代統治者的文化代言人,館臣對于明代組織詩社、議論文字的風氣持排斥打壓態度。在館臣看來,議論成門户,門户結朋黨,朋黨亂綱紀。因此,連結社論詩也應一併摒除,以免有害世道人心。由此我們也就不難理解其爲何對曾令明代士人靡然相向的復古派懷有如此大的不滿了。因此,如何定位這個成員衆多影響深遠的文學流派,也就成爲館臣在明代文學批評領域的一大難題。既然打壓的立場已經確立,那麽剩下的便是如何打壓的問題。

《總目》的復古派批評系統實際上有三個層面構成:創作核心、創作主體、創作群體。貶低核心人物、分化創作主體、消解創作群體,是其批評系統的總體原則。

---

① (清) 紀昀等:《欽定四庫全書總目》卷172《宗子相集》提要,第2327頁。
② (清) 紀昀等:《四庫全書初次進呈存目》集部《迪功集》提要,總第8册,第729頁。
③ (清) 紀昀等:《欽定四庫全書總目》卷171《迪功集》提要,第2314頁。
④ (清) 紀昀等:《欽定四庫全書總目》卷148《集部總序》,第1971頁。
⑤ (清) 紀昀等:《欽定四庫全書總目》卷首三《凡例》,第33頁。

痛批復古派作者復古創作中的"摹擬"缺陷，反復强調其"流弊"，誇大其消極影響，是其批評系統的具體建構方式。如此一來，一個主張毫無新意、創作泥古不化、堅執門户標榜聲氣有内部分化争訟不休的復古派就在清代官方學者的批評體系中成型。

　　"復古—摹擬—批判"的思路成爲《總目》復古派批評的主綫。爲了使這條思路能一以貫之，館臣對文獻的處理難免有削足適履、强詞奪理甚至無中生有的做法。然而，這種批評思路存在很多值得反思的問題：首先，復古派的創作不同于臺閣體，他們没有最高統治者和高層權力自上而下的推動，其影響主要來自明代文人的主動接受。試想，如果復古派没有符合時代需要的理論主張，没有讓時人信服的創作成績，没有志同道合的領袖及創作主體，也没有聲勢浩大的作家群，又是如何影響文壇一百餘年的？ 其次，明代批評家許學夷在《詩源辨體》中指出："古今詩賦文章，代日益降；而識見議論，則代日益精。詩賦文章，代日益降，人自易曉；識見議論，代日益精，則人未易知也。試觀六朝人論詩，多浮泛迂遠，精切肯綮者十得其一，而晚唐、宋、元，則又穿鑿淺稚矣。滄浪號爲卓識，而其説渾淪，至元美始爲詳悉。逮乎元瑞，則發竅中窾，十得其七。繼元瑞而起者，合古今而一貫之，當必有在也。蓋風氣日衰，故代日益降；研究日深，故代日益精，亦理勢之自然耳。"①儘管其文學發展史觀並不像文學理論史觀那麽客觀，但其對創作與理論的界限還是有著相當明晰的認識。然而，《總目》復古派批評却將創作與理論混爲一談。在復古派詩文與漢魏盛唐經典的比較中，館臣把對復古派創作的否定延展到對其理論及主張的否定。他們無視這種比較的不對等性，並回避了復古派的創作和主張中所包含的衍生價值，諸如復古思想的文化價值以及復古論争過程中形成的理論價值等。有學者指出："文學的體制是複雜的，有萌芽，有成長，有全盛，有衰落。甲一方面衰落，也許正促成乙一方面的勃興。"②《總目》對復古派的批評却缺乏這種宏觀的、融通的、歷史的視野。最後，早有學者指出"清代是具有和明代對照的性格的時代"③。異族敵國的特殊歷史關係，讓清代官方學者的"政治無意識"極其自然地對明代文學有既定的心理對抗，這也是導致其對復古派批評整體評價過低的重要因素。當

---

① 許學夷：《詩源辨體》卷 35，北京：人民文學出版社，1987 年，第 348 頁。
② 梁容若：《中國文學史研究》，臺北：三民書局，1985 年，第 9 頁。
③ ［日］吉川幸次郎著，陳順智、徐少舟譯：《中國文學史》，成都：四川人民出版社，1987，第 238 頁。

然,館臣對明代詩文採取比較苛嚴的態度也包含着對"經典"價值的審慎考慮,畢竟明代的文學作品還缺少時間的淘洗。然而,《總目》文學批評中對復古派有欠公允的解讀與闡釋,實際導致明代文學失去了一次重要的經典化的機會。

三、《總目》明代文學批評的學術反思

通過《總目》復古文學批評可以發現,館臣構建的明代文學批評體系看似徵實可信實則存在成見和誤解。這一局面的成因無疑是複雜的,而擇其要者言之,著述體例及學術生態的限制和政治壓力的影響尤爲值得思考。一方面,《總目》文學批評脫胎于傳統目錄學,文學批評的發揮空間不是很大。加之"謝彼虛談,敦茲實學"①的自矜和崇尚,使得《總目》出現過度依賴前人成論的問題。故其雖有"定千載之是非,決百家之疑似"的雄心,但實際上理論創見性不足。在面對缺乏文學批評積澱的明代文學時,取徑狹窄、觀點保守的問題更爲突出。對明代復古文學的批評,也難以超越朱彝尊、錢謙益、王士禛等大家的批評思路,而只能沿著他們的路徑在措辭上進行發揮或調整。這意味著《總目》的理論視野及其明文學史觀都有一定的局限,在考察《總目》及其文學影響時需要客觀而辨正地認識到這一點。另一方面,乾隆皇帝對四庫館臣實施嚴格的思想管控,《總目》的明代文學批評也因之成爲"宏綱巨目,悉稟天裁"的產物。清代官方對明代復古文學深固的成見甚至敵意②,也成爲左右文學批評指向的"指南"。這在文學與文化發展史層面均值得進一步梳理和反思。

相較于宋、明等朝代的官方修書活動,清代修書的目的、性質有所不同。以《永樂大典》爲參照,儘管四庫館臣聲稱永樂時期"文禁甚嚴"③,永樂皇帝也確實對思想控制和集中皇權非常重視,但較之動輒就稱"謬于是非大義,在所必删"④的乾隆皇帝,永樂皇帝的態度更爲寬容。他表示:"凡書契以來,經、史、子、集百家之書,至

---

① （清）紀昀等:《欽定四庫全書總目》卷首三《凡例》,第 33 頁。
② 詳見本人與何宗美合撰《明代文學還原研究》一書。
③ （清）紀昀等:《欽定四庫全書總目》卷 170《遜志齋集》提要,第 2284 頁。
④ （清）紀昀等:《欽定四庫全書總目》卷首一《乾隆四十年十一月七日聖諭》,第 4 頁。

于天文、地志、陰陽、醫卜、僧道、技藝之言,備輯爲一書,毋厭浩繁。"①這當然不能説明永樂皇帝比乾隆皇帝更爲開明,却能反映出明、清兩個朝代官方修書的出發點存在差異。前者重在文化制度體系的建設,而後者更傾向于文化監視、控制以及毀滅或解構不利于自身統治的思想成果。因此,修撰《永樂大典》時,明代學者可以更多地關注"僻書疑事"②,而四庫館臣的精力則多耗費在檢查、確認違礙書籍以及抽毀、删改前人作品上。思想上不敢越雷池半步,精力上也疲于應付。這種來自最高權力的壓力,讓清代官方學術更多地帶有被政治"綁架"的色彩。

　　"城中好高髻,四方高一尺。"在皇權至上、官僚本位的社會,長官意志被誇大變形也在所難免。政治與學術的天平上,館臣自覺或被動地傾向了前者,正是"政治無意識"的體現。易言之,館臣的學術失誤,既有歷史邏輯的被動性又有身爲參與者的主動性。首先,四庫修書是個寓禁于徵的文化過程。呈進之書浩如烟海,去取選擇雖有地方及軍機處的參與,但館臣承擔大部分的責任。故"查辦違礙書籍條款"這樣的存毀總則才會出自四庫館而不是軍機處。③ 就目前留下的檔案資料來看,四庫館在書籍禁毀的工作中耗費了大量精力。其次,乾隆皇帝對修書的關注程度確實超出了此前的歷代帝王。瞬息萬變的獎懲,製造出敏感而詭譎的政治氛圍,將館臣對學術的注意力轉移到迎合上意的努力中去。《四庫全書纂修考》記載:"文瀾閣抄補時,發現書中誤字,恒在每頁之首,細求其故,乃知館臣繕本進呈時,必故留誤字,待高宗校出指斥,以示聖明之天縱。"④這種"惟上不惟實"的行爲一定程度上折射出官方學術在獨立性方面的先天不足。此外,當時的奏摺更直接地記錄了館臣迎合上意、踴躍查繳事實。乾隆四十七年(1782)英廉的奏摺曰:"臣與總纂紀昀等公同商酌,以各書内有詞義違礙者,業經陸續查出,分次奏繳銷毀,但卷帙浩繁,恐其中或尚有應毀字句,應再行通加覆檢,然後發回,庶無疏漏。"⑤奏摺中文字表明,這次對已經翻檢一過的各地呈進圖籍進行復查的行動,是館臣們的主動請

----

①　《明太宗實録》卷21,永樂元年(1403)秋七月丙子朔,臺北:"中研院"歷史語言研究所,1962年影印本,第393頁。

②　錢幹:《河南布政使李公墓碑銘》,徐紘編《明名臣琬琰録》卷24,《景印文淵閣四庫全書》第453册,臺北:臺灣"商務印書館",2008年,第265頁。

③　參見郭伯恭:《四庫全書纂修考》,上海:上海書店出版社,1992年,第25—26頁。

④　郭伯恭:《四庫全書纂修考》,第234頁。

⑤　英廉:《全毀抽毀書目》銷毀書目原奏,《叢書集成初編》第42册,北京:中華書局,1985年重印本,第1頁。

纓，而且是共同商討的結果，代表著集體的意願。這種集體意願雖不能代表所有學者的本意，但却實實在在地由四庫館的學者去實行了。此次復查動用了十三位纂修翰林，且云：“將各省解送之明代以後各書，逐一覆加檢校，詳細磨勘。務將誕妄字句，删毁浄盡，不致稍有遺漏。”此後又由英廉與紀昀等人“逐加覆核”①。這也印證了四庫館總裁于敏中“我輩欽承恩命，豈可不仰體聖衷”②的想法，至少在某些官方學者身上是得到認真實踐的。而且，在今人對四庫修書删毁問題的研究中，這種現象也經常被發現，如武玉梅《清修〈四庫全書〉對〈明文海〉之抽删探考》一文中指出：“乾隆帝因爲李清一部書有問題，就要求將其所有著作撤出，使一些館臣懼禍，而以同樣標準，將文淵閣等本《明文海》稍有問題的作者的所有文章盡行撤出。而其中劉宗周、葉向高、楊漣、周宗建、趙南星、倪元璐等人，皇帝曾點名説不必毁其文集，只删改違礙文字即可的（原文注釋：《清高宗純皇帝實録》卷 836，乾隆三十四年六月丙辰，中華書局 1986 年版），却依然成爲文淵閣等本《明文海》封禁的物件，可見一些館臣封殺之狠已超過清高宗乾隆帝。”③

　　當乾隆皇帝專注于消滅遺存的民族意識與反對言論，而館臣又專注于配合帝王的意志，學術的公正性、獨立性能有多少空間，亦是可想而知的事了。作爲文學批評與文學思想研究，就此做結似乎仍過于疏略。在如此條件下產生的學風與著述會形成何種影響，應該是一個更值得思考的問題。關于四庫修書過程中政治與學術的關係，前輩、時賢皆有高論，但此處關注的，是這種關係造成的思想影響。梁啓超對此際學風的實質作如是概括：“凡主權者喜歡干涉人民思想的時代，學者的聰明才力，只有全部去注釋古典。”④我們應該能夠看到，在政治的籠絡與恫嚇之下，館臣在政治與學術之間已然顧此失彼，自覺或被迫地放棄了一部分學者的責任。放棄學術的獨立姿態使清代當時最優秀的學者群體“失態”了，士風學風隨之大變。乾隆皇帝此舉不僅消除了清代以前包括學術思想、歷史資料、文學作品在内的各種不利于統治的文化障礙，而且對清代文人的思想與行爲進行了具有震懾力的規範。這樣一來，華夏文化基本上依照統治需要重新整合，學術、思想與文化心

---

① 英廉：《全毁抽毁書目》銷毁書目原奏，第 1 頁。
② 于敏中：《于文襄公手札》，沈雲龍主編《近代中國史料叢刊》，臺北：文海出版社，1987 年，第 72 頁。
③ 武玉梅：《清修〈四庫全書〉對〈明文海〉之抽删探考》，《史學檔案》2004 年第 3 期，第 78 頁。
④ 梁啓超：《中國近三百年學術史》，北京：中國書店，1985 年，第 21 頁。

理都因此産生了重大變化。藉此興盛起來的"漢學",已經與明末清初經世致用的思想切斷了聯繫,尤其是明末清初以來學術與思想中的批判精神和反思意識,或被皇權的優渥所籠絡,或爲恐怖的手段所鎮壓。新興的"乾嘉漢學"在某種程度上激勵著一種畏禍自保風氣的形成,故龔自珍《詠史》詩乃有"避席畏聞文字獄,著書都爲稻粱謀"的感慨。

　　通過《總目》復古派批評的成型過程,可以見出官學理論意圖對學術的壓力,也可見出官方學者的學術行爲中基于政治立場的自覺。這自覺中有幾分是過蒙拔擢、寵命優渥的感戴,幾分是身死族滅、妻離子散的惶恐,實在是個見仁見智的問題。在對晚清以來的各種危機進行反思時,有人將士人之擔當意識的頹萎歸罪于漢學的飣餖與脱離實際。因爲缺乏對士人人格力量的培育與保護,考據就成爲失去思想和靈魂的技藝。然而,將世風日下、斯文掃地乃致賣國投敵之諸多亂象均歸于漢學亦言之過矣。就當時的思想和學術環境而言,成爲官學或獲取官方的支持和認同,本身就意味著必須以獨立性去置換生存的空間。而就清代的文化政策的整體情況來看,無論是初期對宋學的崇奬,或是中期對漢學推舉,抑或晚期對宋學的回歸,其視學術爲工具的傾向較之前朝歷代尤爲過分。在這個皇權至上的少數民族統治體系中,學術"失態"的背後實爲文人精神被摧折的慘痛。從統治效果層面看,清代統治者實現了對思想文化的管控目的;而從文化影響層面看,這種"稽古右文"的方式對中國文化造成了極大的負面後果。

（劉　敬　廣西師範大學）

鄒守益《語石鼓諸生二十五篇》[*]

最近,筆者主持國家社科基金重大項目《中國書院文獻整理與研究》,發現不少王湛及其後學講學書院的資料,罕見學術界同仁引用。謹擇要整理,以供同好參考,期于研究有萬一之助。

董平新編《鄒守益集》(以下簡稱"鄒集")二十七卷,凡百余萬字,2007 年由鳳凰出版社出版。它參考國内外所藏《東廓先生文集》(《東廓初稿》)六卷本、《東廓先生文集》(《東廓摘稿》)九卷本、《東廓鄒先生文集》十二卷本、《東廓鄒先生遺稿》十三卷本,並收佚文、序跋、傳記、祭文等資料,是當下最全面、權威的文本。筆者關注明代書院與王學一體化,常將其置于案頭,受益良多。

嘉靖二十二年(1543),鄒守益與蓮坪先生甘公亮同游南岳,到文定書院、石鼓書院、嶽麓書院參訪講學,創建東廓書院于衡山,前後二十八天,取道攸縣往返,曾在洪氏金仙觀開講會。這是江右、楚中王門一次盛大的學術活動,數見于東廓先生的傳記之中。耿定向《東廓鄒先生傳》載:"癸卯,游南岳,申濂溪無欲篇,示楚學者。又曰除却自欺更無病,除却慎獨更無學云。"^①《鄒東廓先生行狀》載:"癸卯春,游衡岳,登嶽麓諸峰,謁諸先正祠,有《南岳風詠稿》。"^②但遍查《鄒守益集》,既無《南岳風詠稿》,也不見有關講學内容。今查萬曆《重修石鼓書院志》上部《人物志》,有鄒守益小傳,稱其"登南岳,訪文定公遺址。至書院,和昌黎韻,會諸生講論旬日,學有本

* 本文爲國家社科基金重大項目階段性成果,基金編號 15ZDB036。

① 董平:《鄒守益集》,南京:鳳凰出版社,2007 年,第 1385 頁。

② 董平:《鄒守益集》,第 1370 頁。

源,聞者誠服。復還岳,築二賢祠于祝融峰之側"。講學内容則以《鄒東廓先生語石鼓諸生二十五篇》爲題,收入《述教志》中。由此可知,這二十五篇石鼓書院講學的文獻,實爲鄒氏佚文。這些材料,對鄒守益、江右王門、陽明後學,以及湖南書院、學術、思想文化等研究來説,都是極爲珍貴的一手資料,謹逐録如下,全部公布,以供學者參考。

蒸湘之水交流左右,滔滔然晝夜不息也,其可以識性矣。諸生信人性之必善,如水性之必下乎? 萬古此天地,則萬古此水,萬古此人。世恒患是古非今,殆未之思耳。水壅其性,則唐虞有浲水;人壅其性,則唐虞有共兜。古今不相懸也,善學者自去其壅,自復其本體而已矣。浚畎澮以距川,決九川以距海,其神禹治水之方乎? 又曰,鯀之治水也,壅之;禹之治水也,達之。其得其失,水無所庸其力也。學者之治水,欲壅則壅,欲達則達,得失之機在自己掌握中,而往往背禹而趨鯀,將誰執共咎?

又因論水流而不息也,問及學而時習之旨。蓮坪子曰:此指心之本體而言,使學者自驗其力也。人心元自説理義,元自樂善不倦,元自快足。不學,則本體窒矣。時時習之,便自有見。聖門弟子,有自視、聽、言、動時習,有自出門使民時習,有自立與在輿時習。造次顛沛,無時非學,無時不習,君子而時中、時習之功也。不然,如水也,壅而不達哉。

蓮坪子舉晦庵翁凡近高明、嬰兒、大人之箴,爲諸友規。東廓子曰:二三子亦知嬰兒乎? 嬰兒之戲也,磊瓦石,搬泥沙,至呼之飲食,愀然而不樂,此無他,其志溺也。宮室、亭榭、田園、輿從,自識者視之,與瓦石、泥沙幾希。而舉世營營,胥溺焉。是朵頤嬰兒而循牆大人也,二三子其忍安之? 蓮坪子又曰:後生識淺,昧于體有貴賤,有小大。天地間有大人之事,有小人之事,誘引便動,不覺入在時俗籠絡中,不如是喚醒,安于凡近者多矣。學者能不徇時俗,便有進步處。

世之謂聖人爲不可爲者,其以衡山爲不可升乎? 謂聖人爲易爲者,其以衡山爲一蹴可登乎? 衡山雖高,有足皆可登。縱强弱多寡,未之能齊,使能立必登之志,則日就月將,會自有至時。然登之亦有次第,由岳廟、躋集賢峰,過南臺,歷兜率庵,度竹仙橋,升湘南寺,始至上封。若上峰而倦,亦無由觀日臺,酌雷池，徘徊祝融頂上石矣。故謂聖不可爲與爲聖而易者，均未免于自欺。

自欺者，其驕泰乎？自慊者，其忠信乎？聖人之好學，非于忠信有加也，能不失其本體而已矣。故庸德有未信，庸言有未謹，終于龍德。剛健中正，有未純粹，與惴惴本體尚隔幾層。故有所不足，不敢不勉，有餘不敢盡。兢兢業業，一派源流，便是聖人慎獨工夫。

東廓子嘆曰：慎獨之學，其貫動靜而不息乎？川上之嘆，其聖門無隱之教乎？天德王道，要在慎獨，其程伯子善發聖蘊乎？未發已發之分，其亦異聞乎？川之貞流也，日之貞明也，天之貞運也，果孰爲未發？孰爲已發乎？故曰："天行健，君子以自强不息。"曰："君子終日乾乾，夕惕若。"曰："通乎晝夜之道而知。"其揭于穆不已，純亦不已，之敕率乎。

諸生問曰：聖學若是其一也，何以有未發已發之言？曰：聖門嘗釋之矣。心一也，有指體而言者，寂然不動是也；有指用而言者，感而遂通天下之故是也。諸生謂：體用有二時，寂感有二地乎？戒慎恐懼便是慎，不睹不聞便是獨。故曰無須臾之離將，奚分于動靜。予嘗爲友人大書"慎獨"二字，投筆而嘆曰：從真從心，即是慎矣。獨也者，真心寂感之幾也。故除却自欺更無病，除却真心更無學。

東廓子嘆曰：世之喪其真也，其雜于世味乎？聲色則雜，貨利則雜，權位則雜，呶呶然如病狂出奔，而罔顧其家寶也。二氏救之以清净寂滅之説，將以求真也，而盡屛外物，亦過亢矣。故嘗爲之説曰：物交物逐，逐不知節，流俗所以溺凡近也。惡物牽己，從而脱離之，異端所以倚虛寂也。不離于物，不逐于物，兢兢業業，以大公順應焉，是爲聖門致知格物，大中至正之矩。學者欲息雜以反真，其亦審所趨避已乎。

又曰：學之弗誠也，其有所待乎？或待于友，則必爲友滯矣；或待于事，則必爲事滯矣；或待于時，則必爲時滯矣。予自辛巳游武功，與二三子有衡山之約，蓋二十餘年矣。今春冒雨成行，衆議弗能沮，甫三月，而償夙負焉。若一有所待，又成畫餅矣。緒山錢子在青原，王生鑄問曰：待文王而興，是亦豪傑也。而目以凡民，則不興者，當入何等科級。緒山善點化人，徐答曰：千病萬病，只在一"待"字上。待文王而不出，豈不誤了一生？于時，在坐者咸歡然有省。二三子悦周公、仲尼之道，其無使陳良專美于前。

　　諸生問致知格物之異。曰：吾知其同，不知其異也。吾得之孟子曰：萬物皆備于我。蒸民秉彝之全體也。反身而誠，其安而格物者乎？強恕而行，其勉而格物者乎？子臣弟友，庸德庸言，至于相顧而慊慊，便是聖門致知格物。日用功課，自其慊慊謂之誠，自其肫肫謂之仁，自其生生謂之樂，均之爲明明德。蓮坪子曰：日月有明，容光必照焉。人于物理，見不透徹，總是本心尚未廓清昭融，復得本來高明廣大處。

　　東廓子語同游諸生曰：吾之茲游也，其有悟焉。悟載（藉）［籍］之不盡焉，悟意見之不周焉。南岳之圖，祝融直岳廟之上，而石鼓、嶽麓儼然東西對峙也。及升南臺，歷湘南，躋上封，以登峰石。凡幾曲折，竟弗睹岳廟，而岳廟亦弗睹祝融也。泝流而上，百伍拾里至石鼓，沿流而下，二百三十五里至嶽麓，其遠邇懸矣。然畫者雖有巧思，亦未能盡也。故曰：書不盡言，言不盡意。自南臺升者則稱南臺，自方廣升者則稱方廣。各以其意見互相低昂，非所見不真也，其見不周也。故曰仁者見之謂之仁，智者見之謂之智。

　　又曰：鄒道鄉之直諒以讁也，長沙守臣逐之，而嶽麓山僧列炬冒風雨迎渡焉。有壅無壅之別，一咲可悟矣。臺築于南軒，名于晦翁，匪直爲道鄉，將以表忠節、樹風化也。臺廢久矣，誰續二公之績者？

　　語易生學曰：古之道，無一人而不學，故自天子至庶人，皆以修身爲本；無一時而不學，故自富貴至患難，皆素位以行。子富室也，當糶穀時不高時價，而貧者思以覵之，即糶穀是學；當放債時不遺時禁，而貧者思以捐之，即放債是學；當納糧當差時，不稽官限，以貽撻辱于鄉里，即納糧當差是學。子行有一命之宰矣。存心愛物，必有所濟，即一命是學。

　　又曰：無欲者其戒懼乎，虛者其中乎，直者其和乎，明通公溥其位育乎？無欲者非自然而無也，對有而言之也。有欲則意必固我，種種爲病，不論忿懥好樂，皆非天德，不論親愛賤惡，皆非王道。故不明則暗，不通則塞，不公則側，不溥則偏，其于範圍天地，曲成萬物，不可同年語矣。白沙子之詩曰：“一語不遺無極老，千言無倦考亭翁。語道則同門户別，君從何處覓高蹤。”二三子楚之秀也，覓蹤先哲，以自醫而醫天下，其亦審其門路乎。

　　又曰：善學者，其猶病而求醫乎？善教者，其猶醫以療病乎？諱病而忌醫，是以身爲仇也，療病而不得其方，是以人命爲試也。子之鄉先生，有超和緩而繼岐黄者，子知之乎？學聖之篇，揭一者無欲静虚動直爲要，與戒慎恐懼，中和位育，千載一脉，彼以訓詁，以詞華，以比較異同，以摹擬事功，皆疲精竭神，非攝生引年之方。蓮坪子嘗言：知得病便不病。二三子其究病之源。

又曰：死生之故微矣。生之言醒也，不聞道術而冥于得失，眊眊乎若醉且夢也。蓋世之宅，其生有四，而視人之生亦有三。峻德克明，被四表而格上下，命曰長生；臨淵履冰，以愍天真，命曰葆生；仁義紛華，隨波以靡，命曰浮生；敗禮敗度，若持斧伐枯樹，命曰戕生；蒙休被澤，圖以身贖而弗得也，命曰榮生；毒痛腥聞，麼然曷喪偕亡也，命曰辱生；聞而悲之，曰是可以爲善也，惜其未濟也，命曰悼生。二三子其敬擇之。

聖學之篇，以一者無欲爲要，是希聖希天、徹上徹下語。罔游于逸，罔淫于樂。不邇聲色，不殖貨利，古聖精一克一工課，猶惻惻勸規如是。吾儕自省何似？而依違逸樂貨色中，不猛省刷，將無以拔于凡民，安望與千聖同堂、兩儀並位乎？故不從無欲而學，終不足以全歸無極之貞。近謁蓮華墓，宿鬱孤祠，汗背竦發，思與同志服膺之。

因構居室，于此學有徵省。一瓦闕則爲雨穴，一葦闕則爲風竇，一磚闕則爲鼠雀牖。吾輩欲致廣大，却忽精微，庸德庸言，敢于多少放過，甚懼風雨鼠雀之壞廣居也。書以自箴，遂貽同志。

柴桑老仙，不汲汲于富貴，不戚戚于貧賤。而日月擲人，終曉不静。此其志將以何騁？必有惻然而不容己者。吾儕安安而居，于于而來，與此老輩竟殊科，况于發憤如孔，孳孳如孟，又安可同日語乎？歲晏春初，兩會文明，共訂除舊佈新之策，幸無虚此佳境。

志于富貴，則敗度敗禮，不足以語功名；志于功名，則求可求成，不足以語道德；志于道德，則居廣居，立正位，行大道，達則爲伊周，窮則爲顏閔，何嘗無功名？何嘗不富貴？富貴不由于道德，則墦間醉飽，只爲妻妾之泣；功名不出于道德，雖一匡功烈，童子且恥稱之。故學者莫先于辨志。

學者果有真功求仁之志，則知善必遷，知過必改，雖點檢未及，猶可以無惡。若立志不真，則多少容隱。縱惡强加修飾，終未得爲寡過。故聖學以慎獨爲榖率。

古人從氣質偏處變化，今人從氣質偏處充拓。温以療直，栗以療寬，無虐以療剛，而無敖以療簡，具見唐虞醫案。否則，好仁好信，渣滓未融，終不免有蔽。故自易其惡，自至其中，不論病症淺深，舉歸太和，乃是濂溪傳千聖敎學正脈。

古人以心體得失爲吉凶，今人以外物得失爲吉凶。作德日休，作僞日拙，方見影響不爽。奉身外物，事事整飭，而自家身心先就破蕩，不祥莫大焉！故脫去凡近，以游高明，不求人知，不求同俗，乃是考亭喚醒來學趨避關頭。

爲善而舜，爲利而蹠。出門跬步，便是萬里程途。今指舜爲師，則踧然不敢當；以蹠爲歸，又觍然不肯當。不舜不蹠，中間豈有駐足處？故喻義喻利，剖剝深痼，聽者聳然，至于垂泣。乃是象山指出本心，斬截支離葛藤。

多聞擇善而從，多見而識，猶在支派上點檢。須是戒慎不睹，恐懼不聞，端本澄源，自聞自見。故裁成天地，輔相萬物，千枝百派，皆從中和流行，乃是學術王霸訣竅。予與二三子登陟名山，景仰先哲，尚夙夜顧諟明命，無負此生。不然，則此關尚未決破，何以安身立命？

（鄧洪波　湖南大學嶽麓書院）

曹元弼、劉體乾論蜀石經書

近見復旦大學圖書館古籍部藏有曹元弼《復禮堂朋舊書牘録存》稿本一種，其中收有劉體乾致曹元弼函札數封，多討論蜀石經者。該館復藏有曹元弼《復禮堂文二集》稿本，其中《書劉健之觀察蜀石經藏本後》《覆劉健之觀察論蜀石經〈周禮·哲蔟氏〉注書》二文即曹氏覆劉體乾論蜀石經書及相關跋文。蜀石經殘本民國年間爲劉體乾所購得，後影刻刊行。蜀石經在經學版本、石經學等方面都具有重要的價值，此本的發現與刊行，對民國之後的石經研究產生了頗多影響。曹元弼、劉體乾論蜀石經書，關乎蜀石經之發現及相關經學問題之研討，且俱非泛泛之論，故略爲編次，以供專門之家採擇焉。

一

叔彦仁兄先生世大人閣下：

己年夏初往蘇吊朱竹丈之喪，曾往還兩奉塵教，今忽忽五年矣。世變滄桑，不敢置喙。弟于前年冬避地來滬，初聞兄亦在滬，旋又聞兄仍在蘇，咫尺不得相見，悵惘何極。獻歲發春，伏維萬福，甚頌甚頌。弟匿影海濱，罕與人接，幸頑軀媰屬，托芘平安。兒輩家塾讀書，亦尚能習静，堪以告慰綺注。天下洶洶，歸耕不得，此中殆有天意，非一人一家事也。

漢、魏、唐、孟蜀、嘉祐、紹興、本朝，石經有七刻。漢石無存，存者殘石拓本已非漢石，大都宋人覆本。魏三體石經，光緒初曾于中州出殘石一片，一時金石家考訂似爲僞造。唐石經雖仍存西安，嘉靖斷後又經後人開鑿。孟蜀石經，南宋末石與文翁石室同毀。嘉祐石沈于黄河污泥下，僅存丁儉卿先生所藏殘拓三萬餘字。乾隆中，曾出《周禮》《檀弓》數石，今亦不存。紹興石亦無幾。本

朝刻者,姑置不論。且七刻中,只孟蜀本有注。孟蜀殘拓見于著録者,乾嘉時
有《毛詩·召南·邶風》萬餘字,《周禮》三十餘行,《左傳》六百餘字。楊洪亂
後,今皆不知下落。弟年來先後所得孟蜀石經殘拓《周禮》《左傳》《公羊》《穀
梁》都四萬六千餘言,皆著録中所未見,人間孤本也。去春繆筱珊先生曾爲作
校記。海內經學首推先生,弟與先生交誼又篤,敝藏蜀石經不可無先生一言。
今將繆筱珊先生校記寄呈詧收,俾先生知其緣尾,爲作一蜀石經跋。若清眼能
于筱珊先生校記外別有考訂成書,尤所欣幸。稿成乞寄下,弟當爲擇善書者敬
代先生書之于册。不情之請,先生其許我乎? 如蒙賜覆,寄上海靜安寺路五十
二號敝寓爲盼。

　　手肅,敬請道安。

弟體乾頓首

正月十七日

二

書劉健之觀察蜀石經藏本後

　　宣統癸亥冬,劉健之觀察自申浦與余書,告以所藏蜀石經拓本左右采獲,
合成巨編。前年入朝,蒙皇上御題大篆簡端,並特賜"蜀石經齋"匾額。元弼聞
言欽仰,舞蹈不自已。

　　夫蜀石經爲海內僅有之本,經注文與今本多異。阮氏元《毛詩校勘記》嘗
論其略,段玉裁《經韻樓集·讀詩序禮經二注》篇又亟稱《關雎序》石本之善。
經師論定,序無待贅言。惟當茲運厄陽九,禮樂分崩,聖文殘落,譆莍新莽亂
時,而儒臣抱殘守缺如彼,身上稽古同天如此,豈非乾坤不息。而羲書、堯典、
周禮、孔書以來,人倫攸叙之天下,不終淪爲榛狉邈远之明徵耶?

　　憶光緒甲辰,朝廷詔天下立學,蘇州正誼書院始改學堂。觀察延余主講,
余謂學莫先明倫,首舉《孝經大義》授諸生,觀察深然之,賓主相得至歡。每論
世道人心之變,籌挽回補救,相與慨乎言之,豈意滄海橫流,竟至于此。天道循
環,長夜待旦。

　　他日三雍講藝、四庫收書,觀察將以是本精摹復刊,仿阮文達《士禮石經校

勘記》之例,辨章得失,因篤加詳,上備天禄琳瑯之藏,下資函丈青衿之肄。一卷之書,而神運聖教可默參其消息焉。

卦月直臨歲行,將起中孚,敬抒愚陋,繫言卷後。

三

叔彦仁兄世大人侍右:

奉十四日手書,敬悉一是,承賜題蜀石經,拜讀大作,誠有關學術人心之文,且情文並茂,即裝册內,當與茂堂先生同重。其欽佩感謝,詎有涯涘。吾兄體本清癯,當此天地變色之世,觸目傷心,懷抱之惡可想,尚祈爲道自衛,企禱企禱。弟交游本寡,大半古人,存者又散處四方,嘆逝傷離,時感索居。咫尺蘇州,明春當走訪吾兄,一話十餘年契闊。

肅復,鳴謝,敬請臺安,諸惟垂照。

世小弟體乾頓首
十二月十五日

四

叔彦仁兄世大人侍右:

六月廿九日到蘇奉訪,獲聆教論,十餘年之契闊,得以略話。只以田少白兄相約,未能暢所欲言,悵惘而別。歸讀大著《復禮堂文集》,益見兄抱道懷忠學問志節,《經韻樓集》尚遜此樸茂淵雅之文字、大聲急呼之苦心,傾佩無盡。

敝藏蜀石經《周禮》鄭注"哲蔟氏"注:"若鵙。鵬,賈誼所賦,陸機云'大如斑鳩,綠色。'"繆筱珊兄校記云:"賈誼以下,各本無。按:鄭君卒于建安五年,至孫吳建國相去二十六年,疑元恪早歲著書,鄭君猶及見之,故采入注。"王書衡兄云:"《經典釋文·敘録》雖未詳元恪年歲,但稱其官吳太子中庶子,必在吳王立太子後。"孫權立子登爲太子,《權傳》在建安二十五年,《登傳》在魏黃初二年。其時張昭子休、顧雍子譚、陳武子表、諸葛瑾子恪迭爲太子中庶子,各見本傳,未及元恪。其後和爲太子,有中庶子韋昭,亦未見元恪。元恪當是孫休子覃、孫皓子瑾之中庶子。鄭君卒于建安五年，安能相見？弟意蜀相毋昭裔以家財刻十經于石，昔人謂與唐石經俱祖太和本，弟謂唐石經無注，蜀石經有注，其原本非一可知。唐石經昔人譏其舛累，名儒不觀，故宋時經書板本多不準此。蜀石經南宋士夫多援引徽國文公注《論語》“三嗅而作”下引晁氏曰“石經‘嗅’作‘戛’”，説者謂是蜀石經，以唐石經不作“戛”也。其本號稱精審，《周禮·柞蔟氏》鄭注引用陸疏，當非後人所增。元恪年歲未詳，而官太子中庶子。王書衡疑其爲孫休子覃、孫皓子瑾時事，亦未有確據。吾兄服膺鄭學，敢以質之高明，尚祈賜教爲幸。

　　雖意在請益，然上瀆清神，無任惶悚。手肅，敬請台安。

弟劉體乾頓首
七月初二日

五

覆劉健之觀察論蜀石經《周禮·柞蔟氏》注書

健之仁兄觀察閣下：

　　三年之別，萬種積思，上念口口所天下，顧斯世抑鬱悲愁，無可告語，惟二三知己停雲時雨之思，常縈夢寐間。得手書，如零霧四塞中忽見一片清光，亟間緘讀之，敬宋履道堅貞、好古深篤，損疾遄喜，勿藥元吉，甚幸甚慰。

　　承詢《周禮·柞蔟氏》“覆夭鳥之巢”鄭注“若鴞鵬”下蜀石經有“賈誼所賦陸璣云大如斑鳩綠色”十三字，或以爲《釋文》語誤入注中，或以爲陸元恪早年所著書，鄭君見而引之。各引事證，難以折衷。竊謂此十三字《經典釋文》原書無之，則以爲《釋文》誤入注者，非也。元恪爲吳太子中庶子，在何主時雖史無確據，然鄭君注《禮》在黨錮時，箋《詩》在黨禁解後。《詩箋》宗毛爲主，與《禮》注説《詩》多異。鄭答弟子謂：“《記》注已行，不復改之。”則《詩箋》之作去注《禮》時必已多年。元恪《詩草木疏》叙《毛詩》源流，直至鄭箋，則陸疏之作，又在鄭君《詩箋》已盛行之後甚明。鄭注《禮》時，元恪年必尚幼，《詩疏》必尚未屬稿，則以爲鄭引陸説者，尤非也。且經云“夭鳥”，鄭略舉“鴞鵬”以指實之足矣，無庸更徵賈賦，並詳其形色，以自釋己語。此十三字當係讀經者摘引《詩》陸疏綴於鄭注之末，又顛倒其文，以"賈誼所賦"一語置"陸璣云"之前，如今人讀注疏者，或隨意掇拾他説寫書眉行間耳。孟蜀刊石經時，偶未審詳，遂以入注。此等小誤，舊刻往往而有，不足爲病。

自五代以前，書皆傳寫，無板本，語句多寡、文字異同，小小出入，勢不能免，觀元朗《釋文》、沖遠《正義》所載各本可見。自孟蜀刊石，錄本並行，宋代繼之，經史始免鈔寫之勞，少混淆之莽。繼往開來，厥功甚鉅。千載後得見吉光片羽，無論精處，爲後來各本所不能及；即誤處，亦考古者所當知。聞執事已將石經原本付印，誠嘉惠後學之盛心，惟早賜讀爲幸。拙撰《周易鄭氏注箋釋》當再寄呈是正。

吾輩舊同好寥寥天壤，落落晨星，努力加餐，努力崇德，無任企祝。

元弼再拜

六

叔彥仁兄先生大人侍右：

奉廿四日還教，敬悉尊論《周禮·哲蔟氏》注蜀石經多十三字爲讀者掇注于書眉，當時誤入引證鄭君禮注之早成，可斷定元恪之疏不及爲鄭君見，甚佩甚佩。今託蘇州來青閣友人楊壽祺帶呈影印蜀石經一部，以供鑒定，祈詧入。惟題跋意在求多，印時又未能擇别耳。大著《周易鄭氏注箋釋》求賜一部，即託楊君帶下。《禮經校釋》並求賜一部。

瑣瀆不安之至，手肅，敬請台安。

弟體乾頓首
十月廿八日

（許超傑　湖南大學嶽麓書院）

· 附録

《中國四庫學》稿約

　　《中國四庫學》是由湖南大學嶽麓書院、中國四庫學研究中心、古籍整理研究所主辦的學術輯刊，每年兩輯，由中華書局出版，是國内外四庫學、歷史文獻學與古典文獻學工作者發表研究成果的平臺，熱忱歡迎中外專家、學者惠賜稿件。

　　1. 本刊常設四庫學綜合研究、四庫提要研究、經部研究、史部研究、子部研究、集部研究及文獻整理七個欄目，不定期刊發專稿。

　　2. 來稿請使用標準繁體字，一般應在 1 萬字左右，重大選題可適當放寬，歡迎雅潔的短篇札記。稿件請依照《中國四庫學》稿件格式要求排版。

　　3. 請將稿件的 Word 電子版通過電子郵件發給編輯部，或者使用 A4 型紙張打印郵寄。《中國四庫學》是半年刊，評審時間爲 1 個月，請您耐心等候。如 1 個月後未收到用稿信息，請自行處理。在評審期内，如果確有特殊情况改投他刊，請務必及時告知。

　　4. 本刊實行匿名評審，請作者勿在稿件中透露個人信息，另紙附上作者姓名、性别、出生年月、職稱、工作單位、通信地址、郵政編碼、聯繫電話、電子信箱等相關信息。

　　5. 來稿應遵守學術規範，尊重前人研究成果；引文請核對原文，確保準確無誤。禁止剽竊、抄襲與一稿兩投等學術不端行爲。

　　6. 本刊對擬録用稿件保留删改權。

　　7. 紙質版投稿：410082 湖南省長沙市湖南大學嶽麓書院中國四庫學研究中心《中國四庫學》編輯部 吴晗收。電子版投稿：zgskxyj@163.com 郵件主題請採用

"姓名＋論文標題"形式。

8. 稿件發表後，即奉上稿酬及當期刊物二册。本文享有已刊文稿的著作財産權和資料加工、電子發行、網絡傳播權，本刊一次性給付的稿酬中已包含上述授權的使用費。

9. 聯繫電話：0731－88821560

《中國四庫學》編輯部

二〇一七年八月

《中國四庫學》稿件格式要求

《中國四庫學》是由湖南大學嶽麓書院、中國四庫學研究中心、古籍整理研究所主辦的學術輯刊，每年兩輯，由中華書局出版。本刊設有七個常設欄目：四庫學綜合研究、四庫提要研究、經部研究、史部研究、子部研究、集部研究及文獻整理。爲便于學術交流，提高編輯效率，特對本刊的稿件格式統一規定如下，敬請作者知悉。

一、稿件須提供 300 字以内的中文摘要和 3～5 個關鍵詞。

二、請在文末注明作者個人信息（包括姓名、單位全稱、學歷、職稱等）。

三、字體格式

1. 稿件全文均使用繁體字。

2. 標題：用 3 號宋體，居中，過長可分行。

3. 摘要、關鍵詞："摘要"和"關鍵詞"兩詞用小 4 號黑體。摘要內容用小 4 號宋體，段後空一行。關鍵詞內容用小 4 號宋體，關鍵詞之間用分號分開，最後一個關鍵詞後不用標點符號。

4. 正文：正文用小 4 號宋體，行距爲 20 磅，字符間距爲標準。正文中出現的引文用小 4 號仿宋，左縮進 2 字，前后空 1 行。

5. 層級標題：正文如使用層級標題，一級標題頂格，用 4 號黑體，段前段後 1 行；二級標題頂格，用小 4 號黑體，段前段後 0.5 行；三級標題及其以下，與二級標題的格式相同。標題編號，一級標題用"一""二""三"……標識，二級標題用"（一）""（二）""（三）"……標識，三級標題用"1.""2.""3."……標識。

四、注釋格式

正文注釋統一使用腳注（當頁頁面底端），編號格式爲①②……每頁重新編號。正文中的注釋序號統一置于包含引文的句子（有時也可能是詞或片語）或段落標點符號之後。腳注格式例證如下：

（一）專著

標注格式爲：著者及著作方式：書名，出版地點：出版社，出版年份，頁碼。（責任方式爲著時，"著"字可省略，其他責任方式不可省略。）引用外國人的著作時，著者名前應注明國籍，如有譯者名，則置于著者名之後。出現著者國別和朝代時，國別用方括號，朝代用圓括號。

① 趙景深：《文壇憶舊》，上海：北新書局，1948 年，第 43 頁。

② 楊鐘羲：《雪橋詩話續集》卷 5，瀋陽：遼沈書社，1991 年，第 461 頁下欄。

③ 謝興堯整理：《榮慶日記》，西安：西北大學出版社，1986 年，第 175 頁。

④〔日〕實藤惠秀著，譚汝謙、林啟彦譯：《中國人留學日本史》，香港：中文大學出版社，1982 年，第 11—12 頁。

（二）期刊論文

標注格式爲：著者：篇名，期刊全稱及年份期數。引用外國人的論文時，著者名前應注明國籍，如有譯者名，則置于著者名之後。

① 葉明勇：《英國議會圈地及其影響》，《武漢大學學報》（人文科學版）2001 年第 2 期。

（三）學位論文

標注格式爲：著者：論文名，論文性質，所屬單位，時間，頁碼。

① 方明東：《羅隆基政治思想研究(1913—1949)》，博士學位論文，北京師範大學歷史系，2000 年，第 67 頁。

（四）會議論文

標注格式爲：著者：論文名，會議全稱，會議地點，會議時間，頁碼。

　　① 任東來：《對國際體制和國際制度的理解和翻譯》，全球化與亞太區域化國際研討會論文，天津，2000 年 6 月，第 9 頁。

（五）析出文獻

標注格式爲：著者：篇名，責任人及責任方式：書名，出版地點：出版社，出版年份，頁碼。

　　① 杜威·佛克馬：《走向新世界主義》，王甯、薛曉源編：《全球化與後殖民批評》，北京：中央編譯出版社，1999 年，第 247—266 頁。

（六）其他

1. 同一文獻再次引用時應簡化格式，僅標注責任者、題名、頁碼。

　　① 趙景深：《文壇憶舊》，第 24 頁。

2. 標注間接引文時，以"參見"、"詳見"等詞引導，反映出其與正文行文的呼應。間接引文應注明其頁碼或章節，標注格式與直接引文相同。

　　① 參見邱陵編著：《書籍裝幀藝術簡史》，哈爾濱：黑龍江人民出版社，1984 年，第 28—29 頁。
　　② 詳見張樹年主編：《張元濟年譜》，北京：商務印書館，1991 年，第 6 章。